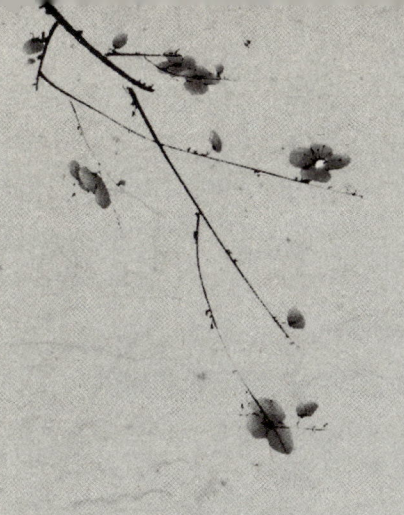

20世纪中国语文教育经典研读丛书

徐林祥 李明高研读

叶圣陶 朱自清《精读指导举隅》《略读指导举隅》

丛书主编 魏本亚 陈黎明 时金芳

本册主编 徐林祥 李明高

高等教育出版社·北京

内容提要

叶圣陶、朱自清针对传统教学方法的弊害,在吸收国外先进教育思想的同时,继承和发展传统教育中的精华,并结合自身的实践经验,合作写成《精读指导举隅》与《略读指导举隅》两书。在这两本著作中他们创造性地将阅读教学的课堂结构划分为"精读课"与"略读课"两种类型,在"精读"之外,把"略读"也列入正式课程,并对精读课与略读课之间的关系作了明确的界定。《精读指导举隅》与《略读指导举隅》对于我们今天指导学生读书,正确认识中国语文学科教学目标、阅读教学的课型与过程、阅读教学的教材、阅读的原则与方法、教师的职责,开展阅读教学,仍然极富指导意义。

本书对这两部经典进行研读,旨在搭建起作者、读者、评者之间的对话平台,达到研读经典、服务当下、思考未来之目的。

本书主要作为高师院校语文教育专业本科生、教育硕士教材,也可供中学语文教师、教研人员研修使用。

丛书编写委员会

学术顾问
顾黄初　李杏保　周庆元　倪文锦

丛书主编
魏本亚　陈黎明　时金芳

丛书编委
步　进　陈黎明　李明高　史成明
时金芳　魏本亚　魏振水　徐林祥
许　艳　尹逊才　张立兵　周文叶

编写凡例

一、"20世纪中国语文教育经典研读丛书"是一个专著系列,选编了在20世纪产生过重要影响的13本著作,集成8部。

二、总序对所选的20世纪中国语文教育著作进行鸟瞰,以期给读者一个历史坐标,作为判断这些经典著作历史价值的参照。

三、研读经典,在实际辨认经典历史价值的同时,还要发掘经典的当代镜鉴作用,丛书的编者在每一卷的评析中进行了有价值的探索。

四、丛书采用了评注方式。注释表现在四个方面:1. 对读者不太好理解的地方作出必要的注释;2. 对生疏的词语作出注释;3. 对不同的表达方式作出注释;4. 对与当代表达不一致的地方作出注释。评价表现在以下几个方面:(1)经典的重要观点;(2)经典涉及的重要词语;(3)经典涉及的研究方法;(4)经典涉及的研究过程;(5)经典涉及的数据;(6)对当下有现实指导价值的内容。

五、栏目设计包括"与学者对话""我思故我言"。前者分为两种设计:首先,选择经典作者本人以及同时期其他专家的观点,以期让读者了解当时学界的观点、态度,以便作出判断。其次,选择当代学者对同一问题的看法,以期让读者能够作出比较,进而作出判断。后者旨在调动读者的积极性,让读者参与其中,读者可以把自己的想法写在后边,实现真正的对话。

六、附录设计。附录一为原作者的研究论著目录及文摘,尽可能全面地为读者提供一个论著的路线图,提供一些有价值的文摘。附录二为后人研究论著及文摘,这一部分旨在说明对于经典研究的现状。附录旨在发掘最新的研究资料,以期给读者一些线索与启发。

七、经典的版本依据。以最初出版的著作为基础,参考其他版本进行校对。

八、尽可能保存经典的原貌。对于其中的异体字、异形词,在不影响阅读的前提下尽量保留。有的经典原版是竖排版,现在改为横排版。

九、标点符号改为现在通行的标点。

十、文中所引资料都注明出处,如作者、题名、杂志名、年月期,以及书名、出版社、出版年月。

十一、提供原作者的照片。

总 序

研读语文教育经典的历史价值及对当代的启示

魏本亚 陈黎明 时金芳

所谓经典,是指具有典范性、权威性的作品或著作,是经过历史选择出来的"最有价值的书"。站在21世纪的门槛上,回眸百年语文教育学科发展,我们清晰地看到,一批语文教育巨匠用他们的智慧建造了一座座语文教育研究的丰碑。这些巨匠造就的语文教育经典在当时引领了中国的语文教育;在今天的语文课程改革进程中,这些著作历久弥新,重读这些经典,仍然具有重要的启迪价值。2001年以来,我们多次向语文教育大家如朱绍禹、顾黄初、李杏保、饶杰腾、曹洪顺、周庆元、倪文锦等先生讨教,多次到国家图书馆、上海图书馆、北京师范大学图书馆、华东师范大学图书馆查阅资料,历经10年,精选出大家公认的13本经典并将其集成为8部著作,加以批注评点,奉献给读者,以期与读者共同倾心研读,一起走近大师,承受经典之惠泽,为中国语文课程改革提供可资镜鉴的路标,为喜欢研究语文教育的同仁提供一些有价值的研究史料,为中国语文学科建设作出应有之贡献。

一、审视语文教育经典的历史价值

一个时代需要一个时代的巨人,一个时代需要一个时代的精神领袖。语文教育需要巨匠的引领,而那些高瞻远瞩的学人恰恰满足了时代的需要,因此也就自然而然地成为时代的巨匠。

(一)学科独立呼唤构建语文教学体系

1904年语文独立设科成为一门举足轻重的学科。学科独立之初,读经的余威尚在,科举的影响尚存,本国语文学什么、怎么学,成了学科发展的瓶颈。在这个历史转折时期,几位胆识过人的语文教育家站了出来,用他们的智慧探索引领了中国语文教育新的发展方向。

1. 黎锦熙张扬"主副目的"说

1919年新文化运动引进了"科学"与"民主"两位先生,唤醒了国人的自强意识。白话文终于冲破了文言的樊篱逐渐步入人们的生活,逐渐进入国语文教学。言文统一成了时代的要求。白话文登堂入室进入教材。但是白话文学什么、怎么教,成了时代的难题。面对国语文的困境,语文教育家黎锦熙先生经过多年研究,于1924年奉献了《新著国语教学法》。他把时人陈天启等人倡导的"主副目的"说在他的专著中充分张扬。他认为:主目的是语文方面的,包括"理解"与"发表";副目的是心意方面的,包括"智、德"两个方面。围绕主副目的,黎先生设计了"自动的研究与欣赏""社交上的应用""艺术上的建造""个性与趣味的养成"四条路径。前三项是国语文教学的主要功能,这就凸显了语文教学的工具性价值;但由于语文又是一种"表情达意"的工具,又应注意通过它养成"个性与趣味",以求在锻炼人格上起到辅助作用。为此,黎先生首次提出语文教学要注意"能读、能听、能说、能作、能写"五个方面。黎先生借鉴"自动主义形式教段",设计了"三步六段教学程序",到《新国文教学法》中又简化为"四步教学"法。黎锦熙先生在《新国文教学法》中明确提出了语文教学四种基本训练方式:"话法"(说话),"故说话一项,实已为本国语文教学之中心";"读法",预习、整理、总结深究或练习、发展与应用;"作法"(作文、写作),"事理直切""下笔迅速""文法正确";"书法"(写字、习字),循序渐进,臻与成熟。

《新著国语教学法》是国语文学科第一部理论著作,该著作厘清了学科性质、学科教学任务、学科教学基本方法,这为引领当时的语文教育实践起到了举足轻重的作用。而《新国文教学法》是新中国历史上第一部语文教学论理论著作,它在教学内容、教学方法等诸多方面又有新突破。故而这两部著作当之无愧地成为两个时期的开山之作。

2. 王森然主张人格"训练与修养"

1923年的"新学制"给国语文带来了些许春意,但是旧体制的春寒依然未退。学制新了,教材新了,先生们的施教仍然"新瓶装旧酒"。王森然认为"现在的中学国文教育,糟,是糟透了"。审视学科独立之后的20余年国语文教育,梁启超先生提出了"六难说":(1)没有明确的标准;(2)进步、退步难分,新的旧的难辨;(3)党派分别最杂,褊狭见解至今未尽;(4)范围太隘,而分类太广,难以把握;(5)对国文的概念界说不明,国文和国学的界限不清;(6)材料太富,难选适合教学的教科书。有鉴于此,王森然从国语文实践出发,提出"因为人类一切知识经验的供给,全靠语言文字的传达,因此,如个人情绪与情操的培育,意志的建设与锻炼,信仰的基础,总之人格训练与修养不能不有赖于此;而艺术生活的陶冶,如欣赏的增高,创作的引诱,人类精神欲趋向于'真''善''美'之途,更不能不以是为发轫之地"。围绕人格的"训练与修养",王森然将全书分为六大板块:(1)绪论。包括国文在教学上的价值、国文教师的责任、国文教学的主张。(2)目的与课程。包括中学国文教学的目的、中学国文教学的课程、课目纲要的说明。(3)教学与材料。包括中学国文教材的选择、中学国文选材的方法、中学国文教材排列、中学国文教材与学级的编制。(4)教学与方法。包括教学方法的讨论、教师和学生应特别注意之点、学生学习问题、讲读的程序及考查成绩、中学语体文教学法纲要、中学文言文教学法纲要。(5)作文与试验。包括中学作文的教学、中学作文教学的琐识(上)、中学作文教学的琐识(下)、中学作文教学的程序、中学国文试验的方法。(6)结论(带附录)。作者从课程、教材、教法三个维度构建了较为完整的教学体系,这在当时是独领风骚的。针对当时国语文学习价值的困惑,王森然先生从社会学视角提出国文教学"四价值论":个人方面,是满足现实生活的需要,是发展精神生活的需要;社会方面,是社会生活巩固的需要,是社会生命永久的需要;国家方面,是国家组织的需要,是国家存在的需要;世界方面,是促进世界联合的需要,是完成世界创造的需要。这在当时是非常有指导意义的。

3. 阮真力主用科学精神与方法推进语文教育研究

阮真是一位接受过科学训练的学者。1919年前后,阮真在南京高等师范学校(南京大学前身)接受了陶行知等学者的科学训练。1929年,阮真受中山大学庄泽宣教授的邀请赴中山大学任教,深受庄泽宣等学者的影响。他不尚空谈,总是亲临实践,用事实说话。1930年前后,他带领教育研究所的学生深入广州等地的中小学,实地调查当时的中小学语文教育,写出了《中学作文教学研究》《中学国文校外阅读研究》《中学国文各学程教学研究》《中学读文教学研究》四部在当时很有影响的著作。1936年,他又应东南大学教务长汪懋祖教授邀请为正中书局撰写了《中学国文教学法》。作者用科学的方法研究国语文,为语文教育研究趟出了一条新路,这部著作也成为里程碑式的经典。

"作者立论,最重逻辑。条分缕析,颇有系统。凡所言者,最切实际。自谓所贡献于今日之中学国文教学者,不无精到之见地与实际之指示。虽尝博览各家之说,而不肯贸贸然采取之。故恒有严格之批判。"基于此,作者总是亲临实践、面向实际提出有价值的观点。他提出初高中国语文教学目的应该是"层递式"的,总目标之下要有具体的分解目标,这样便于不同年级操作。他通过调查证明当时的教师生存状况极其可悲,提出社会应该为语文教师创造适宜的生存环境。他根据不同年级学生的特点构建了具有科学特征的课程体系和教材体系。这种借助科学手段研究语文获得的结论就具有了科学的价值,为学科真正独立与发展奠定了相当重要的理论基础。

4. 蒋伯潜明确语文教学应以学生为中心

1940年前后,新学制已实施近20年,中国的语文教育依然不尽如人意。每年的中考、高考过后,社会上总要口诛笔伐,语文教育每况愈下,学生一代不如一代。面对社会上的种种非议，蒋伯潜先生用他的力作《中学国文教学法》作出了回应。蒋伯潜先生指出："如果希望提高一般中学生国文程度水准，不得不在国文教学的本身上着想；教学的目的，教师的素养，课内讲读的教材和教法，习作的指导和批改，各种课外工作的指导，教师的进修……都应当平心静气地，逐一加以检讨，以求改进！"

在讲读教学方面，作者提出：讲读教学应以学生为中心，使学生处于主动地位；应坚持确当的选材标准与组材形式；应有一定的步骤；应注重课后的督促与检查。在作文教学方面，作者提出：作文命题要以学生为中心；作文指导应抓一般的指导与特殊的指导两个方面；作文批改可以采用学生自改和黑板练习两种方式。在课外指导方面，作者提出：要做好对学生课外自由阅读的指导；要做好对学生课外作业的指导；要做好对学生课外习字的指导；要做好对学生课外活动的指导。这三个方面是语文教学的重点所在，蒋伯潜先生都把学生置于语文学习中心，这在当时是难能可贵的。

5. 艾伟为语文教育打开心理学探究的窗户

艾伟是一位在美国接受西方心理学教育的专家。他用20年的时间到中小学实验、调查，即使在抗战最艰难的时期也没有中断。1948年、1949年他奉献给读者的《国语问题》《汉字问题》，为语文教育打开了一扇心理学研究的窗户。关于国语，作者指出："著者对于小学国语阅读心理之探讨，二十余年于兹矣。其目的在求教育之科学化。教育科学化之含义，卑之无甚高论，即实事求是之谓也。从事教育事业者无论在行政上或教学上必须实事求是。"关于汉字，作者认为："所谓科学之整理不外乎实事求是，盖初学者对于汉字之感觉有难有易。何种字易于学习？何种字难于学习？从教学经验中固可探知一二，然而欲窥全豹必须用实验方法作大量初学者之心理观察，并须控制其情境以探知其学习历程，如是则症结所在不难查出，改进之道方能求得。"经过调查，艾伟认为常用汉字2 400个，11画以下的字1 200个，11画以上的字1 200个。识字教学面临三个问题：字形方面，笔画繁难的、笔画相近不利于学生学习；字声方面，偏旁之误读，因字形而误读，因习惯而误读；字义方面，形旁变化引起误解，字形变化引起误解，联想错误引起误解，生僻字引起误解，字形难认引起误解。面对阅读教学问题、汉字教学问题，艾伟先生都提出了具体、切实可行的解决策略。这些策略立于科学研究的基础之上，故而具有划时代的意义。

（二）阅读教学科学、有效的呼唤与实践

阅读教学是国语文教学的难点与重点。中国古代的阅读教学注重积累，科举考试兴起之后,"四书""五经"成为考试的对象。学子们死记硬背,就是为了"暮登天子堂"。读书、背书成了学子们的日常功课。学校兴起之后,学生学习的科目多了,所阅读的内容多了,阅读教学如何才能更有效,这也就成了语文教学的难点。对此,叶圣陶、朱自清、袁哲、艾伟进行了探索,提出了有价值的研究成果,故而他们的研究著作也就成了阅读教学的经典。

1. 袁哲首倡"全文法"提高阅读效率

袁哲是一位接受过西方教育的学者;他曾留学日本,在早稻田大学师从当时著名教育家稻毛诅风研究教育。1936年,袁哲撰写并出版了《国语读法教学原论》,为语文教育研究又推开了一扇窗户。袁哲借助西方的研究方法研究中国的阅读教学,为当时的语文界提供了新鲜的教育经验。袁哲指出:"读法教学理论之研究,既如此漠视,则实际读法教学方法之幼稚,亦可想见矣。夫读法教学为小学教育中之重要部分,读法教学之优劣,直接影响全部小学教育效率之大小;儿童读法成绩之低劣者,亦难望其各科有优良之成绩。故欲图小学教育效率之增进,必须改进读法科之教学,而欲改进读法科之实际教学,必须有读法之科学理论以为根据,此所以读法教学之理论,为从事或研究小学教育者,所必须明了也。"

鉴于此,袁哲提出:"读法教学者,乃系根据一定之目的与目标,循最经济之途径,使儿童对于理解文章之意义内容乃至生命等之内在的事物,及理会其表现形式(包含文字、语言、文章)的能力,能继续改进发展的'感与应之循环往复的作用'也。"这种教学要关注两个方面:其一,要先全体的概览,而后局部的分析;先内容的吸取,而后形式的探究;先理解而后记忆。其二,要多方的补助想象,并随机设计表演,把内容情景,显露无遗,使儿童得以充分的欣赏。垣内松三指出:"读法教学之方法,有两种潮流:一种是经验的立场,一种是观念的立场。从教育之事实上说起来,一种是客观的,一种是主观的,两者都不是全面的能够完成读法教学之目的的。袁氏涉及此两方面,从历史上理论上,检讨东洋欧美之学说与实际,且发扬其理论,而在此提倡'全文法',确可谓读法研究上之合理的统一。"袁哲的此项研究不仅带来了外域的经验,而且解决了语文教学中的问题,故而此书成为时代经典。

2. 叶圣陶、朱自清首倡"精读""略读"提高阅读效度

阅读教学难教,效果不好是一大痼疾,大家对它束手无策。关于文言文,老师们认为可以发掘其"微言大义",有东西可讲;关于白话文,老师们则认为无法下手,因此就放任自流。阅读效果也就可想而知了。叶圣陶、朱自清两位语文教

育家高瞻远瞩,于1941年、1943年奉献了《精读指导举隅》《略读指导举隅》,提出了"精读"与"略读"两种阅读教学范式,为提高阅读教学效率辟出一条坦途。

作者认为:一篇文字,可以从不同的观点去研究它,如作者意念发展的线索,文字后面的时代背景,技术方面布置与剪裁的匠心,客观上的缺点与疵病,这些就是所谓的不同的观点。对于每一个观点都可以提出问题,令学生在预习的时候寻求解答。如果学生能够解答得大致不错,那就真个做到了"精读"两字——"精读"的"读"字原不是仅指"吟诵"与"宣读"而言的。精读有精读的作用,略读有略读的价值。"学生从精读方面得到种种经验,应用这些经验,自己去读长篇巨著以及他的单篇短什,不再需要教师的详细指导,这便是'略读'。就教学而言,精读是主体,略读只是补充;但就效果而言,精读是准备,略读才是应用。"在《略读指导举隅》中,叶圣陶、朱自清列举了当时教材中的名篇一一讲解,为当时处于迷茫之中的国文教师提供了范例。

（三）作文教学科学、有效的多方位探索与总结

作文教学历来就是语文教学的难题,投入时间多,效果却不尽如人意。科举取士,举子们只要学会让人似懂非懂的八股就可以了;学校教育,学生们却要为生活着想,学习与生活相关的写作。旧时代的先生们依然用老办法教新学生,方法还是老的,思想还是旧的,写的内容却是新的。旧瓶装新酒自然装不出什么新花样,作文教学也就为社会所诟病。语文界的有识之士力主用新思想、新方法改造当时的作文教学,以期取得令人满意的效果。

1. 梁启超把脉作文教学

梁启超作为一代学术大师,在20世纪20年代就为作文教学把脉,切中作文教学的弊端。他认为,要提高作文的效率就要让学生写出真实的内容、抒发真实的感情。他认为,文章的作用在于有思想,有思想则在于"有内容""有系统"。有了思想还要让别人理解接受,那就需要"说自己想说的话""表自己想达的意"。关于文体他提出"记述之文"和"论辩之文"两种,两种之下又分为若干细目,如记述之文就可以分为记"静态"的和记"动态"的两类,每一类都有不同的要求。梁先生提出了五种观察方法:鸟瞰法,跳出来站在高处看事物;类括法,即观察法,亲历实地观察;移步法,移步换形看事物;凸聚法,即陪衬法;商尝法,即集中一点的写法。梁先生深入浅出,把深奥的道理讲得通透易解。谈到论辩之文,梁先生将其归为五种:说喻、倡导、考证、批评、对辨。说喻之文是对于特定的一个人,或一部分人,发表自己意思,劝他服从某道理,或做某件事。倡导之文是标举一种政策或一种学术,树堂堂正正之旗,对于全国人

(非特定人)或全世界人,乃至将来之人,发表意见。考证之文在于列举事实证明自己的观点。批评之文在于借助事实批评人家。对辨之文,是答人家的批评。梁先生每讲一类都引经据典,深入浅出,给读者留下深刻印象。时至今日,捧读梁先生的巨作,我们仍有醍醐灌顶之感。当人们还在孜孜探索什么观察法、论证法的时候,捧读梁先生的著作我们才感到我们的浅薄!

2. 陈望道关注生活写作

陈望道是一位著名的语言学家,卓越的语文教育家。他在1922年发表的《作文法讲义》是一部早期研究作文教学的力作。他认为:"文章是一种传达意思的工具。我们传达意思,惯常共有三种凭借:第一,是动作,就是招手、摇头等态势;第二,是声音,就是所谓自言、答难的语言;第三,是衍形、衍音的文字。用文字传达意思的制作,就是文章。""文章必由意思和文字两个原素[1]融合而成,减少不得,更换不得。减少了文字这原素,必只是纯粹的心理现象,更换了文字这原素,也必成了上文所述的态势或语言,不会依然是文章。减少了意思这原素,结果也是如此;我们或可以称彼为一种游戏的排列,却不能称彼为文章。"他在著作中提出时下作文教学存在两种现象:"技术主义"与"情绪主义"。前者的缺点在乎刻意雕琢事象,后者的缺点在乎任情曲解事象。缺点虽然不同,结果却是一样:毁伤真实。我们要写作"力求真实"的文章,就需要关注生活。陈先生从不同类型的文体要求论述了具体的要求,从字词句章到谋篇布局都体现了大家风范,给读者切实的帮助。

3. 夏丏尊、刘薰宇强调作文是表情达意的工具

1926年,夏丏尊、刘薰宇出版《文章作法》,一时间洛阳纸贵。夏丏尊、刘薰宇认为:"文章本是为了传达自己[2]意思或情感而作的,所以只是一种工具。单有意思或情感,没有用文字发表出来,就只能保藏在自己底心里,别人无从得知。单有文字而无意思或情感,不过是文字底排列,也不能使读的人得到点什么。意思或情感是文章底内容,文字底结构是文章底形式。内容是否充实,这关系作者底经验、智力、修养。至于形式底美丑,那便是一种技术。严格地说,这两方面虽是同样地没有成法可依赖,但后者毕竟有些基本方法可以遵照,作文法就是讲明这些方法的。"作者在这部著作中具体地阐述了记事文、叙事文、说明文、议论文、小品文的写法。作者强调:"所谓好文章,就是达意表情,使读者读了以后能明了作者底本意,感到作者底心情的文章。应当怎样作法才能

---

[1] "原素",即今之"元素",后同。——编者
[2] "底",即今之"的",后同。——编者

达到这种地步,这个问题包含很广,实不容易的;但综合起来,最要紧的基本条件,却有两个:(1)真实;(2)明确。"全书围绕如何能够有效地表情达意展开论述,凸显了实践的指导价值。

二、语文教育经典对当代的启示

上述语文教学法著作已出版发行多年,但是这些著作却历久弥新,仍然具有很高的学术价值,对当代的语文教育也有着现实的指导意义。时下语文教育争论的很多问题实际上是在"重复别人的故事",一些历史上就已有很好结论的问题人们还在争论,这种无知者无畏的举动着实可以休矣!研读经典,反思过去,正视现实,也许我们能够少走弯路,多一点有价值的探索。

1. 思想解放是语文教育发展的基础

在百年语文教育发展中,我们国家经历了三次大的思想解放运动。第一次是"戊戌变法"运动。这次运动是从1896年严复翻译《天演论》开始的,西方的"物竞天择,适者生存"理念深深刺痛了中国人的心。要图强,就要变法,就要解放思想。"戊戌变法"虽然失败了,但是这次思想解放运动加速了"科举制度"崩溃,加速了封建书院、私塾教育崩溃,加速了学校教育的兴起,加速了语文学科的独立。第二次是1919年的"五四"新文化运动,西方的"科学"与"民主"成了改造社会的利器,语文教育引进了西方的学制并逐步建立了适合学科特点的课程体系,语文教育逐步走向成熟。第三次是1978年的"实践是检验真理的唯一标准"的大讨论,这次讨论解放了人们的思想,带来了语文教育30年的快速发展,带来了语文教育研究的大繁荣。

2. 创新是语文教育发展的动力

中国语文人从来就没有忘记创新,我们的前辈用自己的智慧创造了一个又一个语文教育的辉煌。1925年,张震南等人在扬州中学改革国文教学,开设了富有地域特色的课程。1935年,夏丏尊、叶圣陶的《国文百八课》首次使用了单元编排方式,有效地解决了文选、文话、文法与修辞协调问题,开辟了语文教材编写新天地。1946年,于在春在南通中学进行集体作文实验,较好地解决了学生作文低效的问题。1958年,辽宁北关实验学校"集中识字实验",既解决了汉字难学的难题,又解决了识字与阅读之间的矛盾。创新是中国语文发展的动力,不过这种创新太少了,故而原创式的中国语文教育经验就更加可贵。

3. 引进与消化可以促进语文教育发展

语文教育从独立设科之日起就不断地接受外来经验,不断地受到外国教育理论的影响。1904年学科独立,我们学习日本经验,翻译日本的教育理论,请日本人帮助我们编写教科书。但是我们没有照搬,我们采取了改造。1919年,我们引进了美国杜威的实用主义哲学,杜威的教育思想被普遍应用到中国的教育之中。此后30年间我们的语文人不断地改造、不断地吸收,美国的理论变成了中国的教育实践。1920年,廖世承、舒新城引进了美国的"道尔顿制",历时10年,涉及100多所学校,取得了很大成绩,当他们发现文科实验结果不佳时便主动宣告中止实验。1956年我们引进了苏联的"汉语""文学"分科教学,虽然取得了很多成就,但是3年之后就因为种种原因停止了。1982年,我们引进了美国的"目标教学",全国23个省闻风而动,10年之后,目标教学停止了。1985年我们引进了美国的标准化考试,10年之后标准化考试也停止了。前辈学者引进外来的东西进行试验,这本身就是一种创造。外来的理论可以拓展我们的视野,可以带给语文新的变化,但是语文教育的发展关键在内因。中国的语文教育需要引进,但引进的同时必须改造、消化、吸收,唯有这样,外国的东西才能为我所用。

4. 语文教育科学化是学科成熟的标志

语文学科一直受到诟病,究其原因就是我们的学科缺乏独立性。100年间,我们的学者在不断尝试用科学主义改造我们的语文,使其走出"经验""模糊"的困境。阮真先生用实证主义研究范式研究20世纪30年代的语文,为教材编写、作文批改提出了可测量的数据,这些数据弥足珍贵。20世纪30年代,叶圣陶、夏丏尊的《国文百八课》对教材进行了科学化改造,教材成了一个有机整体。20世纪40年代,艾伟借助心理学研究工具研究汉字问题、国语问题,所提供的数据、得出的结论至今仍有震撼力。西方学者认为一个学科成熟的标志是学科是否能够用公式进行表达。语文学科无法实现"用公式表达"的目标,但是语文教育只有走出"经验""模糊"的困境才能走向成熟。

百年语文教育的发展留下了太多的宝贵遗产,需要后来者发掘、整理、继承、发展。我们一群中青代学者之所以要十年如一日地做这一件事,就是要为学科发展尽一点微薄之力。由于我们的学术水平有限,我们的努力也还有许多缺憾。当我们诚惶诚恐地奉献给读者这一套丛书的时候,我们也就做好了接受读者批评的准备。语文教育是大家的事业,只要我们脚踏实地认真地去做事、做实事,我们就有可能再次创造语文教育的辉煌!

2013年元月

目 录

前言 我们应该怎样指导学生读书？
　　——重读叶圣陶　朱自清《精读指导举隅》《略读指导举隅》
　　徐林祥　李明高

001　精读指导举隅

149　略读指导举隅

353　附录一　叶圣陶、朱自清重要著作目录及论文选录

388　附录二　叶圣陶、朱自清重要研究论著之文摘

397　后记

前言

我们应该怎样指导学生读书？
——重读叶圣陶 朱自清《精读指导举隅》《略读指导举隅》

徐林祥　李明高

叶圣陶，原名绍钧，字秉臣。1894年10月28日出生于苏州城内悬桥巷一个平民家庭。1912年中学毕业后，成为乡镇小学教师。1915年进上海商务印书馆附设尚公学校执教。1917年到甪直第五高等小学执教。1919年加入北京大学学生组织的"新潮社"，开始发表小说、新诗、文学评论和话剧剧本。1921年与沈雁冰、郑振铎等人发起成立"文学研究会"，共同举起"为人生"的现实主义文学旗帜。1921年起，先后在中国公学中学部、浙江省立第一师范、北京大学预科、上海神州女校、复旦大学、福州协和大学、上海大学、上海立达学园、松江景贤女子中学上海分校任教。1923年任商务印书馆编辑。1931年任开明书店编辑。"九一八"事变后，参加发起成立"文艺界反帝抗日大联盟"。1938年起，先后在巴蜀学校、国立中央戏剧学校、复旦大学(重庆)、武汉大学(乐山)、光华大学、齐鲁大学任教。1946年后任中华全国文艺界协会总务部主任。1949年任华北人民政府教科书编审委员会主任。新中国成立后，历任中央人民政府出版总署副署长兼编审局局长，教育部副部长兼人民教育出版社社长和总编辑，教育部顾问，中央文史研究馆馆长，民进第六届中央副主席、第七届中央主席、名誉主席，第六届全国政协副主席。1988年2月16日在北京逝世，享年94岁。

朱自清，原名自华，号秋实，字佩弦。1898年11月22日出生于江苏东海(今江苏省连云港市东海县平明镇)，1903年随家人迁居扬州，1916年中学毕业考入北京大学，1920年北京大学哲学系毕业。1920年到1925年间，先后在浙江省立第一师范、江苏省立第八中学、中国公学中学部、浙江省立第六师范、浙江省立第十中学、浙江省立第四中学、上虞县春晖中学任教。1925年开始在清华执教。1931年8月，留学英国，进修语言学和英国文学。1932年7月回国，任清华大学中文系主任。抗日战争爆发后，随清华大学南下长沙。1938年3月到昆明，任西南联合大学中文系主任，并当选为中华全国文艺界抗敌协会理事。1946年，由昆明返回北京，任清华大学中文系主任。1948年6月18日，他身患重病，仍签名《抗议美国扶日政策并拒绝领取美援面粉宣言》，并嘱告家人不买配售面粉，始终保持着一个正直的爱国知识分子的高尚气节和可贵情操。同年8月12日病逝于北平，享年50岁。

叶圣陶先生与朱自清先生相识是在1921年秋天。据朱自清《我所见的叶圣陶》记载："我第一次与圣陶见面是在民国十年[1]的秋天。那时刘延陵兄介绍我到吴淞炮台湾中国公学教书。到了那边，他就和我说：'叶圣陶也在这儿。'我们都念过圣陶的小说，所以他这样告我。"其时，叶圣陶27岁，朱自清23岁。同年11月，浙江第一师范校长马叙伦委托朱自清邀请叶圣陶任教。朱自清说："他到校时，本来是独住一屋的，却愿意将那间屋做我们两人的卧室，而将我那间做书室。这样可以常常相伴，我自然也乐意。"[2]两人一起切磋学问，泛舟西湖，担任晨光文学社顾问。

1940年7月，叶圣陶任四川省教育科学馆国文视导员，受四川省教育厅厅长郭有守的委托，编辑"国文教学丛刊"。叶圣陶说："丛刊的目录拟了八九种。其中两种是《精读指导举隅》跟《略读指导举隅》，预先没有征求佩弦的同意，就定下主意我跟佩弦两个人合作。因为在一九四零年夏天到一九四一年夏天佩弦轮着休假，在成都家里住，可以逼着他做。去信说明之后，他居然一口答应下来，在我真是没法描摩[3]的高兴。"[4]1940年8月4日，朱自清至成都家中，与陈竹隐等家人团聚。5日，即赴开明办事处访叶圣陶。6日，叶圣陶宴请朱自清，即商谈合作《精读指导举隅》与《略读指导举隅》之事。自此以后，两人商量体例，挑选文篇和书籍，分工动手写作，彼此修改文稿。历时一年多，终于完成了《精读指导举隅》与《略读指导举隅》两书的撰写任务。

叶圣陶和朱自清合作撰写的"专供各中学国文教师参考用"的阅读教学指导书——《精读指导举隅》于1941年2月由四川省政府教育厅印行，1942年3月由商务印书馆在重庆初版，《略读指导举隅》于1943年1月由商务印书馆在重庆初版。《精读指导举隅》选取六篇课文为例进行指导，其中记叙文、短篇小说、抒情散文、说明文各一篇，议论文两篇；古代作品两篇，现代作品四篇。《略读指导举隅》选取七部书为例进行指导，其中经籍一种、名著节本一种、诗歌选本一种、专籍两种、小说两种；适合初中学生阅读的三种，适合高中学生阅读的四种。

1980年，吕叔湘先生在为《叶圣陶语文教育论集》一书所写的"序"中说："按说这本集子里边的文章大部分是解放以前写的，为什么现在还没有过时呢？这是因为现在有很多问题表面上是新问题，骨子里还是老问题，所以这

---

[1] 民国十年，即1921年。为尊重原著，书中涉及民国纪年统一保持原样。——编者
[2] 朱自清.我所见的叶圣陶[M]//朱自清.朱自清全集：第1卷.南京：江苏教育出版社，1988：155-156.
[3] "描摩"，今多为"描摹"，后同。——编者
[4] 叶圣陶.朱自清《读书指导》后记[M]//叶圣陶.叶圣陶集：第17卷.南京：江苏教育出版社，1994：330.

些文章绝大部分仍然富有现实意义。"[1]时隔七十多年,重读叶圣陶先生和朱自清先生合作的《精读指导举隅》与《略读指导举隅》(以下分别简称为"《精读》""《略读》"),特别是叶圣陶先生为这两本书所写的"前言",对于我们今天指导学生读书,正确认识中国语文学科教学目标、阅读教学的课型与过程、阅读教学的教材、阅读的原则与方法、教师的职责,开展阅读教学,仍然极富指导意义。

一、关于国文教学的目标

叶圣陶在《略读指导举隅》前言中指出:"国文教学的目标,在养成阅读书籍的习惯,培植欣赏文学的能力,训练写作文字的技能。"

这是叶圣陶一贯的主张。早在 1932 年 11 月,叶圣陶在《中学生》第 29 号上发表《国文科之目的》一文时,就明确提出:国文科的目的就是"整个的对于本国文字的阅读与写作的教养",换一句话说,就是"养成阅读能力""养成写作能力"两项。[2]

1940 年 9 月,叶圣陶在《中等教育季刊》创刊号上发表的《国文教学的两个基本观念》一文中指出:"国文是各种学科中的一个学科,各种学科又像轮辐一样辏和于一个教育的轴心,所以国文教学除了技术的训练而外,更需含有教育的意义。说到教育的意义,就牵涉到内容问题了。"叶圣陶同时指出:"不过重视内容,假如超过了相当的限度,以为国文教学的目标只在灌输固有道德,激发抗战意识,等等,而竟忘了语文教学特有的任务,那就很有可议之处了。""国文教学自有它独当其任的任,那就是阅读与写作训练。学生眼前要阅读,要写作,至于将来,一辈子要阅读,要写作。这种技术的训练,他科教学是不负责任的,全在国文教学的肩膀上。"[3]

1942 年 1 月,叶圣陶在《国文杂志》第 1 期发表《略谈学习国文》一文。文章明确指出:"学习国文就是学习本国的语言文字。"他说:"语言文字的学习,就理解方面说,是得到一种知识;就运用方面说,是养成一种习惯。……从国文科,咱们将得到什么知识,养成什么习惯呢? 简括地说,只有两项,一项是阅读,又一项是写作。……这两项的知识和习惯,他种学科是不负授予和训练的责任的,这是国文科的专责。每一个学习国文的人应该认清楚:得到阅读和

---

[1] 吕叔湘.叶圣陶语文教育论集:序[M]//叶圣陶.叶圣陶语文教育论集.北京:教育科学出版社,1980.
[2] 叶圣陶.国文科之目的[M]//叶圣陶.叶圣陶集:第 13 卷.南京:江苏教育出版社,1992:32.
[3] 叶圣陶.国文教学的两个基本观念[M]//叶圣陶.叶圣陶集:第 13 卷.南京:江苏教育出版社,1992:52-53.

写作的知识,从而养成阅读和写作的习惯,就是学习国文的目标"。[1]

1948年7月,叶圣陶在为中学生杂志社编的《中学生手册》所写的《中学国文学习法》中又一次指出:"学习国文该认定两个目标:培养阅读能力,培养写作能力。培养能力的事必须继续不断地做去,又必须随时改善学习方法,提高学习效率,才会成功。所以学习国文必须多多阅读,多多写作,并且随时要求阅读得精审,写作得适当。"[2]

直到1980年,叶圣陶还坚持这样的观点。他说:"学校里为什么要设语文课？这个问题好像挺简单,但是各人的认识不一致,甚至有很大的不同。有一种看法认为语文课的目的是让学生掌握语言文字这种工具,培养他们的接受能力和发表能力。我同意这种看法。"[3]

根据这个国文教学的目标,或者说语文教学的目标,又可以派生出以下几个基本观点:

(一) 形式与内容结合

叶圣陶多次指出国文学科教学与其他学科教学的区别。在他看来,国文功课方面的工作,无论阅读何种书籍,都宜抱着研究国文的态度。平常读一本数学课本,不研究他的说明如何正确；读一本史地课本,也不研究他的叙述如何精当。数学课本与史地课本原可以在写作技术方面加以研究；因作者的造诣不同,同样是数学课本与史地课本,其正确与精当的程度,实际上确也大有高下。但是在学习数字,学习史地的立场,自不必研究那些；如果研究那些,便转移到学习国文的立场,抱着研究国文的态度了。

所谓国文的立场、国文的态度,与其他课程的区别,即在于"其他功课的阅读都只需顾到书籍的内容；国文功课训练阅读,独需内容形式兼顾,并且不把内容形式分开来研究,而认为不可分割的两方面"。这里"形式"与"内容"的结合,也就是古人所说的"文"与"道"的统一,今人所说的"工具性"与"人文性"的统一。

他说:"经过了国文功课方面的训练,再去阅读其他功课的书籍,眼力自也增高。认清了这一层,对于选定的略读书籍,自必一律作写作技术的研究。被选的书总有若干长处；读者不仅在记得那些长处,尤其重要的,在能看出为什么会有那些长处。同时不免或多或少有些短处；读者也需能随时发现,说明他的所以然,这才可以做到读书而不为书所蔽。"(《略读》)

---

[1] 叶圣陶.略谈学习国文[M]//叶圣陶.叶圣陶集:第13卷.南京:江苏教育出版社,1992:103-104.
[2] 叶圣陶.中学国文学习法[M]//叶圣陶.叶圣陶集:第13卷.南京:江苏教育出版社,1992:138.
[3] 叶圣陶.听、说、读、写都重要[M]//叶圣陶.叶圣陶集:第13卷.南京:江苏教育出版社,1992:249.

（二）读与写结合

《精读》与《略读》强调的重点是在"读"的方面，但也兼顾到"写"的方面，注意到了"读"与"写"的结合。不论是《精读》，还是《略读》，都强调学生要做笔记。这就是读写结合的一种重要方式。叶圣陶还对做笔记提出了"精心结撰"的要求。他说："要学生[1]笔记自然是好的，但仅仅交得出一本笔记或许只是形式上的事情，要希望收到实效，不得不督促学生凡作笔记务需精心结撰。所谓精心结撰也不需求其过高过深，只要写下来的东西真是他们自己参考与思索得来的结果，就好了。参考要有路径，思索要有方法，这不单是知识方面的问题，而且是习惯方面的问题。"（《精读》）《精读》与《略读》两书在每一篇范文和每一本书的"指导大概"里讲"读"的同时，也都照应了"写"的方面。

（三）听话、说话与阅读、写作结合

《精读》与《略读》不光讲"读""写"，而且还注意到了"读""写"与"听""说"的关系。叶圣陶将有声的阅读分为两种："一种是吟诵，又称为美读；一种是宣读，又可叫做论理的读法。"（《精读》）他说："国文和英文一样，是语文学科，不该只用心与眼来学习；需在心与眼之外，加用口与耳才好。吟诵就是心、眼、口、耳并用的一种学习方法。从前人读书，多数不注重内容与理法的讨究，单在吟诵上用功夫。这自然不是好办法。现在国文教学，在内容与理法的讨究上比从前注重多了；可是学生吟诵的功夫太少，多数只是看看而已。这又是偏向了一面，丢开了一面。唯有不忽略讨究，也不忽略吟诵，那才全而不偏。吟诵的时候，对于研究所得的不仅理智地了解，而且亲切地体会，不知不觉之间，内容与理法化而为读者自己的东西了。这是最可贵的一种境界。学习语文学科，必须达到这种境界，才会终身受用不尽。"（《精读》）

后来，叶圣陶在1949年8月草拟的《中学语文科课程标准》"目标"之中，便明确概括为"听话、说话、阅读、写作四项"。[2] 1964年2月，他在解释"语文"作为课程名称时也说："'语文'一名，始用于一九四九年华北人民政府教科书编审委员会选用中小学课本之时。前此中学称'国文'，小学称'国语'，至是乃统而一之。彼时同人之意，以为口头为'语'，书面为'文'，文本于语，不可偏指，故合言之。亦见此学科'听''说''读''写'宜并重，诵习课本，练习作文，固为读写之事，而苟忽于听说，不注意训练，则读写之成效亦将减损。原意如是，

---

[1] "作笔记"，今多为"做笔记"，此处为引文，为尊重原作者，故保留原用法，后同。——编者
[2] 叶圣陶.中学语文科课程标准:草稿[M]//叶圣陶.叶圣陶集:第16卷.南京:江苏教育出版社，1993:114.

兹承询及,特以奉告。"[1]

(四)课内与课外结合

学生阅读书籍主要是在课外,《精读》与《略读》对于课内与课外的关系,也有精辟论述。

叶圣陶说:"学生从精读方面得到种种经验,应用这些经验,自己去读长篇巨著以及其他的单篇短什,不再需要教师的详细指导,这便是'略读'。就教学而言,精读是主体,略读只是补充;但就效果而言,精读是准备,略读才是应用。学生在校的时候,为了需要与兴趣,需在课本或选文以外阅读旁的书籍文字;他日出校之后,为了需要与兴趣,一辈子需阅读各种书籍文字;这种阅读都是所谓应用。使学生在这方面打定根基,养成习惯,全在国文课的略读。如果只注意于精读,而忽略了略读,工夫便只做得一半儿。其可能想象的弊害:当学生遇到书籍文字的时候,也许会因没有教师在旁作精读那样的详细指导,而致无所措手。现在一般学校,忽视了略读的似乎不少,这是必须改正的。"(《略读》)

(五)传授知识、训练技能与养成习惯结合

《精读》和《略读》在强调语文知识和技能的教学方面,是很下了一些气力的。两书"指导大概"对于语言文字的内容,简直是到了咬文嚼字的程度,对文章语言的解说与分析,极其细致而透彻。在强调语文知识和技能的同时,叶圣陶、朱自清都强调要转换为习惯,养成习惯的思想可以说是贯穿在两书中的灵魂。

1925年,朱自清在《教育杂志》第17卷第7号上发表《中等学校国文教学的几个问题》一文就指出:"教室中的教学,原重在指示方法,养成习惯;国文的讲授原重在指示读书与思想的方法,养成读书与思想的习惯。"[2]

叶圣陶在《精读》与《略读》两书的"前言"中不断提醒教师要重视养成学生好的习惯。他说:

> 学生认识生字生语,往往有模糊笼统的毛病,用成语来说,就是"不求甚解"。所以令学生预习,必须使他们不犯模糊笼统的毛病;像初见一个生人一样,一见面就得看清他的形貌,并且察知他的性情。这样成为习惯,然后每认识一个生字生语,好像积钱似的,多积一个总是增加财富的总

---

[1] 叶圣陶.答滕万林[M]//叶圣陶.叶圣陶集:第25卷.南京:江苏教育出版社,1994:33—34.
[2] 朱自清.中等学校国文教学的几个问题[M]//顾黄初,李杏保.二十世纪前期中国语文教育论集.成都:四川教育出版社,1991:358—359.

量。(《精读》)

在平时养成学生讨论问题,发表意见的习惯。(《精读》)

读书先看序文,是一种好习惯。(《略读》)

所以在略读的时候,必须教学生先看序文,养成他们的习惯。(《略读》)

目录表示一部书的骨干,也具有提要的性质;所以如序文一样,也需养成学生先看它的习惯。(《略读》)

一般学生读书,往往连字典辞典也懒得翻,莫说跑进图书室去检览有关书籍了。这样"读书不求其解"的态度,当时未尝不可马虎过去;但这就成了终身的病根,将永不能从阅读方面得到多大益处;若做专门研究工作,更难有满意的成就。所以,利用参考书籍的习惯,必须在学习国文的时候养成;精读方面要多多参考,略读方面还是要多多参考。在起初,学生自必嫌得麻烦,这要翻检,那要搜寻,不如直捷读下去来得爽快;但渐渐地成了习惯,就觉得必须这样多多参考,才可以透切地了解所读的书,其味道的深长,远胜于"不求甚解";那时候,让他们"不求甚解"也不愿意了。(《略读》)

叶圣陶始终认为:语文教学,就是要养成学生运用语文的好习惯。1962年,他在《认真学习语文》一文中说:"学习语文目的在运用,就要养成运用语文的好习惯。"[1]1963年,他在答教师的信中说:"阅读教学之目的,我以为首在养成读书之良好习惯。教师辅导学生认真诵习课本,其意乃在使学生渐进于善读,终于能不待教师之辅导而自臻于通篇明晓。课外更读选本,用意亦复如是。"[2]大而言之,就整个教育而言,是要养成学生做人的好习惯。1958年,他在答教师的信中说:"我想教师工作的最终目的,无非是培养学生具有各种良好的社会习惯。诸如热爱国家关心他人的习惯,礼貌诚笃的习惯,虚心自强的习惯,阅读书写的习惯,勤劳操作的习惯,求实研索的习惯,等等。"[3]1979年,他在《当前教育工作中的几个问题》一文中更为简洁地概括为:"教育是什么?往简单方面说,只需一句话,就是要养成良好的习惯。"[4]

(六)"教是为了达到不需要教"

叶圣陶"养成运用语文的好习惯"的思想,是与他"教是为了达到不需要教"的思想一致的。对学生来说,是"养成运用语文的好习惯",对教师来说,"教

---

[1] 叶圣陶. 认真学习语文[M]//中华函授学校. 语文学习讲座丛书:一. 北京:商务印书馆,1980:6.
[2] 叶圣陶. 答张自修[M]//叶圣陶. 叶圣陶集:第25卷. 南京:江苏教育出版社,1994:27.
[3] 叶圣陶. 答江亦多[M]//叶圣陶. 叶圣陶集:第25卷. 南京:江苏教育出版社,1994:1.
[4] 叶圣陶. 当前教育工作中的几个问题[M]//叶圣陶. 叶圣陶集:第11卷. 南京:江苏教育出版社,1991:228.

是为了达到不需要教"。

1961年7月,叶圣陶在一封书信中写道:"学生需能读书,需能作文,故特设语文课以训练之。最终目的为:自能读书,不待老师讲;自能作文,不待老师改。老师之训练必做到此两点,乃为教学之成功。"[1]同年9月,他在呼和浩特跟语文教师的讲话中提出:"总之,讲的目的,在于达到不需要讲。如果一个老师能做到上课不需要讲,只做一些指点和引导,学生就能深刻理解,透彻领会,那就是最大的成功。"[2]

1962年1月,叶圣陶在《阅读是写作的基础》一文中说:"在课堂里教语文,最终目的在达到'不需要教',使学生养成这样的一种能力,不待老师教,自己能阅读。学生将来经常要阅读,老师能经常跟在他们背后吗? 因此,一边教,一边逐渐为'不需要教'打基础。"[3]同年7月,他在回答教师的书简中说:"我近来常以一语语人,凡为教,目的在达到不需要教"。[4]11月,他又在回答教师的书简中说:"尝谓教师教各种学科,其最终目的在达到不复需教,而学生能自为研索,自求解决。故教师之为教,不在全盘授予,而在相机诱导。必令学生运其才智,勤其练习,领悟之源广开,纯熟之功弥深,乃为善教者也"。[5]

1964年3月,叶圣陶在《答六一学校校长》的信中说:"总之,教师之主导作用在就学生已有之能力水平而适当提高之,使能逐步自己领会课文之内容与语言之运用,最后达到不待教师之讲解而自能阅读。阅读教学循此为之,学生写作能力之提高亦非甚难事矣。"[6]同年6月,他在《答朱泳燚》信中再次表达了这一思想。"学生诵习教材,赖教师之指导,而领会其质与文。第领会教材之质与文犹未已也,非最后之目的也。必于教学之际培养其自动性,终臻不待教师指导而自能领会之境。"[7]

1974年1月6日,叶圣陶在回复一位教师的信中再次表达这样的思想:"凡为教者,必期于达到不须教。教师所务唯在启发导引,俾学生逐步增益其知能,展卷而自能通解,执笔而自能合度。"[8]1977年12月16日,叶圣陶给《中学语文》杂志的题词:"我想,教任何功课,最终目的都在于达到不需要教。假如学生进入这样一种境界:能够自己去探索,自己去辨析,自己去历练,从而

---

[1] 叶圣陶.语文教育书简[M]//叶圣陶.叶圣陶语文教育论集:下册.北京:教育科学出版社,1980:717.
[2] 叶圣陶.怎样教语文课[M]//叶圣陶.叶圣陶集:第13卷.南京:江苏教育出版社,1992:199.
[3] 叶圣陶.阅读是写作的基础[M]//叶圣陶.叶圣陶集:第15卷.南京:江苏教育出版社,1993:151.
[4] 叶圣陶.答梁伯行[M]//叶圣陶.叶圣陶集:第25卷.南京:江苏教育出版社,1994:18-19.
[5] 叶圣陶.答林适存[M]//叶圣陶.叶圣陶集:第25卷.南京:江苏教育出版社,1994:19-20.
[6] 叶圣陶.答六一学校校长[M]//叶圣陶.叶圣陶集:第25卷.南京:江苏教育出版社,1994:36.
[7] 叶圣陶.答朱泳燚[M]//叶圣陶.叶圣陶集:第25卷.南京:江苏教育出版社,1994:41.
[8] 叶圣陶.语文教育书简[M]//叶圣陶.叶圣陶语文教育论集:下册.北京:教育科学出版社,1980:741.

获得正确的知识和熟练的能力,岂不是就不需要教了吗?而学生所以要学要练,就为要进入这样的境界。"[1]1978年8月21日,叶圣陶在题为《大力研究语文教学,尽快改进语文教学》的发言中说:"教师教任何功课(不限于语文),'讲'都是为了达到用不着'讲',换个说法,'教'都是为了达到用不着'教'。怎么叫用不着'讲',用不着'教'?学生入了门,上了路了,他们能在繁复的事事物物间自己探索,独立实践。解决问题了,岂不是就用不着给'讲'给'教'了?这是多么好的境界啊!"[2]1979年10月,叶圣陶在《当前教育工作中的几个问题》中说:"老师讲,目的是要达到不用讲,好比帮孩子学走路,先牵着他走,扶着他走,进一步让他自己走,在旁边护着他;最后完全可以放心了,就让他自己走,护也不用护了。"

1983年8月6日,叶圣陶在民进外地来京参观教师茶话会的讲话中说:"刚才有一位同志说到我说过'教是为了不教'。后来我加了四个字:'教是为了达到不需要教'。我觉得这样表达比较明白。是不是不教了,学生就学成了呢?非也。不教是因为学生能够自己学习了,不再需要教师教了。……达到不需要教,就是要交给学生自己学习的本领,让他们自己学习一辈子"。[3]

叶至善说:"最初父亲讲'教是为了不教',引起了一些误解;以后改成'教是为了不需要教'。他觉得说得还不够清楚,最后才改成'教是为了达到不需要教'。可见得一个思想要表达得既完整又明白,往往需要经过多次的修改。父亲这句话的基本出发点是:学生不能永远依靠老师,他们在一生中会遇到各种各样的事情,终究都要靠自己去解决。因此,教师不能总是对学生不放心、不放手。"[4]

"养成良好的习惯"与"达到不需要教"是语文教学的最高境界,也是一种重要的语文教学指导思想;是教学改革的出发点,也是教学改革的归宿。"教"与"学"是手段,"达到不需要教"与"养成良好的习惯"是目的。从"教"到"不教",有一个复杂的、艰苦的过程,这是个启发、诱导、扶持的过程,也就是教师帮着学生学习的一串过程。在这个过程中,训练、培养能力是核心,在逐步放手"不教"中训练能力。学生逐步具备了能力,才可以"不教"。

叶圣陶这一思想已经超越语文学科而具有普遍的指导意义。通过教师的启发、诱导、扶持,学生具有自主、独立学习的能力,养成自主、独立学习的习

---

[1] 叶圣陶.为了达到不需要教[M]//叶圣陶.叶圣陶集:第11卷.南京:江苏教育出版社,1991:227.
[2] 叶圣陶.大力研究语文教学,尽快改进语文教学[M]//叶圣陶.叶圣陶集:第13卷.南京:江苏教育出版社,1992:231.
[3] 叶圣陶.教育杂谈[M]//叶圣陶.叶圣陶集:第11卷.南京:江苏教育出版社,1991:297.
[4] 叶至善.父亲的希望[M].北京:中国青年出版社,1994:41.

惯,教学由教师指导、促进学生发展逐渐达到学生自主、独立发展的目的。这与《基础教育课程改革纲要(试行)》的精神:"注意培养学生的独立性和自主性……促进学生在教师的指导下主动地、富有个性地学习","教师是学习活动的组织者和引导者……引导学生在实践中学会学习",《义务教育语文课程标准(2011年版)》的要求:"学生是语文学习的主体,教师是学习活动的组织者和引导者",都是完全吻合的。

二、关于阅读教学的课型与过程

(一)精读课与略读课提出的背景与价值

1904年1月,清政府颁布《奏定学堂章程》以前,我国的传统教育,在教学的方式上主要采用个别教授方式,在教学的方法上,主要是教师讲解、学生记诵的方法。自开办新式学堂之后,个别教授的学馆制逐步被集体教授的班级制所替代,但在教学方法上,特别是阅读教学,仍沿用过去重讲解、重记诵的传统方法。正如20世纪20年代来中国考察教育的美国教育家孟禄所说:"教育重在自动,教学重在启发,这是现在教育上的公理。"[1]"中国今日的教学法,譬如踢球,是只教学生研究踢球方法,不叫学生自己踢球。"[2]这种传统教学方法,由于重在讲解,因此是单向的灌输;重在记诵,因此是带强制性的死记硬背。这无疑是对学生身心发展的束缚。"五四"新文化运动以后,这种严重束缚青少年个性发展的传统教学方法,同追求个性解放、个性发展的时代潮流越来越明显地发生了抵触。努力冲破这种束缚而谋求一种新的、有利于青少年身心健康发展的教学模式,就成为从事新教育的人们所迫切关心的问题。

叶圣陶、朱自清针对传统教学方法的弊害,在吸收国外先进教育思想的同时,继承和发展传统教育中的精华,并结合自身的读写实践经验,在《精读》与《略读》中创造性地将阅读教学的课堂结构划分为"精读课"与"略读课"两种类型,在"精读"之外,把"略读"也列入正式课程,并对精读课与略读课之间的关系做了明确的界定。叶圣陶说:"学生从精读而略读,譬如孩子学走路,起初由大人扶着肩、牵着手,渐渐地,大人把手放了,只在旁边遮拦着,替他规定路向,防他偶或跌交[3]。大人在旁边遮拦着,正与扶着肩,牵着手走一样的需要当心;其目的唯在孩子步履纯熟,能够自由走路。精读时候,教师给学生纤屑

---

[1] 孟禄.好的教员[J].新教育,1922,4(4):607.
[2] 胡适,陈宝泉,陶知行.孟禄的中国教育讨论[J].新教育,1922,4(4):556.
[3] "跌交",今为"跌跤"。——编者

不遗的指导,略读时候,更给学生提纲挈领的指导,其目的唯在学生习惯养成,能够自由阅读。"(《略读》)

顾黄初先生曾将之概括为"导儿学步"教学法。顾先生指出:"导儿学步"教学法是在自动主义的现代教育思想和"导而勿牵"的传统教育思想启发下创立的一种新教法。自动主义强调要让学生独立学习、独立思考、独立作业;"导而勿牵,强而弗抑,开而勿达"(引导学生学着走而不是牵着学生走,策励学生自己走而不是推着学生走,启发学生自己去探索而不是代替学生做出结论)的传统教育思想,要求教师善于启发、引导,既不放任自流,又不包办代替。"导儿学步"教学法,在语文课堂教学结构上体现为纵向结构的改革和横向结构的改革。所谓纵向结构改革,就是把阅读教学的过程处理成"学生独立阅读(预习)——师生共同阅读(报告与讨论)——学生在理解基础上再次独立地深入地阅读(练习)"的过程,把写作教学的过程处理成"构思——起草——修改"的全程训练的过程。所谓横向结构改革,就是把阅读课分成精读课(举一)和略读课(反三),把写作课分成作文课和练笔课。由此推而广之,形成课内学知识、学规律,课外练眼力、练腕力的生动局面。[1]

(二) 精读课的过程

精读课的目的是为了培养学生的精读能力。叶圣陶、朱自清设想,精读课的指导,大体上可以分为课前预习、课堂讨论和课后练习三项。其中:课前预习又包括通读全文、认识生字生语、解答教师所提示的问题三项;课后练习指导又包括吟诵、参读相关的文章、应对教师的考问三项。

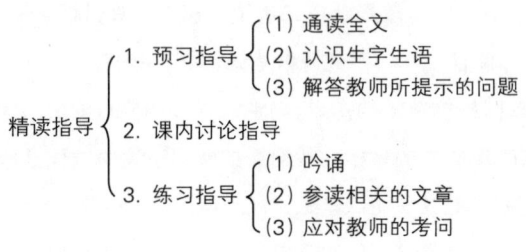

图 1　精读指导

叶圣陶、朱自清提出的这一精读教学程序,既注意到教师如何指导,又注意到学生如何学习,较好地将二者统一起来。其过程从预习开始经课内讨论归结于练习,通过教师纤屑不遗的指导,侧重让学生掌握阅读的方法,合乎从

---

[1] 顾黄初. 语文学科教育的百年步履[J]. 中学语文教学参考,1998(1-2).

感知到理解再到运用的认知规律。精读课将通读与参读、宣读与吟诵、提问与考问等形式有机地结合起来。这种改革突破了传统课堂教师单一的逐句讲授的方式,也给当时的阅读课注入了一股新鲜的空气。

(三)略读课的过程

略读课型是与精读课型相对的一种课型,其目的是为了培养学生的略读能力。叶圣陶、朱自清设想,略读课的指导,大体上可以分为读书前的指导、组织学生阅读参考研究并作笔记、课内报告并讨论和读书成绩考查四项。其中:读书前的指导又包括版本指导、序目指导、参考书籍指导、阅读方法指导和问题指导五项。读书所做笔记可分两大部分:一部分是碎屑的摘录,一部分是完整的心得,即"读书报告"或"研究报告"。学生课内报告并讨论既指阅读一书某一部分的实际经验,也指全书读毕,所做的关于全书的总报告与总讨论。

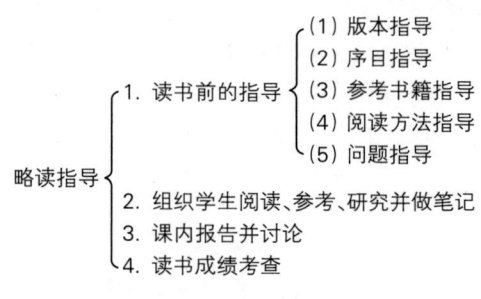

图 2 略读指导

叶圣陶、朱自清提出的这一略读教学程序,同样既注意到教师如何指导,又注意到学生如何学习,较好地将二者统一起来。其过程从阅读以前的指导经组织学生课外阅读、参考、研究并做笔记,进而课内报告并讨论,并归结于成绩考查,通过教师提纲挈领的指导,侧重让学生形成自读的习惯,合乎培养学生的实际语文应用能力的目标。从精读扩展到略读的过程,是学生从"学习"到"运用"的过程。略读课组织学生课外阅读、参考、研究、做笔记,并课内报告和讨论。这种改革也颠覆了传统课堂以教师为主体的地位,打通了课内与课外,体现了以学生为主体,为了学生发展的新思想。

三、关于阅读教学的教材

(一)课本或选文是"例子"

在叶圣陶和朱自清看来,要实现国文教学的目标,"这些事儿不能凭空着手,都得有所凭借。凭借什么? 就是课本或选文。"精读文章,只能把它认作例子与出发点。"(《精读》)课本或选文是凭借、是例子与出发点,凭借课本或选文,从这些例子出发,然后"养成、培植、训练的工作得以着手"(《略读》)。这也是叶圣陶一贯的思想。

1932年,叶圣陶在《国文科之目的》一文中就指出:"要养成阅读能力,非课外多看书籍不可。课本只是举出些例子,以便指示、说明而已,这里重要在方法。"[1]

1937年,他在《中学生课外读物的商讨》的讲话中说:"对一个中学生来说,有两种习惯是必须养成的。哪两种习惯呢? 一是自己学习的习惯,一是随时阅读的习惯。""教师的讲授无论如何详尽,总之只是'举一';学校教育所以能使学生终身受用,全在乎让学生受到锻炼,养成'反三'的能力。"[2]

1942年,他在《略谈国文学习》中指出:"知识不能凭空得到,习惯不能凭空养成,必须有所凭借。那凭借就是国文教本。"他特别提醒人们注意:"国文教本为了要供学生试去理解,试去揣摩,分量就不能太多,篇幅也不能太长;太多太长了,不适宜做细琢细磨的研讨工夫。但要养成一种习惯,必须经过反复的历练。单凭一部国文教本,是够不上说反复的历练的。所以必须在国文教本以外再看其他的书,越多越好。应用研读国文教本得来的知识,去对付其他的书,这才是反复的历练。"[3]

1945年,他在为吕叔湘的《笔记文选读》所作的序中说:"语文教本只是些例子,从青年现在或将来需要读的同类的书中举出来的例子;其意是说你如果能够了解语文教本里的这些篇章,也就大概能阅读同类的书,不至于摸不着头脑。所以语文教本不是个终点。从语文教本入手,目的却在阅读种种的书。"又说:"这个认识很寻常,可是很关紧要。"[4]

1978年,他在《大力研究语文教学,尽快改进语文教学》的讲话中再次强调说:"知识是教不尽的,工具拿在手里,必须不断地用心地使用才能练成熟练技能,语文教材无非是例子,凭这个例子要使学生能够举一而反三,练成阅读和作文的熟练技能。"[5]

叶圣陶关于教材功能的论述告诉我们:语文教材是教师"教"的"凭借",

---

[1] 叶圣陶.国文科之目的[M]//叶圣陶.叶圣陶集:第13卷.南京:江苏教育出版社,1992:32.
[2] 叶圣陶.中学生课外读物的商讨[M]//叶圣陶.叶圣陶集:第11卷.南京:江苏教育出版社,1991:71—72.
[3] 叶圣陶.略谈国文学习[M]//叶圣陶.叶圣陶集:第13卷.南京:江苏教育出版社,1992:104—105.
[4] 叶圣陶.谈语文教本:《笔记文选读》序[M]//叶圣陶.叶圣陶集:第16卷.南京:江苏教育出版社,1993:63—64.
[5] 叶圣陶.大力研究语文教学,尽快改进语文教学[M]//叶圣陶.叶圣陶集:第13卷.南京:江苏教育出版社,1992:231.

是学生"学"的"凭借"。语文教师"凭借"这个"例子",要使学生能够举一反三,练成阅读和作文的熟练技能和习惯。

中小学的语文课,不同于大学中文系的语言学概论课,教师向学生传授知识,不是靠系统的讲义,而是靠对于精选出来的古今范文的研读。学生阅读能力和习惯的养成,不是靠教师的传授,而是靠自己阅读古今范文的实践。学生在老师的指导下,经过精读、略读、参读的实际操练,逐步提高阅读能力,养成阅读习惯。阅读教学的目的,不是教学教材本身,而是借助典型的课本或选文言语的感知积累,让学生把握语言的规律,学会自己阅读理解,学会用自己的言语表达思想和情感。

语文教学的基本过程,就是凭借教材这个例子,使学生由个别的、感性的言语感知积累,到一般的、理性的语言规则掌握,再落实到学生自己的言语实践的过程,也就是让学生从他人成熟的、典范的言语行为和言语作品感知积累入手,进而把握语言规则,最终养成自己生存和发展所必需的言语能力和习惯的过程。即由言语到语言再到言语的过程,由具体到抽象再到具体的过程,由特殊到一般再到特殊的过程,由实践到认识再到实践的过程,并不断回环往复、螺旋上升的过程。

传统语文教材使用观是将教科书置于阅读教学活动的中心位置,教师只是在阐释教材,而学生的任务则是记忆教材,这就是所谓"教教材";而叶圣陶提倡在阅读教学中,教师应该"用教材教",教材只是"例子",只是"凭借",这种教材观在今天看来仍然具有现实意义。

(二)精读教材与略读教材

阅读教学既分精读课与略读课,其教材也就分精读教材与略读教材。

"精读"课本所收的,选文之中入选的,都是单篇短什,没有长篇巨著。这并不是说学生读了一些单篇短什就足够了。只因单篇短什分量不多,要做细磨细琢的研读功夫,正宜从此入手:一篇读毕,又来一篇,涉及的方面既不嫌偏颇,阅读的兴趣也不致单调。如《精读》所选六篇,兼顾记叙、抒情、说明、议论四种文体,包容文言、白话两种语体,使读者对各种文字都"窥见一斑",都尝到一点味道。

叶圣陶认为,精读课的教材,最好有两种本子。"一种是不分段落,不加标点的,供给学生预习时候用;一种是分段落,加标点的,待预习过后才拿出来对勘。"(《精读》)之所以印发的教材不给分段落,也不给加标点,意在令学生在预习时自己用铅笔去划分段落,加上标点。到上课时候,由教师或几个学生通读全文,全班学生静听着,各把自己预习的成绩来对勘;如果自己有错误,就用墨笔订正。在他看来,"现在的书籍报志都分段落,加标点,这从著者方面说,在表达的明确上很有帮助;从读者方面说,阅读起来可以便捷不少。可是,在练习精读的时候,这样的本子反而把学者的注意力减轻了。既已分了段落,加了标点在那里,就随便看下去,不再问为什么要这样分,这样点,这是人之常情。在这常情里,却正错过了很重要的练习机会。若要不放过这个机会,唯有令学者就一种一贯到底只有文字的本子去预习,在怎样分、怎样点上用一番心思。预习的成绩当然不免有错误,然而不足为病。除了错误以外,凡是不错误的地方都是细心咬嚼过来的;这对于学者将是终身的受用。"(《精读》)

叶圣陶还认为,"略读既需由教师指导,自宜如精读一样,全班学生用同一的教材。"(《略读》)假如一班学生同时略读几种书籍,教师就不便在课内指导;指导了略读某种书籍的一部分学生,必致抛荒了略读别种书籍的另一部分学生;各部分轮流指导固也可以,但每周略读指导的时间,至多也只能有二小时,各部分轮流下来,必致每部分都非常简略。况且同学间的共同讨论,是很有帮助于阅读能力的长进的;也必须阅读同一的书籍,才便于彼此共同讨论。如《略读》所选七部书,包括经籍、名著节本、诗歌选本、专集、小说,涉及古今中外。其中,《孟子》《史记菁华录》《唐诗三百首》《胡适文选》属于高中略读教材;《蔡子民先生言行录》《呐喊》《爱的教育》属于初中略读教材。

叶圣陶对略读书籍的数量和难易程度都做了原则的规定:略读书籍的数量不宜太多,在一学期有二三种就可以。"好在略读与精读一样,选定一些教材来读,无非'举一隅'的性质,都希望学生从此习得方法,养成习惯,再自己去'以三隅反';故而数量虽少,并不妨事。"略读书籍的难易程度,应以中等程度的学生为标准。"凡是忠于职务,深知学生的教师,必能选取适合于中材的教材,供学生略读;这就没有能力够不够的问题。同时,所取教材必能不但适应学生的一般兴趣,并且切合教育的中心意义;这就没有兴趣合不合的问题。"(《略读》)

(三)整本的书

叶圣陶关于用"整本的书"做教材,引导学生读"整本的书"的思想,也值得我们关注。

1942年1月,叶圣陶在《中等教育季刊》第2卷第1期上发表的《论中学国文课程的改订》一文中指出:"国文教材似乎该用整本的书,而不该用单篇短篇,像以往和现在的办法。退一步说,也该把整本的书作主体,把单篇短章作辅佐。""改用整本的书作为教材,对于'养成读书习惯',似乎切实有效得多。"[1]

1949年8月,叶圣陶在总结多年实践经验的基础上,为当时教科书编审委员会草拟了《中学语文科课程标准》,又把上述观点修正和发展为这样一条内容:"中学语文教材除单篇的文字而外,兼采书本的一章一节,高中阶段兼采现代语的整本的书。"[2]

叶圣陶所说的读"整本的书"的思想,不是指一般的课外阅读,而是指列入教学计划的一项教学内容,所以,他非常强调教师在学生阅读前后的"指导"与"考查"。《略读》正是这样一部专供教师参考用的、指导学生读"整本的书"的教学用书。在《略读》中,叶圣陶再次提出读"整本的书"的思想,并与朱自清一起精选了七部书做了"指导大概"。进入21世纪以来,教育部颁布的语文课程标准均精选了一些"整本的书"作为推荐学生阅读的"课外读物",这些"课外读物"无疑是十分必要的,但与叶圣陶、朱自清在《略读》中表达的让学生读"整本的书"的思想相比,还是有差异的。

四、关于阅读的原则与方法

(一) 阅读的原则

叶圣陶非常重视调动学生的积极性,引导学生自己的思考。在《精读》和《略读》两书中,多次讲到阅读与思考的关系,概括起来主要有以下几条,也可以看作是阅读的几条原则。

1. 最要紧的是用自己的眼光通读下去

叶圣陶指出:"最要紧的是用自己的眼光通读下去。"(《精读》)比如说:"令学生在预习的时候,对于分段点句做一番考核的工夫。为什么在这里而不在那里分段呢?为什么这里该用读号而那里该用句号呢?为什么这一句该用惊叹号而不该用疑问号呢?这些问题,必须自求解答,说得出个所以然来。还有,现成教本是编辑员的产品,油印教材大都经教师加了工,'智者千虑,必有一失',岂能完全没有错误?所以,不妨再令学生注意,不必绝对信赖教本与教材的印刷格式;最要紧的是用自己的眼光通读下去,看是不是应该这样分段,这样点句。"(《精读》)

在《精读》和《略读》的"指导大概"里,就有不少鼓励学生"用自己的眼光

---

[1] 叶圣陶.论中学国文课程的改订[M]//叶圣陶.叶圣陶集:第16卷.南京:江苏教育出版社,1993:54.
[2] 叶圣陶.中学语文科课程标准:草稿[M]//叶圣陶.叶圣陶集:第16卷.南京:江苏教育出版社,1993:115.

通读下去"的例子。比如，朱自清对《胡适文选》所作的"指导大概"里，就指出"胡先生用对称，虽是为了亲切，却带着教训的口气。青年学生用不到教训的口气，只消就亲切上着眼。但得留意，对称也容易带轻佻的口气，轻佻就失了文格了。故甚其词可以用，但得配合上下文的语气，才觉自然。严词能够不用最好；胡先生的严词有时也还不免有太过的地方。"（《略读》）

2. 一篇文字可以从不同的观点去研究它

叶圣陶指出："一篇文字，可以从不同的观点去研究它。如作者意念发展的线索，文字后面的时代背景，技术方面布置与剪裁的匠心，客观上的优点与疵病，这些就是所谓不同的观点。对于每一个观点，都可以提出问题，令学生在预习的时候寻求解答。如果学生能够解答得大致不错，那就真个做到了'精读'两字了——'精读'的'读'字原不是仅指'吟诵'与'宣读'而言的。"（《精读》）

叶圣陶对徐志摩的抒情散文《我所知道的康桥》所作的"指导大概"里，就指出该文在白话中夹杂一些文言，"有少数字句是不很妥适的"，并举例加以分析。该篇结语处写道："阅读一篇文字，一味赞美，处处替作者辩护，这种态度是不对的。至于吹毛求疵，硬要挑剔，也同样地不对。文字如有长处，必须看出它的长处在哪里；文字如有缺点，又必须看出它的缺点在哪里：这才是正当的态度。唯有抱着这样正当的态度，多读一篇才会收到多读一篇的益处。"（《精读》）

3. 无论阅读何种书籍总得认清几个问题

叶圣陶指出："无论阅读何种书籍，要把应当记忆的记忆起来，把应当体会的体会出来，把应当研究的研究出来，总得认清几个问题——也可以叫作题目。"（《略读》）他举例说："如读一个人的传记，那个人的学问、事业怎样呢？或读一处地方的游记，那地方的自然环境、社会情形怎样呢？都是最浅近的例子。心中存着这些问题或题目，阅读就有了标的，辨识就有了头绪。又如阅读《爱的教育》，可以提出许多问题或题目：作为书中主人翁的那个小学生安利柯，他的父亲常常勉励他，教训他，父亲希望他成个怎样的人呢？书中写若干小学生，家庭环境不同，品性习惯各异，品性习惯受不受家庭环境的影响呢？书中很有使人感动的地方，为什么能使人感动呢？诸如此类，难以说尽。或阅读《孟子》，也可以提出许多问题或题目：孟子主张'民为贵'，书中的哪些篇章发挥这个意思呢？孟子的理想中，把政治分为王道的与霸道的两种，两种的区别怎样呢？孟子认为'王政'并不难行，他的论据又是什么呢？诸如此类，难以说尽。这些是比较深一点的。在善于读书的人，一边读下去，一边自会提出一些问题或题目来，作为阅读的标的，辨识的头绪，或者初读时候提出一些，到重读时候另外又提出一些。"（《略读》）又说："比较艰深或枝节的问题，估计起来不是学生所必须知道的，当然不必提出。但是，学生应该知道而未必能自行解答的，却不妨预先提出，让他们去动一动天君[1]，查一查可能查到的参考书。他们经过了自己的一番摸索，或者是略有解悟，或者是不得要领，或者是全盘错误，这当儿再来听教师的指导，印入与理解的程度一定比较深切。"（《精读》）

在由朱自清先生执笔的《精读》和《略读》两书的"例言"中，朱自清先生也提醒教师要重视调动学生的积极性，引导学生自己的思考。他在《精读》"例言"说："本书各篇'指导大概'是用教师的口气向学生说的。我们所注重的是分析文篇提示问题，因而进行讨论。'前言'的第三项有详细的说明；六篇'指导大概'便是实例。这六篇'大概'都是完整的成篇的文字。我们可并不是说'指导'就由教师一个人这样从头至尾演讲下去。'指导'得在讨论里。"（《精读》）在《略读》"例言"中也表达了同样的意思："本书各篇'指导大概'是用教师的口气向学生说的。我们按照'前言'所提出的，对于每一部书，作了指导的实例。这七篇'大概'都是完整的成篇的文字，只因写下来不得不如此；并不是说每指导一部书，就得向学生作一番这样长长的演讲，讲过了就完事。'指导'得在讨论里；每篇'大概'中的每一节，都该是讨论的结果，这结果该是学生自己研求之后，在讨论时间，又经教师的纠正或补充，才得到的。"（《略读》）

（二）阅读的方法

叶圣陶、朱自清也非常重视阅读方法的指导。叶圣陶曾在1940年所作的《国文教学的两个基本观念》中明确指出："国文是语文学科，在教学的时候，内容方面固然不容忽视，而方法方面尤其应当注重"。[2]语文教学的特有任务之一是进行阅读训练，这种训练，"第一，必须讲求方法。怎样阅读才可以明白通晓，摄其精英……得让学生们心知其故。第二，必须使种种方法成为学生终身以之的习惯……仅仅心知其故，而习惯没有养成，还是不济事的。"[3]《精读》与《略读》两书将阅读教学方法分为精读法、略读法、参读法几种，而阅读教学

---

[1] "动天君"为叶圣陶家乡苏州方言，即"动脑筋"的意思。
[2] 叶圣陶.国文教学的两个基本观念[M]//叶圣陶.叶圣陶集：第13卷.南京：江苏教育出版社，1992：52.
[3] 叶圣陶.国文教学的两个基本观念[M]//叶圣陶.叶圣陶集：第13卷.南京：江苏教育出版社，1992：53.

的其他方法都是由这几大方法派生而来的。

1. 精读法

精读法的特征是"纤屑不遗,发挥净尽"。它要细细品味,慢慢研读,既要理解文章的内涵,又要揣摩文章的写法,从内容和形式两方面去充分吸收文章的精华和营养。

精读的步骤:一是初读,逐句逐节逐章通读,求其读懂;二是复读,明了全篇或全章全节的大意;三是细读,把应该记忆的记忆起来,把应该体味的体味出来,把应该研究的研究出来。精读不只是"逐句讲解",它要求在反复阅读中求深入。叶圣陶在对欧阳修《泷冈阡表》所作的"指导大概"里,就指出:"读一篇文字,仅能逐句逐句照字面解释,是不够的;必须在解释字面之后,更从文字以外去体会,才会得到真切意义。"他先从章法上对全篇做鸟瞰式的剖析,指出作者意念发展的线索对取材范围的限制,概述各段的大意和作用,说明布局和照应;再从文字以外来体会言外之意,解说字、词、语的妙用;进而比较分析抽象写法和具体写法在效果上的不同;最后提出几个问题,引导隅反。

精读要求通读全文,这就需要运用宣读法,它是"依照对于文字的理解,平正地读下去,用连贯与间歇表示出句子的组织与前句和后句的分界来",它"必须理解在先,然后谈得到传出情趣与畅发感兴"。(《精读》)

精读又要求涵咀得深,研讨得熟,所以又派生出吟诵法。它和宣读法相对,使课上宣读与课下吟诵彼此配合。吟诵法"第一求其合于规律"(《精读》),要应和着文字所表达的意义与情感,从语调上分出高低、强弱、缓急来;"第二求其通体纯熟"(《精读》),对文章不仅理智地了解,而且亲切地体会,达到内容和理法化为读者已有的境界。

2. 略读法

略读法的特征是"提纲挈领,期其自得"。略读不是"粗略的"读,也不是"忽略的"读。"略读的'略'字,一半系教师的指导而言:还是要指导,但是只需提纲挈领,不必纤屑不遗,所以叫做'略'。一半系就学生的功夫而言:还是要像精读那样仔细咬嚼,但是精读时候出于努力钻研,从困勉达到解悟,略读时候却已熟能生巧,不需多用心力,自会随机肆应,所以叫作'略'。"(《略读》)略读也要"抱着研究国文的态度","内容形式兼顾"(《略读》)。

略读的步骤:一是泛读,浏览版本、序目,略知全书梗概和编著意图,确定重点;二是选读,按照阅读目标去提取要点,参考书籍,研究问题,随时做好笔记;三是复读,连贯起来思索,把琐碎的摘录整理成读书报告。叶圣陶对《孟子》的指导大概便是运用略读法的典范,分别从版本、序目、参考书籍、阅读方法、问题等方面依次作了具体的指导。

略读的读物往往是成本的书。书籍的性质不一,略读的方法也是不一样的。略读法"不但求其理解明确,还需求其下手敏捷",由此又派生出速读法。"处于事务纷繁的现代,读书迟缓,实际上很吃亏;略读既以训练读书为目标,自当要求他们速读,读得快,算是成绩好,不然就差。不用说,阅读必须以精细正确为前提;可是,既能精细正确,是否敏捷迅速,却是判定成绩时候应该注意的。"(《略读》)

3. 参读法

参读法是精读课与略读课共同运用的一种阅读方法,是精读法和略读法彼此结合的中间环节,"精读方面要多多参考,略读方面还是要多多参考。"(《略读》)死守精读文章和略读书籍,不用旁的文章和书籍来比勘、印证,就难免化不开来,难免知其一不知其二,难免知其然不知其所以然。多多比较,方能进一步领会优劣得失。

参读法必然会派生出比较阅读法,学生通过参读相关的文本,比较精读文章、略读书籍与参读文本的相同点与不同点,提高思维辨析能力。参读的作用在于力求甚解,扩大视野,举一反三,提高效率。参读的相关文本,是指与精读文章在形式上(体裁、写法、语言)相同的和在内容上(主旨、作者、时代)相近的文章。如读陶潜的《桃花源记》,想知道晋代文的情形,就要去翻阅中国文学史;想了解乌托邦的思想,就会去翻阅《理想乡的消息》;想明白记叙文的格式,就要去翻看记叙文的作法;想熟悉作者陶潜的为人,可以去翻阅《晋书·陶潜传》或陶集。"像这样把精读文字作为出发点,向四面八方发展开来,那么,精读了一篇文字,就可以带读许多书,知解与领会的范围将扩张到多么大呢?学问家的广博与精深差不多都从这个途径得来;中学生虽不一定要成学问家,但有利的途径总该让他们去走的。"(《精读》)

由上可见,叶圣陶、朱自清在《精读》与《略读》两书中所论述的精读法、略读法、参读法,构成了阅读方法的一个开放系统。从准备性的精读出发,到应用性的略读归宿,中间将扩展性的参读和高效性的速读结合起来,开辟了一条解决阅读深度、阅读广度和阅读速度的通道,大大提高了阅读教学的效率。

五、关于教师的职责

(一) 各种学科的教学都一样,无非教师帮着学生学习的一串过程

叶圣陶、朱自清在《精读》与《略读》两书中强调"各种学科的教学都一样,无非教师帮着学生学习的一串过程"(《略读》),这也是叶圣陶的一以贯之的主张。

1919年,叶圣陶发表《对于小学作文教授之意见》,就提出"以学生为本位"的主张。他说:"小学作文之教授,当以顺应自然之趋势而适合学生之地位为主旨。""作文命题及读物选择,需认定作之者读之者为学生,即以学生为本位也。"[1]

1922年,他又在《小学国文教授的诸问题》一文中指出教育的病根之一是教师"不会了解儿童,不以儿童本位一义为教授之出发点","学童全居被动地位"。[2]

1941年,他在《论国文精读指导不只是逐句讲解》一文中,提出学生学习语文、阅读书籍,"最要紧的还在让他们自己动天君"。[3]

1962年,他在《阅读是写作的基础》中重申:"不要让学生只是被动地听讲,而要想方设法引导他们在听讲的时候自觉地动脑筋"。[4]

1963年2月,他在给北京师范大学中文系学生的讲话中说:"所谓教师之主导作用,其义在'引导',并非一切由教师主动,学生处于被动地位,只听教师讲说。譬如走路,教师指点一下,或者在前边走,路还是要学生自己走。"[5]

1978年,他在《大力研究语文教学,尽快改进语文教学》一文中说:"(阅读教学)务必启发学生的能动性,引导他们尽可能自己去探索。"又说:"(作文教学)能不能把古来的传统变一变,让学生处于主动地位呢?该怎么改让学生自己去考虑去决定,学生不就处于主动地位了吗?"[6]

叶圣陶的学生本位观,突出学生的主体地位,重视学生的学习过程,体现了现代新型的师生关系。叶圣陶的这些论述同样超越了语文学科而具有普遍指导意义。只有"以学生为本位",教育才能真正做到面向全体、全面发展、主动发展。这与新课程改革倡导学生主动参与、乐于探究、勤于动手,培养学生搜集和处理信息的能力、获取新知识的能力、分析和解决问题的能力,以及交

---

[1] 叶圣陶.对于小学作文教授之意见[M]//叶圣陶.叶圣陶集:第15卷.南京:江苏教育出版社,1992:10,7.
[2] 叶圣陶.小学国文教授诸问题[M]//叶圣陶.叶圣陶集:第13卷.南京:江苏教育出版社,1992:6.
[3] 叶圣陶.论国文精读指导不只是逐句讲解[M]//叶圣陶.叶圣陶集:第14卷.南京:江苏教育出版社,1992:11.
[4] 叶圣陶.阅读是写作的基础[M]//叶圣陶.叶圣陶集:第15卷.南京:江苏教育出版社,1993:151.
[5] 叶圣陶.当语文教师的准备[M]//叶圣陶.叶圣陶集:第13卷.南京:江苏教育出版社,1992:218-219.
[6] 叶圣陶.大力研究语文教学,尽快改进语文教学[M]//叶圣陶.叶圣陶集:第13卷.南京:江苏教育出版社,1992:231,237.

流和合作的能力,鼓励学生"自主、合作、探究"式学习的精神,是完全一致的。

(二)习惯的养成在教师的训练与指导

叶圣陶、朱自清在《精读》与《略读》两书中特别强调"习惯的养成在教师的训练与指导"(《精读》)。

实施新课程后,有些人回避"训练"一词,以为一讲"训练",就是应试教育,就是题海战术,就是整学生、把学生当奴隶。其实许多人都是望文生义,并不了解"训练"的真谛。

叶圣陶对"训练"曾做过精辟的阐释。他说:"什么叫训练呢？就是要使学生学的东西变成他们自己的东西。"[1]他还说:"训练训练,分开来说,训是老师的事,练是学生的事。就老师方面说,采用种种有效的办法,循序渐进地教导学生练,固然极为重要,而督促学生认真练,经常练,尤其是奏功收效的关键。"[2]这就告诉我们:"训练"不同于"练习","训"就是"教","练"就是"学","训练"是师生双方的一种教学活动,是有目的、有计划、有组织、有指导、有实施、有评价的教学活动。

叶圣陶对如何训练也有自己的见解。他说:"所谓训练,当然不只是教学生拿起书来读,提起笔来写,就算了事。第一,必须讲求方法。怎样阅读才可以明白通晓,摄其精英,怎样写作才可以清楚畅达,表其情意,都得让学生们心知其故。第二,必须使种种方法成为学生终身以之的习惯。因为阅读与写作都是习惯方面的事情,仅仅心知其故,而习惯没有养成,还是不济事的。国文教学的成功与否,就看以上两点。"[3]他又说:"一篇篇的课文都是作者动了脑筋写出来的。在学习一篇文章时,就要学习作者是怎样动他的脑筋的,看作者是怎样想和怎样写的。教师一方面给学生指点和引导,一方面督促学生练习,这就是训练。"[4]

关于训练的内容。叶圣陶提醒语文教师:"在基本的训练中,最重要的还是思维训练,不要只顾到语言文字方面,忽略了思维训练。各门功课都和思维训练有关,特别是语文课是着重训练思维的。语言是和思维分不开的。语言是思维的固定形式。只有想清楚了才能说清楚。"[5]

关于训练的方法。叶圣陶强调在让学生在语言实践中学习。他说:"语

---

[1] 叶圣陶.阅读是写作的基础[M]//叶圣陶.叶圣陶集:第15卷.南京:江苏教育出版社,1993:150.
[2] 叶圣陶.说话训练决不该疏忽[M]//叶圣陶.叶圣陶集:第13卷.南京:江苏教育出版社,1992:192.
[3] 叶圣陶.国文教学的两个基本观念[M]//叶圣陶.叶圣陶集:第13卷.南京:江苏教育出版社,1992:53.
[4] 叶圣陶.怎样教语文课[M]//叶圣陶.叶圣陶集:第13卷.南京:江苏教育出版社,1992:201.
[5] 叶圣陶.怎样教语文课[M]//叶圣陶.叶圣陶集:第13卷.南京:江苏教育出版社,1992:201.

言的训练,要让学生在语言实践中去领会,去比较,这从小学阶段起就应注意。"[1] "学习语文目的在运用,就要养成运用语文的好习惯。凡是习惯都不是几天工夫能够养成的。比方学游泳。先看看讲游泳的书,什么蛙式,自由式,都知道了。可是光看书不下水不行,得下水。初下水的时候很勉强,一次勉强,二次勉强,勉强浮起来了,一个不当心又沉下去。要等勉强阶段过去了,不用再想手该怎么样,脚该怎么样,自然而然能浮在水面上了,能往前游,这才叫养成了习惯。学语文也是这样,也要养成习惯才行。习惯是从实践里养成的,知道一点做一点,知道几点做几点,积累起来,各方面都养成习惯,而且全是好习惯,就差不多了。……一定要把知识跟实践结合起来,实践越多,知道得越真切,知道得越真切,越能起指导实践的作用。不断学,不断练,才能养成好习惯,才能真正学到真本领。"[2]

关于训练的要求。叶圣陶强调"必须脚踏实地,毫不苟且"。如他在《略读指导举隅》前言中所说:"略读原所以训练阅读的优良习惯,必须脚踏实地,毫不苟且,才有效益;绝不能让学生胡乱读过一遍就算。唯有开始脚踏实地,毫不苟且,到习惯既成之后,才会'过目不忘','展卷有得'。若开始就草草从事,说不定将一辈子'过目辄忘','展卷而无所得了'。"(《略读》)

(三)教师记下了分数,不是指导的终结,而是加工的开始

叶圣陶、朱自清在《精读》与《略读》两书中对阅读考核评价也有所论述。

关于考核的目的和意义。"考问之后,教师按成绩记下分数,原是备稽考用的;分数多不是奖励,分数少也不是惩罚,可是少到不及格的时候,那就是学习成绩太差,非赶紧努力不可。这一层,学生必须明白认识。否则误认努力学习只是为了分数,把切己的事情看做身外的事情,就是根本观念错误了。教师记下了分数,当然不是指导的终结,而是加工的开始。对于几个不及格的学生,尤需个别设法,给他们相当的帮助。分数少一点本没有什么要紧;但分数少正表明学习成绩差,这是热诚的教师所放心不下的。"(《精读》)

关于考核的方法和原则。方法可以有背诵、默写、简缩、扩大、摘举大意、分段述要、说明作法、述说印象等。一个消极的原则,就是:"不足以看出学生习成绩的考问方法最好不要用。"譬如教了《泷冈阡表》之后,却考问学生说,"欧阳修的父亲做过什么官"? 这就是个不很有意义的考问。文字里明明写着"为道州判官,泗绵二州推官,又为泰州判官",学生精读了一阵,连这一点也

---

[1] 叶圣陶.怎样教语文课[M]//叶圣陶.叶圣陶集:第13卷.南京:江苏教育出版社,1992:201.
[2] 叶圣陶.认真学习语文[M]//中华函授学校.语文学习讲座丛书:一.北京:商务印书馆,1980:6.

不记得,还说得上"精读"吗?学生回答得出这样的问题,也无从看出他的学习成绩好到怎样。所以说它不很有意义。(《精读》)

关于考核的时机和内容。叶圣陶认为考问往往在精读一篇文字完毕或者月考期考的时候举行;除此之外,通常不再顾及,一篇文字讨论完毕就交代过去了。这似乎不很妥当。他说:"从前书塾里读书,既要知新,又要温故,在学习的过程中,匀出一段时间来温理以前读过的,这是个很好的办法。现在教学国文,应该采取它。在精读几篇文字之后,且不要上新的;把以前读过的温理一下,回味那已有的了解与体会,更寻求那新生的了解与体会,效益绝不会比上一篇新的来得少。"(《精读》)

关于考核后的反思。在叶圣陶看来,教师指定一本书教学生阅读,要他们从书中得到何种知识或领会,必须有个预期的标准;那标准便是判定成绩的根据。完全达到了标准,成绩很好,固然可喜;可是,如果达不到标准,却不该给他们一个不及格的分数就了事。其时教师必须研究学生所以达不到标准的原因——是教师自己的指导不完善呢?还是学生的资质上有缺点,学习上有疏漏?——竭力给他们补救或督促,希望他们下一次阅读时成绩较好,能渐近于标准。一般指导自然愈完善愈好;对于资质较差,学习能力较低的学生的个别指导,尤需有丰富的同情与热诚。总之,教师在指导方面多尽一份力,无论优等的次等的学生,必可在阅读方面多得一分成绩。单是考查,给分数,填表格,没有多大意义;为学生的利益而考查,依据了考查再打算增进学生的利益,那才是教育家的存心。(《略读》)

凡教师,都知道要让学生多读书、读好书,然而,教师究竟该如何指导学生多读书、读好书,却未必说得清楚。现在普遍的情形是学生除了教材和教学辅导书外,几乎都不读书,甚至是教师,包括语文教师,除了教材和教学参考书外,也几乎不读书。重读《精读指导举隅》与《略读指导举隅》,对于我们认识读书的价值,特别是怎样去读书并指导学生读书,都是大有帮助的。叶圣陶和朱自清的《精读指导举隅》与《略读指导举隅》为我们提供了很好的范例。叶圣陶先生在这两本书"前言"中表达的教育思想,揭示了语文教育的规律,具有永恒的价值,对于我们今天的语文教学改革和发展,仍然具有指导意义。

最后,对《精读指导举隅》与《略读指导举隅》的版本与本书的编写作以下说明。

《精读指导举隅》1941年2月由四川省政府教育厅印行,封面印有"四川省立教育科学馆主编国文教学丛刊"和"叶绍钧　朱自清　编撰"字样。余冠英在《介绍〈精读指导举隅〉》一文中说："各篇的《指导大概》皆注重说明例文的体制，主旨，作者意念发展的线索，取材的范围，手法，笔调，及构成特殊笔调的因素；说明各段大意，各段文字在全文中的作用；指出在文章理法上有关系的章节，句，说明其呼应、承转；指出需加注意体味的字句，玩索其言外之意；以及注释较难懂的字、词、句（文言文则特重虚字的解说）。间亦论及作者的思想，创作的背景，论辩的对象等等。""此外对于例文所应发挥的意思及例证往往有补充"，"也有指摘及订正例文中错误的地方"。[1]

《精读指导举隅》1942年3月由商务印书馆作为"四川教育科学馆国文教学丛刊之一"在重庆初版，1947年2月和1948年6月在上海初版和再版。《精读指导举隅》收有例言、前言和欧阳修《泷冈阡表》、鲁迅《药》、徐志摩《我所知道的康桥》、胡适《谈新诗（节录）》、柳宗元《封建论》、蒋中正《第二期抗战开端告全国国民书》[2]等六篇文章的指导大概。

《略读指导举隅》1943年1月由商务印书馆作为"四川省立教育科学馆国文教学丛刊之一"在重庆初版，1946年12月在上海初版。《略读指导举隅》收有例言、前言和《孟子》《史记菁华录》《唐诗三百首》《蔡子民先生言行录》《胡适文选》《呐喊》《爱的教育》等七本书的指导大概。

《精读指导举隅》与《略读指导举隅》这两本书前均有时任四川教育厅厅长郭有守于1941年3月所作的"国文教学丛刊序"。这两本书都曾列入商务印书馆"新中学文库"印行。

朱自清去世后，由叶圣陶、郑振铎、吴晗、俞平伯、浦江清、李广田、王瑶、余冠英、徐调孚、季镇淮、陈竹隐组成的朱自清全集编辑委员会曾将《精读指导举隅》与《略读指导举隅》中朱自清撰写的部分合编为《读书指导》，并由叶圣陶写了后记。1953年3月，开明书店出版由朱自清全集编辑委员会编辑的《朱自清全集》的精简本《朱自清文集》四册，但未收入《读书指导》。

1980年8月，教育科学出版社出版《叶圣陶语文教育论集》（上下册），收入了《精读指导举隅》与《略读指导举隅》中叶圣陶执笔撰写的"前言"。1994年8月，人民教育出版社出版《叶圣陶教育文集》第三卷，也收入了两书的"前言"。

1986年，河南教育出版社约请杜草甬重编《精读指导举隅》《略读指导举

---

[1]　余冠英.介绍《精读指导举隅》[J].国文月刊,1941,1(10).
[2]　本书中版本省略《第二期抗战开端告全国国民书》。——编者

隅〉,将这两本书合为一册,于1989年5月由河南教育出版社重印出版。重印本中的《欧阳修〈泷冈阡表〉指导大概》由叶圣陶改写了最后一段讲官职的地方,同时删去了郭有守"国文教学丛刊序",《精读指导举隅》删去了《〈第二期抗战开端告全国国民书〉指导大概》,《略读指导举隅》删去了《〈胡适文选〉指导大概》。

1988年8月,江苏教育出版社出版《朱自清全集》第2卷,收入了《精读指导举隅》与《略读指导举隅》中朱自清撰写的"例言"、鲁迅《药》指导大概、胡适《谈新诗(节录)》指导大概、柳宗元《封建论》指导大概、《唐诗三百首》指导大概、《蔡子民先生言行录》指导大概、《胡适文选》指导大概。

1992年4月,江苏教育出版社出版《叶圣陶集》第14卷,收入了《精读指导举隅》与《略读指导举隅》中叶圣陶撰写的"前言"、《欧阳修〈泷冈阡表〉指导大概》、《徐志摩〈我所知道的康桥〉指导大概》、《〈孟子〉指导大概》、《〈史记菁华录〉指导大概》、《〈呐喊〉指导大概》、《〈爱的教育〉指导大概》,并将《精读指导举隅》中的《〈第二期抗战开端告全国国民书〉指导大概》替换为《读〈五代史·伶官传叙〉》。

本书以商务印书馆《精读指导举隅》1942年版、《略读指导举隅》1943年版为基础,参照河南教育出版社《精读指导举隅·略读指导举隅》所作的改动,以及江苏教育出版社《叶圣陶集》第14卷的做法,将《精读指导举隅》中的《〈第二期抗战开端告全国国民书〉指导大概》替换为《读〈五代史·伶官传叙〉》,并将两书合为一册,改繁体竖排为简体横排,校订并稍作点评。校订原则是尊重作者原著,全书篇章、段落、文法、字词、标点等,只要不碍理解,均不作修改;明显笔误与印刷错误,则予订正。

为使读者对叶圣陶和朱自清的语文教育思想,特别是阅读教学思想有更为全面的了解,本书精选了叶圣陶和朱自清的若干篇重要的语文教育论文作为附录。同时,按照本套丛书的体例,收录了叶圣陶、朱自清重要著作目录,以及研究叶圣陶、朱自清重要论著之文摘。

本书编写得到了叶圣陶之孙辈叶小沫女士和叶永和先生、朱自清之孙朱小涛先生的大力支持。叶永和先生曾建议摘录叶圣陶与朱自清在四川合作《精读指导举隅》与《略读指导举隅》时的相关日记作为附录,但由于本书篇幅的制约,未能收入。有兴趣的读者可翻阅叶圣陶1940年7月至1941年10月日记和朱自清1941年2月至1941年6月日记,从中可以想见叶圣陶和朱自清的真挚的友谊，敬业的精神，以及撰写《精读指导举隅》与《略读指导举隅》时的情景。

1940年8月，朱自清住成都家中，其时叶圣陶住在乐山，两人每隔三四天就通一回信。1941年春天，叶圣陶搬到了成都，可朱自清家住东门外，叶圣陶家住西门外，相隔大约二十里地，会面仍不方便，还是靠通信的多。即使如此，两人仍然频频聚会，商讨这两本书的写作，在忧国忧民的同时，心系国文教学，且时常冒着日寇飞机空袭的危险，朱自清还有胃病时时发作，读来至为感人。

1941年9月21日，叶圣陶作诗《送佩弦之昆明》。诗云："平生俦侣寡，感子性情真。南北萍踪聚，东西锦水滨。追寻逾密约，相对拟芳醇。不谓秋风起，又来别恨新。""此日一为别，成都顿寂寥。独寻洪度井，怅望宋公桥。诗兴凭谁发？茗园复孰招？共期抱贞粹，双鬓漫萧条。"10月4日，叶圣陶为朱自清饯行，两人大醉而别，相约抗战胜利后重见。10月8日，朱自清动身返昆明，于岷江舟中作诗《别圣陶，次见赠韵》。诗云："论交略形迹，语默见君真。同作天涯客，长怀东海滨。贪吟诗句拙，酣饮酒筒醇。一载成都路，相偕意态新。""我是客中客，凭君慰沈寥。情深河渎水，路隔短长桥。小聚还轻别，清言难重招。此心如老树，郁郁结枝条。"

此后，叶圣陶与朱自清又合著了《国文教学》一书，1945年4月由开明书店出版。1947年12月，朱自清接受叶圣陶提出的与叶圣陶、吕叔湘共同编写《开明新编高级国文读本》和《开明文言读本》的建议。这两套教材，每套拟编六册，三人协商确定体例、篇目，互相审阅稿件，共同署名。在具体分工上，朱自清负责编写《开明新编高级国文读本》，吕叔湘和叶圣陶负责编写《开明文言读本》。1948年7月9日，朱自清完成《开明新编高级国文读本》第一册的编写工作，并于7月11日开始编写第二册，此时距8月12日朱自清病逝仅仅一个月。

1948年8月13日，叶圣陶在得知朱自清病逝消息的当天，写了《佩弦的死讯——悼朱自清先生》一文。叶圣陶又于8月16日作《朱佩弦先生》，18日作《谈佩弦的一首诗》，24日作《悼念朱自清先生》，30日作《在朱自清先生追悼会上的致辞》。同年8月，《开明新编高级国文读本》第一册与《开明文言读本》第一、二册由上海开明书店出版。次年8月，叶圣陶发表《佩弦周年祭》一文，文末写道："佩弦，我到了你清华寓所的书房里。嫂夫人说所有的陈设一点儿没有动。我登门不遇永不回来的主人，心里一阵酸，可是忍住了眼泪。后来北大十几位朋友邀我们小叙,我喝多了白干,不记得怎么谈起了你,就放声而哭,自己不能控制。为你,就哭了这么一次。我还没有去万安公墓,秋凉时候总得去看一看。"[1]

1950年4月10日,叶圣陶在为朱自清《读书指导》所写的"后记"中回忆两人合作《精读指导举隅》《略读指导举隅》时说:"我跟佩弦共事,在中国公学中学部,在杭州第一师范,都只有短短一段儿时间。以后同在一处的时候不多。他偶尔到上海,也无非谈几回天,喝几顿酒,并没有共什么事。写这两本东西的时候可真的共了事。虽然不在一块儿工作,互相商量互相启发是够充分的,这中间有超乎所谓乐趣的一种满足。日本投降之后过两年,我们又共事了,加入一位吕叔湘先生,三个人给开明书店编高中用的国文读本。可惜才编到第二册,佩弦就去世了,以后再没有跟他共事的机会!"[2]

本书由扬州大学徐林祥教授、连云港师范高等专科学校李明高教授、北京教育学院许艳博士、扬州大学张立兵博士共同编写。徐林祥教授根据江苏师范大学魏本亚教授、聊城大学陈黎明教授、南通大学时金芳教授主编的"20世纪中国语文教育经典研读丛书"的框架拟定了全书的编写内容,编定了全部书稿。李明高教授承担了《精读指导举隅》与《略读指导举隅》评点的大部分工作。许艳博士、张立兵博士分别参与了《精读指导举隅》与《略读指导举隅》的评点工作。高等教育出版社教师教育出版事业部副总经理魏振水先生和丛书主编魏本亚教授对本书的编写都提出了许多建设性的意见。本书编写设想和本文曾于2012年5月28日在苏州举行的"叶圣陶教育思想与当代价值研讨会"暨"纪念叶圣陶先生从教100周年"系列活动中介绍,并得到叶圣陶研究会副会长兼秘书长朱永新先生和北京大学商金林先生、南京师范大学朱晓进先生等专家的肯定。

特此说明,并对所有关心、支持本书编写出版的同志表示衷心的感谢。

---

[1] 叶圣陶.佩弦周年祭[M]//叶圣陶.叶圣陶集:第6卷.南京:江苏教育出版社,1989:320.
[2] 叶圣陶.朱自清《读书指导》后记[M]//叶圣陶.叶圣陶集:第17卷.南京:江苏教育出版社,1994:331.

精读指导举隅

叶圣陶 朱自清 著

叶圣陶(1894—1988)

朱自清(1898—1948)

目录

例言
前言…………………………………………………1
泷冈阡表……………………………………………12
药……………………………………………………29
我所知道的康桥……………………………………50
谈新诗(节录)………………………………………70
封建论………………………………………………86
读《五代史·伶官传叙》………………………… 101

例言

一、本书是郭子杰馆长委托我们写的,专供各中学国文教师参考用。

二、本书专重精读指导,书中选了六篇文作例子。计叙述文一篇,短篇小说一篇——小说也是叙述文的一种,抒情文一篇,说明文一篇,议论文二篇;其中《泷冈阡表》和《封建论》都是教科书里常见的,《第二期抗战开端告全国国民书》是在部定的补充教材一类里。这类补充教材,各中学拿来精读的似乎还不多。本篇的"指导大概"也许值得特别注意。

三、本书没有选诗歌。但《谈新诗》一篇的"指导大概"里谈的都是诗歌;诗歌的指导方法大致不外乎此。

四、本书的"前言"是向各位中学教师说的。我们力求各项建议切实可行,而且相信如此。我们知道事实上能做到"前言"里所说各项的还不太多,但希望大家继续努力,达到那些标准。那些标准绝不只是理想的。

五、本书各篇《指导大概》是用教师的口气向学生说的。我们所注重是分析文篇提示问题,因而进行讨论。"前言"的第三项有详细的说明;六篇《指导大概》便是实例。这六篇"大概"都是完整的成篇的文字。我们可并不是说"指导"[1]就由教师一个人这样从头至尾演讲下去。"指导"得在讨论里。讨论时自然有许多周折,有许多枝节。但若将讨论的结果写成报告,自然该成为一篇完整的文字。这六篇"指导大概"就是这种报告。倘使各位教师能细心研读我们的报告,能采纳这些报告里分析文篇提示问题的态度和方法,应用在别的文篇的精读指导里,郭馆长和我们的目的便达到了。

六、本书各篇,我们虽都谨慎地用心地写出,但恐怕还有见不到的错误。盼望各位教师多多指教,非常感谢!

---

[1] 即"指导大概"。——编者

前言

在指导以前，先得令学生预习。[1] 预习原很通行，但是要收到实效，方法必须切实，考查必须认真。现在请把学生应做的预习工作分项说明于下。

一　通读全文

理想的办法，最好国文教本有两种本子：一种是不分段落，不加标点的，供给学生预习时候用；一种是分段落，加标点的，待预习过后才拿出来对勘。这当然办不到。可是，不用现成教本而用油印教材的，那就方便得多。印发的教材不给分段落，也不给加标点，令学生在预习时候自己用铅笔去划分段落，加上标点。到上课时候，由教师或几个学生通读全文，全班学生静听着，各把自己预习的成绩来对勘；如果自己有错误，就用墨笔订正。这样，一份油印本就有了两种本子的功用了。现在的书籍报志都分段落，加标点，这从著者方面说，在表达的明确上很有帮助；从读者方面说，阅读起来可以便捷不少。可是，在练习精读的时候，这样的本子反而把学者的注意力减轻了。既已分了段落，加了标点在那里，就随便看下去，不再问为什么要这样分，这样点，这是人之常情。在这常情里，却正错过了很重要的练习机会。若要不放过这个机会，唯有令学者就一种一贯到底只有文字的本子去预习，在怎样分、怎样点上用一番心思。预习的成绩当然不免有错误，然而不足为病。除了错误以外，凡是不错误的地方都是细心咬嚼过来的；这对于学者将是终身的受用。[2]

假如用的是现成教本，或者虽用油印教材，而觉得一贯到底只印文字颇有不便之处，那就只得退一步设法，令学生在预习的时候，对于分段点句作一番考核的工夫。为什么在这里而不在那里分段呢？为什么这里该用读号而那里

1　良好的预习是精读指导的前提，预习充分了，就把握了学习的主动权，能够有效地提高课堂学习的效率。所以文章首先要从预习这个关键环节入手。

2　古人云："不愤不启，不悱不发"，让学生进入"愤"和"悱"的状态，然后"启""发"之，必能激起学生强烈的求知欲，形成学习的内驱力，变被动学习为主动学习。

该用句号呢？为什么这一句该用惊叹号而不该用疑问号呢？这些问题，必须自求解答，说得出个所以然来。还有，现成教本是编辑员的产品，油印教材大都经教师加了工，"智者千虑，必有一失"，岂能完全没有错误？所以，<u>不妨再令学生注意，不必绝对信赖教本与教材的印刷格式；最要紧的是用自己的眼光通读下去，看是不是应该这样分段，这样点句。</u>³

要考查这一项预习的成绩怎样，自然得在上课时候指名通读。全班学生也可以借此对勘，订正自己的错误。<u>读法</u>通常当分为两种：一种是吟诵，又称为美读；一种是宣读，又可叫作论理的读法。无论文言白话，都可以用这两种读法来读。对于文言，各地方人有他们的吟诵的声调，彼此并不一致；但总之在传出文字的情趣，畅发读者的感兴。白话一样可以吟诵，大致与话剧演员念台词差不多，按照国语的调子，在抑扬顿挫，表情传神方面多多用工夫，使听者移情动容。现在有些小学校里吟诵白话与吟诵文言差不多，那是把"读"字呆看了。吟诵白话必须按照国语的调子，运用国语的调子十足到家，才是最好的白话的吟诵。为避免误会起见，白话的吟诵不妨改称为"说"，比通常说国语更为精粹的"说"。至于宣读，只是依据着对于文字的理解，平正读下去，用连贯与间歇表示出句子的组织与前句和后句的分界来。集会时候读"总理遗嘱"，便是宣读的例子。这两种读法，<u>宣读是基本的一种；必须理解在先，然后谈得到传出情趣与畅发感兴。</u>⁴并且，要考查学者对于文字理解与否，听他的宣读是最方便的一法。譬如《泷冈阡表》的第一句，假如宣读作"呜呼！惟我皇——考崇公卜——吉于泷冈——之六十年，其子修始——克表于其阡，非——敢缓也，盖有待也。"这就显然可以察出，读者对于"皇考"，"崇公"，"卜吉"，"六十年"与"卜吉于泷冈"的关系，"始"字"克"字"表"字及"非"字"敢"字"缓"字缀合在一起的作用，都没有理解。所以，上课时候指名通读，该令用宣读法。

二 认识生字生语

通读全文，在知道文字的大概；可是要能够通读下去没有错误，非同时把每一个生字生语弄清楚了不可。在一篇文字里，各人所认为生字生语的未必

3　据陈学恂先生《中国教育史研究》，古代阅读教学可细化为认书、读书、背书、温书四个教学环节。古代书籍没有断句的标点，教师首先要解决断句问题，一般采用范读、带读的方式帮助学童初步掌握断句，继而让学生朗读，随后再进行讲解。初讲时先讲解文句的实际意思，训明字句；进一步讲解时，讲清全文的基本思想，由"明文"而"见意"。这就是第一个"认书"环节。此处强调传统的句读练习，是认为此项练习有助于预习时梳理全文，理解大意。"用自己的眼光通读下去"，不迷信权威，不迷信教材，在阅读中要有自己的独立思考和批判精神，这可能是今天学生相对缺失的阅读品质。

4　"宣读"和"吟诵"是阅读教学两种有效的方法。"宣读"是基础，通过宣读，读准字音，读通文句，读懂文义；而"吟诵"则是更高的要求，在理解的基础上，通过吟诵传达出文章的情味和阅读者的感情。这里提出的按"调子""吟诵"的方法，当时可能是一种司空见惯的现象，今天已经不多见了。语文教师，还能让"吟诵"走进我们的阅读教学吗？

一致,只有各自选剔出来,依赖字典辞典的翻检,得到相当的认识。这里所谓认识,该把它解作最广义。仅仅知道生字生语的读音与解释,还不能算充分认识;必须熟习它的用例,知道它在某一种场合才可以用,用在另一种场合就不对了,这才真个认识了。说到字典辞典,我们真惭愧,国文教学的被重视至少有二十年了,可是还没有一本适合学生使用的字典辞典出世。现在所有的,字典脱不了《康熙字典》的窠臼,辞典还是《辞源》称霸,都与学习国文的学生不很相宜。通常英文字典有所谓"求解""作文"两用的,学习国文的学生所需要的国文字典辞典也正是这一类。一方面知道了解释,另一方面更知道该怎么使用,这才使翻检者对于生字生语具有彻底的认识。没有这样的字典辞典,学生做起预习工作来,效率就不会很大。[5]但是,使用破烂的工具总比不使用工具好一点;目前既没有更适用的,就只得把属于《康熙字典》系统的字典与称霸当世的《辞源》将就应用。这当儿,教师不得不多费一点心思,指导学生搜集用例,或者搜集了若干用例给学生,使学生自己去发现生字生语的正当用法。

学生做预习工作,通行写笔记,而生字生语的解释,往往在笔记里占大部分篇幅。这原是好事情,记录下来,印象自然深一层,并且可以备往后的查考。但是,学生也有不明白写笔记的用意的;他们以为教师要他们交笔记,所以不得不写笔记。于是,有胡乱抄了几条字典辞典的解释就此了事的;有遗漏了真该特别注意的字语而仅就寻常字语解释一下拿来充数的。前者胡乱抄录,未必就是那个字语在本文里的确切意义;后者随意选剔,把应该注意的反而放过了;这对于全文的理解都没有什么帮助。这样的笔记实在没有意思;交到教师手里,教师辛辛苦苦地把它看过,更提起笔来替它订正,实际上对于学生却没有多大益处,因为学生并没有真预习。所以,关于生字生语,需在平时使学生养成一种观念与习惯,就是:必须把本文作依据,寻求那个字语的确切意义;又必须把与本文相类和不相类的若干例子作依据,发现那个字语的正当用法。至于生字生语的选剔,为防学生自己去干或许会有遗漏起见,不妨由教师先行尽量提示,指明这一些字语是必须弄清楚的。这样,学生做预习工作才不至于是徒劳,写下来的笔记也不至于是循例的具文。[6]

要考查学生对于生字生语的认识程度怎样,可以看他的笔记,也可以听他的口头回答。譬如《泷冈阡表》第一句里"始克表于阡"的"克"字,如果解作"克

批注:

5　现在,适合学生查阅的字典、辞典有不少,可是,我们在阅读教学中是否让学生养成了良好的查阅工具书的习惯呢?

6　阅读教学不仅是知识的教学,还有方法的指导和习惯的培养。"习惯"是学生语文自学能力和治学能力的具体表现。

服"或"克制",那显然是没有照顾本文,随便从字典里取了一个解释。如果解作"能够",那就与本文切合了,可见是用了一些心思的。但还得进一步研求:"克"字既然作"能够"解,"始克表于其阡"可不可以写作"始能表于其阡"呢?对于这个问题,如果仅凭直觉回答说,"意思也一样,不过有点不顺适",那是不够的。这需得去搜集"克"字的用例,于是找到尚书里的"克明俊德","先王克谨天戒,臣人克有常宪","不克畏死","不克开于民之丽",诗经里的"克咸厥功","克肚其犹","克配上帝",等语。再搜集"能"字的用例,于是找到尚书里的"能官人","能事鬼神",诗经里的"能不我甲","能不我知",左传里的"能用善人","能歆神人","能无从乎","能无二乎","不能及子孙","不能事父兄",等语。从这些古代语句看来,可以知道"克"字与"能"字用法是一样的,只有在"能不我甲"" 能无从乎"一类的句式里,不能把"能"换"克"字,作"克不我甲","克无从乎"。但是后来渐渐分化了,"能"字被认为常用字,直到如今;"克"字却成为古字,在通常表示"能够"意义的场合上就不大用它。这正同"其"字与"厥"字,"且"字"宁"字与"憖"字的情形相仿,"其"字"且"字"宁"字至今还是常用字,"厥"字"憖"字却是不常用的古字了。在文句里面,丢开常用字不用,而特地用那同样的古字,这除了表示相当意义以外,往往还带着郑重、庄严、虔敬、等等情味。如说"善保厥躬","憖固我疆",与"善保其躬","且固我疆",情味上自有不同。"始克表于其阡"一语,用了"能"字的同义古字"克"字,见得作者对于"表于其阡"的事情看得非常郑重,不敢随随便便着手,这正与全文的情味相应。若作"始能表于其阡",就没有那种情味,仅仅表明"方始能够""表于其阡"而已;所以直觉地看,也辨得出它有点不顺适。再看这一篇里,用"能"字的地方很不少,如"吾何恃而能自守邪","然知汝父之能养也","吾不能知汝之必有立","故能详也","吾儿不能苟合于世","汝能安之"。这几个"能"字都不妨换作"克"字,但作者不用"克"字,因为这些语句都是传述母语,无需带着郑重、严壮[1]、虔敬等等情味;并且,用那常用的"能"字,正切近于语言的自然。用这一层来反证,更可以见得"始克表于其阡"的"克"字,如前面所说,为着它有特别作用才用的了。——像这样的

---

[1] 应为"壮严",今多用"庄严",原著误,后同。——编者

讨究,学生预习时候未必人人都做得来;教师在上课时候说给他们听,也嫌烦琐一点。但简单扼要地告诉他们,使他们心知其故,还是必需的。

学生认识生字生语,往往有模糊笼统的毛病,用成语来说,就是"不求甚解"。曾见作文本上有"笑颜逐开"四字,这显然是没有弄清楚"笑逐颜开"究竟是什么意义,只知道在说到欢笑的地方仿佛有这么四个字可以用,结果却把"逐颜"两字写颠倒了。又曾见"万巷空卷"四字,单看这四个字,谁也猜不出是什么意义;但是连着上下文一起看,就知道原来是"万人空巷";把"人"字忘记了,不得不找一个字来凑数,而"卷"字与"巷"字形相近,因"巷"字想到"卷"字,就写上了"卷"字。这种错误全由于当初认识的时候太疏忽了,意义不曾辨明,语序不曾念熟,怎得不闹笑话?所以令学生预习,必须使他们不犯模糊笼统的毛病;像初见一个生人一样,一见面就得看清他的形貌,并且察知他的性情。这样成为习惯,然后每认识一个生字生语,好像积钱似的,多积一个总是增加财富的总量。[7]

三 解答教师所提示的问题

一篇文字,可以从不同的观点去研究它。如作者意念发展的线索,文字后面的时代背景,技术方面布置与剪裁的匠心,客观上的优点与疵病,这些就是所谓不同的观点。对于每一个观点,都可以提出问题,令学生在预习的时候寻求解答。如果学生能够解答得大致不错,那就真个做到了"精读"两字了——"精读"的"读"字原不是仅指"吟诵"与"宣读"而言的。比较艰深或枝节的问题,估计起来不是学生所必须知道的,当然不必提出。但是,学生应该知道而未必能自行解答的,却不妨预先提出,让他们去动一动天君,查一查可能查到的参考书。他们经过了自己的一番摸索,或者是略有解悟,或者是不得要领,或者是全盘错误,这当儿再来听教师的指导,印入与理解的程度一定比较深切。最坏的情形是指导者与领受者彼此不相应,指导者只认领受者是一个空袋子,不问情由把一些叫作知识的东西装进去。空袋子里装东西进去,还可以容受;完全不接头的头脑里装知识进去,能不能容受却是说不定的。[8]

---

[7] 预习也是一种能力。不少学生不知道怎么预习,或走马观花,仅将课文粗略看一遍;或抓了芝麻,丢了西瓜,只查出几个生字生词。这样的预习收效甚微。所以教师不仅要让学生养成预习的习惯,还要对学生的预习方法予以指导。预习要深入,指导学生学会积累,培养问题意识。

[8] 《义务教育语文课程标准(2011年版)》指出:"学生是语文学习的主体,教师是学习活动的组织者和引导者",学生不再是接受知识的"容器",而是需要教师点燃的"火把"。

这一项预习的成绩，自然也得写成笔记，以便上课讨论时候有所依据，往后更可以覆按，查考。但是，笔记有敷衍了事的与精心结撰的分别。随便从本文里摘出一句或几句话来，就算是"全文大意"与"段落大意"；不赅不备列几个项目，挂几条线，就算是"表解"；没有说明，仅仅抄录几行文字，就算是"摘录佳句"；这就是敷衍了事的笔记。这种笔记，即使每读一篇文字都做，做上三年六年，实际上还是没有什么好处。所以说，要学生做笔记自然是好的，但仅仅交得出一本笔记或许只是形式上的事情，要希望收到实效，不得不督促学生凡做笔记务需精心结撰。所谓精心结撰也不需求其过高过深，只要写下来的东西真是他们自己参考与思索得来的结果，就好了。参考要有路径，思索要有方法，这不单是知识方面的事，而且是习惯方面的问题。习惯的养成在教师的训练与指导。大概学生拿了一篇文字来预习，往往觉得茫然无从下手。教师要训练他们去参考，指导他们去思索，最好给他们一种具体的提示。譬如读《泷冈阡表》，这一篇是作者叙述他的父亲，就可以教他们取相类的文字归有光的《先妣事略》来参考，看两篇的取材与立意上有没有异同；如果有的话，为什么有。又如《泷冈阡表》里有叙述赠封三代的一段文字，好像很啰唆，就可以教他们从全篇的立意上思索，看这一段文字是不是不可少的；如果不可少的话，为什么不可少。这样具体地给他们提示，他们就不至于茫然无从下手，多少总会得到一点成绩。时时这样具体地给他们提示，他们参考与思索的习惯渐渐养成，写下来的笔记再不会是敷衍了事的了。即使所得的解答完全错误，但是在这以后听教师或同学的纠正，一定更容易心领神会了。

上课时候令学生讨论，由教师作主席、评判人与订正人，这是很通行的办法。但是讨论要进行得有意义，第一要学生在预习的时候准备得充分，如果准备得不充分，往往会与虚应故事的集会一样，或是等了好久没有一个人开口，或是有人开口了却只说一些不关痛痒的话。教师在无可奈何的情形之下，只得不再要学生发表什么，就此一个人滔滔汩汩地讲下去。这就完全不合讨论的宗旨了。第二还得在平时养成学生讨论问题，发表意见的习惯。听取人家的话，评判人家的话，用不多不少的话表白自己的意见，用平心静气的态度比勘自己的与人家的意见，这些都要历练的。如果没有历练，虽然胸中仿佛有一点准备，临到讨论时候是不一定敢于发表的。[9]这种习惯的养成不仅是国文教

9　讨论法是语文课堂教学常用的方法，但如何使讨论更有效呢？这里谈了两个注意点：第一是讨论前的精心准备，学生没有充分的准备，讨论就必然肤浅甚至"冷场"；第二是讨论过程中的表达与礼仪，如怎样倾听他人的意见，怎样表达自己的见解，怎样评判和质疑不同观点。这两点在今天仍实用。

师的事情,所有教师都得负责。不然,学生成为但能听讲的被动人物,任何功课的进步至少要减少一半。——学生事前既有充分的准备,平时又有讨论的习惯,临到讨论时候才会人人发表意见,没有老是某几个人开口的现象。所发表的意见又都切合着问题,没有胡扯乱说,全不着拍的现象。这样的讨论情形,在实际的国文教室里似乎还不易见到;然而要做到名副其实的讨论,却非实现这样的情形不可。

讨论进行的当儿,有错误给予纠正,有疏漏给予补充,有疑难给予阐明,虽说全班学生都有份儿,但最后的责任还在教师方面。教师自当抱着客观的态度,就国文教学应有的观点说话。[10] 如现在已经规定要读白话,却说白话淡而无味,没有读它的必要;或者教师自己偏爱某一体文字,却说除了某一体文字,其余都不值一读;都就未免偏于主观,违背了国文教学应有的观点了。讲说起来,滔滔汩汩连续到三十五十分钟,往往不及简单扼要说这么五分十分钟容易使学生印入得深切。即使教材特别繁复,非滔滔汩汩连续到三十五十分钟不可,也得在发挥完毕的时候,给学生一个简明的提要。学生凭这个提要,再去回味那冗长的讲说,就好像有了一条索子,把散开的钱都穿起来了。这种简明的提要,当然要使学生写在笔记簿上;但尤其重要的是写在他们心上,而且要教它永不磨灭。

课内指导之后,为求涵咀得深,研讨得熟,不能就此交代过去算数,还得有几项事情要做。现在请把学生应做的练习工作分项说明如下。

一 吟诵

在教室内开始通读,该令用宣读法,前面已经说过。但在把一篇文字讨究完毕以后,学生对于文字的细微曲折之处部弄清楚了,就不妨指名吟诵。或者先由教师吟诵,再令学生仿读。在自修的时候,尤其应该吟诵;只要声音低一点,不妨碍他人的自修。原来国文和英文一样,是语文学科,不该只用心与眼来学习;需在心与眼之外,加用口与耳才好。吟诵就是心,眼,口,耳并用的一种学习方法。从前人读书,多数不注重内容与理法的讨究,单在吟诵上用功夫。

---

[10] 强调学生的主体性并不意味着教师作用的弱化或消解,教师在课堂上要善于发挥自己的主导作用,该点拨的点拨,该纠正的纠正,该补充的补充,该强化的强化。当学生茫无头绪的时候给他们以启迪,当学生思路受阻的时候给他们以提示,当学生旁逸斜出的时候给他们以引导,该出手时就出手,该作为时要作为。

这自然不是好办法。现在国文教学,在内容与理法的讨论上比从前注重多了;可是学生吟诵的工夫太少,多数只是看看而已。这又是偏向了一面,丢开了一面。唯有不忽略讨论,也不忽略吟诵,那才全而不偏。吟诵的时候,对于讨论所得的不仅理智地了解,而且亲切地体会,不知不觉之间,内容与理法化而为读者自己的东西了,这是最可贵的一种境界。学习语文学科,必须达到这种境界,才会终身受用不尽。[11]

一般的见解,往往以为文言可以吟诵,白话就没有吟诵的必要。这是不对的。只要看戏剧学校与认真演习的话剧团体,他们练习一句台词,不惜反复订正,再三念诵,就可以知道白话的吟诵也大有讲究(白话的吟诵就是比通常说国语更为精粹的"说",前面已经说过了)。多数学生所写的白话,为什么看起来还过得去,读起来就少有生气呢?原因就在他们对于白话仅用了心与眼,而没有在口与耳方面多用工夫。多数学生登台演说,为什么有时意思还不错,可是语句往往杂乱无次,语调往往不合格式呢?原因就在平时对于语言既没有训练,国文课内对于白话又没有好好儿吟诵。所以这里要特别提明,白话是与文言一样需要吟诵的。白话与文言都是语文,要亲切地体会白话与文言的种种方面,必须花一番工夫去吟诵白话与文言。

吟诵的声调,虽说各地方人未必一致,却也有客观的规律。声调的差别,不外乎高低、强弱、缓急三类。高低是从声带的张弛而来的分别。强弱是从肺部发出空气的多少而来的分别。缓急是声音与时间的关系,在一段时间内,发音数少是缓,发音数多就是急了。吟诵一篇文字,无非依据了对于文字的了解与体会,错综地使用这三类声调而已。大概文句之中的特别主眼,或是前后的词彼此相关联照应的,发声都得高一点。就一句来说,如意义未完的文句,命令或绝叫的文句,疑问或惊讶的文句,都得前低后高。意义完足的文句,祈求或感激的文句,插入"何""什么"一类疑问词的疑问的文句,都得前高后低。再说强弱。表示悲壮、快活、叱责或慷慨的文句,句的头部宜加强。表示不平、热诚或确信的文句,句的尾部宜加强。表示庄重、满足或优美的文句,句的中部宜加强。再说缓急。含有庄重、畏敬、谨慎、沉郁、悲哀、仁慈、疑惑,等等,情味的文句,需得缓读。含有快活、确信、愤怒、惊愕、恐怖、怨恨,等等,情味的文句,需得急读。以上这些规律,都应合着文字所表达的意义与情感,所以依照规律吟诵,

---

[11] 吟诵,是汉文化圈中的人们对汉语诗文的传统诵读方式。吟诵中包含了很多语言本身所没有的意义,这些意义也是附着文学作品一起流传的。作者的心态、情态以及作品的意境,只有吟诵的时候最接近,最能体会。同时,吟诵也是高效的学习方法,用这种方法,不仅记得牢,而且理解得深。

最合于语言的自然。关于上面所说的三类声调,可以用符号来表示,如把"·"作为这个字发声需高一点的符号,把"△"作为这一句该前低后高的符号,把"▽"作为这一句该前高后低的符号,把"∨"作为句的头部宜加强的符号,把"∧"作为句的尾部宜加强的符号,把"◇"作为句的中部宜加强的符号,把"—"作为急读的符号,把"——"作为缓读的符号,把"～～"作为不但缓读而且需摇曳生姿的符号。在文字上记上符号,练习吟诵就不至于漫无凭依。符号当然可以随意规定,多少也没有限制,但应用符号总之于教学上很有帮助的。[12]

> 12 这里对吟诵有语调的指导,也有符号的指示,具体而实用。

吟诵第一求其合于规律,第二求其通体纯熟。从前书塾里读书,学生为欲早一点到教师跟前去背诵,往往把字句勉强记住。这样强记的办法是要不得的,不久之后连字句都忘记了,还哪里说得上体会?令学生吟诵,要使他们看作一种享受而不看作一种负担。一遍比一遍读来入调,一遍比一遍体会得亲切,并不希望早一点能够背诵,而自然达到纯熟的境界;抱着这样享受的态度是最容易得益的途径。

二 参读相关的文章

精读文字,每学年至多不过六七十篇。初中三年,所读仅有两百篇光景,再加上高中三年,也只有四百篇罢了。倘若死守住这几百篇文字,不用旁的文字来比勘,印证,就难免化不开来与知其一不知其二的弊病。[1]所以,精读文字,只能把它当作例子与出发点;既已熟习了例子,占定了出发点,就得推广开来,阅读略读书籍,参读相关文字。[13]这里不谈略读书籍,单说所谓相关文字。譬如读了某一体文字,而某一体文字很多,手法未必一样,大同之中不能没有小异;必须多多接触,方能普遍领会某一体文字的各方面。又或者手法相同,而相同之中不能没有个优劣得失;必须多多比较,方能进一步领会优劣得失的所以然。并且,课内精读文字是用细磨细琢的工夫来研讨的;而阅读的练习,不但求其理解明确,还需求其下手敏捷,老是这样细磨细琢,一篇文字研讨到

> 13 想起了叶老的那句经典的话:"语文教材无非是个例子。"语文教材不是教学的终点站,教学的最终目的不在教材本身,而在于通过教材的学习,使学生举一反三,触类旁通,掌握读书的方法和技巧,进一步阅读更多的作品,品味更多的阅读快感。

---

[1] 此处河南教育出版社 1989 年出版的《精读指导举隅·略读指导举隅》改为"就难免不开来,难免知其一不知其二"。——编者

三四个钟头是不行的。参读相关文字就可以在敏捷上历练;能够花一两个钟头把一篇文字弄清楚固然好,更敏捷一点只花半个一个钟头尤其好。文字既与精读文章相关,怎样剖析,怎样处理已经在课内受到了训练,阅读求其敏捷当然是可能的。这种相关文字可以从古今来"类选""类纂"一类的书本里去找。学生不能自己置备,学校的图书室不妨多多陈列,供给学生随时参读。

请再说另一种意义的相关文字。夏丏尊先生在一篇说给中学生听的题目叫作《阅读什么》[1]的演讲词里,曾经有以下的话:

> 诸君在国文教科书里读到了一篇陶潜的《桃花源记》……这篇文字是晋朝人做的,如果诸君觉得和别时代人所写的情味有些两样,要想知道晋代文的情形,就会去翻中国文学史;这时文学史就成了诸君的参考书。这篇文字里所写的是一种乌托邦思想,诸君平日因了师友的指教,知道英国有一位名叫马列斯[2]的社会思想家,写过一本《理想乡消息》,和陶潜所写的性质相近,拿来比较;这时《理想乡消息》就成了诸君的参考书。这篇文字是属于记叙一类的,诸君如果想明白记叙文的格式,去翻看记叙文作法;这时记叙文作法就成了诸君的参考书。还有,这篇文字的作者叫陶潜,诸君如果想知道他的为人,去翻《晋书·陶潜传》或陶集[3];这时《晋书》或陶集就成了诸君的参考书。

这一段演讲里的参考书就是这里所谓另一种意义的相关文字。像这样把精读文字作为出发点,向四面八方发展开来,那么,精读了一篇文字,就可以带读许多书,知解与领会的范围将扩张到多么大呢?学问家的广博与精深差不多都从这个途径得来;中学生虽不一定要成学问家,但有利的途径总该让他们去走的。

其次,关于声调与语文法的揣摩,都是愈熟愈好。精读文字既已到了纯熟的地步,再取字调与语文法相类似的文字来阅读,纯熟的程度自然更进一步。小孩子学说话,能够渐渐纯熟而没有错误,不单是从父母方面学来的;他从所有接触的人方面去学习,才会成功。在精读文字以外,<u>再令读一些相类似的文字,比之于小孩子学说话,就是要他们从所有接触的人方面去学习。</u>14

---

[1] 叶圣陶,夏丏尊.阅读与写作[M].上海:开明书店,1938:4.
[2] 马列斯,今译作"托马斯·莫尔",欧洲空想社会主义创始人,著有《乌托邦》。——编者
[3] 指《陶渊明集》。——编者

14 "相关的文字"有两层含义:一是精读后进行迁移练习的材料,一是如夏丏尊先生所言的相关文字。

三 应对教师的考问

学生应对考问是很通常的事情,但对于应对考问的态度,学生未必一致。有尽其所知所能,认认真真地应对的;有不负责任,敷敷衍衍地应对了完事的;有提心吊胆,战战兢兢地只着眼于分数的多少的。以上几种态度,自然第一种最可取。把所知所能尽量拿出来,教师就有了确实的凭据,知道哪一方面已经可以了,哪一方面还得加以督促。考问之后,教师按成绩记下分数,原是备稽考用的;分数多不是奖励,分数少也不是惩罚,可是少到不及格的时候,那就是学习成绩太差,非赶紧努力不可。这一层,学生必须明白认识。否则误认努力学习只是为了分数,把切己的事情看做身外的事情,就是根本观念错误了。教师记下了分数,当然不是指导的终结,而是加工的开始。对于几个不及格的学生,尤需个别设法,给他们相当的帮助。分数少一点本没有什么要紧;但分数少正表明学习成绩差,这是热诚的教师所放心不下的。

考问的方法很多,如背诵、默写、简缩、扩大、摘举大意、分段述要、说明作法、述说印象,也举不尽许多。这里不想逐项逐项地细说,只说一个消极的原则,就是:不足以看出学生学习成绩的考问方法最好不要用。[15] 譬如教了《泷冈阡表》之后,考问学生说,"欧阳修的父亲做过什么官?"这就是个不很有意义的考问。文字里明明写着"为道州判官,泗绵二州推官,又为泰州判官",学生精读了一阵,连这一点也不记得,还说得上"精读"吗?学生回答得出这样的问题,也无从看出他的学习成绩好到怎样。所以说它不很有意义。

考问往往在精读一篇文章完毕或者月考期考的时候举行;除此之外,通常不再顾及,一篇文字讨究完毕就交代过去了。这似乎不很妥当。从前书塾里读书,既要知新,又要温故,在学习的过程中,匀出一段时间来温理以前读过的,这是个很好的办法。现在教学国文,应该采取它。在精读几篇文字之后,且不要上新的;把以前读过的温理一下,回味那已有的了解与体会,更寻求那新生的了解与体会,效益绝不会比上一篇新的来得少。这一点很值得注意,所以附带在这里说一说。

---

15 《义务教育语文课程标准(2011年版)》指出:"应充分发挥语文课程评价的多种功能,恰当运用多种评价方式,注重评价主体的多元与互动。"这一理念在几十年前已有所体现。语文教学评价不能把目光聚焦于分数的多少,其根本目的是为了促进学生学习,改善教师教学。

一、下面是几位语文名家关于精读指导的经典论述,研读后谈谈你的看法。

1. 孟宪承:"精读"一个名词,大多数教师,恐怕还只有模糊的一个观念。其实为明了正确计,不如直截了当地把它作为"熟读精思"解释,包括记忆和理解两个要素。名为精读,而不能记忆,怎样能永久地欣赏与应用?旧时读书背诵,并非不好,其不好之点,乃在只能背诵而不能理解。至于已经有理解,而不能背诵,则还是不能受用。现在学校各科作业中,都有一大部分记忆工夫,何以独有国文则随讲随忘,教师不令学生背诵?这真不可解。[孟宪承.初中国文之教学[J].新教育,1924,9(1-2).]

2. 林轶西:初中国文科目除了模范文、作文、文法钟点之外,应每周至少有两小时作为指导讨论的机会。这个办法,由教员预先指定书的范围,令学生自己去预备——如检查字典、辞典、参考书籍之类。上课的工作,就是:

(1) 学生质疑 学生如有疑难,教员不可立刻替他解释,需先令他生代为解答;如全班没有人能解答或解答而不透彻,教员才可详细细地替他们解释。

(2) 讨论内容 教员提出论点,经过学生一番讨论之后,教员可参加意见,使他们更易明白。

(3) 指令讲说 注重字句的解释和章节的要旨,指定学生轮讲,以验他们对于指定范围是否彻底了解。

(4) 指令讽诵 诗歌应注意讽诵玩味,才能欣赏它。学生平时对于诗歌是否能够成诵,上课时需令试读。

(5) 读书笔记 本课既经过讨论之后,即需由学生做详细笔记。这项笔记可于课外做成,交给教员评阅指正。其内容可分:①难词难句的解释。②段节的要旨。③读后感想或批评。(读完一书需作全书的感想或批评)[林轶西.初中国文科读书问题之研究[J].教育杂志,1924,16(6).]

3. 张文昌:国文教学最大的一部分就是精读。但怎么样为精读呢?

第一步——功课指定 注意文义之了解、章法、结构、修辞、有大纲使学生有充分的课外预备及课内解释。

第二步——功课讨论 注意作意之了解,作者之作意及动机,使学生有批评的眼光与手段。

第三步——功课考问 注意学生之了解与纯熟,有朗诵、默写、问题、口答及笔答,使学生能记得其紧要处、精彩处,终生不忘。

虽然这样教起来即中等长度之文,亦需一星期始能卒业,长篇文字则必数星期始克告终,未免太不经济;以我个人意见则与其"贪多嚼不碎"毋宁细嚼而收其实际效益。故取材不可不精,读书不可不细,如此方为精读。[张文昌.中国国文教学的几个问题和实际问题[J].新教育评论,1927,3(8).]

二、下面是当代一些学者关于精读指导的论述,研读后谈谈你的看法。

1. 刘长林:首先,精读要读,要熟读成诵。熟读成诵过去是,现在是,将来也必然是理解文章思想内容和艺术形式的基本方法。其次,精读要思,要苦思。孔子说:"学而不思则罔。"朱熹说:"读而未晓则思,思而未晓则读"。 再其次,精读要精,要有重点。我认为:名家名篇并不是篇篇要精读,杂家杂篇也不是无一篇可精读;讲读课文并不是句句要精读,阅读课文也不是无精读之处。精读不受篇限制,我们该特别注意的倒是那些非常之笔、特殊之笔、精彩之笔。因为作品的特色、作品的成就、作品的耐人寻味,往往就在这些非凡之笔里。[刘长林.精读漫谈[J].语文教学通讯,1985(5).]

2. 顾德希:所谓精读,就是仔细、认真地阅读。它和速读、跳读、创造性阅读,同属于默读的不同方法。为了适应不同的阅读目的,人们需要掌握多种阅读方法。但作为中学生来说,学会精读,则是掌握各种阅读方法的基础。因此,精读的训练,无疑是中学语文教学中一项重要的训练内容。

对中学生进行精读训练,不应仅仅是一般性地、笼统地要求他们仔细读、认真读、反复读;而应当指导他们具体地掌握精读的基本方法,抓住规律性的东西使他们的精读能力不断得到强化,从而扎扎实实地使他们逐渐形成精读的良好习惯。[顾德希.精读刍议[J].语文教学与研究,1986(1).]

3. 韩雪屏:精读是为了理解和提取语义信息,训练精读需要教学生会整理文章的材料、分清材料的主次、详略;需要教会学生寻找或概括中心观点,提炼主题思想;需要教会学生把握、体验文章情感的基调;需要教会学生识别文章体裁、鉴赏作者表达与用语技巧,等等。我们依次把这些技能简称为析材、理事、解题、提旨、驭辞、体情。[韩雪屏.有效地进行精读训练[J].语文教学通讯,1986(8).]

我思故我言

我思故我言

泷冈阡表[1]

(1) 呜呼！惟我皇考崇公卜吉于泷冈之六十年，其子修始克表于其阡；非敢缓也，盖有待也。

(2) 修不幸，生四岁而孤。太夫人守节自誓，居穷，自力于衣食，以长以教，俾至于成人。太夫人告之曰："汝父为吏，廉而好施与，喜宾客；其俸禄虽薄，常不使有余，曰：'毋以是为我累。'故其亡也，无一瓦之覆，一垄之植，以庇而为生。吾何恃而能自守邪？吾于汝父，知其一二，以有待于汝也。自吾为汝家妇，不及事吾姑，然知汝父之能养也。汝孤而幼，吾不能知汝之必有立，然知汝父之必将有后也。吾之始归也，汝父免于母丧方逾年，岁时祭祀，则必涕泣曰：'祭而丰，不如养之薄也！'间御酒食，则又涕泣曰：'昔常不足而今有余，其何及也！'吾始一二见之，以为新免于丧适然耳；既而其后常然；至其终身，未尝不然。吾虽不及事姑，而以此知汝父之能养也。汝父为吏，尝夜烛治官书，屡废而叹。吾问之，则曰：'此死狱也，我求其生不得尔！'吾曰：'生可求乎？'曰：'求其生而不得，则死者与我皆无恨也。矧求而有得邪！以其有得，则知不求而死者有恨也。夫常求其生，犹失之死，而世常求其死也！'回顾乳者剑汝而立于旁，因指而叹曰：'术者谓我岁行在戌将死；使其言然，吾不及见儿之立也。后当以我语告之。'其平居教他子弟常用此语，吾耳熟焉，故能详也。其施于外

[1] 《泷冈阡表》成文于宋神宗熙宁三年(1070)四月，作者父亲下葬六十年之后。此文属碑文，碑文不同于祭文，祭文可以直抒哀思，而碑文则偏于记人叙事。欧阳修在父亲去世之时年仅四岁，这就使他很难撰述父亲的生平，但是欧阳修却进行了巧妙的处理，运用避实就虚、以虚求实、以虚衬实的独特写作方法，借用母亲的言语，巧妙穿插于文中，从不同的角度进行刻画。既以母亲的叙述为依托，对父亲的孝行与仁心进行追悼和表彰；同时又使母亲高尚的品德和节操得以颂扬，父因母显，母受父成，名为父亲写祭文，但实际上却表彰了父母双亲；明写暗写相互交叉映衬。透过这些记述，作者自然而然地表达了缅怀父母的真挚情感。后人将欧阳修的《泷冈阡表》与韩愈的《祭十二郎文》、袁枚的《祭妹文》合称为"千古至文"。

事,吾不能知。其居于家,无所矜饰,而所为如此。是真发于中者邪!呜呼!其心厚于仁者邪!此吾知汝父之必将有后也。汝其勉之!夫养不必丰,要于孝;利虽不得博于物,要其心之厚于仁。吾不能教汝,此汝父之志也。"修泣而志之,不敢忘。

(3) 先父少孤力学;咸平三年进士及第,为道州判官,泗绵二州推官,又为泰州判官。享年五十有九。葬沙溪之泷冈。

(4) 太夫人姓郑氏,考讳德仪,世为江南名族。太夫人恭俭仁爱而有礼,初封福昌县太君,进封乐安、安康、彭城三郡太君,自其家少微时,治其家以俭约,其后常不使过之。曰:"吾儿不忝苟合于世[1],俭薄,所以居患难也。"其后修贬夷陵,太夫人言笑自若,曰:"汝家故贫贱也,吾处之有素矣。汝能安之,吾亦安矣。"自先公之亡二十年,修始得禄而养。又十有二年,列官于朝,使得赠封其亲。又十年,修为龙图阁直学士尚书吏部郎中,留守南京,太夫人以疾终于官舍,享年七十有二。

(5) 又八年,修以非才入副枢密,遂参政事。又七年而罢。自登二府,天子推恩褒其三世。故自嘉祐以来,逢国大庆,必加宠锡。皇曾祖府君累赠金紫光禄大夫太师中书令,曾祖妣累封楚国太夫人;皇祖府君累赠金紫光禄大夫太师中书令兼尚书令,祖妣累封吴国太夫人;皇考崇公累赠金紫光禄大夫太师中书令兼尚书令,皇妣累封吴国太夫人。今上初郊,皇考赐爵为崇国公,太夫人进号魏国。

(6) 于是小子修泣而言曰:"呜呼!为善无不报,而迟速有时,此理之常也。惟我祖考积善成德,宜享其隆,虽不克有于其躬,而赐爵受封,显荣褒大,实有三朝之锡命[2]:是足以表见于后世而庇赖其子孙矣。"乃列其世谱,具刻于碑;既又载我皇考崇公之遗训,太夫人之所以教人而有待于修者,并揭于阡;俾知夫小子修之德薄能鲜,遭时窃位,而幸全大节,不辱其先者,其来有自。

(7) 熙宁三年岁次庚戌,四月辛酉朔,十有五日乙亥,男推诚保德崇仁翊戴功臣,观文殿学士,特进,行兵部尚书,知青州军州事,兼管内劝农使,充京东东路安抚使,上柱国,乐安郡开国公,食邑四千三百户,食实封一千二百户,修表。

---

[1] 此处人民文学出版社1982年出版的《欧阳修文选》作"吾儿不能苟合于世"。——编者
[2] "锡",同"赐"义。——编者

指导大概

　　这篇文字,通体只有一条线索,就是一个"待"字。² 为什么直到父亲葬了六十年,才给他作墓表呢?因为有所等待。为什么要等待?因为作者的母亲说过"有待于汝"的话。母亲的"有待于汝"不是漫无凭依的空希望,她根据着父亲的孝行与仁心,知道这样的人该会有好儿子,能够具有同样的孝行与仁心,并且能够显荣他的父母祖先——就是所谓"有后"。在父亲下葬的那年,作者才只有五岁,当然不能作墓表。后来长大起来,而且"食禄"了,"列官于朝"了,他还是不作,因为母亲所等待的还没有确切的着落;直到"天子推恩褒其三世",三代都受了皇帝的赠封,作者觉得"是足以表见于后世而庇赖其子孙矣",换一句话说,母亲所等待的有了确切的着落了,他才动手作墓表。他以为"天子推恩褒其三世"是自己"幸全大节"的凭证,而自己所以能够"幸全大节"由于不负母亲的等待,也就是不背父亲的遗训,总之是所谓"不辱其先",真成了个好儿子。这并不是夸张自己,只是见得父亲具有孝行与仁心而果真"有后",果真有好儿子,乃是"为善无不报"的"理之常"。要表扬父亲,还有比这个更值得叙述的吗?所以必须等待到这时候才来作墓表。——作者的意念是依着这样一条线索发展的。

　　意念发展的线索既已成立,同时就把取材的范围也规定了。这一篇文字属于碑志类,所谓碑志类,是就它刊刻的方式而言,实际上也就是传记。传记叙述一个人的生平有牵涉得很广的,为什么这一篇仅叙父亲的孝仁与仁心两端呢?还有,作者在四岁时候,父亲就去世了,对于父亲的生平,当然只能间接地从母亲方面得知;但是母亲对于父亲的生平,平日一定琐琐屑屑讲得很多,为什么这一篇仅叙母亲讲到父亲的孝行与仁心的一番话呢?原来作者认为孝行与仁心是父亲的两大"善",只此两端,就足以表见父亲的全貌。³ 他在文字的第六段里有"俾知夫小子修……"的话,所谓"俾知",使什么人知道呢?不是要使子孙与世人知道吗?要使子孙与世人知道什么?不是说父亲的两大"善"影响了他,果然使他"幸全大节,不辱其先",可见这两大"善"是人生的至

- 14 -

2　叶圣陶先生从贯穿全文的线索"待"字入手,把握了解读本文的钥匙。阅读记叙类作品,要善于抓住文章线索,把握作者的写作思路,进而了解作者的写作意图。

3　作者结合问题特点,分析了文章"意念发展的线索"与"取材范围"之间的内在关系,揭示了本文紧紧围绕思想线索选取材料的显著特点。这里讲的是阅读,其实,对写作也具有一定的启发和指导意义!

宝吗?这就使这篇文字在叙述以外,自然而然带着教训意味。大凡含有教训意味的文字,是排斥那没有教训意味的成分的;所以这一篇仅叙父亲的孝行与仁心两端。并且,作者受父亲的影响,是从母亲特别把父亲的两大"善"教训他而来的;唯有把母亲当时的教训摹声传神地叙述下来,才见得他的受影响为什么会这么深切。这好像是写母亲,其实正是出力地具体地写父亲。若再加上母亲平日琐琐屑屑讲到父亲生平的旁的话,那就使这一番话比较不显著,把它的力量减弱了;所以这一篇仅叙母亲讲到父亲的孝行与仁心的一番话。——以上是说取材的范围受着意念发展的线索的限制。

不只第二段的取材如上面所说,再看第四段里叙述母亲"治其家以俭约":当作者贬谪的时候,母亲说过"汝能安之,吾亦安矣"的话,这都与第二段里所叙父亲的话"毋以是为我累"相应合,见得母亲是真能够体验父亲的志概,本着父亲的志概训练儿子的。写母亲也就是写父亲,所以这些材料要取。再看第五段,说了"天子推恩褒其三世",以下就直接第七段的"于是小子修泣而言曰",似乎也没有什么不可以。但是"天子推恩褒其三世"是作者"幸全大节"的凭证,如果就此一笔叙过,未免把这种凭证看得太不郑重了,把朝廷的宠锡看得太不恭敬了;所以要把三代所受的赠封逐一记下来,以表郑重与恭敬。可见这一段关于三代受赠封的文字,也是从作者意念发展的线索而来的。

自来传记文字很多,作者意念发展的线索不同,取材范围也就不一样。如归有光的《先妣事略》,是从一种"孺慕"的意念发展开来的;所以只取日常琐屑作材料,使全篇带着抒情的情调,而没有什么教训意味。[4]欧阳修这一篇的第二段虽然纡徐曲折,摹声传神,也像是抒情的文字,但他把这一段作为全篇的主要材料,是着眼于它的教训意味的;所以这一段与其他各段统看,就不觉得什么抒情的情调,只觉得作者在那里向人说教。欧阳修是上承唐朝的韩愈而提倡古文的;他占很高的官位,有许多文人做他的门人,受他的提拔,他是当时文坛的盟主。韩愈开始以文字为教,主张写文需得传尧舜禹汤文武周公孔孟之道,也就是汉朝以来我国的传统伦理观念。欧阳修当然也作这样想。在寻常的题目之下,如一篇游记一篇短序之类,自然不妨随便一点;但现在遇到的却是个非常严重的题目——要叙述自己的父亲。以文坛盟主的资格,作这样非常严重的题目,若作来没有"传道"的作用,岂不是自己取消自己的主张?

---

4 善于联系同类文章,比较其不同之处,深化对本文的阅读理解。

于是他抓住父亲的孝行与仁心两端,以为全篇的主要材料,因为孝与仁正是我国最重要的传统伦理观念。他又把母亲预料父亲"有后",到后来果真"有后",可见"为善无不报",作为全篇的线索,这"为善无不报"也正是我国的传统伦理观念。既叙述了父亲,又有了"传道"的作用,从欧阳修当时的观点与立场着想,没有比这样下笔再得体的了。看一篇文字,要知道作者的观点与立场,要知道他处在怎样的一种思想环境与现实环境之中,才会得到客观的理解。倘若不能抱这样的态度,只凭读者自己的主观见解去评判,那就难以理解得透切。[5] 如说这一篇第五段历记三代所受的赠封,夸耀虚饰的荣显,酸味十足;又说第六段表明为善果真有报,近于一种迷信的因果论,与无知的积善老婆婆的见解不相上下;这就是凭现代的人的主观见解去评判古人的文字了。这样评判固然也是一种研讨,但对于作者为什么要这样取材,这样下笔,并没有得到理解却是真的。

现在请把各段的大意与作用来说一说。第一段从作表延迟说起,标出"待"字。第二段说明"待"字的来由在母亲"有待于汝"的话;而母亲这个话是有根有据的,那根据在父亲的孝行与仁心。于是叙述母亲所讲关于父亲的孝行与仁心的一番话,也就安排了本篇的主要材料。第三段记父亲的官职、年岁与葬地,是传记一类文字的格式。到这里,叙述父亲的生平的部分完毕了。第四段叙母亲,而着眼于母亲能够体验父亲的志概,能够随时本着父亲的志概训练儿子,可以说是从旁面叙父亲。这段里因为叙"得禄而养"母亲,用了"自先公之亡二十年"作为时间副语;以下就顺次下去,连用"又十有二年","又十年",来表明自己进宫与母亲去世的时间。第五段开头用"又八年",紧接上段,而叙的是自己"登二府",三代受赠封的事情,这表明母亲所谓"有待于汝"的有了着落了。于是来了第六段,见得这才是可以作墓表的时候了。作墓表不但记叙一个人的生平而已,更得使子孙与世人得到一种教训,才有意义;所以先前不作,直到这个时候才作。第七段记作表的年月,并署名。年月日文字这样完备,可省的也不省是表示郑重。这是作父亲的墓表,所以自称"男修表"。名字上面写自己的官衔,也是碑志一类文字的格式。这里所叙官衔,从"推诚"到"特进",是荣衔,非实官;观文殿学士本来是官名,但非曾执政者不授,也是荣衔;从"行兵部尚书"到"安抚使",是现任的官职;"上柱国"是勋位;"乐安郡开国公"是

[5] "知人论世"是孟子提出的文学批评的原则和方法。每一部作品都是作者在特定的时代、具体的环境中因心灵有所动、心有所思、心有所感才诉诸文字的。作品和作家本人的生活思想以及时代背景有着极为密切的关系,因而只有知其人、论其世,即了解作者的生活思想和写作的时代背景,才能客观地、正确地理解和把握文学作品的思想内容,准确地体察作品所包含的意蕴。所以,"知人论世"是我们文本解读的一条重要原则。

爵号；"食邑""食实封"若干户，是禄秩，与封爵连在一起的，只表是示秩，非俸给的数目。[6]

第二段所叙母亲的一番话最长，也最关紧要。这一番话又可以分为六节。从"汝父为吏"到"以有待于汝也"是一节，说明她处在寡居穷困的境地"而能自守"，只因她对于父亲知道一二，有待于她的儿子。以下到"然知汝父之能养也"是一节，到"然知汝父之将有也"又是一节，这两节就是所谓"知其一二"。从什么方面知道的呢？第四节到"而以此知汝父之能养也"为止，第五节到"此吾知汝父之必将有后也"为止，说明了知道的所以然。末了一节是结论，她说从"汝父之志"看来可见养亲最重要的是孝，待物最重要的是"其心厚于仁"。这里第二节说"能养"，第三节说"必将有后"，第四节承接"能养"说，第五节承接"必将有后"说，第六节用"孝"与"其心厚于仁"双承"能养"与"必将有后"，层次极为清楚整齐。

第三段开头是"先公少孤力学"一语，"少孤"叙他的境遇，"力学"叙他的努力，都只是抽象说法；如果没有这四个字，好像也没有多大关系。可是没有这四个字，开头一语就成"先公咸平三年进士及第"，语气见得急促了。现在用这四个字，语气就见得舒缓；"力学"又与"进士及第"有了照应。并且，"少孤力学"是抽象说法，而第二段母亲口里称述父亲全是具体说法；一面具体，一面抽象，也有错综的趣味。

第四段第二句实在是"太夫人自其家少微时，治其家以俭约"，"恭俭仁爱而有礼，初封福昌县太君，进封乐安、安康、彭城三郡太君"三语是插进去的，作为对于"太夫人"的形容语。所以要把这三语插进去的缘故，第一，与前面所说加用"少孤力学"四字一样；作"太夫人自其家少微时"，嫌其急促，插入这三语，语气就舒缓了。第二，太夫人被封为"福昌县太君，进封乐安、安康、彭城三郡太君"本来在作者"列官于朝"之后，但"始得赠封其亲"一语之下是接不上母亲被封为什么的（若要在这里叙明母亲被封为什么什么，就得像现在作文一样，把这个话括在括弧里头了，而从前作文是没有这个格式的）。正好前面有个可以安插的地方，所以就把它提到前面去了。

第四段里的"又十年"，指宋仁宗皇祐四年，与以下的"修为龙图阁直学士尚书吏部郎中，留守南京"，都是"太夫人以疾终于官舍"的时间副语，表明作者

---

[6] 这段文字在1942年商务印书馆出版的《精读指导举隅》中，仅概括地表述为"第七段记作表的年月与作表当时自己的赐号、官职、封爵、禄秩及名字，也是传记一类文字的格式"。《泷冈阡表》中欧阳修将年月日与自己的赐号、官职等一一写出，这段文字不是可有可无，而是为了表示郑重。此处是1989年河南教育出版社重印出版《精读指导举隅·略读指导举隅》时，叶圣陶先生特别增改了的内容，对文中的赐号、官职等的写作做了详尽的解释。

任这些官职的时候,母亲去世了。若以为作者"为龙图阁直学士尚书吏部郎中,留守南京",是皇祐四年才开始的事情,那就错了。原来作者除龙图阁直学士,在前此八年(仁宗庆历四年);落龙图阁直学士,在前此七年(庆历五年);复龙图阁直学士,在前此三年(皇祐元年);知应天府,兼南京留守司事,授尚书吏部郎中,在前此二年(皇祐二年);都不是皇祐四年才开始的。

第六段里"既又载我皇考崇公之遗训,太夫人之所以教而有待于修者"两语,是归结全篇的话,很关重要。全篇的主要目标当然在记载父亲的遗训,但父亲的遗训所以会在作者人生上发生影响,却在母亲本着遗训训练儿子,期待儿子。没有父亲的遗训,母亲将本着什么来训练儿子,这是不可知的。没有母亲的训练,父亲的遗训会不会在作者人生上发生影响,也很难说定。遗训与母亲的训练是二而一的,唯有这两项合并在一起,才收到真实的效果——就是儿子果真能够"幸全大节,不辱其先"。这里所指出的两语就表明这个二而一。同时也点醒了本篇叙述手法的所以然。原来本篇从母亲的口吻叙述父亲的遗训,又叙述母亲的俭约安贫,无非要表明母亲能够本着遗训训练儿子。所以说,这两语是归结全篇的话。

以上把全篇的取材、布局、照应各方面大略说过了。大概读一篇文字,仅能逐句逐句照字面解释,是不够的;必须在解释字面之后,更从文字以外去体会,才会得到真切意义。⁷现在请把本篇需得加意^[1]体会的地方提出来说一说。第二段母亲的话的第一节里,提起父亲的"毋以是为我累"一语,为什么"有余"反而是"累"呢?因为欲求"有余",或许会伤"廉",或许会损害"好施与"的品性,这是对于自身的"累"。"有余"而传到儿子手里,或许使儿子惯于席丰履厚,不能居患难,安贫贱,这是对于儿子的"累";对于儿子的"累"也就是自己的"累"。这些累都是要不得的,所以说"毋以是为我累"。⁸同节里有"无一瓦之覆,一垄之植"两语,这等于说没有房屋与田地,但比起"无屋舍田亩"来,却具体得多,印象深刻得多。"一瓦""一垄"都是最低限度,最低限度的财产也没有,可见贫困真到了极点了。第三节"然知汝父之必将有后也"一语,如果去掉"将"字,作"必有后也",文意也顺适。但"必有后也"是断定口气,加入"将"

7 由浅入深,由表入里。

8 意义是有多重层次的。所以,叶圣陶先生多次强调仅仅读出文章的第一层意义是不够的,要抓住文章重点字、词、句体会文章深层意义。

―――――――――
[1] "意"应为"以",原著误。——编者

字就是期望口气；这里承上文的"有待于汝"，作期望口气尤合于说话当时的神情。第四节叙述父亲的话，说"祭而丰，不如养之薄也"，又说"昔常不足而今有余，其何及也"，都从一句简单的话，表出父亲追慕不已的孝思。祭祀是人子的一件大事，固然要求其丰盛；但是，如果不是死后的祭祀而是生前的奉养，即使比较菲薄一点，在人子是何等的快慰呢？在奉养的时候，因为手头"不足"，不得好好儿奉养；现在手头"有余"了，偏偏又无法奉养，在人子是何等的深恨呢？这两层意思，从这两句简单的话里表达出来，父亲的孝思如何深切也就可想而知了。再看在"御酒食"上头加上一个"间"字，见得所谓"有余"也是有限得很的，不过比往时稍稍宽裕一点而已。稍稍宽裕一点，就想到不及拿来奉养，那孝思真是没有一刻不在心上的了。同节"至其终身未尝不然"一语，是找足一句的说法。每逢祭祀，每对酒食，总是要涕泣而叹息，这样直到他临死；说他的孝思没有一刻不在心上，还有可以怀疑的吗？死后的追慕尚且如此，那么，生前的奉养虽因"不足"而菲薄一点，但必然纯本于孝思，是不问可知的了。所以本节的末了说"以此知汝父之能养也"。第五节里母亲问"生可求乎？"以下父亲回答的一番话，层次很多，言外还有意思，必须仔细体会。这一段话开头说"求其生而不得，则死者与我皆无恨也"，并不直接回答说"生"的可求不可求，只是提出一个原则来：法官必须劳费心思替将死的罪犯寻一条生路。即使个个罪犯都寻不到生路，但那一番心思是不得不劳费的；因为唯有这样做，在法官是尽了他的职责，良心上没有什么抱恨；在罪犯是自己犯了实罪，虽死也没有什么抱恨。以下接说"矧求而有得邪"，用的是反问感叹的语气。假定求而总是不得，但为彼此不致抱恨起见，尚且非求不可；现在实际上又"求而有得"，怎么能不求呢？这就回答了"生可求乎"的问语；见得"生"是可求的，而且非求不可的。以下接说"以其有得，则知不求而死者有恨也"，这是推开来想。从"求而有得"着想，可见偶尔疏忽一件案子，也许正冤枉一个罪犯，将使他抱恨而死。那么，做法官的还可以偶尔疏忽一件案子吗？以下接说"夫常求其生，犹失之死，而世常求其死也"，这是对于当时一般法官的感慨。"常求其生"指自己说；像自己这样存心，这样审慎，说不定还有考核与判断的错误，因而把不该受死罪的罪犯冤枉处死。而一般法官对于案子只是随便处理，一味疏忽；那不但是不替罪犯寻生路，简直是专把罪犯赶上死路去了。说着这样感慨的话，他自己绝不愿像一般法官那样随便与疏忽,那意思也就表明了。接着父亲叹息说恐怕见不到儿子的成立,"后当以我语告之",以下母亲又说"教他子弟常用此语";这里的"我语""此语"不能呆看。"我语""此语"该是指前面的话而言,而前面的话是说法官必须尽心替罪犯寻生路,以求彼此无恨;难道父亲料定儿子与"他子弟"将来都要作法官吗?这就是呆看了。原来"我语""此语"是指像前面的话那样的存心而言,儿子与"他子弟"将来固然不一定作法官,但那样的存心是无论作什么都必要的,所以说"后当以我语告之",所以"教他子弟常用此语"。以下母亲赞叹父亲,用推进一层的说法,先说"其施于外事,吾不能知";这不但按照实际情形说,她自己处在家里,不能知道父亲在外面的情形;同时还表出一种料想,也许父亲在外面,更有许多教人感服的事情,只是她不能知道,故而也无从说起了。在外面做事而能教人感服,也许还有点"矜饰"的意味,并不完全出于自然;于是推进一层说,在家里是绝对用不到"矜饰"的,而父亲能那样地认真尽责,可见他的存心是完全出于自然的了。存心完全出于自然,怎么就归结到"此吾知汝父之必将有后也"呢?中间好像缺少了一座过渡的桥梁。原来过渡的桥梁就是"为善无不报";这"为善无不报"是"理之常",人人所有的信念,不烦言而可知,所以把它省略了。第六节开头说"汝其勉之",明明是教训语,以下却又说"吾不能教汝",而用"此汝父之志也"来结束;见得所谓"养不必丰,要于孝,利虽不得博于物,要其心之厚于仁",只是从"知其一二"的父亲的性行上体验出来的一点道理;就为体验出来了这点道理,她才有以教儿子,她才有待于儿子。倘若没有这一节的话,以上几节仅仅说明了"汝父之能养","汝父之必将有后",与儿子的关系还浅。现在有了这一节,见得她的教训也就是"汝父之志",她所谓"有待于汝",是期待"汝父之志"在儿子的人生上发生优善的影响,这与儿子的关系就深切多了。

第四段叙母亲的话"吾儿不能苟合于世,俭薄所以居患难也";意思是说"不能苟合"必然常"居患难",习惯了"俭薄","居患难"就安之若素了。这个话正与父亲"毋以是为我累"的话正反相应;父亲的意思是丰厚(有余)要成累,母亲的意思是俭薄就没有什么累。以下"汝家故贫贱也……"两句是承接上文,用叙述来加倍描写。"汝能安之,吾亦安矣"一句,虽只有八个字,可是把母亲与儿子融融泄泄,"居患难"而心胸旷然的情境,都表现出来了。作者的母亲画荻教子,自来称为贤母的模范。读本篇所述母亲的一些话,真像看见了这位贤母,听到了她的温恭慈爱的口吻。

第六段"为善无不报"之下,加"而迟速有时"五字,作为对于"报"字的副语,与下文相应;这是文字的周密处。"我祖考积善成德,宜享其隆",但"不克有于其躬",这就像是"不报"。然而到后来"赐爵受封,显荣褒大,实有三朝之锡命",可见并不是"不报",只是"报"得"迟"一点罢了。这就是所谓"迟速有时"。若不在上文把这一层先行点明,下文"不克有于其躬"就未免有点突兀了。末句的末了说"小子修""德薄能鲜,遭时窃位","德"与"能"都不行,原不该有什么发展,而现在竟得发展,无非遭遇时世,窃居高位而已;把自己说得这样地平凡,只是要反衬下文的"全大节"与"不辱其先"。"全大节"与"不辱其先"不是容易做到的事情,而平凡的自己居然能够做到,那是经过了许多奋勉的工夫而来的。下一个"幸"字,所以表明奋勉成功的意思。若把这"幸"字解作通常的"侥幸",意味就差一点了。平凡的自己何所凭借而能奋勉呢?凭借的是父亲的遗训与母亲的训练;把成功的原由都归到父母身上,这就是所谓"其来有自"。

现在请把本篇所有字与词、语。应该提出来说明的,逐一说明于下。[9]

关于坟墓的刻石,通常有两种,一种是"墓表",也称"墓碑",一种是"墓志铭"。一般的见解,"墓表"所以彰其人,立在坟上,供瞻仰的人观看;"墓志铭"埋在坟中,将来时候或许陵谷变迁,发见的人就可以知这坟中埋的是谁。但姚鼐《古文辞类纂》的序文里说:"志者,识也。或立石墓上,或埋之圹中,古人皆曰志。为之铭者,所以识之之辞也。然恐人观之不详,故又为序。世或以石立墓上曰碑曰表,埋乃曰志,及分志铭二之,独呼前序曰志者,皆失其义"。这是说关于坟墓的刻石,不管它立在坟上或是埋在坟中,"古人皆曰志";他是不承认"墓表"与"墓志铭"的分别的。[10]

"呜呼"是叹词,或仅表感叹,或在感叹之外兼表伤痛或赞美的意思。本篇里用了三个"呜呼"。第一段里的"呜呼"仅表感叹,感叹作表的延迟。第二段里的"呜呼"就兼表赞美了,赞美父亲"其心厚于仁"。第六段里的"呜呼"也兼表赞美,赞美祖考的"实有三朝之锡命"。从此又可见"于是小子修泣而言曰"

9　强调重点,落实基础。

10　在河南教育出版社1989年出版的《精读指导举隅·略读指导举隅》中删去了这段文字。

的"泣"字是感慰的"泣",不是伤痛的"泣"。

本篇里用了两个"惟"字,一个在第一段,一个在第六段。这两个"惟"字不是"惟独",没有实义,只是古代的发语词——在说话开头的时候,带出一个没有实义的字来,以助语气。去掉"惟"字,作"我皇考""我祖考",意思也一样。现在加用这古代的发语词,见得称说自己的"皇考"与"祖考",语气更庄敬一点。

"皇"字是对于先代的敬称,篇首初提到父亲,当然该庄敬;第五段叙述父亲受朝廷的赠赐,第六段说到父亲的遗训,也非庄敬不可;所以都用"皇考"。第三段里的"先公少孤力学",第四段里的"自先公之亡二十年",都只是寻常叙述语;所以不用"皇考"而用"先公"。第五段里称曾祖为"皇曾祖",称祖父为"皇祖",理由与前面所说一样。

"崇公"是赐爵崇国公的简称。在"皇考"之下,又称父亲的赐爵,也所以表示庄敬。除了对于自己的祖先以外,对于其他的人不称他的名字而称他的官位、封爵、谥号,也都表示庄敬的意思。

"卜吉"就是下葬;但是说"卜吉"见得当时是郑重其事,占卜了"吉兆"而下葬的,正与全句郑重、庄敬的情味相一致。第三段里叙及葬地,仅是寻常叙述语,所以用"葬"字就够了。

"克"字与"能"字的分辨,在"前言"里已经提到,这里不再说。现在只说第六段里"虽不克有于其躬"一语的"不克"。这一语说祖考"不克"在生前"享其隆",而"享其隆"是一件大事,提及的时候应该郑重、庄敬的;所以不作"不能"而作"不克"。

本篇里用了许多"也"字,这些"也"字可以分为三类。"非敢缓也","故其亡也","吾之始归也","此死狱也","汝家故贫贱也"等语里的"也"字是一类,表示语气到此稍稍顿一顿,话还没有说完。"盖有待也","以有待于汝也","然知汝父之能养也","然知父之必将有后也","不如养之薄也","而以此知汝父之能养也","则死者与我皆无恨也","则知不求而死者有恨也","而世常求其死也","吾不及见儿之立也","故能详也","此吾知汝父之必将有后也","此汝父之志也","俭薄所以居患难也","此理之常也"等语里的"也"字是一类,表示语气到此完足,一句话已经说完。第三段里"其何及也"

一语的"也"字又是一类，与"邪"字相当，是反问与感叹的语气。如果说白话，"非敢缓也"作"并不是敢于迟缓"，"此死狱也"作"这是一件该判死罪的案子"，"汝家故贫贱也"作"你家本来贫贱"，都只需稍稍一顿就是，不需再用什么语助词。"故其亡也"作"所以他去世的时候"，"吾之始归也"作"我嫁过来的时候"；这里值得注意，白话里的时间副语"……的时候"，文言里可以作"……也"。所以"当他人学的时候"可作"方其入学也"，"与你碰见的时候"可作"与君之相遇也"。再说第二类"也"字。"盖有待也"作"是有所等待"，"以有待于汝也"作"因此对于你有所等待"，都只在声调上表示语气完足，末了不需再用什么语助词。"然知汝父之能养也"作"然而知道你父亲是能够奉养的"，"然知汝父之必将有后也"作"然而知道你父亲是一定会有好子孙的"，"则知不求而死者有恨也"作"就知道不经仔细考求而被处死刑的有怨恨了"，"吾不及见儿之立也"作"我见不到儿子的成立了"；从这里可以知道，白话里的"是……的"与"了"两种断定语气，在文言里就是"也"字，再说第三类"也"字。"其何及也！"白话作"还哪里来得及呢！"这"也"字正是白话里的"呢"。所以，"什么缘故呢？"文言作"何也？""什么人呢？"文言作"谁也？"

"盖有待也"的"盖"字，与"乃"字意义相近，作"乃有待也"也可以。全句说白话，是"并不是敢于迟缓，是有所等待"。可见白话里这样语气之下的"是"字，文言作"盖"字或"乃"字。所以"并不是不愿意做，是没有能力做"，文言作"非不愿为也，盖无其能也"。"这不是远山，是停着的云"，文言作"是非远山也，乃停云也"。

"自力于衣食"一语，照样说作白话是"自己尽力对于衣食"或"自己尽力在衣食方面"，都不很顺适。这只需说"自己尽力谋衣食"就可以了。又如下文"新免于丧"，白话就是"新近除服"。那"于"字都不必译作"对于"或"在"字放在话里的。

"以长以教"的"长"字作"长养"解，所以与"教"字处同等的地位。被"长"被"教"的都是作者。

"以长以教"，以什么来长养儿子教训儿子呢？原来是以"自力于衣食"。因为"自力于衣食"已经说在前面，"以"字之下就可以直接"长"字"教"字了。这与"以庇而为生"一语情形完全相同。原来是"以一瓦之覆，一垄之植，庇而为生",但为要说明没有"一瓦之覆,一垄之植,庇而为生",必须把这两语提在前面,才加得上一个"无"字;两语既已提在前面,"以"字之下就可以直接"庇而为生"了。明白了这个,也就可以明白"俾至于成人""俾知夫小子修……"两语的句法。"俾"就是"使",使那一个"至于成人",使什么人知道,语中都不点明,必然已经提在前面了。不错,已经提在前面了;对于"俾至于成人"的"俾"字是"修不幸"的"修"字,对于"俾知夫小子修……"的"俾"字,是"是足以表见于后世而庇赖其子孙矣"一语里的"后世"与"子孙"。

<u>本篇里用了四个"邪"字,"邪"就是"耶"。</u>[11]"吾何恃而能自守邪?""矧求而有得邪!"都是反问口气,"邪"字与白话里的"呢"字相当。"是真发于中者邪!""其心厚于仁者邪!"都是赞叹口气,"邪"字与白话里的"啊"字相当。后面两语说作白话,就是"这真是从心里发出来的啊!""他的心里仁道很厚的啊!"

"祭而丰,不如养之薄也",说作白话,就是"祭得丰厚,不如供养得菲薄"。又如"读而勤","学而有成","为吏而廉"一类的语句,白话就是"读得勤快","学习得有成就","做官做得廉洁";这些"而"字都与白话里的"得"字相当。"养之薄"本来也可以作"养而薄",现在不用"而"字而用"之"字,叫做"互文"——就是说,错综地使用作用相同的字,以避免重复。这"之"字并不与"我的""你的"的"的"字相当而与上语的"而"字作用相同。"互文"常常用在语式相同的两语里。"而"字与"之"字可为"互文"之外,其他"互文"还有很多。如陶潜《归去来辞》里的"舟遥遥以轻飏,风飘飘而吹衣"两语语式相同,"以"字与"而"字是"互文"。

"间御酒食"的"御"字,与白话里的"用"字相当。白话说"请用饭",比较"请吃饭"恭敬一点。文言说"御酒食"也比较"进酒食"恭敬一点。

本篇里用了许多"其"字,多数"其"字都是寻常用法,在白话里就是"他的"。只有两个比较不寻常,现在提出来说一说。一个是"其何及也"的"其"字。这一语说作白话,就是"还哪里来得及呢!""其"字与白话的"还"字正相当。再从《左传》里摘出一些语句来看,如"其何不济?""其何以免乎?""其何以报君?""其何后之有?"说作白话,就是"还有什么不成功呢?""还从什么方法避免呢?""还拿什么报答您呢?""还会有什么后代呢?"可见在反

11 善于归纳和总结,梳理规律性的知识。

问或感叹的语句里，"其"字用在开头，语气与白话里说"还"字一样。又一个是"汝其勉之"的"其"字。这"其"字表示命令与期望的意思。不说"汝勉之"而说"汝其勉之"，更见恳切叮咛的心怀。《尚书》里有"帝其念哉！""嗣王其监于兹！"的语句，《左传》里有"吾子其无废先君之功！"的语句，"其"字的用法都与"汝其勉之"一语相同。

"吾始一二见之，以为新免于丧适然耳；既而其后常然；至其终身，未尝不然"一句里，连用"适然""常然""未尝不然"，逐层递进，把父亲没有一刻不存着孝思说到极点。凡要使读者听者的感兴逐渐达到顶点，用这种逐层递进的说法是很有效的。

"以为新免于丧适然耳"的"耳"字，与寻常作"而已"或"罢了"意义的"耳"字不同，它与"也"字相当，放在语句的末了，表示语气到此停顿。所以这一语若作"以为新免于丧适然也"，语调是一样的。说作白话，就是"以为他新近除服偶尔这样"，无论用"耳"用"也"，都不需再找什么语助词来译它了。"我求其生不得尔"的"尔"字，与这个"耳"字，完全相同；也与"也"字相当，也是放在语句的末了，表示语气到此停顿。"我求其生不得尔"，也可以作"我求其生不得也"。再就本篇用"也"字的语句来看，有些"也"字也可以换作"耳"字；如"盖有待也"也可以作"盖有待耳"，"以有待于汝也"也可以作"以有待于汝耳"。可见"也""耳"两字是常常可以通用的。不过用"也"字语气重一点，用"耳"或"尔"字语气轻一点，这是分别所在。

"矧"字与"况"字意义相同。有人说，这两个字，语气有缓急的分别，"况"字语气缓，"矧"字语气急。这种分别，现在也不能辨明；只觉得"况"字是常用字，"矧"字是比较不常用的字罢了。

本篇里用了三个"夫"字。"夫常求其生"，"夫养不必丰"两语里的"夫"字是一类，放在语首，表示提示的意思。白话里没有与这个"夫"字相当的字；说这两语，就是"常常给他寻生路"，"奉养不一定要丰盛"，开头都不需用什么语词，只需发声前低后高就是了。"俾知夫小子修……"一语里的"夫"字又是一类，放在动词底下，没有意义，只把上面那动词拖得舒缓一点。白话里也没有与这个"夫"字相当的字。这样的"夫"字当然不妨去掉；所以这一语也可作"俾知小子修……"。

"犹失之死"一语里,"失之"两字是相连的;凡是说话说得不对,做事做得错误,文言都可用"失之"两字来表示。这一语说作白话,就是"尚且会弄错了教人冤枉死"。文言为什么缩得这样简短呢?因为"犹失之死"与上语"常求其生"句法相同,成为对偶,而对偶的语句,往往可以简缩而见意的。

"剑"字的来源,在《礼记·曲礼》上。《曲礼》上的文句是"长者……负剑辟咡诏之,则掩口而对。"郑注说:"负,谓置之于背;剑,谓挟之于旁。"孔疏说:"剑,谓挟于肋下,如带剑也。"可见这"剑"字是把小儿挟在肋下的意思。本篇各本有异文若干处,这个"剑"字,一本作"抱"字。有人说,作"剑"字表示"乳者"把作者挟在肋下,看主人在灯下办公事,情态很生动;若作"抱"字,就觉得直致了。但这"剑"字是个僻字(僻字与古字不同,古字是现在不常使用的字,僻字是向来就少经使用的字),就本篇全体看,使用僻字的就只有这一处,未免见得不调和。并且,用"剑"字就生动,用"抱"字就直致,也只是从爱好僻字而来的主观看法。所以,作者当时用的如果真是"剑"字,在全篇用字需求调和这一点上是可议的。

作者的父亲死在宋真宗大中祥符三年,那年正是"庚戌",与术者的话相应。作者所以要把"岁行在戌将死"的话叙下来,就为事实与预言相应的缘故。至于这是偶合还是术者真有预知的本领,这问题在现代人当然很容易想起;但在作者当时是不成问题的。

"吾耳熟焉"的"焉"字与"之"字相当,指称上一语里的"此语"。这四个字说作白话,就是"我听熟了这个话"。《左传》里有"公使让之,且辞焉"的语句,《孟子》里有"晓之于舜也,使其子九男事之,二女女焉"的语句,"辞焉"就是"辞之","女焉"就是"女之"。可见"焉"字与"之"字常常通用的。

作者"贬夷陵"是宋仁宗景祐三年的事情。按年谱,景祐元年,"授宣德郎,试大理评事,兼监察御史,充镇南军节度,掌书记馆阁校勘"。景祐三年,"是岁,天章阁待制权知开封府范仲淹言事忤宰相,落职,知饶州。公切责司谏高若讷,若讷以其事闻,五月戊戌,降为峡州夷陵县令"。

作者初入仕"得禄而养"是宋仁宗天圣八年的事情。按年谱,天圣七年,"是春,公……试国子监为第一,补广文馆生。秋,赴国学解试,又第一"。天圣八年,"正月,试礼部……公复为第一。三月,御试崇政殿,公甲科第十四名。五月,授将仕郎,试秘书省校书郎,充西京留守推官"。

"列官于朝",指宋仁宗庆历二年作者"知太常礼院"而言。

作者"拜枢密副使"是宋仁宗嘉祐五年的事情。"参知政事"是嘉祐六年的事情。

"又七年",指宋英宗治平四年。按年谱,治平四年,"二月……御史彭思永蒋之奇以飞语污公,上察其诬,斥之。公力求去。三月壬申,除观文殿学士,转刑部尚书,知亳州。……五月甲辰,至亳"。这就离开了中央而充外任了。

"实有三朝之锡命"的"实"字,不是"实在"而是"果然"。"果"本来是"木实",有"果然"一义,自然"实"也可以作"果然"了。如在叙述一个学生怎样怎样用功之后,接着说"每试实列前茅",在叙述人家怎样怎样对我有好感之后,接着说"实慰我心",这些"实"字都是"果然"。

以上说到的一些文言虚字,固然要分析、比较,确切地知道它们所表示的意义与语气;但是要熟悉它们并且使用它们,非加工吟诵不可。从吟诵入手,所得到的才是习惯,而不仅是知识。

<u>读过了这篇文字,可以想起许多问题。譬如,碑志传记的文字,目的在叙述人物,从这篇文字看来,叙述人物的主要手法是什么呢? 第一是抉出那个人品性与行为上的特点,凭那些特点来表见他的全貌。本篇作者以为孝行与仁心是父亲的两大"善",是父亲的特点,所以着眼在此,其他不再叙述。第二是用具体写法。本篇作者不用一些抽象词语来形容父亲的孝与仁,而用父亲在祭祀与进酒食的时候怎样追慕,在办公事的时候怎样用心,来表见父亲的孝与仁;这就是用具体写法。</u>[12]

又如,具体写法与抽象写法,方法上与效果上有什么不同呢? 抽象写法只凭作者主观的意见;如作者观得某人能够孝顺他的父母,就说他"能孝其亲",觉得某人的孝行真是做到极点了,就说他"孝行纯笃";这里"能孝"与"纯笃"都是作者主观的意见。具体写法就不然。如"祭而丰,不如养之薄也!""昔常不足而今有余,其何及也!"本是本篇作者父亲常说的两句话;关于"求其生"的意见,本是本篇作者父亲某一夕说起的一番话;作者觉得就是这几句话,已可充分地见到父亲的孝行与仁心了,于是把它们记下来。还有说话当时的

12 在全面理解文意的基础上,引导学生分析本文的写作技法。

背景,"祭而丰……"一句是"岁时祭祀"的时候说的,"昔常不足……"一句是"间御酒食"的时候说的,"求其生而不得……"一段是"夜烛治官书,屡废而叹"的时候说的;在那样背景中,说那样的话,父亲的孝行与仁心真是宛然如见了。这里只有选取材料(就是言语、行动、背景等)的时候多少参有作者主观的意见,待材料选定之后,作者的任务只是叙事与记言罢了。这种手法叫做表现,意思是使所写的人物自己显示在读者面前。以上是两种写法方法上的不同。抽象写法只能教人家知道些什么。如前面所举的例子,说某人"能孝其亲"或"孝行纯笃";但某人怎样"能孝",他的孝行怎样"纯笃",却是无法知道的。具体写法在教人家知道些什么以外,还能教人家感到些什么。如本篇叙述父亲的话与说话当时的背景,那背景与说话构成一种真切的境界,显示一个生动的人物,可供读者自己用心灵去探索与认识。探索与认识的结果,不但知道作者的父亲曾经说过那些话而已,并且感到作者父亲真是个尽孝尽仁的人。以上是两种写法效果上的不同。

又如,凡是碑志传记文字,是不是或多或少都用具体写法的呢?所谓抉出人物的特点。这特点是不是专指那人的长处而言呢?这类文字,有的带教训意味,有的却不带,这带与不带由什么而分别呢?想到这些问题,就可以各就方便,取若干篇碑志传记来看。又如,这篇文字纡徐而庄敬,风格与它相近的文字,作者还有哪些篇呢?人家说作者"文备众体",作者的文字工作,涉及的方面到底有多少呢?想到这些问题,就可以取作者的全集来看。又如,本篇所用的一些文言虚词,在本篇里作这样意义这样语气,能不能从其他文篇中得到印证呢?本篇所用的一些修辞方法,如逐层递进的说法与对偶句里用互文,能不能从其他文篇中找到例子呢?想到这些问题,就得随时留意,以免错过发见的机会。13

13 阅读指导的目的是什么?最终还是要引导学生自己去自主阅读、自主探究。所以作者在本篇指导的最后,又提出了若干有价值的问题,引导学生进一步去学习和探究。

与学者对话

一、下面是语文名家关于精读指导的经典论述,研读后谈谈你的看法。

1. 孟宪承:精读的材料,怎么样教学呢?上边略读的指导和考查两层,自然都是适用的。《课程纲要》定位大半在上课时直接讨论。这"讨论"两字,又太含糊了。选用的教材,当然要有相当的提示,却不需逐字逐句地讲解,而要将这文的背景与大意,文法上与修辞上的特点,为一个扼要的有趣的说明,做一番有力的介绍。使学生热烈地要去读它,读了欲罢不能地要去玩索它。[孟宪承. 初中国文之教学[J]. 新教育,1924,9(1-2).]

2. 祝世德:精读教学要点如下:(1)教员对于选文,应抽绎其作法要项指示学生,使学生领悟文字之体式与其作法,并将其内容及作者生平概要叙述,使学生对于全篇有简括之认识,重在引起学生自学之动机,不必逐字逐句讲解。(2)令学生运用工具书籍,如字典、普通辞典、百科辞典、人名地名辞典等,并指导其使用方法。(3)教员于讲解前先令学生运用工具书籍,查考生字、难句及关于人地时种种疑问。(4)在选文中遇有初见或艰深之单字及术语,应特别提出讲解。(5)教员在讲述后,应指导学生作分析、综合、比较之研究,务使命透彻了解;或提出问题,令学生课外自行研究。(6)指导学生于不妨碍他人工作之范围内,用国音讽诵,养成欣赏文艺之兴趣。(7)应令学生将教员所指导之要点及其自习时研究之所得,记录于笔记簿上,以备参考。(8)临时考查成绩。[祝世德. 初中国文教学经验谈[J]. 中华教育界,1934,21(1,2).]

3. 叶苍岑:在精读方面,我们必须名副其实地做到一个"精"字。这有三点应加注意:(1)课前预习。在上课之前,对于即将讲到的文章,必须利用工具书籍(如字典、普通辞典、百科辞典、人名地名辞典等),将本文及注释中所有的疑难(如词的音和义,成语和典故的解释,人名和地名的来历等),只要个人的能力能够解决的,都需逐一予以解决。这样,教师在教课时就不必徒费口舌于一词、一句、一人、一地的解释,而可移其精力于其他重要方面(如作者身世、时代背景、文章的主旨、体裁及作法、文法等),使教学进度加速,而学生个人的学习兴趣也一定会提高,听到难解的地方也一定会特别注意,不致有被动注入的毛病。(2)注意听记。教师讲解时必须注意听讲,丝毫不可放过;有必要时,必须随手记录,不可贪懒;有疑惑的地方必须发问,以期对于一词、一语、一句、一段,以及全篇文章的主旨、体裁、作法、文法、时代背景、作者身世等等,透彻了解。(3)课后复习。凡是讲过的文章,必须熟读,并择其最优者(教师指定,或个人选定),熟读到能够背诵的程度。这样,对于文章的领会必更深切,得到的益处也更多。如果课前不预习,课后不复习,只凭课堂上那一点记忆,日久定会茫然。俗语说："吃过肚饥,话过忘记。"讲完了不读也一定忘记,结果与不讲无异,更怎能谈到"精"呢,所以这一点必须做到,不可马虎。[叶苍岑.对中学新生谈国文教学[J].国文杂志,1942,1(2).]

二、下面是当代一些学者关于文言文教学的论述,研读后谈谈你的看法。

1. 李蓁非:学生对于文言文,本来就很生疏。如果一开始就提出文言文的特点来,并且以此作为教学的出发点,那么学生便必然会误以为文言文和白话文完全是两码事,如外国文与中国文一样。实则学习文言文与学习外国文完全不一样。文言文与白话文的语法构造和基本词汇基本上是一致的。这就是说,在文言文与白话文之间,相同点远远大于相异点。所以教学生阅读和理解文言文,首先应当从文言文与白话文的相同点入手,并且充分利用这些相同点来进行教学。自其同点出发,学生是比较容易而且更有信心来学习文言文的。反之,如果自其异点出发,则学生在学习文言文时所见所闻的尽是些异点,一时又不能掌握其规律,自必不知如何是好。教学实践证明:学生一般反映文言文难学,是与文言文教学中从异点出发有密切关系的。[李蓁非.对文言文教学的几点意见[J].人民教育,1962(1).]

2. 洪镇涛:文言文是古人(除个别例外)用古代通行的汉语书面语写下的文章或作品。学生学习文言文,既有语言障碍,又有时代隔膜和思想距离。长期以来,文言文教学都是以教师串讲为主要方式。以为只有讲,才能使学生克服语言障碍,消除时代隔膜,领会古人的思想感情。殊不知作为一种语言的学习,光靠听取教师的讲解,是无法学好的。要想收到好的效果,必须让学生多读多练,而"读"又起着决定性的作用。这里所说的读,主要指诵读。所谓诵读,就是出声朗读,并熟读成诵。这是传统语文教学的一种重要方法,是应当予以继承的。当然,在旧时书塾中,诵读的目的仅仅在于让学生死记硬背所学的内容,所采取的那种机械的千篇一律的哼唱和反复刺激、强行记忆的做法,是不可取的。我们今天提倡诵读,不但是为了让学生在理解的基础上记背适量的文言文,取得比较丰富的感性认识,而且是为了让学生通过诵读加深对文章或作品的理解,把握文言文的一般特点和规律,提高文言文的阅读能力。因此,我们提倡的诵读,要采用普通话的语音,读出文章或作品中固有的语气、语调和节奏,表达出文章或作品中内在的情绪、气氛和感情。要把诵读训练的过程变成对文章或作品深入理解的过程,要把诵读与其他基础训练紧密结合起来。[洪镇涛.文言文教学中要重视诵读[J].课程·教材·教法,1987(2).]

3. 钱梦龙：文言文教学还必须树立一个观念：文言文，首先是"文"，而不是文言词句的任意堆砌。教文言文，当然要指导学生理解词句，但理解词句的着眼点在于更准确、深入地把握文意；反过来说，把握了文意也可以更好地理解词句。凡会读文章的人，阅读大体都要经历一个由表（文字）及里（内容）、由里及表、表里多次反复、理解逐步深化的过程，读文言文也不例外。目前文言文教学最大的弊病是什么？一言以蔽之曰：有"言"而无"文"。这是"字字落实，句句清楚"，嚼烂了喂的必然结果。文章是作者的思想情感、道德评价、文化素养、审美趣味等等的"集成块"，是一个活的整体，而不是各种语言材料的"堆积物"。文章语言之所以值得揣摩咀嚼，一因为它是作者思想情感等等的载体；如果只着眼于词句本身的学习，而忽视甚至舍弃了它所承载的丰富的内容，那叫"买椟还珠"，结果必然连语言本身也不可能真正学好。把文言文作为文章（它本来就是文章）来教，就要遵循教读文章的一般规律，处理好词句和文章整体的关系，这不仅是学习文章的需要，也是更好地理解文言词句的需要。学生阅读文章的能力，靠老师字字句句嚼烂了"喂"，是无论如何"喂"不出来的。[钱梦龙. 文言文教学改革刍议[J]. 中学语文教学，1997（4）.]

我思故我言

我思故我言

药

一

（1）秋天的后半夜，月亮下去了，太阳还没有出，只剩下一片乌蓝的天；除了夜游的东西，什么都睡着。华老栓忽然坐起身，擦着火柴，点上遍身油腻的灯盏，茶馆的两间屋子里，便洒满了青白的光。

（2）"小栓的爹，你就去么？"是一个老女人的声音。里边的小屋子里，也发出一阵咳嗽。

"唔。"老栓一面听，一面应，一面扣上衣服；伸手过去说，"你给我罢。"

华大妈在枕头底下掏了半天，掏出一包洋钱，交给老栓。老栓接了，抖抖地装入衣袋，又在外面按了两下；便点上灯笼，吹熄灯盏，走向里屋子去了。那屋子里面，正在窸窸窣窣地响，接着便是一通咳嗽。老栓候他平静下去，才低低地叫道："小栓……你不要起来。……店么？你娘会安排的。"

（3）老栓听得儿子不再说话，料他安心睡了；便出了门，走到街上。街上黑沉沉的一无所有，只有一条灰白的路，看得分明。灯光照着他的两脚，一前一后地走。有时也遇到几只狗，可是一只也没有叫。天气比屋子里冷得多了；老栓倒觉爽快，仿佛一旦变了少年，得了神通，有给人生命的本领似的，跨步格外高远。而且路也愈走愈分明,天也愈走愈亮了。

(4) 老栓正在专心走路,忽然吃了一惊,远远里看见一条丁字街,明明白白横着。他便退了几步,寻到一家开着门的铺子,蹩进檐下,靠门立住了。好一会,身上觉得有些发冷。

(5) "哼,老头子。"

"倒高兴……"

老栓又吃了一惊,睁眼看时,几个人从他面前过去了。一个还回头看他,样子不甚分明,但很像久饿的人见了食物一般,眼里闪出一种攫取的光。老栓看看灯笼,已经熄了。按一按衣袋,硬硬的还在。仰起头两面一望,只见许多古怪的人,三三两两,鬼似的在那里徘徊;定睛再看,却也看不出什么别的奇怪。

(6) 没有多久,又见几个兵,在那边走动;衣服前后的一个大白圆圈,远地里也看得清楚,走过面前的,并且看出号衣上暗红色的镶边。——一阵脚步声响,一眨眼,已经拥过了一大簇人。那三三两两的人,也忽然合作一堆,潮一般向前赶;将到丁字街口,便突然立住,簇成一个半圆。

(7) 老栓也向那边看,却只见一堆人的后背;颈项都伸得很长,仿佛许多鸭,被无形的手捏住了的,向上提着。静了一会,似乎有点声音,便又动摇起来,轰的一声,都向后退;一直散到老栓立着的地方,几乎将他挤倒了。

(8) "喂!一手交钱,一手交货!"一个浑身黑色的人,站在老栓面前,眼光正像两把刀,刺得老栓缩小了一半。那人一只大手,向他摊着;一只手却撮着一个鲜红的馒头,那红的还是一点一点地往下滴。

(9) 老栓慌忙摸出洋银,抖抖地想交给他,却又不敢去接他的东西。那人便焦急起来,嚷道,"怕什么?怎的不拿!"老栓还踌躇着;黑的人便抢过灯笼,一把扯下纸罩,裹了馒头,塞与老栓;一把抓过洋钱,捏了捏,转身去了。嘴里哼着说,"这老东西……"

(10) "这给谁治病的呀?"老栓也似乎听得有人问他,但他并不答应;他的精神,现在只在一个包上,仿佛抱着一个十世单传的婴儿,别的事情,都已置之度外了。他现在要将这包里的新的生命,移植到他家里,收获许多幸福。太阳也出来了;在他面前,显出一条大道,直到他家中,后面也照见丁字街头破匾上

"古□亭口"这四个黯淡的金字。

二

　　(11) 老栓走到家,店面早经收拾干净,一排一排的茶桌,滑溜溜地发光。但是没有客人;只有小栓坐在里排的桌前吃饭,大粒的汗,从额上滚下,夹袄也贴住了脊心,两块肩胛骨高高凸出,印成一个阳文的"八"字。老栓见这样子,不免皱一皱展开的眉心。他的女人,从灶下急急走出,睁着眼睛,嘴唇有些发抖。

　　"得了么?"

　　"得了。"

　　(12) 两个人一齐走进灶下,商量了一会;华大妈便出去了,不多时,拿着一片老荷叶回来,摊在桌上。老栓也打开灯笼罩,用荷叶重新包了那红的馒头。小栓也吃完饭,他的母亲慌忙说:"小栓——你坐着,不要到这里来。"

　　一面整顿了灶火,老栓便把一个碧绿的包,一个红红白白的破灯笼,一同塞在灶里;一阵红黑的火焰过去时,店屋里散满了一种奇怪的香味。

　　(13) "好香!你们吃什么点心呀?"这是驼背五少爷到了。这人每天总在茶馆里过日,来得最早,去得最迟,此时恰恰蹩到临街的壁角的桌边,便坐下问话,然而没有人答应他。"炒米粥么?"仍然没有人应。老栓匆匆走出,给他泡上茶。

　　(14) "小栓进来罢!"华大妈叫小栓进了里面的屋子,中间放好一条凳,小栓坐了。他的母亲端过一碟乌黑的圆东西,轻轻说:"吃下去罢,——病便好了。"

　　(15) 小栓撮起这黑东西,看了一会,似乎拿着自己的性命一般,心里说不出的奇怪。十分小心地拗开了,焦皮里面窜出一道白气,白气散了,是两半个白面的馒头。——不多工夫,已经全在肚里了,却全忘了什么味;面前只剩下一张空盘。他的旁边,一面立着他的父亲,一面立着他的母亲,两人的眼光,都仿佛要在他身里注进什么又要取出什么似的;便禁不住心跳起来,按着胸膛,又是一阵咳嗽。

　　(16) "睡一会罢,——便好了。"小栓依他母亲的话,咳着睡了。华大妈候他喘气平静,才轻轻地给他盖上了满幅补丁的夹被。

三

(17) 店里坐着许多人,老栓也忙了,提着大铜壶,一趟一趟地给客人冲茶;两个眼眶,都围着一圈黑线。

"老栓,你有些不舒服么?——你生病么?"一个花白胡子的人说。

"没有。"

"没有?——我想笑嘻嘻的,原也不像……"花白胡子便取消了自己的话。

(18) "老栓只是忙。要是他的儿子……"驼背五少爷话还未完,突然闯进了一个满脸横肉的人,被一件玄色布衫,散着纽扣,用很宽的玄色腰带,胡乱捆在腰间。刚进门,便对老栓嚷道:"吃了么?好了么?老栓,就是运气了你!你运气,要不是我信息灵……"

(19) 老栓一手提了茶壶,一手恭恭敬敬地垂着;笑嘻嘻地听。满座的人,也都恭恭敬敬地听。华大妈也黑着眼眶,笑嘻嘻地送出茶碗茶叶来,加上一个橄榄,老栓便去冲了水。

(20) "这是包好!这是与众不同的。你想,趁热的拿来,趁热的吃下。"横肉的人只是嚷。

"真的呢,要没有康大叔照顾,怎样会这样……"华大妈也很感激地谢他。

"包好,包好!这样的趁热吃下。这样的人血馒头,什么痨病都包好!"

华大妈听到"痨病"这两个字,变了一点脸色,似乎有些不高兴;但又立刻堆上笑,搭讪着走开了。这康大叔却没有觉察,仍然提高了喉咙只是嚷,嚷得里面睡着的小栓也合伙咳嗽起来。

(21) "原来你家小栓碰到了这样的好运气了。这病自然一定全好;怪不得老栓整天地笑着呢。"花白胡子一面说,一面走到康大叔面前,低声下气地问到,"康大叔——听说今天结果的一个犯人,便是夏家的孩子,那是谁的孩子?究竟是什么事?"

(22) "谁的?不就是夏四奶奶的儿子么?那个小家伙!"康大叔见众人都耸起耳朵听他,便格外高兴,横肉块块饱绽,越发大声说,"这小东西不要命,不要就是了。我可是这一回一点没有得到好处;连剥下来的衣服,都给管牢的红眼睛阿义拿去了。——第一要算我们栓叔运气；第二是夏三爷赏了二十五两雪白的银子，独自落腰包，一文不花。"

（23）小栓慢慢地从小屋子走出，两手按了胸口，不住地咳嗽；走到灶下，盛出一碗冷饭，泡上热水，坐下便吃。华大妈跟着他走，轻轻地问道，"小栓你好些么？——你仍旧只是肚饿？……"

（24）"包好，包好！"康大叔瞥了小栓一眼，仍然回过脸，对众人说，"夏三爷真是乖角儿，要是他不先告官，连他满门抄斩。现在怎样？银子！——这小东西也真不成东西！关在牢里，还要劝牢头造反。"

"啊呀，那还了得。"坐在后排的一个二十多岁的人，很现出气愤模样。

"你要晓得红眼睛阿义是去盘盘底细的，他却和他攀谈了。他说，这大清的天下是我们大家的。你想：这是人话么？红眼睛原知道他家里只有一个老娘，可是没有料到他竟会那么穷，榨不出一点油水，已经气破肚皮了。他还要老虎头上搔痒，便给他两个嘴巴！"

"义哥是一手好拳棒，这两下，一定够他受用了。"壁角的驼背忽然高兴起来。

（25）"他这样贱骨头打不怕，还要说可怜可怜哩。"

花白胡子的人说，"打了这种东西，有什么可怜呢？"

康大叔显出看不上他的样子，冷笑着说，"你没有听清我的话；看他神气，是说阿义可怜哩！"

听着的人的眼光，忽然有些板滞；话也停顿了。小栓已经吃完饭，吃得满身流汗，头上都冒出蒸气来。

（26）"阿义可怜——疯话，简直是发了疯了。"花白胡子恍然大悟似的说。

"发了疯了。"二十多岁的人也恍然大悟地说。

店里的坐客便又现出活气，谈笑起来。小栓也趁着热闹，拼命咳嗽；康大叔走上前，拍他肩膀说："包好！小栓——你不要这么咳。包好！"

"疯了。"驼背五少爷点着头说。

四

（27）西关外靠着城根的地面，本是一块官地；中间歪歪斜斜一条细路，是贪走便道的人用脚底造成的,但却成了自然的界限。路的左边,都埋着死刑和瘐毙的人,右边是穷人的丛冢。两面都已埋到层层迭迭,宛然阔人家里祝寿时候的馒头。

(28) 这一年的清明,分外寒冷;杨柳才吐出半粒米大的新芽。天明未久,华大妈已在右边的一座新坟前面排出四碟菜,一碗饭,哭了一场。化过纸,呆呆地坐在地上;仿佛等候什么似的,但自己也说不出等候什么。微风起来,吹动她短发,确乎比去年白得多了。

(29) 小路上又来了一个女人,也是半白头发,褴褛的衣裙;提一个破旧的朱漆圆篮,外挂一串纸锭,三步一歇地走。忽然见华大妈坐在地上看她,便有些踌躇,惨白的脸上现出些羞愧的颜色;但终于硬着头皮,走到左边的一座坟前,放下了篮子。

(30) 那坟与小栓的坟,一字儿排着,中间只隔一条小路。华大妈看她排好四碟菜,一碗饭,立着哭了一通,化过纸锭;心里暗暗地想,"这坟里的也是儿子了。"那老女人徘徊观望了一回,忽然手脚有些发抖,跄跄踉踉退下几步,瞪着眼只是发怔。

(31) 华大妈见这样子,生怕她伤心到快要发狂了;便忍不住立起身,跨过小路,低声对她说,"你这位老奶奶不要伤心了,——我们还是回去罢。"

(32) 那人点一点头,眼睛仍然向上瞪着;也低声吃吃地说道,"你看——看这是什么呢?"

华大妈跟了她抬头看去,眼光便到了前面的坟,这坟上草根还没有全合,露出一块一块的黄土,煞是难看。再往上仔细看时,却不觉也吃一惊;——分明有一圈红白的花,围着那尖圆的坟顶。

(33) 她们的眼睛都已老花多年了,但望这红白的花,却还能明白看见。花也不很多,圆圆地排成一个圈,不很精神,倒也整齐。华大妈忙看他儿子和别人的坟,却只有不怕冷的几点青白小花,零星开着,便觉得心里忽然感到一种不足和空虚,不愿意根究。那老女人又走近几步,细看了一遍,自言自语地说,"这没有根,不像自己开的。——这地方有谁来呢?孩子不会来玩;——亲戚本家早不来了。——这是怎么一回事呢?"她想了又想,忽然又流下泪来,大声说道:"瑜儿,他们都冤枉了你,你还是忘不了,伤心不过,今天特意显点灵,要我知道么?"她四面一看,只见一只乌鸦,站在一株没有叶的树上,便接着说,"我知道了。——瑜儿,可怜他们坑了你,他们将来总有报应,天都知道;你闭了眼睛就是了。——你如果真在这里,听到我的话,——便教这乌鸦飞上你的坟顶,给我看罢。"

(34) 微风早经停息了;枯草支支直立,有如铜丝。一丝发抖的声音,在空气中愈颤愈细,细到没有,周围便都是死一般静。两人站在枯草丛里,仰面看那乌鸦;那乌鸦也在笔直的树枝间,缩着头,铁铸一般站着。

(35) 许多的工夫过去了,上坟的人渐渐增多,几个老的小的,在土坟间出没。

(36) 华大妈不知怎的,似乎卸下了一挑重担,便想到要走;一面劝着说,"我们还是回去罢。"

(37) 那老女人叹一口气,无精打采地收起饭菜;又迟疑了一刻,终于慢慢地走了。嘴里自言自语地说,"这是怎么一回事呢?……"

(38) 她们走不上二三十步远,忽听得背后"哑——"的一声大叫;两个人都竦然地回过头,只见那乌鸦张开两翅,一挫身,直向着远处的天空,箭也似的飞去了。

一九一九年四月

指导大概

　　本篇是短篇小说。正题旨是亲子之爱,副题旨是革命者的寂寞的悲哀。[1] 这故事是在清朝的末年,那时才有革命党;本篇第三段"这大清的天下是我们大家的"一句话,表示了革命党的主张,也表示了朝代。这故事是个小城市的故事,出面的人物也都是小城市的人物。那时代的社会还是所谓封建的社会;这些人物,这些人物的思想,自然充满了封建社会的色彩。从华老栓到夏四奶奶,都是如此。

　　故事只是这样:[2] 小茶馆的掌柜华老栓和华大妈夫妇只有小栓一个儿子,像是已经成了年。小栓生了痨病,总不好。老夫妇捡到一个秘方,人血馒头可

[1] 首先揭示文章的正副题旨。

[2] 从情节入手,整体感知全文基本内容。这是小说指导的基础环节。

以治好痨病。老栓便托了刽子手康大叔;当然,得花钱。刚好这一个秋天的日子,杀一个姓夏名瑜的革命党,老栓去向康大叔买回那人血馒头,让小栓吃了。小栓可终于没有好,死了。那夏瑜是他的三伯父夏三爷告了密逮着的。夏瑜很穷,只有一个老母亲,便是夏四奶奶。他在牢里还向管牢的红眼睛阿义宣传革命,却挨了两个嘴巴。夏三爷高密,官府赏了二十五两银子。一般人没有同情那革命党的。他是死刑犯人,埋在西关外官地上;华家是穷人,小栓也埋在那里。第二年清明,华大妈去上坟,夏四奶奶也去。夏四奶奶发现儿子坟上有一个花圈,却不认识是什么,以为他让人冤枉死了,在特意显灵呢。华大妈瞧着夏四奶奶发怔,过去想安慰她;看见花圈,也不认识,只觉得自己儿子坟上没有;"感到一种不足和空虚"(33)[1]。她终于劝着夏四奶奶离开了坟场。

本篇从"秋天的后半夜"(1)老栓忙着起来去等人血馒头开场。第一段说到馒头到了手为止。第二段说老栓夫妇商量着烧那馒头;直到看着小栓吃下去。第三段康大叔来到茶馆里,和老栓夫妇谈人血馒头;从馒头便到了那革命党。这却只是茶客们和他问答着,议论着。这两段里都穿插着小栓的病相。第一段的时间是后半夜到天明,第二、三段只是一个早上。第四段是第二年清明节的一个早上,华大妈去上儿子的坟,可见小栓是死了。夏四奶奶也去上儿子的坟,却有人先已放了一个花圈在那坟上。第一段里,主要的是老栓的动作;第二段里是华大妈的。第三段里主要的是康大叔和茶客们的对话。第四段里主要的却是夏四奶奶的动作。

老栓和华大妈都将整个儿的心放在小栓的身上,放在小栓的病上。人血馒头只是一个环;在这以前可能还试过许多方子,在这以后,可能也想过一些法子。但只这一环便可见出老夫妇爱儿子的心专到怎样程度,别的都不消再提了。鲁迅先生没有提"爱"字,可是全篇从头到尾都见出老夫妇这番心。他们是穷人。不等到第四段说小栓埋在"穷人的丛冢"(27)里我们才知道,从开始一节里"华老栓"这名字;和"遍身油腻的灯盏""茶馆的两间屋子",便看出主人公是穷人了。穷人的钱是不容易来的,更是不容易攒的。华大妈枕头底下那一包洋钱,不知他夫妇俩怎样辛苦才省下来的。可是为了人血馒头,为了

---

[1] 这里的"(33)"指引文来自前文《药》中标"(33)"处,后同。——编者

儿子的病,他们愿意一下子花去这些辛苦钱。"华大妈在枕头底下掏了半天",才掏出那包钱。老栓"抖抖地装入衣袋,又在外面按了两下"(2)。他后来在丁字街近处那家铺子门边站着的时候,又"按一按衣袋,硬硬的还在"(5)。这些固然见出老夫妇俩钱来的不易,他们可并不是在心痛钱。他们觉得儿子的命就在那人血馒头上,也就在这包钱上;所以慎重地藏着,慎重地装着,慎重地守着。这简直是一种虔敬的态度。

老栓夫妇是忙人,一面得招呼茶客们,一面还得招呼小栓的病。他们最需要好好地睡。可是老栓去等馒头这一夜,他俩都没有睡足,也没有睡好;所以第二天早上两个人的眼眶都围上一圈黑线(17)(19)。那花白胡子甚至疑心老栓生了病(17)。这一夜老栓其实不必起来得那么早,连华大妈似乎都觉得他太早了一些,所以带点疼惜地说,"你就去么?"(2)但是这是关系儿子生命的大事,他怎敢耽误呢! 大概他俩惦记着这件大事,那上半夜也没有怎样睡着,所以第二天才累得那样儿。老栓出了门,到了丁字街近处那家关着门的铺子前面立住,"好一会"(4),才有赶杀场的人"从他面前过去"(5),他确是太早了一些。这当儿华大妈也不会再睡。她惦记着,盼望着,而且这一早收拾店面是她一个人的事儿。老栓出门前不是叫了小栓"你不要起来……店么? 你娘会安排的"(2)。"老栓走到家,店面早经收拾干净,一排一排的茶桌,滑溜溜地发光"(11),可见她起来也是特别早的。两夫妇是一个心,只是为了儿子。

老栓是安分良民,和那些天刚亮就来赶杀场的流浪汉和那刽子手不是一路。他们也看出他的异样,所以说,"哼,老头子。""倒高兴。……"(5)"这老东西……"(9)。他胆儿小,怕看杀人,怕见人血,怕拿人血馒头。他始终立在那铺子的檐下,不去看杀场。固然他心里只有儿子的病,没心赶热闹去;害怕可也是一半儿。他连那些去看杀人和那杀人的人的眼光都禁不起(5)(8),他甚至看见那杀人的地方——丁字街——,听见讥讽他也来看杀人的话,都"吃一惊"(4)(5),何况是杀人呢? 人血馒头是那刽子手送到他面前来的。他还不敢接那"鲜红的馒头"(8),是那刽子手扯下他的灯笼罩,塞给他,他才拿着的(9)。这人血馒头本该"趁热的拿来,趁热吃下"(20)[1]。可是老栓夫妇害怕这

---

[1] 《药》原文为"趁热的拿来,趁热的吃下"。1942年商务印书馆出版的《精读指导举隅》的"指导大概"中误作"趁热的拏来,趁热吃下"。此处宜改正为"拿"。1942年版书中原文并不误,"指导大概"中误。——编者

么办。"两个人一齐走进灶下商量了一会"(12),才决定拿一片老荷叶"重新包了那红的馒头"(12),和那"红红白白的破灯笼,一同塞在灶里"(12),烧了给小栓吃。他们不但自己害怕,还害怕小栓害怕,所以才商量出这个不教人害怕的办法来。他们硬着头皮去做那害怕的事儿,拿那害怕的东西,只是为了儿子。但他们要尽可能地让儿子不害怕,一来免得他不敢吃,二来免得他吃下去不舒服。所以在重包馒头的时候,华大妈"慌忙说:'小栓——你坐着,不要到这里来'"(12)。她正是害怕下栓看见"那红的馒头"(12)。——但那是人血馒头,能治病,小栓是知道的。

老栓夫妇唯一关心的是小栓的病。老栓起来的时候,小栓醒了,"里边的小屋子里,也发出一阵咳嗽"(2),他出门的时候,吹熄灯盏,特地走向里屋子去。小栓又是一通咳嗽。老栓"候他平静下去,才低低地叫"他不要起来,店面由他娘收拾去(2)。"听得儿子不再说话,料他安心睡了"(3),老栓才出了门。一个做父亲的这样体贴儿子,也就算入微了。母亲自然更是无微不至。重包馒头时华大妈的那句话,上节已引过了。他和小栓说话,给小栓做事,都是"轻轻"的。第二段第三段里见了三回:一回是"轻轻说"(14),一回是"候他气喘平静,才轻轻地给他盖上了满幅补丁的夹被"(16),又一回是"轻轻地问道"(23),老栓固然也是"低低地叫",但那是在夜里,在一个特殊境地里。华大妈却常是"轻轻"的,老是"轻轻"的,母亲的细心和耐性是更大了。

老栓夫妇是粗人,自然盼望人血馒头治好小栓的病,而且盼望马上治好。老栓在街上走的时候,"仿佛一旦变了少年,得了神通,有给人生命的本领似的,跨步格外高远"(3)。他的高兴,由于信和望。他拿到那馒头的时候,听得有人问他话。"但他并不答应;他的精神,现在只在一个包上,仿佛抱着一个十世单传的婴儿,别的事情,都已置之度外了。他现在要将这包里的新的生命,移植到他家里,收获许多幸福"(10)。这是一种虔敬的信和望。华大妈的信和望和老栓其实不相上下。"老栓走到家"的时候,她"从灶下急急走出,睁着眼睛,嘴唇有些发抖",问:"得了吗?"(11)只这半句话,便是她的整个儿的心。后来她和小栓说,"吃下去罢——病便好了"(14)。又说,"睡一会罢,——病便好了"(16)。她盼望小栓的病便会好的。所以小栓又在吃饭的时候,她便"跟着他走,轻轻地问道,'小栓你好些么?——你仍旧只是肚饿?……'"(23)"仍旧"这个词表示她的失望,也就是表示她的盼望。她不高兴"听到'痨病'这两个字"(20),也由于她的盼望;她盼望小栓不是"痨病"。她知道他是,可是不相信他是,不愿意他是,更不愿意别人说他是,"痨病"。老栓和她一样地盼望小栓不是"痨病",可是他走到家,看见小栓坐着吃饭的样子,"不免皱一皱展开的眉心"(11)。他是男人,自然比华大妈容易看清楚现实些,也比她禁得住失望些。但是他俩对于那个人血馒头却有着共同的信和望。小栓吃下那馒头的时候,"一面立着他的父亲,一面立着他的母亲,两人的眼光,都仿佛要在他身里注进什么又要取出什么似的"(15)。

　　老两口子这早上真高兴。老栓一直是"笑嘻嘻的"。那花白胡子说了两回:一回在康大叔来到茶馆之前,他说,"我想笑嘻嘻的,原也不像……(生病)"(17)。一回在康大叔来到之后,他说,"怪不得老栓整天地笑着呢"(21)。老栓如此,华大妈可想而知。康大叔来到的当儿,老栓"笑嘻嘻地听",华大妈也"笑嘻嘻地送出茶碗茶叶来,加上一个橄榄"(19);他俩的笑出于本心。后来康大叔说出"痨病"那两个字,华大妈听到"变了一点脸色","但又立刻堆上笑,搭讪着走开了"(20),那笑却是敷衍康大叔的。敷衍康大叔,固然也是害怕得罪这个人,多一半还是为了儿子。她谢康大叔的那一句话(20),感激是真的。他们夫妇俩这早上只惦着馒头,只惦着儿子;很少答别人的话——自然,忙也有点儿。老栓不答应路上人的问话,上文已提过了。烧馒头的时候,驼背五少爷接连问了两回,老夫妇都没有答应;虽然"老栓匆匆走出,给他泡上茶"(13)。花白胡子问,"老栓,你有些不舒服么?——你生病么?"他也只答了"没有"两个字(17),就打住了。连康大叔来,他都没有说一句话。这早上他夫妇答别人的话只有华大妈的一句和他的半句。奇怪的是,他们有了那么一件高兴的事儿,怎么不赶紧说给人家听呢?——特别在花白胡子向老栓探听似的问着的时候。也许因为那是一个秘方,吃了最好别教人家知道,更灵验些;也许因为那是一件罪过,不教人家知道,良心上责任轻些。若是罪过,不但他俩,小栓也该有份儿。所以无论如何,总还是为了儿子。

　　小栓终于死了。不用说,老夫妇俩会感到种种"不足和空虚"。但第二年清明节,去上坟的却只有华大妈一个人。这是因为老栓得招呼店面,分不开身子。他俩死了儿子,可还得活下去。茶馆的生意是很忙的。第三段里说,"店里坐着很多人,老栓也忙了,提着大铜壶,一趟一趟地给客人冲茶"(17),驼背五少爷也说,"老栓只是忙"(18),他一个人是忙不开的,得华大妈帮着。所以这一日"天明未久"(28),她便去上坟,为的是早点回来,好干活儿。她在小栓坟前"哭了一场,化过纸,呆呆地坐在地上;仿佛等候什么似的,但自己也说不出等候什么"(28)。儿子刚死在床上,也许可以不相信,也许还可以痴心妄想地等候他活转来;儿子死后,也许可以等候他到梦里相见。现在是"天明未久"在儿子的坟前,华大妈心里究竟在等候着些什么呢?或者是等候他"显点灵"罢?"微风起来,吹动她短发,确乎比去年白得多了"(28)。半年来的伤心日子,也够她过的了。华大妈如此,老栓也可想而知。她后来看着夏四奶奶在哭,"心里暗暗地想,'这坟里的也是儿子了'"(30)。所以在夏四奶奶发怔的时候"便忍不住立起身,跨过小路,低声"劝慰(31)。这种同情正是从"儿子"来的。后来见夏家儿子坟顶上"分明有一圈红白的花"围着(32),"忙看他儿子和别人的坟,却只有不怕冷的几点青白小花,零星开着"(33)。夏家儿子的坟确有些与众不同,小栓的似乎相形见绌。这使她"忽然感到一种不足和空虚,不愿意根究"(33)。她是在羡慕着,也嫉妒着,为了坟里的儿子。但是她还同情地陪着夏四奶奶,直到"上坟的人渐渐增多"(35),才"想到要走"(36)。她早就该回茶馆帮老栓干活儿,为了同病相怜,却耽搁了这么久,将活儿置之度外。她整个儿的心,还是在"儿子"身上。——以上是亲子之爱正题旨。[3]

　　副题旨是革命者的寂寞的悲哀。[4]这只从侧面见出。那革命党并没有出面,他的故事是在康大叔的话里,和夏四奶奶的动作里。故事是从那人血馒头引起的。第三段里那花白胡子一面和老栓说(那时华大妈已经"搭赸着走开了")(20),"原来你家小栓碰到了这样的好运气了","一面走到康大叔面前,低声下气地问道,'康大叔——听说今天结果的一个犯人,便是夏家的孩子,那是谁的孩子?究竟是什么事?'"(21)从这几句话里可以见出那位革命党的处决,事先是相当秘密的;大家只知道那是"夏家的孩子",犯了不寻常的死罪而已。难怪康大叔刚进茶馆"便对老栓嚷道":——"你运气,要不是我信息灵……"(18)。那"信息"自然也是秘密的。他回答花白胡子的第一问:"谁的?不就夏四奶奶的儿子么?那个小家伙!"接着说:"这小东西不要命,不要就是了。我可是这一回一点没有得到好处;连剥下来的衣服,都给管牢的红眼睛阿义拿去

[3] 从"明线"这条线索,分析文章的正题旨。

[4] 接下来从"暗线"这条线索,揭示文章的副题旨。

了。——第一要算我们栓叔运气;第二是夏三爷赏了二十五两雪白的银子,独自落腰包,一文不花。"(22)这些话并不是回答花白胡子,只是没有得到什么好处,自己有点牢骚罢了。夏三爷独得"二十五两雪白的银子",康大叔羡慕这个。他自然不会忘记老栓的那包洋钱,可是比起"二十五两雪白的银子",那就不算什么了。何况那是"一手交钱,一手交货"(8)。而且是他"照顾"(20)老栓的,怎能算是他的好处!他说"信息灵",他说运气了老栓(18),"第一要算我们的栓叔运气",都是要将人情卖在老栓的身上。但就故事的发展说,这一节话却是重要的关键。那革命党是不出面的。他的故事中的人物,全得靠康大叔的嘴介绍给读者。这儿介绍了夏四奶奶,第四段里那老女人便有着落了。那儿不提起"夏四奶奶",是给华大妈留地步;那一段主要的原是夏四奶奶的动作,假如让华大妈分明地知道了那老女人就是夏四奶奶,她必露出一番窘相。那会妨碍故事的发展。但她听了那老女人"他们都冤枉了你"(33)一番话之后,好像也有些觉得了;"似乎卸了一挑重担"那一句便是从这里来的。这里又介绍了牢头红眼睛阿义和那告官的夏三爷;这些是那片段的故事的重要角色。但康大叔并没有直接回答花白胡子的第二问,他只说"这小东西也真不成东西!关在牢里,还要劝牢头造反"(24)。"关在牢里,还要劝牢头造反",没"关在牢里"的时候,不用说是在"造反"了;这还不该杀头之罪吗?不但他该杀头,夏三爷要是"不先告官";连他也会"满门抄斩"呢(24)。这就是回答了花白胡子了。至于详细罪状,必是没有"告示";大约只有官知道,康大叔也不会知道的。

　　康大叔提到那革命党,口口声声是"那个小家伙"(22),"这小东西"(22)(24),"贱骨头"(25)。那革命党向红眼睛阿义说过"这大清的天下是我们大家的";康大叔说这不是"人话"(24)。一面他还称赞"夏三爷真是乖角儿"(24)。红眼睛阿义是他一流人,第一是想得好处。他原知道那革命党"家里只有一个老娘,可是没有料到他竟会那么穷,榨不出一点油水,已经气破肚皮了;他还要老虎头上搔痒,便给他两个嘴巴"(24)。这儿借着阿义的口附带叙述了那革命党家中的情形。康大叔和阿义除了都想得到好处之外,还都认为革命党是"造反",不但要杀头,而且有"满门抄斩"之罪。他们原是些做公的人,这样看法也是当然。那热心的革命党可不管这个,他宣传他的。阿义打他,他并不怕,还说"可怜可怜"呢(25)。革命者的气概从此可见。但是一般人是在康大叔阿义这一边儿。那二十多岁的茶客听到说"劝牢头造反",道,"呵呀,那还了得!""很现出气愤模样"(24)。那驼背五少爷听到"给他两个嘴巴",便"忽然高兴起来",说,"义哥是一手好拳棒,这两下,一定够他受用了"(24)。那花白胡子听到康大叔"还要说可怜可怜哩"(25)那句话,以为那革命党是在向阿义乞怜了,便看不上他似的道,"打了这种东西,有什么可怜呢?"(25)经康大叔矫正以后,他"恍然大悟似的说","阿义可怜,——疯话,简直是发了疯了"。那二十多岁的人"也恍然大悟地说","发了疯了"。那驼背五少爷后来也"点着头说",疯了"(26)。他们三个人原先怎么也想不到"可怜可怜"是指阿义说的,所以都是"恍然大悟"的样子。那三个茶客代表各种年纪的人。他们也都相信"造反"是大逆不道的;他们和康大叔和阿义一样,也觉得"那小东西也真不成东西"(24),而且"简直是发了疯了"。——"疯子"这名目是"吃人"的巧妙的借口;这是封建的社会的"老谱"。《狂人日记》里也早已说过了的。——这就无怪乎夏家的亲戚早不上他家里来了(33)。(夏四奶奶"亲戚本家早不来了"这句话里的"来"字不大清楚;若说"来往",就没有歧义了)。其实就是夏四奶奶,她对于革命党的意见,也还是个差不多。不过她不信她儿子是的。她说,"瑜儿,他们都冤枉了你",又说,"可怜他们坑了你"。她甚至疑心他坟顶上那"一圈红白的花"是"特意显点灵"要她知道的。她是爱她的儿子,可是并没有了解她的儿子。革命者是寂寞的,这样难得了解和同情的人!幸而,还不至于完全寂寞,那花圈便是证据。有了送花圈的人,这社会便还没有死透,便还是有希望的。鲁迅先生在《呐喊·序》里说,他不愿意抹杀人们的希望,所以"不恤用了曲笔凭空添上"一个花圈在瑜儿的坟上。这是他的创作的态度。第四段是第一个故事的结尾,尤其是第二个故事的结尾。这里主要的是夏四奶奶的动作;可是用了"亲子之爱"这个因子,却将她的动作和华大妈的打成一片了。

通常说短篇小说只该有"一个"题旨,才见得是"经济的"。这句话不能呆看。正题旨确乎是只能有"一个",但是正题旨以外不妨有副题旨。副题旨若能和正题旨错综糅合得恰到好处,确有宾主却又像不分宾主似的,那只有见得更丰厚些,不会松懈或枝蔓的。这一篇便可作适当的例子。[5] 再有,小说虽也在叙述文和描写文类里,跟普通的叙述文和描写文却有些不同之处。它得有

---

[5] 在前面"正题旨"和"副题旨"分别分析的基础上,澄清一种"呆看"的认识,说明本文构思之巧妙。

意念的发展。普通的叙述文和描写文自然也离不了意念;可得跟着事实,不能太走了样子,意念的作用不大。小说虽也根据事实,却不必跟着事实;不但选择有更多的自由,还可以糅合熔铸,发展作者的意念。这里意念的作用是很大的。题旨固然是意念的发展,取材和词句也都离不了意念的发展。即使是自然派的作家,好像一切客观,其实也还有他们的意念。不然,他们为什么会写这种那种故事,为什么取这件那件材料,为什么用这些那些词句,而不写、不取、不用别的,就难以解释了。这种意念的发展在短篇小说里作用尤其大。短篇小说里意念比较单纯,发展得恰当与否最容易见出。所谓"经济的"便是处处紧凑,处处有照应,无一闲笔;也便是意念发展到恰好处。本篇题旨的发展,上文已经解析。取材和词句却还有可说的。

本篇副题旨的取材,《呐喊·序》里的话已够说明。鲁迅先生的创作是在"五四"前后所谓启蒙时代(本篇作于民国八年四月)。他的创作的背景大部分是在清末民初的乡村或小城市里。所谓农村的社会或封建的社会,便是这些。鲁迅先生所以取材于这些,一方面自然因为这些是他最熟悉的,一方面也因为那是一个重新估定价值的时代,他要以智慧的光辉照彻愚蠢的过去。**6** 他是浙江绍兴人,他却无意于渲染地方的色彩;这是他在《我的创作经验》一文里曾经暗示了的。[1]本篇的正题旨发展在人血馒头的故事里,正因为那故事足以表现农村的社会——愚蠢的过去。这故事包括三个节目:看杀头,吃人血,坐茶馆。看杀头的风俗代表残酷,至少是麻木不仁。《呐喊·序》里说日俄战争时在日本看到一张幻灯片,是日本人捉着了一个替俄国做侦探的中国人,正在杀头示众,围着看热闹的都是些中国人。鲁迅先生很可怜我们同胞的愚蠢,因此改了行,学文学,想着文学也许有改变精神的用处。本篇描写那杀场的观众,还是在这种情调里。这是从老栓的眼里看出:"老栓也向那边看,却只见一堆人的后背;颈项都伸得很长,仿佛许多鸭,被无形的手捏住了的,向上提着"(9)。这些观众也真够热心的了。

吃人血的风俗代表残酷和迷信。老栓拿到那馒头的时候,"似乎听得有人问他,'这给谁治病的呀?'"(10)。可见人血馒头治痨病还是个相当普遍的

6 联系作者的文章和创作背景,来分析本文的题旨。

---

[1] 指鲁迅《我怎么做起小说来》一文。这篇文章最初登在上海天马书店 1933 年出版的《创作的经验》一书里,后来收在《南腔北调集》。

秘方，这也就是风俗了。老栓和华大妈都信仰这个秘方，到了虔敬的程度。小栓也差不多，他撮起那烧好的黑馒头，"似乎拿着自己的性命一般"(15)。康大叔说了四回"包好！"(20)(24)(26)两回是向老栓夫妇说的，两回是向小栓说的，虽然不免"卖瓜的说瓜甜"，但相信也是真的。那花白胡子也向老栓说，"原来你家小栓碰到了这样的好运气了。这病自然一定全好"(21)。一半儿应酬康大叔和老栓夫妇，至少一半儿也相信。可是后来小栓终于死了！——老栓夫妇虽然相信，却总有些害怕；他们到底是安分良民，还没有那份儿残酷。他们甚至于感觉到这是一桩罪过似的。老栓方面，上文已提过了。第四段里说，"华大妈不知怎的，似乎卸下了一挑重担，便想到要走"(36)。原来她听了夏四奶奶向坟里的儿子一番诉说之后，似乎便有些觉得面前的老女人是谁，她那坟里的儿子又是谁了。想着自己儿子吃过人家儿子的血，不免是一桩罪过，这就是她良心上的"一挑重担"。在两人相对的当儿，夏四奶奶虽然根本未必知道血馒头这回事，可是华大妈的担子却有越来越重的样子。"上坟的人渐渐增多，几个老的小的，在土坟间出没"(35)。夏四奶奶的注意分开了，不只在坟里的儿子和面前的华大妈身上了，华大妈这才"似乎卸下了一挑重担"。老栓夫妇的内疚若是有的，那正是反映吃人血的风俗的残酷的。《狂人日记》里不断提起吃人，固然是指着那些吃人的"仁义道德"说的，可也是指着这类吃人的风俗说的。那儿有"一直吃到徐锡麟"的话，徐锡麟正是革命党。那儿还说"去年城里杀了犯人，还有一个生痨病的人用馒头蘸着人血舐"。这些都是本篇的源头——带说一句，本篇的"夏瑜"似乎影射着"秋瑾"；秋瑾女士也是绍兴人，正是清末被杀了的一位著名的革命党。这人血馒头的故事是本篇主要的故事，所以本篇用"药"作题目。这一个"药"字含着"药"（所谓"药"）"药？""药！"三层意思。

坐茶馆，谈天儿，代表好闲的风气。茶客们有些没有职业的，可以成天地坐着，驼背五少爷便是例子。"这人每天总在茶馆里过日，来得最早，去得最迟"(13)，可以算是茶客的典型。那时就是有职业的人，在茶馆里坐一个上午或一个下午也是常见的。这些人闲得无聊，最爱管闲事。打听新闻，议论长短，是他们的嗜好，也是他们的本领。没有新闻可听，没有长短可论的时候，他们也能找出些闲话来说着。本篇第二段里烧馒头的时候，驼背五少爷问，"好香！

你们吃什么点心呀?"没有人答应。可是他还问,"炒米粥么?"仍然没人答应,他这才不开口了。找人搭话正是茶客们的脾气。第三段里那花白胡子看见老栓眼眶围着一圈黑线,便问,"老栓,你有些不舒服么?——你生病么?"老栓回答"没有"。他又说,"没有?——我想笑嘻嘻的,原也不像……"这是"取消了自己的话"(17)。这些都是没话找话的废话。康大叔来到以前,驼背五少爷提到小栓,那是应酬老栓的。康大叔来到以后,花白胡子也提到小栓,那是应酬康大叔和老栓的。这里面也有多少同情,但找题目说话,也是不免的。花白胡子向康大叔一问,这才引起了新闻和议论。那些议论都是传统的,也不负责任的。说来说去,无非是好闲就是了。

　　本篇的节目,大部分是用来暗示故事中人物的心理的,从上文的解析里可以见出。但在人物、境地、事件的安排上也不忽略。这些也都是意念的发展。[7] 第一段和第四段的境地都是静的,静到教人害怕的程度。老栓走到街上,"街上黑沉沉的一无所有";"有时也遇到几只狗,可是一只也没有叫"(3)。夜的街真太静了,忽然来了个不出声的人,狗也害怕起来,溜过一边或躲在一边去了;老栓吃了两回惊,一半是害怕那地方,那种人,一半也是害怕那静得奇怪的夜的街。甚至那杀场,也只"似乎有点声音",也只"轰的一声"(9);这并不足以打破那奇怪的静。这个静是跟老栓的害怕,杀头和吃人血的残酷,应合着的。第四段开场是"层层叠叠"的"丛冢"(27)中间,只放着两个不相识的女人。那也是可怕的静,虽然是在白天。所以华大妈和夏四奶奶开始搭话的时候都是"低声"(31)(32);"低声"便是害怕的表现。后来夏四奶奶虽然"大声"向她的瑜儿说了一番话(33),但那是向鬼魂说的,也不足以打破那个静。那时是:"微风早经停息了;枯草支支直立,有如铜丝。一丝发抖的声音,在空气中愈颤愈细,细到没有,周围便都是死一般静。两人站在枯草丛里,仰面看那乌鸦;那乌鸦也在笔直的树枝间,缩着头,铁铸一般站着"(34)。那"一丝发抖的声音"便是夏四奶奶那节话的余音。后来"上坟的人渐渐增多"(35),可是似乎也没有怎样减除那个静的可怕的程度。本篇最后一节是这样:"他们走不上二三十步远,忽听得背后'哑——'的一声大叫;两个人都竦然[1]地回过头,只见那乌鸦张开

> 7 "人物、境地、事件",即"人物、环境、情节",这是小说的三要素,联系上文作者的指导文字,其实一直是抓住这三个要素进行解读和分析的。

---

[1] "竦然",今常作"悚然",后同。——编者

两翅,一挫身直向着远处的天空,箭也似的飞去了"。这"竦然地"一面自然因为两人疑心鬼魂当场显灵,一面还是因为那坟场太静了。这个静是应和着那丛冢和那两个伤心的母亲的。配着第一段第四段的静的,是第二段第三段的动;动静相变,恰像交响曲的结构一般。

小栓的病的这节目,只在第二段开始写得多一些;那是从老栓眼中见出他的瘦。但在本篇前三段里随时都零星的穿插着。咳嗽,"肚饿",流汗,构成他的病象。咳嗽最明显,共见了六次(2)(15)(20)(23)(26);"肚饿"从吃饭见,流汗也是在吃饭的时候;这两项共同见了两次(11)(25)。这样,一个痨病鬼就画出来了。康大叔是刽子手;他的形状,服装,举动,言谈,都烘托出来他是一个什么样的人。他那"像两把刀"的"眼光",那"大手"(8),那"满脸横肉"(18),高兴时便"块块饱绽"的(22),已经够教人认识他了,再加"披一件玄色布衫,散着纽扣,用很宽的玄色腰带,胡乱捆在腰间"(18),便十足见出是一个凶暴的流浪汉。他将那人血馒头送到老栓面前的时候,说的话(8)(9),以及"摊着""一只大手"(8),以及"抢过灯笼,一把扯了纸罩,裹了馒头,塞与老栓,一手抓过洋钱,捏一捏"(9)的情形,也见出是一个粗野的人。他到了茶馆里,一直在嚷(18)(20),在"大声"说话(22)。他说话是不顾到别人的。他没有顾老栓夫妇忌讳"痨病"这两个字。华大妈"搭赸着走开了",他还"没有觉察,仍然提高喉咙只是嚷,嚷得里面睡着的小栓也合伙咳嗽起来"(20)。第三段末尾,小栓又在咳嗽,"康大叔走上前拍他的肩膀说:——'包好!小栓——你不要这么咳。包好!'"这都是所谓不顾别人死活,真粗心到了家。他又是个唯我独尊的人,至少在这个茶馆里。那花白胡子误会了"可怜"的意思,他便"显出看不上他的样子,冷笑着说,'你没有听清我说的话'"(25)。在本篇里,似乎只有康大叔是有性格的人,别的人都是些类型。本篇的题旨原不在铸造性格,这局面也是当然的。

第三段里茶客们和康大叔的谈话是个难得安排的断片或节目。这儿似乎很不费力地从正题旨引渡到副题旨,上文也已提到了。谈话本可以牵搭到很远的地方去;但是慢慢地牵搭过去就太不"经济的"。这儿却一下就搭上了。副题旨的发展可又不能喧宾夺主,冷落了正题旨。所以康大叔的话里没有将老栓撂下;小栓更是始终露着面儿。茶客参加谈话的不能太多,太多就杂乱了,不好收拾了;也不能全是没露过面的,不然前后就打成两橛了。这儿却只有三个人;那驼背五少爷和花白胡子是早就先后露了面的(13)(17),只加了那"一个二十多岁的人"(24)。"这些人都恭恭敬敬地"(19)"耸起耳朵"(22)听康大叔的话。"恭恭敬敬地",也许因为大家都有一些害怕这个粗暴的人;"耸起耳朵",因为是当地当日的新闻,大家都爱听。——那花白胡子去问康大叔的时候,"低声下气的"(21),也是两方面都有点儿。这样,场面便不散漫,便不漏了。但是谈话平平地进行下去,未免显得单调。这儿便借着"可怜可怜"那句话的歧义引出一番波折来。康大叔"冷笑着"对花白胡子说明以后,"听着的人的眼光忽然有些板滞;话也停顿了"(25)。这是讨了没趣;是满座,不止那三个人。可是花白胡子和那二十多岁的人"恍然大悟",将罪名推到那革命党身上以后,大家便又轻松了,——不是他们没有"听清"康大叔的话,是那革命党"发了疯了",才会说那样出人意外的话。于是"店里的坐客便又现出活气,谈笑起来"。但这个话题也就到此为止。那悟得慢一些的驼背五少爷"点着头说"的半句"疯了",恰巧是个尾声,结束了这番波折,也结束了这场谈话。

　　词句方面,上文已经提到了不少,还有几处该说明的。[8] 第一段末尾,"太阳也出来了;在他面前,显出一条大道,直到他家中,后面也照见丁字街头破匾上'古□亭口'这四个黯淡的金字"。这些并不是从老栓眼里看出;这是借他回家那一条大道描写那小城市。匾已破了,那四个金字也黯淡了;其中第二个字已经黯淡到认不出了。这象征着那小城市也是个黯淡衰颓的古城市;那些古旧的风俗的存在正是当然。第二段小栓吃下那馒头,"却全忘了什么味"(15)。他知道这是人血馒头,"与众不同",准备着有些异味;可是没有,和普通的烧馒头一样。烧馒头的味是熟习的,没有什么特别值得注意,所以觉得"全忘了什么味"。这儿小栓似乎有些失望似的。第三段"这康大叔却没有觉察"(20),"康大叔"上加"这"字是特指。"康大叔"这称呼虽已见于华大妈的话里(20),但在叙述中还是初次出现,加"这"字表示就是华大妈话里的那个人,一方面也表示就是那凶暴粗野的流浪汉的刽子手。又,"夏三爷赏了二十五两雪白的银子",是官赏了他银子。第四段夏四奶奶"见华大妈坐在地上看他,便有些踌躇,惨白的脸上现出些羞愧的颜色;但终于硬着

[8] 宏观把握,微观入手。在前面三要素分析的基础上,作者又通过一些微观的词、句细节,分析本文的独到与巧妙。

头皮,走到左边的一座坟前,放下了篮子"(29)。这儿路的"右边是穷人的丛冢",小栓的坟便在其中,"左边都埋着死刑和瘐毙的人"(23)。夏四奶奶穷,不能将儿子埋在别处,便只得埋在这块官地的左边坟场里。她可不愿意人家知道她儿子是个死刑的犯人。她"天明未久"(24),就来上坟,原是避人的意思。想不到华大妈比她还早,而且已经上完了坟,"坐在地上看她"。这一来她儿子和她可都得现底儿了。她踌躇,羞愧,便是为此。但既然"三步一歇地走"来了(29),哪有回去的道理,到底还是上坟要紧,面子上只好不管了;所以她"终于硬着头皮走"过去了。后来她"大声"说的一番话(33),固然是给她儿子说的,可也未尝没有让华大妈听听的意思,——她儿子是让人家"冤枉了""坑了",他实在不是一个会犯罪的人。第四段主要的是夏四奶奶的动作。这里也见出她的亲子之爱,她的(和华大妈的)迷信。但本段重心还在那个花圈上。鲁迅先生有意避免"花圈"这个词,只一步一步地烘托着。从夏四奶奶和华大妈的眼睛里看,"红白的花……也不很多,圆圆的排成一个圈,不很精神,倒也整齐"。又从夏四奶奶嘴里说:"这没有根,不像自己开的!"(34)这似乎够清楚了。可是有些读者总还猜不出是什么东西。也许在那时代那环境里,这东西的出现有些意外,读者心理上没有准备着,所以便觉得有点晦。若是将"花圈"这个词点明一下,也许更清楚些。夏四奶奶却看得那花圈有鬼气,两回"自言自语地说","这是怎么一回事呢?"(33)(37)但她的(和华大妈的)迷信终于只是迷信,那乌鸦并没有飞上她儿子的坟顶,却直向着远处的天空飞去了。(33)(38)

鲁迅先生关于亲子之爱的作品还有《明天》和《祝福》,都写了乡村的母亲。她们的儿子一个是病死了,一个是被狼衔去吃了;她们对于儿子的爱都是很单纯的。可是《明天》用亲子之爱作正题旨;《祝福》却别有题旨,亲子之爱的故事只是材料。另有挪威别恩孙[1]的《父亲》(Björnson),有英译本和至少六个中译本。那篇写一个乡村的父亲对于他独生子的爱,从儿子受洗起到准备结婚止,二十四五年间,事事都给他打点最好的。儿子终于过湖淹死了。他打捞了整

---

[1] 别恩孙,今译比昂斯滕·比昂松(1832—1910),挪威戏剧家、诗人、小说家。——编者

三日三夜,抱着尸首回去。后来他还让一个牧师用儿子的名字捐了一大笔钱出去。别恩孙用的是粗笔,句子非常简短,和鲁迅先生不同,可是不缺少力量。关于革命党的,鲁迅先生还有著名的《阿Q正传》,那篇后半写着光复时期乡村和小城市的人对于革命党的害怕和羡慕的态度,跟本篇是一个很好的对照。这些都可以参看。[9]

[9] 联系相关文章,比较其异同,既深化了对本篇的理解,又拓展了阅读的空间。这是阅读教学的指导良策。

与学者对话

一、下面是语文名家关于小说教学的经典论述,研读后谈谈你的看法。

1. 何仲英:白话小说的教授应该注意:

(1)规定分量　现有教师指明书名,自某处起至某处止,学生自己去看。不必过多,当斟酌他们的时间和精力,不妨碍其他的功课。规定分量的方法,当以一事的起末为标准。……(2)提出问题讨论　这是学生看过,在课堂上应做的事。无论哪一篇小说,总有那一篇意义。学生得互相提出问题,由教师聚集归并,并增加,依次条列,令学生答复。譬如一篇小说的主意是什么?怎样的布局?怎样的修辞?有没有和他篇比较的不同地方?当尽量让学生先答,教师再为详细地说明。(3)练习应用　凡小说内容,可以表演的,选出几段,分配学生在讲台上表演;从文字移到语言上,大可帮助国语的发展,并矫正学生语法的谬误,养成他们言语也能修辞的习惯;或者因此而于言说辩论的技能,练习纯熟。可以发感想的,不妨拟相当题目,令学生发抒议论,或模仿翻译为种种文字,作文上易于进益。[何仲英.国文的教材与小说[J].教育杂志,1920,12(11).]

2. 朱经农:初中国语课程中略读一项采入各种小说,很有许多人对此怀疑。其实中学校学生很少不看小说的;不过从前是偷看,现在是公开地阅读。学生偷看小说,毫无选择能力,往往购阅有害于青年身心的坏书。看小说如果公开,教员就可以指导,使学生以文学的眼光去辨别小说的好坏。这样办法,既可增进他们文学的兴趣,复可以使他们少看坏书,岂不是一件有益的事情?[朱经农.对于初中课程的讨论:国语科的内容[J].教育杂志,1924,16(4).]

3. 宋文翰:小说的阅读应从以下几个方面进行:

(1)篇名及作家

(2)背景:①在什么地方?②背景和本篇要旨有什么关系?③背景的大概怎样?④背景是流动的或是固定的?

(3)结构:①本篇的结构是单纯的或是复合的?②能说明下列要点吗?a.全篇的情节怎样?b.叙述的方法怎样?c.本篇的最高点——使读者起了一种期待焦虑之情的——和次高点在哪里?③读过这篇小说觉得有兴味吗?④最感兴味的地方在哪里?⑤最没兴味的地方在哪里?⑥这篇小说所述的事件是真的或是类真的?⑦全篇开端的文字是平常的或是特别的?⑧情节进展的快慢如何?⑨本篇标题所指示的主要人物?背景?内容?⑩题目欠当,你能想一个更好的来代替吗?

(4)人物:①篇中的主要人物或其他人物是属于社会中的哪一阶级?②人

物是真的吗?③你可曾遇到过这种人物?④主要人物是怎样描写的?⑤能简略地介绍其他人物吗?⑥人物的配合适当吗?⑦作者怎样介绍人物?a.直接的表现法?b.间接的表现法?⑧对于上述表现法能就本篇举几个例子吗?⑨有无神秘人物混杂在内?⑩欢喜篇中哪个人物?最恨哪个人物?能说明你的爱好和憎恨的理由吗?

(5)格式:①叙述是否简明?②叙述有无特殊的地方?③能指出全篇中描写最好的地方吗?

(6)价值:①本篇所描写的是爱情、社会幸福、家庭生活、学校、政治、旅行、冒险或其他?②作者曾否指出这篇小说的目的?假如没有,你能猜中他的目的吗?③情节转变有无出人意料之处?④你欢喜这篇小说的结果吗?⑤读完这篇小说你觉得有什么价值?给你一些什么教育?[宋文翰.一个改良中学国文教学书的意见[J].中华教育界,1931,19(4).]

二、下面是当代一些学者关于小说教学的论述,研读后谈谈你的看法。

1. 邓彤:小说是现代最普及的文学样式。在中学语文教学中,小说占有重要一席,但由于它篇幅长、人物多、情节复杂、涉及面广,给教学带来诸多困难。加之一些外在因素(如落后的小说观念、功利化的教育环境)的影响,小说教学非小说化的倾向依然存在,概念图解、散漫无序、肢解分析等都是目前小说教学常见的病症。小说教学必须追问小说的本质与特点。故事,是小说的最基本的层面。小说以讲故事为己任,读小说首先就是在读故事。读者应该从故事中读出什么?又应该怎么读故事?这两个问题是小说教学的核心问题。故事必有人物,人物行动在一定的时空中发生发展则构成情节事件。因此,人物、情节、环境天然是小说的基本元素。小说必须讲故事,但如何讲故事却各有巧妙。从何角度?用何方式?如何安排次序?选择何种语气?……这些叙述技巧本质上是文本与读者交流的艺术。读故事,首先是对故事本身的解读,其核心在于对小说人物的解读;而故事借助叙述展示,小说的叙述技巧直接影响到读者对故事的理解:不同的叙述意味着作者希望读者看到什么和如何看,它是作者控制读者的手段。[邓彤.小说教学:起步于小说原点[J].中学语文教学,2006(5).]

2. 申宣成:从文体的特点考虑,小说是叙事的艺术,是形象塑造的艺术,但它首先是语言的艺术。语言是根,叙事是干,形象是果。有些教师见了这惹人垂涎的"形象"之果,就忍不住要从学生的嘴里夺过来,自己津津有味地吃下去,结果,小说课堂成了教师人物形象的图解演说。吃了果子还觉得不过瘾,

与学者对话

连树干也要截断嚼碎吃下去,于是有了小说情节的机械切割和故事环境的生硬拉扯。殊不知,情节和形象都是借助语言的强大根系,在学生生活经验的土壤中生长出来的。小说教学应该扎根语言。小说的美是学生自己品出来的,而不是教师讲出来的。聪明的教师总是能够根据自己的教学特点,引导学生反复揣摩品味语言,让学生自己看到小说情节的波澜,脑中构想鲜明的形象,体验独特的情感。[申宣成.小说教学应该扎根语言[J].语文教学通讯:初中刊,2006(1).]

  3. 李冲锋:故事情节、人物形象、小说主题等,对小说教学来说是应该有的,但是最后不应该只停留在这些地方。如果作为一般的日常阅读,我想这是无可厚非的,作为小说教学的阅读,把落点落在这些内容上似乎就有些问题了。小说教学最终的落点,不应该落在一个个人物形象或一个个主题上,这些只是学生小说学习的例子。小说教学要通过一个个例子的剖析,让学生学会怎么进入到小说所呈现的世界里面去。[李冲锋.小说教学教什么?[J].中学语文,2011(1).]

我思故我言

我思故我言

我所知道的康桥

徐志摩

(1) 康桥的灵性全在一条河上。康河,我敢说,是全世界最秀丽的一条河水。河身多的是曲折。上游是有名的拜伦潭,当年拜伦常在那里玩的。有一个老村子叫格兰骞斯德,有一个果子园,你可以躺在累累的桃李树荫下吃茶,花果会吊[1]入你的茶杯,小雀子会到你桌上来啄食,那真是别有一番天地。这是上游。下游是从骞斯德顿下去,河面展开,那是春夏间竞舟的场所。上下河分界有一个坝筑,水流得很急。在星光下听水声,听近村晚钟声,听河畔倦牛刍草声,是我康桥经验中最神秘的一种:大自然的优美宁静,调谐在这星光与波光的默契中,不期然地淹入了你的性灵。

(2) 这河身的两岸都是四季常青最葱翠的草坪。从校友居的楼上望去,对岸草场上,不论早晚,永远有数十匹黄牛与白马,胫蹄没在恣蔓的草丛中,从容地在咬嚼。星星的黄花在风中动荡,应和着它们尾鬃的扫拂。桥的两端有斜倚的垂柳与椈荫护住。水是澈底的清澄,深不足四尺,匀匀地长着长条的水草。这岸边的草坪又是我的爱宠,在清朝,在傍晚,我常去这天然的织锦上坐地,有时读书,有时看水,有时仰卧着看天空的行云,有时反仆着搂抱大地的温软。

---

[1] 原文误为"吊",应为"掉",后同。——编者

（3）但河上的风流还不止两岸的秀丽。你得买船去玩。船不止一种：有普通的双桨划船，轻快的薄皮舟，有最别致的长形撑篙船。最末的一种是别处不常有的：约莫有二丈长，三尺宽，你站直在船艄上用长竿撑着走的。这撑是一种技术。我的手脚太蠢，始终不曾学会。你初起手尝试时，容易把船身横住在河中，东颠西撞地狼狈。英国人是不轻易开口笑人的，但是小心他们不出声地皱眉！也不知有多少次，河中本来悠闲的秩序叫我这莽撞的外行人给搅乱了。我真的始终不曾学会。每回我不服输地跑去租船再试的时候，有一个白胡子船家往往带讥讽地对我说："先生，这撑船费劲，天热累人，还是拿个薄皮舟去溜溜[1]吧！"我哪里肯听话，长篙子一点就把船撑了开去，结果还是把河身一段段地腰斩了去！

（4）你站在桥上去看人家撑，那多不费劲，多美！尤其在礼拜天，有几个专家的女郎，穿一身缟素衣服，裙裾在风前悠悠地飘着，戴一顶宽边的薄纱帽，帽影在水草间颤动，你看她们出桥洞时的姿态，捻起一根竟像没分量的长竿，只轻轻地不经心地往波心里一点，身子微微地一蹲，这船身便波地转出了桥影，翠条鱼似的向前滑了去。她们那敏捷，那闲暇，那轻盈，真是值得歌咏的。

（5）在初夏的阳光渐暖时，你去买一支小船，划去桥边荫下躺着，念你的书或是做你的梦，槐花香在水面上飘[2]浮，鱼群的唼喋声在你的耳边挑逗。或是在初秋的黄昏，迎着新月的寒光，望上流僻静处远去。爱热闹的少年们携着他们的少女，在船沿上支着双双的东洋彩纸灯，带着话匣子，船心里用软垫铺着，也开向无人迹处去享他们的野福——谁不爱听那水底翻的音乐在静定的河上描写梦意与春光！

（6）住惯城市的人不易知道季候的变迁。看见叶子掉知道是秋，看见叶子绿知道是春，天冷了装炉子，天热了拆炉子，脱下棉袍，换上夹袍，穿上单袍：不过如此罢了。天上星斗的消息，地上泥土里的消息，空中风吹的消息，都不关我们的事。忙着哪，这样那样的事情多着，谁耐烦管星星的移转，花草的消长，风云的变幻？同时我们抱怨我们的生活，苦痛，烦闷，拘束，枯燥，谁肯承认做人是快乐？谁不多少间诅咒人生？

---

[1]"溜溜"，今常用"遛遛"，后同。——编者
[2]"飘浮"，今常用"漂浮"，后同。——编者

(7) 但不满意的生活大都是由于自取的。我是一个生命的信仰者,我相信生活绝不是我们大多数人仅仅从自身经验推得的那样暗惨。我们的病根是在"忘本"。人是自然的产儿,就比枝头的花与鸟是自然的产儿,但我们不幸是文明人,入世深似一天,离自然远似一天。离开了泥土的花草,离开了水的鱼,能快活吗?能生存吗?从大自然,我们取得我们的生命,从大自然,我们应分取得我们继续的滋养。哪一株婆娑的大木没有盘错根柢深入在无尽藏的地里?我们是永远不能独立的。有幸福是永远不离开母亲抚育的孩子,有健康是永远接近自然的人们。不必一定与鹿豕游,不必一定回"洞府"去,为医治我们当前生活的枯窘,只要"不完全遗忘自然"一张清淡的药方,我们的病象就有缓和的希望。在青草里打几个滚,到海水里洗几次浴,到高处去看几次朝霞与晚照——你肩背上的负担就会轻松了去的。

(8) 这是极肤浅的道理,当然。但我要没有过过康桥的日子,我就不会有这样的自信。我这一辈子就只那一春,说也可怜,算是不曾虚度。就只那一春,我的生活是自然的,是真愉快的(虽则碰巧那也是我最感受人生痛苦的时期)。我那时有的是闲暇,有的是自由,有的是绝对单独的机会。说也奇怪,竟像是第一次,我辨认了星月的光明,草的青,花的香,流水的殷勤。我能忘记那初春的睥睨吗?曾经有多少个清晨,我独自冒着冷去薄霜铺地林子里闲步——为听鸟语,为盼朝阳,为寻泥土里渐次苏醒的花草,为体会最微细最神妙的春信。啊,那是新来的画眉在那边调不尽的青枝上试它的新声!啊,这是第一朵小雪球花挣出了半冻的地面!啊,这不是新来的潮润沾上了寂寞的柳条?

(9) 静极了,这朝来水溶溶的大道,只远处牛奶车的铃声点缀这周遭的沉默。顺着这大道走去,走到尽头,再转入林子里的小径,往烟雾浓密处走去,头顶是交枝的榆荫,透露着漠楞楞的曙色,再往前走去,走尽这林子,当前是平坦的原野,望见了村舍,初青的麦田,更远三两个馒形的小山掩住了一条通道。天边是雾茫茫的,尖尖的黑影是近村的教寺。听,那晓钟和缓的清音!这一带是此邦中部的平原,地形像是海里的轻波,默沉沉地起伏,山岭是望不见的,有的是常青的草原与沃腴的田壤。登那土阜上望去,康桥只是一带茂林,拥戴着几处娉婷的尖阁。妩媚的康河也望不见踪迹,你只能循着那锦带似的林木想像那一流清浅。村舍与树木是这地盘上的棋子,有村舍处有佳荫,有佳荫处有村舍。这早起是看炊烟的时辰:朝雾渐渐地升起,揭开了这灰苍苍的天幕(最好是微霞后的光景),远近的炊烟,成丝的,成缕的,成卷的,轻快的,迟重的,浓灰的,淡青的,惨白的,在静定的朝气里渐渐地上腾,渐渐地不见,仿佛是朝来人们的祈祷参差的翳入了天听。朝阳是难得见的,这初春的天气。但它来时是起早人莫大的愉快。顷刻间这田野添深了颜色,一层轻纱似的金粉糁上了这草,这树,这通道,这庄舍。顷刻间这周遭弥漫了清晨富丽的温柔。顷刻间你的心怀也分润了白天诞生的光荣。"春!"这胜利的晴空仿佛在你的耳边私语。"春!"你那快活的灵魂也仿佛在那里回响。

(10) 伺候着河上的风光,这春来一天有一天的消息。关心石上的苔痕,关心败草里的花鲜,关心这水流的缓急,关心水草的滋长,关心天上的云霞,关心新来的鸟语。怯怜怜的小雪球是探春信的小使。铃兰与香草的是欢喜的初声。窈窕的莲馨,玲珑的石水仙,爱热闹的克罗克斯,耐辛苦的蒲公英与雏菊——这时候春光已是缦烂在人间,更不烦殷勤问讯。

(11) 瑰丽的春光,这是你野游的时期。可爱的路政!这里不比中国,哪一处不是坦荡荡的大道。徒步是一个愉快,但骑自行车是一个更大的愉快。在康桥,骑车是普遍的技术,妇人,稚子,老翁,一致享受这双轮舞的快乐。(在康桥,听说自行车是不怕人偷的,就为人人都自己有车,没人要偷。)任你选一个方向,任你上一条通道,顺着这带草味的和风,放轮远去,保管你半天的逍遥是你性灵的补剂。这道上有的是清荫与美草,随地都可以供你休憩。你如爱花,这里多的是锦绣似的草原。你如爱鸟,这里多的是巧啭的鸣禽。你如爱儿童,这乡间到处是可亲的稚子。你如爱人情,这里多的是不嫌远客的乡人,你到处可以"挂单"借宿,有酪浆与嫩薯供你饱餐,有夺目的果鲜恣你尝新。你如爱酒,这乡间每"望"都为你储有上好的新酿,黑啤如太浓,苹果酒姜酒都是供你解渴润肺的。……带一卷书,走十里路,选一块清静地,看天,听鸟,读书,倦了时,和身在草绵绵处寻梦去——你能想像更适情更适性的消遣吗?

(12) 陆放翁有一联诗句:"传呼快马迎新月,却上轻舆趁晚凉。"这是做地方官的风流。我在康桥时虽没马骑,没轿子坐,却也有我的风流:我常常在夕阳西晒时骑了车迎着天边扁大的日头直追。日头是追不到的,我没有夸父的荒诞,但晚景的温存却被我这样偷尝了不少。有三两幅画图似的经验至今还是栩栩的留着。只说看夕阳,我们平常只知道登山或是临海,但实际只需远阔的天际,平地上的晚霞有时也是一样的神奇。有一次我赶到一个地方,手把着一家村庄的篱笆,隔着一大田的麦浪,看西天的变幻。有一次是正冲着一条宽广的大道,过来一大群羊,放草归来的,偌大的太阳在它们后背放射着万缕的金辉,天上却是乌青青的,只剩这不可逼视的威光中的一条大路,一群生物!我心头顿时感着神异性的压迫,我真的跪下了,对着这冉冉渐翳的金光。再有一次是更不可忘的奇景。那是临着一大片望不到头的草原,满开着艳红的罂粟,在青草里,亭亭地像是万盏的金灯,阳光从褐色云里斜着过来,幻成一种异样的紫色,透明似的不可逼视,刹那间,在我迷眩了的视觉中,这草田变成了……不说也罢,说来你们也是不信的!

(13)一别二年多了,康桥,谁知我这思乡的隐忧!也不想别的,我只要那晚钟撼动的黄昏,没遮拦的田野,独自斜倚在软草里,看第一个大星在天边出现!

指导大概

  这一篇是叙述景物的文字。要叙述景物,作者先得熟悉那景物。不然,材料就没有了。叙述什么呢?既已熟悉了那景物,叙述起来,手法却不止一种。作者先在意念中画下一张景物的平面图,又在那图上圈出值得叙述的若干点来,于是用文字代替颜料,按照方向与位置逐点逐点画出来给读者看,作者自己却并不露脸,正像执着画笔的画家自身处在画幅以外一样:这是一种手法。作者当初在景物之中东奔西跑,左顾右盼,官能方面接受种种的感觉,心灵方面留下深深的印象,他觉得这一份受用不容一个人独享,须得分赠给读者,于是把当时的一些毫不走样的叙述下来,他自己当然担任了篇中的主人公:这又是一种手法。本篇采用的是后一种手法,那是一望而知的。

  本篇作者对于康桥的景物不只是熟悉,那比较熟悉更进一步,他简直曾经沉溺在康桥的景物中间。因此,他告诉读者的不单是康桥的景物,并且是景物怎样招邀他,引诱他,他怎样被景物颠倒与陶醉。换一句说,他告诉读者的是他与康桥一番永远不能忘记的交情。这就规定了他所采用的手法,也就使这篇文字必得在叙述之中,带着抒情的气氛。要是他采用前一种手法,冷静地画出一幅康桥来,那只好把那一番交情牺牲了。可是他不但不愿意牺牲那一番交情,而且非常宝贵那一番交情,这篇文字可以说为了这一点才写的,他就不得不用一种热情的活泼的笔调:像对着一个极熟的朋友讲述他的游程,称心随意,无所不谈,没有一点拘束,谈到眉飞色舞的时候,无妨指手画脚,来几声出神的愉快的叫唤。这样写来,景物之中有作者,作者心中有景物,错综变化,把景物与心情混成一片,那一番交情也就在这上头见出了。

因此,这篇文字的文体决不能是严谨的,而必然是自由的。想到什么就写什么,怎样想到就怎样写,它差不多自由到这个地步。正统的古文家作游记,当然不肯也不能用这种文体。现代作家对于文学的观念虽说解放多了,但作起游记来,也未必都会像这一篇的自由。大概本篇作者所以能写出这样的文体,一半从他的品性,一半从他的教养。他是个偏于感情的人,热情奔放,往往自己也遏制不住。他通西洋文学,西洋文学中有所谓"散文"的一个部门,娓娓而谈,舒展自如,在自来我国文学中是不很发达的。他那品性与教养交叉在一点,就产生了他的自由的文体。<u>¹</u>

但是,仅仅说想到什么就写什么,怎样想到就怎样写,是不够的。果真这样,一篇文字不将成为在古墙上乱爬的藤蔓吗?原来控制还是需要的,线索还是不能没有的;不过工夫到了纯熟的地步,控制的痕迹不能在字里行间显明地看出;线索也若有若无,这就叫人看来好像是完全自由的了。²

现在试看,本篇是由什么控制着的?不就是前面说起的作者与康桥的一番交情吗?所以说河水,说草场,说船,说春景,等等,都不作客观的叙述,而全从作者与它们的关系上出发。作者工夫纯熟了,对于这种控制也许并不自觉;但研究这篇文字的人应该知道,如果没有这种控制,文字也许会见得散漫。"散漫"与"自由"好像差得不远,然而实际上是相去千万里了。

再看,作者的意念怎样发展而成为这一篇的形式?他要把康桥的种种告诉读者,当然先得提起康桥。但康桥地方最吸引他的感兴的是那条康河,提起康桥便想到了康河。在上游那个果子园里吃茶的情景也想起来了,在上下河分界处那个坝筑旁边静听的经验也想起来了。于是从河身想到河两岸的草场,在草场上他享受到许多的快适,而河上坐船的快适,趣味又各别。想到船,他

---

1 面对写作对象,选择何种文体来表达,往往与作者的个性品质有着一定的关系。写作学认为,对作者来说,他会根据具体的主题思想和表达内容,去恰当选择从大量文本中抽象出来的、存储在大脑信息库中的某种文体模式建构自己的作品,以实现特定的写作意图和审美理想。他以这种文体模式为坐标和参照系,一方面遵循它的基本框架和规格,一方面又进行自由扩张和变异,从而形成自己独特的艺术风格。所以,这里作者从作者的"品性"和"教养"来分析本篇的文体特点,符合写作学的原理,也抓住了本篇"自由文体"产生的关键。

2 这里又揭示了文学创作过程中自由与控制、规范与创新之间的辩证关系。同时,也揭示了作为散文"形散而神不散"的文体特征。

自己撑船的经验立刻涌上了心头,他只能"把船身横住在河中,东颠西撞地狼狈"。看人家撑可不然了,尤其看"专家的女郎"撑,那印象真是不可磨灭的。这才回转去想坐船的趣味,——与在草场上坐地不同。——以上的线索虽有曲折,并不是一直的,但总之贴切着那条河。就写成文字说,便是从第一段到第五段。以下作者想开去了。他想到"住惯都市的人"不关心自然界的变化,同时不"肯承认做人是快乐",或多或少不免"咒诅人生"。他以为这大都是自取其咎,正因离开了自然,才有这种"病象","只要'不完全遗忘自然'","病象就有的希望"。这似乎想得太远了,可是并不远,只因他在康桥过过一春(本篇里的"春"是照外国算法。指三四五三个月而言,须注意),与康桥有了一番深密的交情,他才对于上面那个"极肤浅的道理"有了"自信"。"星月的光明,草的青,花的香,流水的殷勤",原是平时接触惯的;然而在康桥"竟像是第一次""辨认",可见平时的接触实在算不得接触,而在康桥的"辨认",给予他性灵上的补益是多么大了。于是,他想到春朝的景色,在那景色中,仿佛听到"晴空"与自己的灵魂互相"应答",声声叫唤着"春!"他又想到春天的花信,从春光的起初透露直到春光"缦烂在人间","一天有一天的消息"。他又想到春天骑着自转车出去游行,到处可以欣赏,到处可以休息,到处有温厚的人情与丰美的饮食,"适情""适性",其乐无比。他又想到春天傍晚,对着"辽阔的天际"看夕阳,"有三两幅画图似的经验"竟带着神秘性,教他陷入迷离惝怳的境地。——以上是想了开去而回转到康桥的春天,从康桥的春天推演出平列的四项来,就是朝景,花信,野游与晚景。就写成的文字说,便是从第六段到第十二段。以下是结束了。他所以把康桥的种种告诉读者,原来因为康桥与他有这么一番深密的交情,真像他自己的家乡一样;他与它"一别两年多",禁不住起了"思乡的隐忧",他要读者知道他怀着这么一腔"隐忧"。口里说"谁知我",正是希望人家知道他。"思乡"自然想回去;如果回到康桥,"看第一个大星在天边出现",那"隐忧"就消除了。这远远应接着开始的意念,他在开头不是说"在星光下……是我康桥经验中最神秘的一种"吗?就写成的文字说,便是末了一段。

<u>以上说明了这篇文字虽则自由,可不是漫无控制的自由,稍稍用心一点看,线索也很分明。现在试看:本篇热情的活泼的笔调是怎样构成的?</u>[3] 阅读这篇文字,一定会立即刻注意到,它使用着许多"排语"。在开头第一段,"花

[3] 提出了本篇散文"热情的活泼的笔调",并从四个方面分析构成这种笔调的因素。

果会吊入你的茶杯,小雀子会到你桌上来啄食",与"在星光下听水声,听近村晚钟声,听河畔倦牛刍草声",就是两组排语。第二段里有"在清朝,在傍晚",与"有时读书,有时看水,有时仰卧着看天空的行云,有时反仆着搂抱大地的温软"两组,第四段里有"那多不费劲,多美!"与"她们那敏捷,那闲暇,那轻盈"两组,以下几段里还有很多,也不须逐一指出。人对于某事物有热烈深切的感触的时候,往往会一而再,再而三地申说。所以文字里使用着排语,足以表示出热情。这样再三申说当然是严谨与平板的反面,所以又足以表示出活泼。读者读了这种排语,自会引起一种感觉:仿佛一面经作者尽兴指点,一面听作者娓娓谈说。试看第八段里,"啊,那是新来的画眉在那边调不尽的青枝上试它的新声!啊,这是第一朵小雪球花挣出了半冻的地面!啊,这不是新来的潮润沾上了寂寞的柳条?"那一组,读者读了,不是仿佛觉得自己也置身其境,一同在那里听画眉的新声,一同在那里发现第一朵的小雪球花,一同在那里看新来的潮润沾上了寂寞的柳条吗?——这一节是说<u>作者使用排语,是构成他那热情的活泼的笔调的一个因素</u>。⁴

  本篇里出现了许多"你"字,这也会立刻注意到。"你"是谁?无论谁读到这篇文字,作为这篇文字的读者,这个"你"就是他。再推广开来说,这个"你"也就是作者自己,也就是"我"。为什么指称着读者,"你"呀"你"地叙述呢?为什么分身为二,把自己也称为"你"呢?一般文字原是认读者为作[1]对象的,提起笔来写文字,就好比面对着读者来说话,虽不用"你"字,实则随处有"你"含在里头。现在明用"你"字,就见得格外亲切,仿佛作者与读者之间有着亲密的友谊,向来是"尔汝相称"的。以上是对于前一个问题的解答。这篇文字所写的原是作者自己在康桥的经验,但作者不想专有那经验,他拿来贡献给读者,于是在某一些地方用"你"字换去了"我"字。这使读者读了更觉得欢喜高兴,禁不住凝神想到:"如果身在康桥,这一份受用完全是我的呀!"以上是对于后一个问题的解答。<u>像这样使用"你"字,并不是作者故意使花巧,语言中原来有这种习惯的。作者适当地应用这种习惯,也是构成他那热情的活泼的笔调的一个因素</u>。⁵

---

[1] 应是"作为",原著误。——编者

4 因素一。

5 因素二。

第三个因素可以说的是：他多从感觉印象上着笔。那些感觉印象曾经深深打动他，他就把它们照样写出来，笔调之中自然含着许多情趣，见得活泼生动了。譬如第一段里的"花果吊入茶杯""小雀子到桌上来啄食"，这是个包含着视觉、听觉、触觉、味觉、嗅觉的复杂印象。若不是那果子园花果树多，花果怎么会吊入茶杯呢？若不是那地方"鱼鸟忘机"，小雀子怎么敢到桌上来啄食呢？可见那里真是个花木繁茂，鱼鸟忘机的去处，真是个怡情适性，大可心醉的去处。但是作者不用这一套平板的说明，他只把"花果吊入茶杯"，"小雀子到桌上来啄食"写出来，这不但报告了实况，并且带出了他当时被感动的心情。读者读到这里，也就得到个情趣丰足的印象，与读那平板的说明完全两样。又如第三段里"不出声地皱眉"，这是个视觉印象。看见"不轻易开口笑人的"人在那里"不出声地皱眉"，将怎样地窘急与羞愧呢？本已是"东颠西撞走狼狈"，又看见有人在那里"不出声地皱眉"，更将狼狈到何种程度呢？这些意思是可想而知的，作者都不写，他只写"不出声地皱眉"那个印象。就凭这六个字，作者当时窘急羞愧的狼狈情形如在目前了。此外写感觉印象的地方还有很多，不再提出来说。总之，<u>作者多从心理方面着笔，又是构成他那热情的活泼的笔调的一个因素</u>。[6]

　　上一节说的是外界事物给予作者印象很深的，作者就把它照样写出来。还有一种是事物本身本来没有某种情意或动作，但作者情绪上感觉上好像它有，就把那种情意或动作归给它。这样的写法，事物便蒙上了作者的情绪与感觉的色彩，写事物也就是写心情，"心"与"物"混成一片，当然与严谨地客观地叙述事物不相同了。本篇用这样写法的地方也不少。如第一段的末一句，"大自然的优美宁静，调谐在这星光与波光的默契中，不期然地淹入了你的性灵"。星光与波光并没有性灵，怎么会像"相对忘言"的两个朋友那样"默契"呢？"大自然的优美宁静"又不是江水河水，"性灵"又不是田地城镇，那"优美宁静"怎么会"淹入""性灵"呢？原来这都是作者当时的感觉，这感觉又从作者当时闲适、舒快到近于神秘的情绪而来。依他当时的情绪，好像星光与波光静静无声，互相照映，其间自有一种"默契"；又好像"优美宁静"是充满在宇宙间的大水，没有一处不淹到，连他的性灵也被"淹入"了：这样，他就用了"默契"与"淹入"两个词。又如第八段里的"啊，这第一朵小雪球花挣出了半冻的地面！"

[6] 因素三。

小雪球花只是应着自然的节候,顺着本有的生机,开出来罢了,它何尝"挣"？原来这也是作者的感觉,这感觉又从他那爱活动爱奋斗的性情而来。他在半冻的地面看见了第一朵的小雪球花,他想象它也是爱活动爱奋斗的;地面是半冻的,它要挣扎出来,一定经历了许多艰难辛苦;但结果竟被它挣扎出来了,那又是何等地成功,何等地欢喜。他下一个"挣"字,差不多分享了小雪球花那一份成功欢喜了。此外如说"鱼群的喋喋声在你耳边'挑逗'"(第五段),花草在泥土里渐次"苏醒"(第八段),克罗克斯是"爱热闹的",蒲公英与雏菊是"耐辛苦的"(第十段),都是这种写法。<u>这又是构成他那热情的活泼的笔调的一个因素。</u>[7]

7　因素四。

　　本篇的笔调是热情的活泼的,前面说过了。若用图画来比,它的彩色是浓重的。画有白描,有淡彩,有丹碧浓鲜的设色;本篇就好比末了一种,它绝不是白描和淡彩。这浓重又是怎样构成的呢? 第一,由于使用排语。使用排语正如画画时候一笔一笔地加浓。第二,由于多写感觉印象。感觉印象多,犹如画面上布满了景物,少有空白处所,自然见得浓重。第三,由于多用文言里的形容词与副词,就是所谓"辞藻"。如用"葱翠"来形容"草坪",用"恣蔓"(应作"滋蔓")来形容"草丛"(第二段),用"婆娑"来形容"大木",用"盘错"来形容"根柢"(第七段),用"娉婷"来形容"尖阁",用"妩媚"来形容"康河"(第九段),如说裙裾"悠悠"地飘着(第四段),说经验"栩栩"地留着(第十二段),这些词藻都是红绿青黄的颜料,把这篇文字涂成浓重的一幅。白话文里使用的文言的辞藻,原有讨论余地,且留在后面说。这里只说仅就文言而论,少用辞藻就见得清淡,多用辞藻就显得绚烂;现在把文言的辞藻用入白话文,色彩当然见得浓重了。

　　然而本篇里也有用白描法的,可以举出两处说。一处是第三段末了叙述"租船再试"时候的情景。那老船家说:"先生,这撑船费劲,天热累人,还是拿个薄皮舟溜溜吧!"这个话多么朴素,然而那老船家又像殷勤又像瞧不起人的心情,已经完全描出。以下作者说:"我哪里肯听话,长篙子一点就把船撑了开去",用个"一点"与"就",作者当时急于"再试"与不爱听老船家啰唆的心情,以及当时活动的姿态,就在这上头传出来了。又一处是第四段叙述"专家的女郎"撑船出桥洞时候的姿态。那长竿"竟像没分量的","往波心里一点"只是"轻轻地,不经心地",在有过撑船经验可是不曾学会撑船的作者看来,是多么可以羡慕呢? "船身波地转出了桥影,翠条鱼似的向前滑了去",那轻巧敏捷与

"把河身一段段地腰斩了去"是何等显明的对照呢？以上两处也是写的感觉印象，可是读起来并不觉得浓艳，这里头该有个缘故。原来这两处只像平常谈话一样，不用什么词藻，也不用什么特殊语调，可是对于当时的印象，把捉得住，又表现得出，所以成为两节白描的好文字。

　　<u>阅读叙述文字，不能没有时间观念。那事件是什么时候发生的呢？那景物是什么时候显现在作者眼前的呢？这些都得辨清楚。如果不辨清楚，就摸不清全篇的头绪。</u>[8] 现在就本篇说，读者需得问：这里所写的康桥，是作者某一天某一回所接触的不是？要回答这问题，于是逐段看下去。第一段里说的果子园里的情景与星光下的经验，不是限于某一天的；第二段里说的草场上的景物，不是限于某一天的；第三段里说的自己撑船，第四段里说的看人家撑船，也不是限于某一天的。第九段说的朝景，可不是某一回的朝景；第十段说的花信，可不是某一回的花信；第十一段说的野游，可也不是某一回的野游。全篇之中，只有第十二段里说的三幅"画图似的经验"是属于某一回的，都特地用"有一次"来点醒，虽然没有说明是何年何月何日。如果把叙述某一天某一回的经验称为"专叙"，那么叙述不限于某一天某一回的经验便是"泛叙"。作者对于所写的事物太熟悉了，接触的机会不止一次两次，也分不清某一种经验是某一天某一回的了，只觉得种种经验各自累积起来，成为许多浓密的团结；那自然只有不限定时间，采用"泛叙"的方法。本篇的情形就是这样。如果是一个短期旅行的游客，到康桥地方匆匆地游览一周，提起笔来写游记；他就不得不用"专叙"的方法，单把他游览那一天的经验叙述下来了。除了这个，他还有什么可以叙述的呢？"专叙"的时候，常常用"某月某日"，"……的时候"，"……之后"一类时间副语，来点醒以下所说的事件、景物或经验所属的时间。本篇里也有用这一类时间副语的地方，如"不服输跑去租船再试的时候"（第三段），"在礼拜天"（第四段），"在初夏阳光渐暖时"（第五段），"在康桥时"，"在夕阳西晒时"（第十二段）。但在"不服输跑去租船再试的时候"前面加上个"每回"，在"在夕阳西晒时"前面加上个"常常"，这就成为"泛叙"了。此外三语，只要辨别上下文的语气，便知道也不是"专叙"。"在礼拜天"一语是用"尤其"承接着前面"你站在桥上去看人家撑"一语的，而"你站在桥上去看人家撑"是假设语气，"在初夏阳光渐暖时，你去买一支小船"，也是假设语气，两语里都含得有

[8] 下面两段文字分别从叙述的时间和空间两个角度，分析了本篇散文的组材特点，进一步阐述了本篇散文活泼自由的风格和形散神聚的特色。

"如果""假使"的意思；假设语气当然不会是"专叙"。至于"在康桥时"一语占着一春的时间，下面的"没马骑，没轿子坐，却也有我的风流"，又是经常的情形，所以也只是"泛叙"而不是"专叙"。

　　阅读叙述文字，又不能没有空间观念。作者叙述那事件那景物，是不是站定在一个观点上的呢？如果站定在一个观点上，那所写的只是这个观点上所能观察到的一切；观点如有转换，文字中一定先行交代明白，然后再写新观点上所能观察到的一切。如果不站定在什么观点上，那就比较自由，只凭记忆逐项逐项地叙述出来，更不管它们是从哪一个观点上观察到的。本篇就时间方面说既是"泛叙"，那么所写康桥的种种，当然不会是站定在什么观点上观察到的了。原来它写的是情绪中的康桥，而不是眼界中的康桥。但这是就本篇大体说。若在非表名明空间关系不可的地方，虽说是"泛叙"，也不得不站定一个观点来写。如第二段里的"对岸草场上……匀匀地长着长条的水草"，第九段里的"康桥只是一带茂林……有佳荫处有村舍"，都是登高远望的景；第四段里的"有几个专家的女郎……翠条鱼似的向前滑了去"是桥上眺望的景；如果不是登高，不在桥上，所见也就两样；这便有了空间关系，需得站定一个观点来写。以上三节写景文字之前，第二段里有"从校友居的楼上望去"一语，第九段里有"从那土阜上望去"一语，第四段里有"站在桥上看人家撑"一语，都是用来表示站定的观点的。又如第九段的开头，叙述春朝游行时候所见的景色："静极了……点缀这周遭的沉默"是大道上的景，"头顶是交枝的榆荫，透露着漠愣愣的曙色"是林子里的景，"当前是平坦的原野……尖尖的黑影是近村的教寺"是林子外的景；大道上，林子里，林子外，景色不一，这便有了空间关系，不得不站定一个观点又转换一个观点来写。这一节最初的观点原是在大道上，有"顺着这大道走去"一语可以证明；以下用"走到尽头，再转入林子里的小径"两语，就把观点转换到林子里去了；以下用"走尽这林子"一语，又把观点转换到林子外去了。至于第十二段里的三幅"画图似的经验"，就时间方面说既是"专叙"，自然得叙明当时站定的观点。"我赶到一个地方"，"正冲着一条宽广大道"，"临着一大片望不到头的草原"三语，都是用来表示当时站定的观点的。若是匆匆游览过后写一篇"专叙"的游记，站定观点与转换观点的叙述就不会这么少了。

　　现在再把本篇值得注意值得体会的地方逐一提出来说一说[9]（前面已经说

9　如果说前面是宏观分析，下面则是微观解读。

过了的,就不再说了)。第一段叙述康河,分上游下游来说,原是最平常的方式,地理教本所常用的。可是叙上游就说到那个果子园,用复杂的感觉印象来描写那里的丰美与安静,把康桥的佳胜突然涌现在读者面前,这就不平常了。叙下游只说它是"春夏间竞舟的场所",以下便说到上下河分界处的那个坝筑,说到星光之下在那个坝筑旁边听各种声音的神秘经验,这也不平常。作者并不是写地理书,他要写的是他情绪中的康桥;读者只要读这第一段,就可以感觉到了。

第三段开头说明三种船,把撑篙船排在最后,是有意的,用来引起下面的自己撑船。说明三种船的部分,文字是静的;过渡到自己撑船,文字就是动的了。试看"把船身横住在河中,东颠西撞地狼狈",旁观的英国人在那里"不出声地皱眉",河中悠闲的秩序"给捣乱了",以至"租船再试",经老船家劝告,不肯听话,"把船撑了开去",哪一处不是活生生的动态?不说英国人在旁边"不出声地皱眉",而说"小心他们不出声地皱眉",可见因他们"皱眉"而更显得"狼狈",那经验正不止一次两次了。不说船还是横着前进,而说"还是把河身一段段地腰斩了去",这是用更具体的说法,把"横着前进"化成个更具体的视觉印象。

第四段里"穿一身缟素衣服……帽影在水草间颤动"是对于"专家的女郎"的形容语(形容语不妨去掉,这里如果去掉这形容语,就成"有几个专家的女郎,你看她们……")。说衣服又说到裙裾的飘扬,说帽子又说到帽形的颤动,这是加工描绘。描绘的结果,使读者觉得但看这四语,便是一幅鲜明的生动的图画。本段末一句里的"敏捷""空暇""轻盈"是作者主观的批评,但与前面所叙的姿态都有照应。如果再来一个"美丽",那就没有照应了;因为前面只叙那几个女郎撑船时候的动态,并没有叙她们的面貌与身材怎样美丽。

第五段末一语里的"水底翻的音乐",指在河上开话匣子而言。话匣子所奏的音乐,声音在河面发生回响,再传播开来,这便是"水底翻的音乐"。听这种音乐,物理上既与平时开话匣子不同,环境上心情上也全不一样,所以在少年们的感觉中,这种音乐是"描写梦意与春光"的。

第六七两段可以说是插入本篇的一篇议论文,它的题目是"人不要完全遗忘自然"。第六段先说"住惯城市的人"的通常情形,分两点,一点是不关心"季候的变迁",又一点是抱怨生活,不"承认做人是快乐"。对于前一点,用具体的说法。仅仅从叶子的长落,炉子的装卸,衣服的更换,知道"季候的变迁",足见那关心真是有限得很了。"星星""花草""风云"环绕在周围,可是一样也不去理睬,足见对于自然全没交涉了。于是第七段说一般人所以有这种情形,由于"忘本"。人的"本"是什么呢?"人是自然的产儿",人从大自然取得生命,这说明了人的"本"是自然。花草离不开泥土,鱼离不开水,大木的根柢深入无尽藏的地里,这些都是比况,比况人绝不能离开了大自然而生活,也得像大木一样,把生命的根柢深入大自然里。然后归结到作者所提出的意见:"只要'不完全遗忘自然'一张轻淡的药方,我们的病象就有缓和的希望"。本篇是抒情的叙述文字,如果插入一小篇严格的议论文(就是说完全用抽象的说法,由演绎、归纳、类推等方法而达到结论的议论文),那是很不相称的。现在这两段多用具体的说法,语调自由活泼,又与纯理智的说理文字不同,所以插在中间与各段一致,并不觉得不调和。

　　第八段末了三句,开头都用了惊叹词"啊",以下指点用"那是""这是""这不是",值得细辨。画眉的新声比较远,小雪球花与柳条近在面前,"那"与"这"表明实际上的远近之分,这是一。"那"与"这"不重复,用了两个"是"来一个"不是",又见得有变换,这是二。这样三句连在一起读,自然引起一种感觉,仿佛春信是四面袭来,不可抵御的了,这是三。

　　第九段里叙到"尖尖的是近村的教寺",以下接一句"听,那晓钟和缓的清音!"教谁听呢?也可以说教自己听,也可以说教读者听。但是在写文字的时候,作者并不正在望见那教寺的"尖尖的黑影",至于读者这篇文字,是不拘于什么地点什么时间的,怎么能教自己听又教读者听呢?原来这是排除了空间与时间观念的说法。说起近村的教寺,仿佛钟声已经在那里送过来了,于是向自己并向读者提示道:"听,那晓钟和缓的清音!"前面提及的第八段末了三句,情形也正相同。说起春信,仿佛春信就从四面袭来了,于是一边指点,一边提示,说出这么三句来,又,本段里用"朝来人们的祈祷参差地翳入了天听"譬喻炊烟"渐渐地上腾,渐渐地不见",这是用听觉印象表现视觉印象。朝来有许多的人作祈祷,想象他们的祈祷声音——上达上帝的听官,正与炊烟上腾而没入天际相似,于是来了这错综的印象。以下连用三个"顷刻间",把时间说得极急促,表示初晓景色的刻刻变换。末了两句,"胜利的晴空"与"快活的灵魂"呼唤着"春!"互相应答,把清早寻春的人的欢喜心情完全表达出来。若说"春来了",或是"这已经是春天了",反而见得累赘失神。当时只有一个浑然的感觉"春!"而已,而感得欢喜的就在这个浑然的感觉,所以单说"春!"字是最完足的了。两个"春!"字的位置也可以注意。如果放在"私语"与"回响"之后,说话的力量就侧重在"胜利的晴空"与"快活的灵魂"。现在放在前面,随后解释一个是"晴空"的"私语",一个是"灵魂"的"回响",力量就侧重在"春!"的那一声呼唤方面了。本段叙述了春朝的晴色,归结到"春!"这个浑然的感觉无所不在,自然该把力量侧重在"春!"的那一声呼唤方面才对。

第十段专说"伺候着河上的风光",也就是探河上的春信。明说"开心"的若干项固然是春信所在,"小雪球"与"铃兰与香草"也是报告春消息的使者。以下列举"莲馨""石水仙""克罗克斯""蒲公英与雏菊",可是没有说那些花儿怎么样,只用一个"破折号"便接说"这时候",表示提起那些花儿,意念立刻想到那些花儿开放的时候。那些花儿开放了,此外还有没有提到的许多花儿也开放了,那春信还待你去"探"吗?所以说"更不烦殷勤问讯"。

第十一段开头的"瑰丽的春光!"与"可爱的路政!"是两句赞叹句,形式上没说明"春光"与"路政"怎样,好像都不成一句话,其实是说明了的,只要倒转来,就是"春光瑰丽"与"路政可爱",不过成为寻常的表明句了。赞叹句自有这样的一种形式,如"伟大的时代!""好漂亮的人物!"都是口头常常说的。以下说骑着自转车出游,连用五个"你如爱",传出了眉飞色舞,津津乐道的神情。这里把"花""鸟"说在前,把"儿童""人情""酒"说在后,一种解说是:"花""鸟"是自然,亲近"儿童"接受"人情"是人事,而"酒"又是从"饱餐"与"尝新"联想起来的。但是还可以有一种解说:说"花""鸟""儿童"的话短,说"人情"与"酒"的话长,短的在前,长的在后,正是语言的自然。试把长句调在前面,吟诵起来,读到后面的短句,就会觉得气势不顺了。本段里的"每'望'",等于说"每家酒店"。"望"是"望子",酒店的市招。

第十二段作者引陆放翁的一联诗句,有记错的地方。现在把全首抄在这里:"醉眼朦胧万事空,今年痛饮瀼西东。偶呼快马迎新月,却上轻舆御晚风。

行路八千常是客,丈夫五十未称翁。乱山缺处如横线,遥指孤城翠霭中。"题目是《醉中到白崖而归》。诗中有"痛饮瀼西东"的话,该是放翁通判夔州的时候作的。所以作者说"这是做地方官的风流"。同段叙述三幅"图画似的经验",哪个在前,哪个在后,本来可以随便。现在排成这样形式,也为要先短后长。并且,前两个经验是说清楚的,后一个却没有说清楚,也得把它放在最后才顺。再看第二个经验的叙述,作者为什么会"感着神异性的压迫","对着这冉冉渐翳的金光""跪下"呢?原来这由于对"伟大""庄严"的一重虔敬情绪。"一条大路,一群生物",背后"放射着万缕的金辉",从一群生物从大路上走,联想到一切生物在生命的大路上走,从太阳放射万缕金辉,联想到赋予生命支配生命的"宇宙的力";这就觉得眼前景物便是宇宙的"伟大""庄严"的具体表现,不由得虔敬地"跪下"了。再说第三个经验,"这草田变成了"什么呢?读者没有作者的经验,当然无从猜测,但可以说定,那也是带着"神异性"的。不然,作者为什么说"说来你们也是不信的"呢?

末一段若即若离的回顾第一段的"星光",作为结束。若是终止在第十二段,话便没有说完,这是很容易辨明的。

本篇是白话文,但参用了许多文言的字眼。除了前面所举文言的辞藻外,如"裙裾""喋喋""睥睨"(应做"睥睨")"闲步""清荫""美草""巧啭"等,都是文言的字眼。白话文里用入文言的字眼,与文言用入白话的字眼一样,没有什么可以不可以的问题,只有适当不适当,或是说,效果好不好的问题。要讨论这个问题,可以从理想的白话文该是怎样的想起。

白话文依据着白话,是谁都知道的。既说依据着白话,是不是口头用什么字眼,口头怎样说法就怎样写法呢?那可不一定。如果一个人口头说话一向是非常精密的,自然不妨完全依据着他的说话写他的白话文。但一般人的说话往往是不很精密的,有时字眼用得不切当,有时语句没有说完全,有时翻来覆去,说了再说,无非这一点意思。这样的说话,在口头说着的时候,因为有发言的声调、面目与身体的表情等帮助,仍可以使听话的对方理会,收到说话的效果。可是,照样写到纸面上去,发言的声调、面目与身体的表情等帮助就没有了,所凭借的只是纸面上的文字;那时候能不能也使阅读文字的对方理会,收到作文的效果,是不能断定的。所以在写白话文的时候,对于说话,不得不作一番洗炼[1]的工夫。洗是洗濯的洗,就是把说话里的一些渣滓洗去。炼是炼铜炼钢的炼,就是把说话炼得比平常说话精粹。渣滓洗去了,炼得比平常说话精粹了,然而还是说话(这就是说,一些字眼还是口头的字眼,一些语调还是口头的语调,不然,写下来就不成其为白话文了):依据这种说话写下来的,才是理想的白话文。

　　文字写在纸面,原是教人看的,看是视觉方面的事情。然而一个人接触一篇文字,实在不只是视觉方面的事情。他还要出声或不出声地念下去,同时听自己出声或不出声地念。所以"阅""读"两个字是连在一起拆不开的。10 现在就阅读白话文说,读者念与听所依据的标准是白话,必须文字中所用的字眼与语调都是白话的,他才觉得顺适调和,起一种快感。不然,好像看见一个人穿了不称他的年龄、体态、身份的服装一样,虽未必就见得这个人不足取,但对于他那身服装,至少要起不快之感。而不快之感是会减少读者与作品的亲和力的,也就是说,会减少作品的效果的。

　　把以上两节话综合起来,就是:白话文虽得把白话洗炼,可是经过了洗炼的必须仍是白话;这样,就体例说是纯粹,就效果说,可以引起读者念与听的时候的快感。反过来说,如果白话文里有了非白话的(就是口头没有这样说法的)成分,这就体例说是不纯粹,就效果说,将引起读者念与听的时候的不快之感。到这里,可以解答前面所提出的问题了。白话文里用入文言的字眼,实在是不很适当的足以减少效果的办法。那么,本篇作者为什么在本篇里参用许多文言的字眼呢? 这由于作者文言的教养素深,而又没有要写纯粹的白话文的自觉,不知不觉之间,就把许多文言字眼用进去了。教他另用一些白话的字眼来调换文言的字眼,他未必不可能,他只是没有想到要不要调换。本篇里不单是字眼,就是语调也有非白话的,如第九段里的"想像那一流清浅"与第十段里的"更不烦殷勤问讯"两语便是。这两语都是词曲的调子,如果用在词曲里,是很调和的;现在用在白话文里,就不调和了。"想像那一流清浅",这样的说法,白话里是绝没有的。"更不烦殷勤问讯"之下,白话里必得有个"了"字。作者把词曲的调子用入白话文,原由如前面所说,也只是个不自觉。这种情形,不只

---

[1] 今文用"洗练",考虑当时用法以及本文上下语境,此处保留原用法,特此说明,下同。——编者

> 10　这里揭示了"阅读"的本真之意,我们今天的阅读教学是否体现了这一常识呢?

本篇有,初期白话文差不多都有;因为一般作者文言的教养素深,而又没有要写纯粹的白话文的自觉,大都与本篇作者相同。但是,理想的白话文是纯粹的,现在与将来的白话文的写作是要把写得纯粹作目标的:必须知道这两点,才可以阅读初期白话文而不受初期白话文这方面的影响。

或者有人要问:现在国文课里,文言也要读,这就有了文言的教养;既然有了文言的教养,写起白话文来,自然而然会有文言成分从笔头溜出来,像本篇作者一样;怎样才可以检出并排除这些文言成分,使白话文纯粹呢?这是有办法的,只要把握住一个标准,就是"上口不上口"。一些字眼与语调,凡是上口的,说话中间有这样说法的,都可以写进白话文,都不至于破坏白话文的纯粹。如果是不上口的,说话中间没有没有这样说法的(这里并不指杜撰的字眼与不合语文法的话句而言),那便是文言成分,不宜用入纯粹的白话文。譬如约朋友出去散步,绝不会说:"我们一同去闲步一回"。走到一处地方,头上是新鲜的树荫,脚下是可爱的草地,也绝不会说:"这里头上有清荫,脚下有美草"。可见"闲步""清荫""美草"是不上口的。又如"你只能循着那锦带似的林木想像那一流清浅"一语,在口头说起来,大概是"你只能沿着那锦带似的林木想像那清浅的河流"。可见"想像那清浅的河流"是不上口的。只要把握住"上口不上口"这个标准,即使偶尔有文言成分从笔头溜出来,也不难检出了。

到这里,还可以进一步说。譬如董仲舒有句话:"正其谊不谋其利,明其道不计其功"。这明明是文言的语调。可是,"从前董仲舒有句话道:'正其谊不谋其利,明其道不计其功。'"这样的说法却是口头常有的;口头常有就是上口,上口就不妨照样写入白话文。又如"知其不可而为之"一语出于《论语》,语调也明明是文言的。可是,"某人做某事是知其不可而为之"。这样的说法,却是口头常有的;口头常有的就是上口,上口就不妨照样写入白话文。前一例里的"正其谊不谋其利,明其道不计其功"所以上口,因为说话说到这里,不得不引用原文。后一例里"知其不可而为之"所以上口,因为说话本来有这么一个法则,有时可以引用成语。在"引用"这一个条件之下,口头说话既不排斥文言成分,纯粹的白话文当然可以容纳文言成分了。这与前一节话并不违背;前一节话原是这样说的:凡是上口的,说话中间有这样说法的,都可以写进白话文,都不至于破坏白话文的纯粹。

现在再就字眼说。如《易经》里的"否"与"泰"两个字，表示两个观念，平常说话是绝不用的，当然是文言字眼。可是经学或者哲学教师解释这两个观念的时候，口头不能不说"这样就是否"与"这样就是泰"的话；他也许还要说"经过了否的阶段，就来到泰的阶段"。在这些语句里，"否"与"泰"两个字上口了；就把这些语句写入白话文，那白话文还是纯粹的。试看这两个字怎么会上口的呢？原来与前面所说一样，也是由于"引用"。

在小说或戏剧的对话里，如果适当地引用一些文言成分，不但没有妨碍，并且可以收到积极的效果。如鲁迅的小说《孔乙己》里，叙述孔乙己在喝酒时候，把作为酒菜的茴香豆给围住他的孩子吃，一人一颗，孩子吃完了一颗，还想吃第二颗，眼睛都望着碟子；孔乙己就着急说，"不多了，我已经不多了"，又看一看豆，自己摇头说，"不多不多！多乎哉？不多也。"这里的"多乎哉？不多也。"是从《论语》的"君子多乎哉？不多也。"引用来的。从这两句的引用，可以使读者读了宛如听见了孔乙己的口吻，因而想到他原来是这么一个读过几句书，半通不通，欲爱随便胡诌的家伙：这就是所谓积极的效果。然而这两句所以能放在孔乙己的对话里，也因为事实上确然有一种人爱把书句放在口头乱说的，故而与"上口"的标准并无不合，这节对话还是纯粹的白话文。

以上对于纯粹的白话文说得很多，无非希望现在与将来的白话文的写作要把写得纯粹作目标的意思。以下再回到本篇来说。

本篇里有少数字句是不很妥适的。如第一段里"倦牛刍草声"的"刍"字，是个文言字眼且不必说；即就文言说，或作割草的意思，如"刍荛"，或作饲养牲畜的意思，如"刍豢"，却没有作嚼草的意思的。这里就上下文看，作牛在那里嚼草的意思，是用错。又如第二段里"尾鬃的扫拂"的"扫拂"两字，分开来都是口头常用的字眼，合起来就不顺口了。这里所以要用"扫拂"两字，原来因为说"尾鬃的扫"或"尾鬃的拂"都收不住，非用一个复音节语不可。但"扫拂"并不是一个口头习用的复音节语，作者却没有注意到这一层。同段里又有"反仆"两字，"仆"原是个文言字眼，口头说起来就是"跌倒"。跌倒并没有规定的形式，无所谓"正"，也无所谓"反"。现在说"反仆"，与上一语的"仰卧"相对，表示胸腹着地背心向天的意思，这是错误的。

第七段里"入世深似一天，离自然远似一天"两语，是可以讨论的。这两语表示"入世深"与"离自然远"的程度同时并进,但按照口头的语调,应说"入世一天深似一天,离自然一天远似一天"。若照这样说,每一语里在前的"一天"指在后的一天,在后的"一天"指在后的一天之前的一天;用个"似"字,表示前后两天程度的比较,"深似"就是"深过","远似"就是"远过",若写文言,就是"深于""远于"。现在每一语里既然只用一个"一天",那就无所谓前后两天程度的比较,"似"字显然是多余的。去掉"似"字,作"入世深一天,离自然远一天",便妥适了。同段里的"有幸福是永远不离母亲抚育的孩子,有健康是永远接近自然的人们"两语,"福"字"康"字之下都省一个不应该省的"的"字。大概在这样的句式里,"是"字近于"等于",表示在前的什么等于在后的什么。"的"就是"的人",用了"的"字,"有幸福"与"有健康"才有属主,属主才可以与下面的"孩子"与"人们"相等。若照原文不用"的"字,那么,"有幸福"与"有健康"是"事","孩子"与"人们"是"人","事"怎么能与"人"相等呢?

文言字眼"翳"字,在本篇里用了两次,都用得不妥适。"翳"是遮蔽的意思。说"仿佛是朝来人们的祈祷,参差地遮蔽入天听"(第九段),是讲不通的;说"对着这冉冉渐遮蔽的金光"(第十二段),同样地讲不通。原来遮蔽这个动作是及物的,说遮蔽必然有被遮蔽的东西。现在并没有被遮蔽的东西,而把遮蔽这个动作归到"祈祷"与"金光"自身,当然讲不通了。如果说"没入了天听"或者"送入了天听",说"冉冉渐消的金光"或者"冉冉渐隐的金光",便讲得通了;因为"没""送""消""隐"等动作都是不及物的,本该归到"祈祷"与"金光"自身的。

第十一段里指称"愉快"作"一个",照通常说法,应该是"一种"。"愉快""哀悲""道德""智慧"一类抽象事物,是没有个体的,没有个体,所以不能用个体单位的"个"字。这些事物却是有种类可分的,有种类可分,所以可以用种类单位的"种"字。现在人说话与写白话文,对于这种单位名称,有随便使用的倾向,这是不妥当的,应该留意。

<u>阅读一篇文字,一味赞美,处处替作者辩护,这种态度是不对的。至于吹毛求疵,硬要挑剔,也同样地不对。文字如有长处,必须看出它的长处在哪里;文字如有缺点,又必须看出它的缺点在哪里;这才是正当的态度。唯有抱着这样正当的态度,多读一篇才会收到多读一篇的益处。</u>[11]

---

11 阅读是读者、作者、文本之间对话的过程,在这一对话过程中,读者不是被动地接受,应该有自己的独立思考,像新课标倡导的"敢于提出看法,作出自己的判断",这是学生阅读应持的态度。今天,面对教材,面对一些经典作品,我们能客观地大胆地指出其长短优劣吗?

与学者对话

一、下面是几位语文名家关于阅读教学的经典论述,研读后谈谈你的看法。

1. 仲九:令学生自己研究,教员处于指导的地位。读看、讲话、作文,都用联络的方法。详细方法如下:说明—答问—分析—综—书面的批评—口头的批评—学生讲演—辨难—教员讲演—批改"书面批评"—临时作文。这十一种方法,教员也可以酌量省略,不必全用。[仲九.对于中等学校国文教授的意见[J].教育潮,1919,1(5).]

2. 阮真:谁知道教学的责任,重在指导督责,而不重在讲书;国文教学成绩的好坏,除了教师的学问以外,还有许多复杂的问题呢! [阮真.时代思潮与中学国文教学[J].中华教育界,1935,22(1).]

3. 罗莘田:要讲一篇文章,先得介绍作者的略传,说明他的时代背景,他在文学史上的地位和这篇文章的价值等等,然后解释字句,尽分段落,指示篇章结构的法则,研讨文法修辞的奥妙,末了综观全篇的大意,看它的风格跟前一时代有什么异同?对于后一时代有什么影响?费的时间虽然较多,对于文章的剖析却无微不至。……这种不拘泥篇章字句的教法……完全采取灌输式,使学生没有自动的机会,材料纵然加多,仍然和老先生一样不合教育原理。[罗莘田.我的中学国文教学经验[J].国文月刊,1943(20).]

二、下面是当代一些学者关于散文教学的论述,研读后谈谈你的看法。

1. 蒋成瑀:散文教学为什么要讲"文眼"呢?散文是文学诸体裁中最活泼和自由的一种。它的题材不受约束,国际时事、社会斗争、战地见闻、旅游天地、艺术世界、海外风光、体育花絮、新闻人物,直至琴棋书画、草木虫鱼,从宏观世界到微观世界,无所不包,无所不有。题材如此,结构、语言和表现手法,也无程式可言,大略如行云流水,"常行于所当行,常止于所不可不止"。散文的这一特点,给教学带来一定困难,有时不知从何着手。逐段铺叙,顺次一句句讲下去,显得烦琐冗长,抓住一点,深入发挥,又常常舍本逐末,不得要领,难以进行基本功的训练.我们捡出"文眼"两字,旨在抓住要领,带动全篇。[蒋成瑀.散文教学要讲"文眼"[J].语文教学与研究,1982(9).]

2. 李维鼎:"形散神聚"是散文的主要特点。这个特点要求我们引导学生认识"散"与"聚"的矛盾统一,以探清"文理",这是记叙文教学所无法代替的。让学生去探清文理,最有效的办法是对"散"材料——去认识、去分析,并从中找出聚结这些"散"材料的线索来,看它们是怎样统一的。……散文的文采也是相当突出的特点。我以为,对中学生来说,散文"文采"的教学,重点是主要艺术手法和精粹优美的语言。在赏析手法和语言时,要落在实处。这个"实",既包括课文的"实",也包括学生实际的"实"。离开了"实",诀词满口,赞语连篇,都不能使学生切实地领略散文的意境美、语言美,都不能使学生学到散文的手法和提高使用语言的能力。[李维鼎."文理"要探清,"文采"要讲实[J].语文教学与研究,1983(4).]

  3. 王荣生:散文教学,从"教"的角度讲,关键是引导学生往"散文里"走,往"作者的独特经验里"走。散文教学有两个要点:(1)建立学生与"这一篇散文"的链接。建立学生与"这一篇散文"的链接,其实是阅读教学的通则在散文教学的应用。阅读教学的"这一篇"课文,不仅是学习材料,而且是学习对象。……(2)实质是建立学生的已有经验与"这一篇散文"所传达的作者独特经验的链接。建立学生与"这一篇散文"的链接,实质是建立学生的已有经验与"这一篇散文"所传达的作者独特经验的链接。[王荣生.散文教学要从"外"回到"里"[J].中学语文教学,2011(2).]

我思故我言

我思故我言

谈新诗（节录）

第五段节录

(1) 有许多人曾问我做新诗的方法，我说，做新诗的方法根本上就是做一切诗的方法；新诗除了"诗体的解放"一项之外，别无他种特别的做法。

(2) 这话说得太笼统了。听的人自然又问，那么做一切诗的方法究竟是怎样呢？

(3) 我说，诗需用具体的做法，不可用抽象的说法。凡是好诗，都是具体的；越偏向具体的，越有诗意诗味。凡是好诗，都能使我们脑子里发生一种——或许多种——明显逼人的影像。这便是诗的具体性。

(4) 李义山诗"历览前贤国与家，成由勤俭败（破）由奢"，这不成诗。为什么呢？因为他用的是几个抽象的名词，不能引起什么明了浓丽的影像。

(5) "绿垂风折笋，红绽雨肥梅"是诗。"芹泥垂（随）燕嘴，蕊粉上蜂须"是诗。"西更山吐月，残夜水明楼"是诗。为什么呢？因为他们都能引起鲜明扑人的影像。

(6) "五月榴花照眼明"是何等具体的写法！"鸡声茅店月，人迹板桥霜"是何等具体的写法！"枯藤老树昏鸦，小桥流水人家，古道西风瘦马，夕阳西下，——断肠人在天涯！"这首小曲里有十个影像，连成一串，并作一处萧瑟的空气，这是何等具体的写法！

（7）以上举的例都是眼睛里的影像。还有引起听官里的明了感觉的。例如上文引的（苏东坡送弹琵琶的词）"昵昵儿女语[1]，灯火夜微明，恩冤尔汝来去，弹指泪和声"，是何等具体的写法！

（8）还有能引起读者浑身的感觉的。例如姜白石词，"暝入西山，渐唤我一叶夷犹乘兴。"这里面"一叶夷犹"四个双声字，读的时候使我们觉得身在小舟里，在镜平的湖水上荡来荡去。这是何等具体的写法！

（9）再进一步说，凡是抽象的材料，格外应该用具体的写法。看《诗经》的《伐檀》：

> 坎坎伐檀兮，置之河之干兮，
>
> 河水清且涟漪，——
>
> 不稼不穑，胡取禾三百廛兮！
>
> 不狩不猎，胡瞻尔庭有悬貆兮！

社会不平等是一个抽象的题目，你看他却用如此具体的写法。

（10）又如杜甫的《石壕吏》，写一天晚上一个远行客人在一个人家寄宿，偷听得一个捉差的公人同一个老太婆的谈话。寥寥一百二十个字，把那个时代的征兵制度，战祸，民生痛苦，种种抽象的材料，都一齐描写出来了。这是何等具体的写法！

（11）再看白乐天的《新乐府》那几篇好的——如《折臂翁》《卖炭翁》《上阳宫人》，——都是具体的写法。那几篇抽象的议论——如《七德舞》《司天台》《采诗官》，——便不成诗了。

（12）旧诗如此，新诗也如此。

（13）现在报上登的许多新体诗，很多不满人意的。我仔细研究起来，那些不满人意的诗犯的都是一个大毛病，——抽象的题目用抽象的写法。

（14）那些我不认得的诗人做的诗，我不便乱批评。我且举一个朋友的诗做例。傅斯年君在《新潮》四号里做了一篇散文，叫作《一段疯话》，结尾两行

---

[1] "昵昵儿女语"，1942年商务印书馆《精读指导举隅》误作"呢呢儿女语"。——编者

说道：

> 我们最当敬重的是疯子，最当亲爱的是孩子。疯子是我们的老师，孩子是我们的朋友。我们带着孩子，跟着疯子走，走向光明去。

有一个人在北京《晨报》里投稿，说傅君最后的十六个字是诗不是文。后来《新潮》五号里傅君有一首《前倨后恭》的诗——一首很长的诗。我看了说，这是文，不是诗。

（15）何以前面的文是诗，后面的诗反是文呢？因为前面那十六个字是具体的写法，后面的长诗是抽象的题目用抽象的写法。我且抄那诗中的一段，就可明白了：

> 倨也不由他，恭也不由他！——
>
> 你还敕他。
>
> 向你倨，你也不削一块肉；向你恭，你也不长一块肉。
>
> 况且终竟他要向你变的，理他呢！

这种抽象的议论是不会成为好诗的。

（16）再举一个例。《新青年》六卷四号里面沈尹默君的两首诗。一首是《赤裸裸》：

> 人到世间来，本来是赤裸裸，
>
> 本来没污浊，欲被衣服重重的裹着，这是为什么？
>
> 难道清白的身不好见人吗？那污浊的，裹着衣服，就算免了耻辱吗？

他本想用具体的比喻来攻击那些作伪的礼教，不料结果还是一篇抽象的议论，故不成为好诗。还有一首《生机》：

> 刮了两日风，又下了几阵雪。
>
> 山桃虽是开着却冻坏了夹竹桃的叶。
>
> 地上的嫩红芽，更僵了发不出。
>
> 人人说天气这般冷，
>
> 草木的生机恐怕都被摧折；
>
> 谁知道那路旁的细柳条，
>
> 它们暗地里却一齐换了颜色！

这种乐观，是一个很抽象的题目，他欲用最具体的写法，故是一首好诗。

（17）我们徽州俗话说人自己称赞自己的是"戏台里喝采[1]"。我是篇《谈新诗》，常引我自己的诗做例，也不知犯了多少次"戏台里喝采"的毛病。现在且再犯一次，举我的《老鸦》做一个"抽象的题目用具体的写法"的例罢：

> 我大清早起，
>
> 站在人家屋角上哑哑地啼。
>
> 人家讨嫌我，
>
> 说我不吉利：——
>
> 我不能呢呢喃喃讨人家的欢喜！

指导大概

　　本文（指《谈新诗》第五段，下同）是说明文。胡先生在这一段文字里所要说明的是"做新诗的方法"，其实也"就是做一切诗的方法"¹(1)。新诗和旧诗以及词曲不同的地方只在诗体上，只在"诗体的解放"上(1)，根本的方法是一致的。胡先生在本篇（指《谈新诗》全文，下同）第二段里说，"中国近年的新诗运动可算得是一种'诗体的大解放'。因为有了这一层诗体的解放，所以丰富的材料，精密的观察，高深的理想，复杂的感情，方才能跑到诗里去"。他又"用历史进化的眼光来看中国诗的变迁"说"诗的进化没有一回不是跟着诗体的进化来的"。他说从"三百篇"到现在诗体共经过四次解放：骚赋是第一次，五七言诗是第二次，词曲是第三次，新诗是第四次。解放的结果是逐渐合于"语言之自然"。他在本篇第四段里说新诗的音节是"和谐的自然音节"。又说，"诗的音节全靠两个重要分子：一是语气的自然节奏；二是每句内部所用字的自然和谐"。这第二个分子也就是"内部的组织——层次，条理，排比，章法，句法"。本篇作于民国八年。这二十多年来新诗的诗体也曾经过种种的尝试，但照现在的趋势看，胡先生所谓"合语言之自然"同"和谐的自然音节"还是正确的指路标；不过详细的节目因时因人而异罢了。

---

[1] "喝采"，今多为"喝彩"，此处为鲁迅先生原作的引文，为尊重鲁迅先生，故保留原文用法，后同。——编者

批注

1　首先指出作品的文体与说明的主要内容。

做新诗的方法,乃至做一切诗方法,积极的是"需要用具体的做法"[2],消极的是"不可用抽象的说法"(3);但这里积极和消极的只是一件事的两面儿,并不是各不相关的。可是怎样是"具体的做法"呢?从本文所举的例子看,似乎有三方面可说。一方面是引起明了影像或感觉,一方面是从特殊的个别的事件暗示一般的情形,另一方面是用喻说理。本文所说"明显逼人的影像"(3),"明了浓丽的影像"(4),"鲜明扑人的影像"(5),都是"诗的具体性"(3);这些都是"眼睛里起的影像"(7)。"还有引起听官里的明了感觉的"(7),"还有能引起读者浑身的感觉的",也该是"诗的具体性"。关于"眼睛里起的影像",本文的例子都是写景的,或描写自然的。这些多是直陈,显而易见。写人,写事便往往不能如此,虽然有时也借重"眼睛里起的影像"。那儿需要曲达,曲达当然要复杂些。"眼睛里起的影像"是文学的,也是诗的,一个主要源头。"听官里的感觉"和"浑身的感觉",在文学里,诗里,到底是不常有的。胡先生有《什么是文学》一篇小文,说文学有三要件:一是"明白清楚",叫作"懂得性";二是"有力能动人",叫作"逼人性";三是"美",是前二者"加起来自然发生的结果"。那文中所谓"明白清楚"和"逼人",当然不限于"眼睛里起的影像",可还是从"眼睛里起的影像"引申出来的。"眼睛里起的影像"在文学里在诗里的重要性,由此可见一斑。

从引起明了的影像或感觉"再进一步说,凡是抽象的材料,格外应该用具体的写法"(9)。这儿"抽象的材料"是种种的情形或道理,"具体的写法"是种种的事件或比喻。从特殊见一般,用比喻说道理,都有是曲达,比直接引起影像或感觉要复杂些,所以说是"再进一步"。文中又提出"抽象的题目"这名字。大概本文所谓"抽象的材料"有广狭二义,广义的"材料"包括着"题目",狭义的和"题目"对立着。就本文所举的例子说,"前倨后恭"(15),"作伪的礼教","乐观"(16),独行其是,不屈己从人(《老鸦》的"题目")(17),都是"抽象的题目"。还有"社会不平等"(9),文中虽也说是"抽象的题目",但就性质而论,实在和第十节里的唐代征兵制度、战祸、民生痛苦,是一类,该跟第十一节说到的白乐天的《新乐府》里的种种都归在狭义的"抽象的材料"里。从中国诗的传统看,写这种狭义的"抽象的材料"的多到数不清的程度;但写"抽象的题目"的却不常见。全诗里有一两处带到"抽象的题目"的并不缺少,如古诗

[2] 这是本篇文章说明的重点,在提出这一说明重点后,作者首先结合作品对其内涵做分析。

十九首的"青青陵上柏,磊磊涧中石。人生天地间,忽如远行客。""四顾何茫茫,东风摇百草。所遇无故物,焉得不速老!""去者日以疏,生者日以亲。出郭门直视,但见丘与坟;古墓犁为田,松柏摧为薪;白杨多悲风,萧萧愁杀人"。"生年不满百,常怀千岁忧。"这些都是些"人生不常"的大道理,可只轻描淡写地带过一笔,戛然而止,并不就道理本身确切地发挥下去。所以全诗专写一个"抽象的题目"的也就稀有;偶然有,除了一些些例外,也都是些迂腐的肤廓的议论,不能算"雅音"。可是新诗,特别在初期,写"抽象的题目"的却一时甚嚣尘上。胡先生便是提倡的一个人;本文所举的新诗的例子,可以作证。这大概是从西洋诗的传统里来的。胡先生在《〈尝试集〉自序》里曾说过中国说理的诗极少,并引欧洲善于说理的大诗人扑蒲[1]等做榜样,可以作这句话的注脚。但是西洋诗似乎早已不写这种"抽象的题目"了;中国的新诗也早已改了这种风气了。

本篇举出新诗的好处,也就是胜于旧诗和词曲的地方,有"丰富的材料","精密的观察","曲折的理想","复杂的感情,""写实的描画",等项(第二段)。这些其实也就是诗的标准。旧诗和词曲正因为材料不够丰富的,观察不够精密的,理想不够曲折的,感情不够复杂的,描画不够写实的,胡先生才说是不如新诗。但这些还不是诗的根本标准,"具体的写法"似乎才是的。用"具体的写法"的是诗(5),用"抽象的写法"的不成诗(4)。用"具体的写法"的文是诗不是文,用"抽象的写法"的诗是文不是诗(14)。还有,"凡是好诗,都是具体的"(3)(11)(16);"抽象的写法"不会成为好诗(11)(13)(15)(16)。是诗不是诗,是文还是诗,是好诗不是好诗:这三个根本问题的判别,按胡先生的意思说,"具体的写法"即使未必是唯一的标准,至少也是最主要的标准——说那是诗的根本标准,大概不会错。但"具体的"和"抽象的"又各有不同的程度。文中说,"越偏向具体的,越有诗意诗味"(3)。又举沈尹默先生的《赤裸裸》,说"他本想用具体的比喻来攻击那些作伪的礼教,不料结果还是一篇抽象的议论,故不成为好诗"(16)。用"具体的写法"有时也会不成为好诗,甚至于会不成诗,这是"具体的"还没达到相当的程度的缘故。"抽象的题目"比狭义的"抽象的材料"更

---

[1] 扑薄,即 Pope,今译"蒲柏",是18世纪英国诗人。——编者

其是"抽象的",从上节所论可以看出。不过成篇的"抽象的议论"(11)(19)的"抽象的"程度欲赶不上"几个抽象的名词"(4)。"具体的"和"抽象的"都不是简单的观念;它们都是多义的词。这儿得弄清楚这两个词的错综的意义,才能讨论文中所举的那些"是诗"和"不成诗"。

  就本文而论,"具体的"第一义是明了的影像或感觉。[3]所谓明了的影像或感觉其实只是某种景物或某种境地的特殊的性质;某种景物所以成为某种景物,某种境地所以成为某种境地,便在这特殊的性质或个性上。如"绿垂风折笋,红绽雨肥梅"(杜甫《陪郑广文游何将军山林十首之五》)是暗示风雨后浓丽而幽静的春光,"芹泥随燕嘴,蕊粉上蜂须"(杜甫《徐步》),是暗示晴明时浓丽而寂寞的春光,"四更山吐月,残夜水明楼"(杜甫《月》)是暗示水边下弦月的清亮而幽静(5),"五月榴花照眼明"(韩愈《榴花题张十一旅舍三咏之一》)是暗示张十一旅舍夏景的明丽而寂寞。"鸡声茅店月,人迹板桥霜"(温庭筠《商山早行》)是暗示秋晨的冷寂和行旅的辛苦。还有那首小曲,是《天净沙》小令,相传是马致远作的,文中说明"这首小曲里有十个影像,连成一串,并作一片萧瑟的空气"(6)。这儿浓丽、幽静、寂寞、清亮、明丽、冷寂、辛苦,乃至"萧瑟的空气",都是景物的个性或特殊性,原都是抽象的。——有人说这种诗句有绘画的效用,也许有点儿。但这种诗句用影像作媒介;绘画用形和色作媒介,更直接地引起感觉。两者究竟是不同的。所以诗里这种句子不能用得太多;太多了便反而减少强度,显得琐碎,啰唆,怪腻烦人的。诗要不自量力一味去求绘画的效用,一定是吃力不讨好。这种"具体的写法"着重在选择和安排。选择得靠"仔细的观察"作底子,并且观察的范围越广博越好。安排得走"写实的描画"的路,才不至于落在滥调或熟套里。当然,还得着重"经济的"。以上几个例子,文中说"都是眼睛里起的影像"(7),但"鸡声"并不是的。一般地说,"眼睛里起的影像"似乎更鲜明些,更具体些,所以取作题材的特别多。

  文中又引苏东坡的《水调歌头》词。还在本篇第四段里有详细的说明。那儿说:"苏东坡把韩退之的听琴诗(《听颖师弹琴》)改为送弹琵琶的词,开端是"昵昵儿女语,灯火夜微明,恩冤尔汝来去,弹指泪和声"。他头上连用五个极短促的阴声字,接着用一个阳声的"灯"字,下面"恩怨尔汝"之后,又用一个阳声的"弹"字。"灯"(ㄉㄥ)是"ㄉ"声母(子音)的字,"弹"(ㄊㄢ)是"ㄊ"声

[3] 围绕说明的中心,下面作者从三个角度来具体说明。这里首先谈"影像的具体"。在指导过程中,作者紧扣一些实例来说明。

母的字[1]，摹写琵琶的声音；又把这两个阳声字和"昵昵儿女语""尔汝来去"九个阴声字参错夹用，更显出琵琶的抑扬顿挫。阳声字是有鼻音"ㄣ""ㄥ"收声的字，阴声字是没有鼻音收声的字。这里九个阴声显得短促而抑，两个阳声显得悠长而扬。本文引这个例，说是"引起听官的明了感觉的"（7）。摹声本是人类创制语言的一个原始的法子，但这例里的摹声却已不是原始的。"ㄉ""ㄊ"母的字似乎暗示琵琶声音的响亮，那九个阴声字和两个"ㄉ""ㄊ"母的阳声字参错夹用，似乎暗示琵琶曲调高低快慢的变换来得很急骤。韩退之的听琴诗开端是"昵昵儿女语，恩冤相尔汝；忽然变轩昂，勇士赴敌场"。欧阳修以为像听琵琶的诗，苏东坡因此将它改成那首《水调歌头》。欧阳修的意见大概是不错的，韩退之那首诗若用来暗示琵琶的声音和曲调的个性或特殊性，似乎更合适些，苏东坡的词便是明证。所谓"听官里的明了感觉"其实也是暗示某种抽象的性质，和"眼睛里起的影像"一样。至于姜白石《湘月》词句"暝入西山，渐唤我一叶夷犹乘兴"，文中以为"能引起读者浑身的感觉"。"这里面'一叶夷犹'四个变声字，读的时候使我们觉得身在小舟里，在镜平的湖水上荡来荡去"（8）。双声字是声母（子音）相同的字。"一叶夷犹"可以说同是"一"声母，所以说是双声字。胡先生的意思大概以为这四个字联成一串，嘴里念起来耳里听起来都很轻巧似的，暗示着一种舒适的境地；配合句义，便会"觉得身在小舟里，在镜平的湖水上荡来荡去"。在这种境地里，筋肉宽舒，心神闲适；所谓"浑身的感觉"便是这个。舒适还是一种抽象的性质；不过这例里字音所摹示的更复杂些就是了。运用这种摹声的方法或技巧，需要一些声韵学的知识和旧诗或词曲的训练，一般写作新诗的，大概都缺少这些；这是这种方法或技巧没有发展的一个原因。再说字音的暗示力并不是独立的，暗示的范围也不是确定的，得配合着句义，跟着句义走。句义还是首要，字音的作用通常是不太显著的。这是另一个原因。还有些人也注重字音的暗示力，他们要使新诗的音乐性遮没了意义，所谓"纯诗"。那是外国的影响。但似乎没见什么成就便过去了；外国这种风气似乎也过去了。

本篇第二段里，胡先生曾举他自己的《应该》作例，说"这首诗的意思神情

---

［1］"灯"（ㄉㄥ）、"弹"（ㄊㄢ），注音是国音，现代汉语拼音为(dēng)和(tán)。

都是旧体诗所达不出的"。那诗道:

　　他也许爱我,——也许还爱我,——,

　　但他总劝我莫再爱他。

　　他常常怪我;

　　这一天,他眼泪汪汪地望着我,

　　说道:"你如何还想着我?

　　想着我,你又如何能对他?"

　　你要是当真爱我,

　　你应该把爱我的心爱他,

　　你应该把待我的情待他。"

　　他的话句句都不错;——

　　上帝帮我!

　　我"应该"这样做!

　　这里好像是在讲道理,可是这道理只是这一对爱人中间的道理,不是一般的;"应该"只是他俩的"应该",不是一般人的。这道理,这"应该",是伴着强度的感情——他俩强度的爱情——的,不只是冷冰冰的一些概念。所以是具体的,不是抽象的。本文所举"具体的写法"的例子中,乍看像没有这一种,细看知道不然。这是暗示爱情和礼教和理智的冲突——爱情上的一种为难。"冲突"或"为难"是境地的特殊性或个性,是抽象的。这首诗从头到尾是自己对自己说的一番话,比平常对第三者的口气自然更亲切些,更具体些。那引号里的一节是话中的话。人的话或文字,即使是间接引用,只要有适当的选择和安排,也能引起读者对于人或事(境地)的明了的影像。而通常所谓描摹口吻,口吻毕肖,便是话引起了读者对于人的明了的影像。——从以上各节的讨论,便知本文"具体的"第一义还是暗示着某种抽象的性质,并不只是明了的影像或感觉。

　　<u>本文"具体的"第二义是特殊的或个别的事件,暗示抽象的一般的情形的</u>。[4] 文中所谓"抽象的材料"(狭义)便是这一般的情形。《伐檀》所暗示的"社会不平等"(9)是"诗人时代"一般的情形。胡先生在《中国古代哲学史》里也说到这篇诗。他说,"封建时代的阶级虽然渐渐消灭了,却新添了一种生计上的阶级。那时社会渐渐成了一个贫富很不平均的社会,富贵的太富贵了,贫苦

4　这里谈的是"事件的具体"。

的太贫苦了。""有些人对着黑暗的时局腐败的社会,却不肯低头下心的忍受。他们受了冤屈,定要作不平之鸣的。你看那《伐檀》的诗人对于那时的'君子',何等冷嘲热骂!"又,杜甫的《石壕吏》(10):

暮投石壕村,有吏夜捉人,老翁逾墙走,老妇出门看。

吏呼一何怒!妇啼一何苦,听妇前致词:"三男邺城戍。一男附书至,二男新战死。生者且偷生,死者长已矣!室中更无人,惟有乳下孙。有孙母未去,出入无完裙。老妪力虽衰,请从吏夜归,急应河阳役,犹得备晨炊。"

夜久语声绝,如闻泣幽咽。——天明登前途,独与老翁别。

胡先生在《论短篇小说》里说:"这首诗写天宝之乱,只写一个过路投宿的客人夜里偷听得的事,不插一句议论,能使人觉得那时代征兵之制的大害,百姓的痛苦,壮丁死亡的多,差役捉人的横行:——都在眼前。捉人捉到了生了孙儿的祖老太太,别的更可想而知了。"

白乐天的《新乐府》(11)有序说:"首句标其目,卒章显其志,《诗三百》之义也。其辞质而径,欲见之者易谕也。其言直而切,欲闻之者深诫也。其事核而实,使采之者传信也。其体顺而肆,可以播于乐章歌曲也。总而言之,为君为臣为物为事而作,不为文而作也。"《新丰折臂翁》的"标目"是《戒边功》,那诗道:

新丰老翁八十八,头鬓眉须皆似雪。玄孙扶向店前行。左臂凭肩右臂折。

问翁臂折来几年,兼问致折何因缘。翁云贯属新丰县,生逢圣代无征战;惯听梨园歌管声,不认旗枪与弓箭。无何天宝大征兵,户有三丁点一丁。点得驱将何处去?五月万里云南行。闻道云南有泸水,椒花落时瘴烟起。大军徒步水如汤,未过十人二三死。村南村北哭声哀,儿别爷娘夫别妻;皆云前后征蛮者,千万人行无一回。

是时翁年二十四,兵部牒中有名字。夜深不敢使人知,偷将大石捶折臂。张弓簸旗俱不堪,从兹使免征云南。骨碎筋伤非不苦,且图拣退归乡土。此臂折来六十年,一肢虽废一身全。至今风雨阴寒夜,直到天明痛不眠。痛不眠,终不悔,且喜老身今独在。不然当时泸水头,身死魂孤骨不收,应作云南望乡鬼,万人冢上哭呦呦。

老人言,君听取。君不闻开元宰相宋开府,不赏边功防黩武?又不闻天宝宰相杨国忠,欲求恩幸立边功?边功未立生人怨,请问新丰折臂翁。

《论短篇小说》里说这是《新乐府》中最妙的一首。"看他写'是时翁年二十四……偷将大石捶折臂',使人不得不发生'苛政猛于虎'的思想"。又说,"只因为他有点迂腐气,所以处处要把做诗的'本意'来做结尾(所谓'卒章显其志');即如《新丰折臂翁》篇末加上'君不见开元宰相宋开府'一段,便没有趣味了"。但《卖炭翁》却不如此。这一首"标目"是《苦宫市》,诗道:

卖炭翁,伐薪烧炭南山中,满面尘灰烟火色,两鬓苍苍十指黑。卖炭得钱所何营?身上衣裳口中食。可怜身上衣正单,心忧炭贱愿天寒。

夜来城外一尺雪,晓驾炭车辗冰辙。牛困人饥日已高,市南门外泥中歇。翩翩两骑来是谁?黄衣使者白衫儿,手把文书口称"敕",回车叱牛牵向北。一车炭重千余斤,宫使驱将惜不得;半匹红纱一丈绫,系向牛头充炭直。

这是宫官仗势低价强买老百信辛苦作成靠营衣食的东西。买炭如此,买别的也可想而知。《新乐府》的具体性,这两首便可代表,《上阳白发人》从略。这两首和杜甫的《石壕吏》也都是从特殊的或个别的事件暗示当时一般的情形。

白乐天的《新乐府》标明"乐府",序里又说明他作那些诗的用意;他是采取"诗三百之义"的。他取"诗三百之义",不止于"首句标其目,卒章显其志",并且真个要做到《诗大序》里解释"风"诗的话,"下以风刺上,主文(按旧解,是合乐的意思)而谲谏,言之者无罪,闻之者足以戒"。杜甫的《石壕吏》等诗也是乐府体,不过不"标目""显志",也不希望合乐罢了。在汉代,乐府大部分原是民歌,和三百篇里的风诗确有相同的地方。但风诗多是抒情诗,乐府却有不少叙事诗。《伐檀》是抒情诗的,《石壕吏》《新丰折臂翁》《上阳白发人》都是叙事的。风诗大部分只是像《诗大序》说的"情动于中而形于言",并不是"谲谏",汉乐府也只如此。固然也有"卒章显其志"的,如《魏风》《葛屦》的"维是褊心,是以为刺",《孔雀东南飞》的"多谢后世人,戒之慎勿忘"之类,可是很少。杜甫的乐府体的叙事诗也只是"情动于中而形于言";同《伐檀》一类的风诗和汉乐府的一些叙事诗一样,都只是从特殊的或个别的事件,暗示或见出一般的情形。这一般的情形渗透在那特殊的个别的事件里,并不是分开的,所谓

"暗示",要显得是无意为之。白乐天的《新乐府》却不如此,他是有意的"借"特殊的个别的事件来暗示——有时简直是表明——一般的情形。这是有意的"借",使他往往忽略事件的本身,结果还是抽象的议论。如本文所举的《七德舞》,"标目"是"美拨乱,陈王业",是歌颂唐太宗功德的,诗中列举了太宗许多事实,但都是简单的轮廓,具体的不够程度,又夹杂了些抽象的说明,弄的那些简单的具体的事实都成了那些抽象的道理的例子。《司天台》《采诗官》两首更是如此。现在只举《采诗官》,"标目"是"鉴前王乱亡之由":

采诗歌,采诗听歌导人言。言者无罪闻者诫,下流上通上下泰。

周灭秦兴至隋氏,十代采诗官不置。郊庙登官赞君美,乐府艳词悦君意。若求兴谕规刺言,万句千章无一字。不是章句无规刺,渐及朝廷绝讽议。诤臣杜口为冗员,谏鼓高悬作虚器。一人负扆常端默,百辟入门两自媚。夕郎所贺皆德音,春官每奏唯祥瑞。君之堂兮千里远,君之门兮九重閟。君耳唯闻堂上言,君眼不见门前事。贪吏害民无所忌,奸臣蔽君无所畏。

君不见厉王、胡亥之末年,群臣有利君无利!君兮君兮愿听此:欲开壅蔽远人情,先向歌诗求讽刺!

这里只有"君之堂兮千里远"四句可以算是"具体的写法",别的都是些概念的事实和抽象的议论。白乐天原偏重在抽象的道理,所谓"迂腐气";他的《新乐府》不违背他的意旨,但是不成诗。《新丰折臂翁》和《卖炭翁》是诗,可是《折臂翁》结尾表明"本意","便没有趣味了"。"本意"是主,故事是宾,打成两橛,两边儿都不讨好;"本意"既不能像用散文时透彻地达出,诗也只是手段,不是目的,降低了身份,让人不重视。白乐天在《新乐府》序里也明说这些诗和一般的诗不同,所以他编辑时别称为"讽喻诗"。但他之所以成为大诗人,却并不在这些"讽喻诗"上。

本文引李义山诗"历览前贤国与家,成由勤俭破由奢",说"这不成诗","因为他用的是几个抽象的名词,不能引起什么明了浓丽的影像"(4)。这是"咏史"诗,全诗是:

历览前贤国与家,成由勤俭破由奢。何须琥珀方为枕?岂得真珠始是车?运去不逢青海马;力穷难拔蜀山蛇。几人曾预《南薰曲》?终古苍梧哭翠华!

　　这里第一联是抽象的道理,以下三联倒都是具体的事例。第二联讥刺服用的"奢",第三联引用汉武帝和秦惠王的故事的片段,说好边功的终必至于耗尽民财,无所成就而止。这自然也是"奢"。第四联引舜的《南薰曲》,那歌曲的末二语是"南风之时分,可以阜吾民之财兮!"舜自己"土阶茅茨",却想着"阜民之财";这才是一位"勤俭"的帝王,值得永远地慕念。舜的"成"是不消说的,中二联所说的"奢"的事例也都暗示着"破"的意思。这大概是讽刺当时的诗,只可惜首联的抽象的道理破坏了"诗的具体性",和《新丰折臂翁》的短处差不多。不同的是这一联只靠"勤""俭""奢"几个极宽泛的概念作骨子,那是上文引过的几首白乐天的诗里都没有的。这种高度的抽象的名词却能将李义山的"本意"明快地达出,不过比白乐天那几首里的概念的事实和抽象的议论是更其散文的,更其抽象的了。

　　<u>本文"具体的"第三义是比喻,用来说道理的。</u>[5] 这道理便是文中所谓"抽象的题目"。"抽象的题目"大都是高度抽象的概念。旧诗和词曲里也写这种"抽象的题目",但只是兴之所至,带说几句,很少认真阐发的。这种是"理语",却不算"抽象的议论",因为有"理趣"的缘故。就上文所举的《古诗十九首》的例子看:第一例"陵上柏""涧中石"都是具体的材料用来和"人生"比较的,"远行客"是比喻;这当然不会是"抽象的议论"。第二例"所遇无故物,焉得不速老!"是从"四顾何茫茫,东风摇百草"而来的感慨;第三例"去者日以疏,生者日以亲"是从"出郭门直亲,但见丘与坟……"而来的感慨;这些是抽象的道理,可是用迫切的口气说出,极"经济的"说出,便带了情感的晕光,不纯然是冷冰冰的道理了。因此,这两例里抽象的和具体的便打成一片了。第四例"人生不满百,常怀千岁忧",也是迫切的口气,"经济的"手段,也是带了情韵的道理。这些也都和"抽象的议论"不一样,又如,陶渊明《庚戌岁九月中于西田获早稻》诗开端道,"人生归有道,衣食固其端。孰是都不营,而以求自安!"说得太迫切了,又极"经济的",便不觉得是散文的议论了。<u>胡先生在《白话文学史》里说渊明的诗里虽也有哲学,但那是他自己从生活里体验得来的哲学,所以觉得亲切。这话是不错的。谢灵运《从斤竹涧越岭溪行》诗结尾道,"情用赏为美,事昧竟谁辨! 观此遗物虑,一悟得所遣。"</u>"情用赏为美"也是灵运游山玩水体

[5] 这里谈的是"比喻的具体"。其实,朱先生的指导也像一篇说明文,娓娓道来,条理十分清晰。

验得来的道理,这是"片言居要",不是"抽象的议论"。但下面三语却是的。——全诗写一个"抽象的题目"的极罕见,我们愿意举一个特别的然而熟悉的例。这是朱熹的《观书有感》,诗道:[6]

> 半亩方塘一鉴开,天光云影共徘徊。问渠"那得清如许?""为有源头活水来"。

这儿"抽象的题目"似乎是"读书可以明理定心"。朱熹《答江端伯书》说:"为学不可以不读书。而读书之法,又当熟读沉思,反覆[1]涵泳。铢积寸累,久自见功;不惟理明,心亦自定。"这一节话可以用来说明本诗的意旨——就是那"抽象的题目"。本诗是用比喻说道理——还是那"抽象的题目"——那"水塘"的比喻是一套儿,却分为三层,每层又各有"喻体"和"喻依"。镜子般清亮的"半亩方塘"是喻依,喻体是方寸的心,这是一。"天光露影"是喻依,喻体是种种善恶的事物,这是二。"源头活水"是喻依,喻体是"铢积寸累"的知识,这是三。喻依和喻体配合起来见出意旨。第一层的意旨是定下的心,第二层是心能分别是非,第三层是为学当读书。这儿每层的喻体和喻依都达到水乳交融的地步,而三层衔接起来,也像天衣无缝似的。这是因为这一套喻依里渗透了过去文学中对于自然界的情感,和作者对于自然界的情感;他其实并不是"用"比喻说道理而是从比喻见出或暗示道理——这道理是融化在情感里的。所以本诗即使单从字面的意义看,也不失为一首情景交融,有"具体性"的诗。

本文引傅斯年先生《前倨后恭》的诗,说是"抽象的题目用抽象的写法",结果是"抽象的议论"(15)。又引沈尹默先生《赤裸裸》的诗,说"他本想用具体的比喻","结果还是一篇抽象的议论"(16)。《前倨后恭》里也并非没有具体的材料,如文中所引的一段里便有"你也不削一块肉","你也不长一块肉"的句子。再说全诗似乎用的是"对称"的口气,意思也是要使这首诗成为具体的一番话。但那些"话料"没有经过适当的选择,多是概念的,便不能引起读者对于诗中境地的明了的影像。这其实是具体的不够程度。《赤裸裸》里用的"衣服"的比喻也是一套儿,却有三方面:"赤裸裸""没污浊"的"清白的身"是喻依,自然而率真的人性是喻体,这是一。"重重地裹着"的"衣服"是喻依,礼

---

[1] 应为"反复",此处遵原著引文,保留,特此说明,后同。——编者

批注

6 在对阅读指导过程中,朱先生援引自如,从作者本身的论述,到与之相关的经典论述及典型例子,信手拈来,体现了非常厚实的功力。一个优秀的语文教师应该具有扎实的专业功底和理论素养啊!

教是喻体,这是二。""污浊的身"是喻依,罪恶是喻体,这是三。全诗的意旨在"攻击那些作伪的礼教"。这里"清白的"和"污浊的"都是抽象的词;三个喻依中间,有两个只是概念,不成其为喻依。这还是具体的不够程度。还有那三个问句,"这是为什么?""难道……不好见人吗?""就算免了耻辱吗?"也是表明的,不是暗示的,这里缺少了那情感的晕光,便成了散文,不是诗了。关于"具体的"和"抽象的"的程度,本文虽然提出,可没有确切说明。我们在上文里已经补充了一些,这里还想找补一点儿。本文第五六节所引的例子,胡先生似乎以为它们有同等的"具体性",细看却有些分别。"红绽雨肥梅","四更山吐月,残夜水明楼","五月榴花照眼明",这几句里"肥"字"吐"字,第二个"明"字,似乎都是新创的比喻。这些比喻增加影像的活泼和明了的程度,也就是增加了诗的"明白清楚"和"逼人性",所以比别的例子更具体些。

　　本文举了两首"抽象的题目用具体的写法"的成功的新诗。这两首诗都反映着我们的启蒙时代。一首是沈尹默先生的《生机》(16)。这诗里"冷的天气","草木","生机",都是喻依,喻体依次是恶劣的环境,人事,希望;全诗的意旨是"乐观"。另一首是胡先生自己的《老鸦》,这儿只引用了第一节(17)。"老鸦"是喻依,喻体是社会改革者;"哑哑地啼","不吉利","呢呢喃喃"(的燕子),是喻依,喻体依次是苦口良言,不合时宜,同流合污的人。全诗的意旨是独行其是,不屈己从人。这首诗全是老鸦自述的话,这是增加"具体性"的一个法子。但这两首诗的喻依并没有多少文学的背景,而作者们渗进去的情感也不大够似的;单从字面上的意义看,沈先生对于"草木"的态度,胡先生对于"老鸦"的态度,好像都嫌冷淡一些。他们两位还是"用"比喻说道理,不是从比喻见出或暗示道理;所以不免让读者将那些喻体和喻依分成两截看。还有,《生机》那一首也欠"经济"些。那时新诗刚在创始,这也无怪其然。从那时起,渐渐的,渐渐的,喻体和喻依能够达到水乳交融的地步的作品,就多起来了。

　　本文论到"诗的具体性",说"越偏向具体的,越有诗意诗味"(13)。胡先生在《什么是文学》里说,"达意达得好,表情表得妙"的便是文学。诗自然也不外乎此。所谓"达意达得好,表情表得妙",便是选择并安排种种的材料,使情意的效力增加到最大的限度。这种种材料是描写的,确切的,也就是具体的。因为"确切",便不能是寻常地表明而该是特殊地暗示了。这种"描写的确切"

不在使人思而在逼人感。这需要"精密的观察,高深的理想,复杂的感情",以及"写实的描画"——这需要创造的工夫。那增加到最大限度的情意的效力,便是"诗意诗味"。这种"诗意诗味"却并不一定在诗的形式里。本文提到有一个人在北京《晨报》里投稿,说傅斯年先生《一段疯话》最后的十六个字是诗不是文(14)。那十六个字是:

> 我们带着孩子,跟着疯子走,走向光明去。

胡先生也承认这是诗,因为是"具体的写法"(15)。这该是"具体的"第三义;暗示"社会改革者不合时宜,只率性独行其是"的意旨。由此可见诗和文的分界并不是绝对的。就形式上说,从前诗有韵,文无韵,似乎分得很清楚。但歌诀也有韵;骈文虽不一定有韵,却有律,和近体诗是差不多的。到了新诗,既不一定有韵,更不一定有律,所有的好像只是"行"罢了。但是分行不像韵和律那样有明白的规则可据,只是靠着所谓"自然的音节"。我们所能说的只是新诗的词句比白话散文"经济"些,音节也整齐些紧凑些罢了。这界限其实是不很斩截的。就内容上说,文是判断的,分析的,诗不然。但文也有不判断不分析而依于情韵的,特别是骈文;古文和白话文里也都有。傅先生的那一句便是白话文的例子。这儿我们所能说的只是,特别私人的,特别强度的,情感,写成诗合宜些。但这界限也是不很斩截的。胡先生在《什么是文学》里说到他不赞成纯文学杂文学的分别;配合本文的讨论,他大概也不赞诗文的绝对的分别。本来,这个分别不是绝对的。还有,本篇将旧诗和词曲都叫作"诗",这也不是传统的观念。从前词是"诗余",曲是"词余"——不过曲虽叫作"词余",事实上却占着和词同等的地位。诗和词曲不但形式不同,而且尊卑有别;诗是有大作用的,词曲只是"小道",只是玩意儿。这种尊卑的分别似乎不是本质的而是外在的。本篇将它打破也有道理。本篇所谓"诗",具体地说,包括从"三百篇"到"新诗",范围是很大的。抽象地说,诗的根本标准是"具体性"。所谓"诗意诗味",这是抽象的"是诗"或"不成诗"的分界,却不是具体的诗和文的分界。——其实"具体性"也不限于诗。演说、作论文,能多用适当的例子和适当的比喻,也可以增加效力。即如本文,头绪不多,也不复杂,只因选择了适当的例子,适当地安排进去,便能明白起信。不过这种"具体性"赶不上"诗的具体性"那么确切和紧张,也不带情韵罢了。

一、下面是关于诗歌教学的经典论述,研读后谈谈你的看法。

1. 小学中学所读之诗歌,可相学生之年齿,选取通行之《古诗源》《古谣谚》两书,并郭茂倩《乐府诗集》中之雅正铿锵者(其轻佻不庄者勿读),及李白、孟郊、白居易、张籍、杨维桢、李东阳、尤侗诸人之乐府,暨其他名家集中之乐府有益风化者读之。又如唐宋人之七言绝句词义兼美者,皆协律可歌,亦可授读,皆有合于古人诗言志律和声之旨,即可通于外国学堂唱歌作乐、和性忘劳之用。[《奏定高等小学堂章程》(1904)]

2. 祝世德:诗是文学里的皇后。文学里面包括了小说、戏剧、游记及传记散文等,它们虽能使我们百读不厌,但如果是语体,却又不易使我们读熟到背诵起来,唯有诗,它真是能使人沉浸其中。[祝世德.初中国文教学经验谈[J].中华教育界,1934,21(1,2).]

二、下面是当代一些学者关于现代诗歌教学的论述,研读后谈谈你的看法。

1. 沈彦:搞好新诗教学的中心问题,是如何把握诗歌这种主情文学的本质,从而生动再现抒情主人公的情志。教一首新诗,不管是即景抒情、托物咏志的抒情诗,还是披露内心直抒胸臆的抒情诗,或者是通过歌唱人物、事件来表达情志的叙事诗,总得要发掘出抒情主人公的情根,把握抒情主人公流动在诗中的感情暖流的脉动线索,并通过自己"以身传情""以心传情""以声传情",使学生受到感染和震动。[沈彦.新诗教学浅议[J].南京师范大学学报:社会科学版,1983(2).]

2. 新宪:注意新诗高层次理解因素的抽象思维训练,能够帮助形成学生学习思维的完整性。学生完整的学习思维过程,包括对问题的发现、提出、分析、解决四个基本环节。新诗教学如果注意力落在低层次理解因素上,学生的思维活动只能徘徊在分析问题和解决问题阶段,因为所遇问题相对简单,不能产生主动思考的意图,发现不了新问题,也提不出新问题。但如果学生头脑中存有新诗理解度的结构模式,他们就会在教师的引导下,积极思考高层次理解因素。不管他们努力的结果如何,总会因为"达标"的难度和理论要求而被激发出积极思维,发现问题和提出问题。这样,诗美的理解与学生思维发展合拍,就能保证学生思维的完整性,并发展学生的创造性思维力了,这正是语文教学改革最感兴趣的事。[新宪.谈新诗教学中的"理解因素"[J].西南民族学院学报:哲学社会科学版,1988(1).]

与学者对话

3. 潘涌：优秀的新诗作品往往是极富个性魅力的，如果袭用刻板、机械的程式化教学，诸如时代背景—段落大意—中心思想—写作特点这种貌似规范有序、实质庸常雷同的放诸各种文体皆可通用的教学公式，势必斫伤诗歌浑然一统的意境、淹没其固有的特色。我们倡导点拨，其实质就是瞄准特定诗歌的精妙之处，以此为教学切入口而引导学生深入感悟，使其天然悟性与诗的灵性和谐贯通。因此，要着眼于诗的艺术构思、落实于诗的艺术言语。前者意味着要教会学生善于寻觅诗歌中将哲思、才情和形象三者连缀成一体的针线，诸如即景抒情、托物言志、画面叠加、时空剪贴等艺术构思方法，循此而导入诗之意境，顿生如临其境的真切感受；后者也是诗歌教学的重点，那些活化意境、高度概括的关键性的字词句正是解析诗歌内蕴的密码，值得反复吟咏和品味。[潘涌．论语文素质教育背景下的新诗教学[J]．浙江师范大学学报：社会科学版，2002(2)．]

4. 范欣欣：要进行开放式的解读与赏析，体会诗的意境。诗歌品赏过程是需要思维的，而思维是允许开放性、有个性的。但需注意，解诗中所说的"诗无达诂"，并不是说丧失标准任意而为，而是对于一些具有丰富复杂内涵的诗歌作"可能的"多重解释，从不同角度进行分析，力求找到最符合原意的解读，而不是远离或僵化地就诗论诗。笔者以为，这种开放式的可能性解读首先应该是一种深度而准确的讲解，不能只是泛泛而谈，更不能是离题的解读，而应是一种"细读"。这就需要考虑到时代背景、历史现实和文化内涵等因素，以及字句中复杂幽微的意蕴。当然，丰富的轶闻史事也可以从旁充实。[范欣欣．关于现代诗歌教学的几点思考[J]．教学与管理，2007(1)．]

我思故我言

我思故我言

封建论

柳宗元

(1) 天地果无初乎？吾不得而知之也。生人（民）果有初乎？吾不得而知之也。然则孰为近？曰，有初为近。孰明之？由封建而明之也。彼封建者，更古圣王尧舜禹汤文武而莫能去之。盖非不欲去之也，势不可也。势之来，其生人（民）之初乎？不初无以有封建；封建非圣人意也。

(2) 彼其初与万物俱生，草木榛榛，鹿豕狉狉。人不能搏噬，而且无毛羽，莫克自奉自卫——荀卿有言，必将"假物"以为用者也。夫"假物"者必争。争而不已，必就其能断曲直者而听命焉。其智而明者，所伏必众。告之以直而不改，必痛之而后畏。由是君长刑政生焉，故近者聚而为群。群之分，其争必大。大而后有兵有德。又有大者，众群之长又就而听命焉，以安其属。于是有诸侯之列。则其争又有大者焉，德又大者，诸侯之列又就而听命焉，以安其封。于是有方伯连帅之类。则其争又有大者焉。德又大者，方伯连帅之类又就而听命焉，以安其人（民）。然后天下会于一。是故有里胥而后有县大夫，有县大夫而后有诸侯，有诸侯而后有方伯连帅，有方伯连帅而后有天子。自天子至于里胥，其德在人（民）者，死必求其嗣而奉之。故封建非圣人意也，势也。

(3) 夫尧舜禹汤之事远矣，及有周而甚详。周有天下，裂土田而瓜分之，设五等，邦群后；布履星罗，四周于天下，轮运而辐集，合为朝觐、会同，离为守臣、扞城。然而降于夷王，害礼伤尊，下堂而迎觐者。历于宣王，挟中兴复古之德。雄南征北伐之威卒不能定鲁侯之嗣。陵夷迄于幽厉，王室东徙，而自列为诸侯矣。厥后问鼎之轻重者有之，射王中肩者有之，伐凡伯、诛苌弘者有之。天下乖戾，无君君之心。余以为周之丧久矣，徒建空名于公侯之上耳。得非诸侯之盛强，末大不掉之咎欤？遂判为十二，合为七国，威分于陪臣之邦，国殄于后封之秦。则周之败端，其在乎此矣。

（4）秦有天下，裂都会而为之郡邑，废侯卫而为之守宰。据天下之雄图，都六合之上游，摄制四海，运于掌握之内。此其所以为得也。不数载而天下大坏，其有由矣：亟役万人（民），暴其威刑，竭其货贿，负锄梃谪戍之徒，圜视而合从，大呼而成群，时则有叛人（民）而无叛吏。人（民）怨于下而吏畏于上；天下相合，杀守劫令而并起。咎在人（民）怨，非郡邑之制失也。

（5）汉有天下，矫秦之枉，徇周之制，剖海内而立宗子，封功臣。数年之间，奔命扶伤而不暇；困平城，病流矢。陵迟不救者三代。后乃谋臣献画，而离削自守矣。然而封建之始，郡邑居半。时则有叛国无叛郡。秦制之得，亦以明矣。继汉而帝者，虽百代（世）可知也。

（6）唐兴，制州邑。立守宰。此时所以为宜也。然犹桀猾时起，虐害方域者，失不在于州而在于兵。时则有叛将而无叛州，州县之设，固不可革也。

（7）或者曰，封建者，必私其土，子其人（民），适其俗，修其理（治），施化易也。守宰者，苟其心，思迁其秩而已，何能理（治）乎？余又非之。

（8）周之事迹断可见矣。列侯骄盈，黩货事戎。大凡乱国多，理（治）国寡。侯伯不得变其政，天子不得变其君。私土子人（民）者百不有一。失在于制，不在于政。周事然也。

（9）秦之事迹亦断可见矣。有理（治）人（民）之制而不委郡邑是矣，有理（治）人（民）之臣而不使守宰是矣。郡邑不得正其制，守宰不得行其理（治）；酷刑苦役，而万人（民）侧目。失在于政，不在于制。秦事然也。

（10）汉兴，天子之政行于郡不行于国，制有守宰，不制其侯王。侯王虽乱，不可变也；国人虽病，不可除也。及夫大逆不道，然后掩捕而迁之，勒兵而夷之耳。大逆未彰，奸利浚财，怙势作威，大刻于民者，无如之何。及夫郡邑，可谓理（治）且安矣。何以言之？且汉知孟舒于田叔，得魏尚于冯唐，闻黄霸之明审，睹汲黯之简靖,拜之,可也,复其位,可也,卧而委之以辑一方,可也。有罪得以黜,有能得以赏——朝拜而不道,夕斥之矣;夕受而不法,朝斥之矣。设使汉室尽城邑而侯王之,纵令其乱人(民),戚之而已;孟舒魏尚之术莫得而施,黄霸汲黯之化莫得而行。明谯而导之,拜受而退已违矣。下令而削之,缔交合从之谋周于同列,则相顾裂眦,勃然而起。——幸而不起,则削其半;削其半,民犹瘁矣。曷若举而移之,以全其人(民)乎?汉事然也。

(11) 今国家尽制郡邑、连置守宰,其不可变也固矣。善制兵,谨择守,则理(治)平矣。

(12) 或者又曰,夏商周封建而延,秦郡邑而促,——尤非所谓知理(治)者也。魏之承汉也,封爵犹建;吾之承魏也,因循不革。而二姓陵替,不闻延祚。今矫而变之,垂二百祀,大业弥固——何系于诸侯哉?

(13) 或者又以为,殷周,圣王也,而不革其制,固不当复议也。是大不然。夫殷周之不革者,是不得已也。盖以诸侯归殷者三千焉,资以黜夏,汤不得而废;归周者八百焉,资以胜殷,武王不得而易。狥之以为安,仍之以为俗,汤武之所不得已也。夫不得已,非公之大者也;私其力于己也,私其卫于子孙也。秦之所以革之者,其为制,公之大者也,其情私也;私其一已之威也,私其尽臣畜于我也。然而公天下之端自秦始。

(14) 夫天下之道理(治)安,斯得人者也。使贤者居上,不肖者居下,而后可以理(治)安。今夫封建者,继世而理(治)。继世而理(治)者,上果贤乎?下果不肖乎?则生人(民)之理(治)乱未可知也。将欲利其社稷,以一其人(民)之视听,则又有世大夫世食禄邑,以尽其封略。圣贤生于其时,亦无以立于天下。封建者为之也。岂圣人之制使至于是乎?吾固曰,非圣人之意也,势也。

指导大概

本篇是议论文,而且是议论文中的辩论文。辩论的题目是封建制和郡县制的得失。[1] 辩论的对象是魏代的曹冏,他作《六代论》,晋代的陆机,他作《五等论》,都是拥护封建的人;还有唐代的杜佑等。曹、陆的论,《文选》里有;杜

1 从文体入手。

佑等的意见，载在《唐书·宗室传赞》里——那"赞"里也节录了本篇的文字。本篇着重实际的政制，所以历引周秦汉唐的事迹作证。但实际的政制总得有理论的根据；曹、陆都曾举出他们理论的根据。柳宗元是反封建的，他也有他的政治哲学作根据，这便是"势"。他再三地说，"封建非圣人意也，势也"(1)(2)(14)。这是本篇的主旨。² 柳宗元生在安史乱[1]后，又亲见朱泚、朱滔、李希烈、王武俊、吴少诚、吴元济、王承宗诸人作乱。这些都是"藩镇"，都是军阀的割据。篇中所谓"叛将"，便指的这些人。他们委任官吏，截留税款，全不把朝廷放在眼里。这很像春秋时代强大的诸侯。柳宗元反对封建，是在这一种背景里。他是因为对于当时政治的关心才引起了对于封建制的历史的兴趣；所以引证的事实一直到唐代，而且对于当时的局面还建议了一个简要的原则(11)，供执政者参考。——柳宗元是唐朝的臣子，照例得避本朝帝王的讳。太宗讳"世民"，文中"世"作"代"，"民"作"人"——文中有两个"民"字(10)，大概是传刻的人改的。高宗讳"治"，文中作"理"。当时人都得如此，不独柳宗元一个。今在想着该是避讳的字下，都用括弧注出应作的本字，也许看起来明白些。

曹、陆都以为封建是"圣人意"。《六代论》说，"夫与人共其乐者，人必忧其忧，与人同其安者，人必拯其危。先王知独治之不能久也，故与人共治之，知独守之不能固也，故与人共守之"。《五等论》也说，"夫先王知帝业至重，天下至旷；旷不可以偏制，重不可以独任；任重必于借力，制旷终乎因人。于是乎立其封疆之典，财（同"裁"）其亲疏之宜，使万国相维以成盘石之固，宗庶杂居而定'维城'之业"。共忧乐，同安危，便是封建制的理论的根据。曹、陆都说这是"先王知"，可见是"圣人意"。这是封建论者共同的主要的论据。柳宗元反对封建，得先打破这个论据。这是本篇主要的工作(1)—(6)。"封建非圣人意也，势也"，便是针对着曹、陆的理论而发的。柳宗元还说："彼封建者，更古圣王尧舜禹汤文武而莫能去之。盖非不欲去之也，势不可也。"(1)那么，不但"封建非圣人意"，圣人并且要废除封建，只是"势不可"罢了。说道"势"，便得从封建起源或社会起源着眼，这便是所谓"生人（民）之初"(1)。柳宗元似乎不相信古传的"天作君师"说(《孟子》引《逸尚书》)；他以为"君长刑政"起于"争"。

2　揭示本文主旨。

---

[1]　即"安史之乱"。——编者

人与人因物资而争,其中"智而明者"给他们"断曲直",施刑罚,让他们息争。这就是"君长"。有"君长刑政"然后有秩序,然后有"群"。群与群又因物资相争,息争的是兵强德大的人;于是乎有诸侯。诸侯相争,息争的是德大的人;于是乎有方伯连帅。方伯连帅相争,息争的是德更大的人;于是乎有天子。"然后天下会于一"(2)。群的发展是自小而大,自下而上。这是柳宗元的封建起源论社会起源论,也就是他的政治哲学。所谓"势",就指这种自然的发展而言。他的理论大概是从《荀子》来的。《荀子·礼论篇》说:"人生而有欲。欲而不得,则不能无求。求而无度量分界,则不能不争,争则乱,乱则穷。先王恶其乱也,故制礼义以分之。"《君道篇》又说:"君者,何也? 曰,能群也。"这便是"君长刑政"起于"争"的道理,不过说得不成系统罢了。"假物"也是借用《荀子·劝学篇》"君子……善假于物"的话,篇中已提明荀卿。至于那种层次的发展,是恰和《墨子·尚同篇》所说翻了个个儿。《尚同篇》以为"正长""刑政"起于"乱";而封建的社会的发展是自天子至于"乡里之长",是自大而小,自上而下。柳宗元建立了他的封建起源论社会起源论,接着就说"自天子至于里胥。其德在人(民)者,死'必'求其嗣而奉之"(2)。这是说明封建的世袭制的来由,但未免太简单化了些。

可是社会的自然发展是"势"。圣人的"不得已"也是"势"。篇中论汤武不革除封建制的缘故道:"盖以诸侯归殷者三千焉,资以黜夏,汤不得而废,归周者不得八百焉,资以胜殷,武王不得而易。徇之以为安,仍之以为俗,汤武之所不得已也。"(13)"徇之以为安,仍之以为俗",不免是姑息,不免是妥协。所以接着便说,"夫汤武之不得已,非公之大者也;私其力于己也,私其卫于子孙也"(13)。这种"不得已"出于私心,虽然也是"势",却跟那圣人也无可奈何的"生人(民)之初"的"势"不一样。但是无论怎么样,封建"非圣人之意"是一定的。在封建的世袭制下,"世大夫世食禄邑,以尽其封略;圣贤生于其时,亦无以立于天下"(14)。圣人哪会定下这种不公的制度呢? 本篇除辩明"封建非圣人意也,势也"这个主旨以外,还设了三个难。末一难是"殷周,圣王也,而不革其制,固不当复议也"。柳宗元便举出"汤武之所不得已"来破这一难,已见上。中一难是"夏商周封建而延,秦郡邑而促"(12)。《六代论》开端就说"昔夏殷周之历世数十,而秦二世而亡";杜佑也以为封建制"主祚常永",郡县制"主祚常促"。但这也是封建论者一般的意见,因为周历年八百,秦二世而亡,可以作他们的有力的证据。柳宗元却只举魏晋唐三代作反证。魏晋两代,封建制还存着,"而二姓陵替,不闻延祚";唐代改了郡县制,"垂二百祀,大业弥固"(12)。可见朝代的长短和封建是无关的。头一难是:"封建者,必私其土,子其人(民),适其俗,修其理(治),施化易也。守宰者,苟其心,思迁其秩而已,何能理(治)乎?"(7)这也是《五等论》里一层主要的意思,而且是陆机自己的见解——他那"共忧乐,同安危"的论据是袭用曹冏的。这里他说:"五等之君为己思治,郡县之长为利图物。何以征之?盖企及进取,仕子之常志;修己安民,良士之所希及。夫进取之情锐而安民之誉迟。是故侵百姓以利己者,在位所不惮,损实事以养民者,官长所夙夜也。君无卒岁之图,臣挟一时之志。五等则不然,知国为己土,众皆我民,民安己受其利,国伤家婴其病。故前人欲以垂后,后嗣思其堂构;为上无苟且之心,群下知胶固之义。"共忧乐,同安危,是从治者方面看,"施化"的难易是从受治者方面看。这后一层的重要仅次于前者,也是封建论者一种有力的论据。所以本篇列为头一难。别的两难,柳宗元只简单地驳了过去;只对于这一难,却历引周秦汉唐的事迹,证明它的不正确。他对于"共忧乐,同安危"那个论据,除建立了新的替代的"势"的理论外,也曾引周秦汉唐的事迹作证。这一难的重要性由此可见。篇中两回引周秦汉唐的事迹,观点却不同。一回着重在"制",在治者;一回着重在"政",在被治者。但从实际的政治里比较封建制和郡县制的得失,却是一样的。

照全篇所论,封建制有三失。一是"诸侯盛强,末大不掉",天子"徒建空名于诸侯之上"(3)。二是"列侯骄盈,黩货事戎;大凡乱国多,理(治)国寡"(8)。三是"继世而理(治)",君长的贤不肖未可知,"生人(民)之理(治)乱未可知"(14)。因为"末大不掉",便有陆机说的"侵弱之辱","土崩之困";本篇论周代的末路"判为十二,分为七国,威分于陪臣之邦,国殄于后封之秦"(3),正是这种现象。因为"列侯骄盈,黩货事戎",便不免"奸利浚财,怙势作威,大刻于民"的情形(10)。而这两种流弊大半由于"继世而理(治)",便是所谓"世袭"。"生人(民)之初",各级的君长至少是"智而明者",此外"有兵有德";越是高级的君长德越大(2)。虽然在我们看,这只是个理想,但柳宗元自己应该相信这是真的,他也应该盼望本篇的读者相信这是真的。那么,封建制刚开头的时候,该是没有什么弊病的。弊病似乎起于"其德在人(民)者,死必求其嗣而奉之"(2)。这就是"继世而理(治)"。"继世而理(治)"的嗣君不必是"智而明者",更不必"有德"。这种世袭制普遍推行,世君之下,又有"世大夫",使得"圣贤生于其时,亦无以立于天下"(14)。这不是和"生人(民)之初""智而明者""有德"者作君长的局面刚刚相反了吗?自然,事实上世袭制和封建制是分不开的,是二而一的。可是柳宗元直到篇末才将"继世而理(治)"的流弊概括地提了一下,似乎也太忽略了这制度的重要性了?不,他不是忽略,他有他的苦衷。他生在君主世袭的时代,怎能明目张胆地攻击世袭制呢?他只能主张将无数世袭的"君长"归并为一个世袭的天子,他只能盼望这个世袭的天子会选贤与能去作"守宰"。篇中所论郡县制之得有二。一是"摄制四海,运于掌握之内"(4),便是中央集权的意思。二是陆机所谓"官方(宜也)庸(同'用')能";按本篇的说法,便是"孟舒魏尚之术"可得而施,"黄霸汲黯之化"可得而行(10)——一方面也便是圣贤有以立于天下(14)。<u>但本篇重在"破"而不在"立",封建之失,指摘得很详细,郡县之得,只略举纲目罢了。</u>³

　　本篇论历代政制的得失,只举周秦汉唐四代。"尧舜禹汤之事远"(3),所以存而不论。尧舜禹汤时代的史料留传的太少,难以考信,存而不论是很谨慎的态度。"及有周而甚详"(3),从周说起,文献是足徵的。不但文献足徵,周更是封建制的极盛时期和衰落时期。这里差不多可以看见封建制的全副面目。这是封建制的最完备最适当的代表。而周代八百年天下,又是封建论者所艳羡的,并且是他们凭借着起人信心的实证。秦是第一个废封建置郡县的朝代;这是一个革命的朝代。可是二世而亡,留给论史家许多争辩。封建论者很容易地指出,这短短的一代是封建制的反面的铁证。反封建论者像柳宗元这样,却得很费心思来解释秦的速亡并不在郡县制上——郡县固然亡,封建还是会亡的。汉是封建和郡县两制并用;郡县制有了长足的发展,封建制也经过几番修正,渐渐达到名存实亡的地步。年代又相当长。这是郡县制成功的时代,也是最宜于比较两种制度的得失的时代。所以本篇说,"继汉而帝者,虽百代(世)可知也"(5)。汉可以代表魏晋等代;篇中只将魏晋带了一笔,并不详叙,便是为此。汉其实也未尝不可代表唐。但柳宗元是唐人,他固然不肯忽略自己的时代;而更有关系的是安史以来的"藩镇"的局面,那不能算封建却又像封建

3　指出本文论述的重点和详略的安排。

的,别的朝代未尝没有这种情形,却不像唐代的显著和深烈,这是柳宗元所最关心的。他的反封建,不但是学术的兴趣,还有切肤之痛。就这两种制度本身看,唐代并不需要特别提出;但他却两回将本朝跟周秦汉相提并论,可见是怎样地郑重其事了。《唐书·宗室传赞》说杜佑柳宗元论封建,"深探其本,据古验今而反复焉"。杜佑的全文不可见;以本篇而论,这却是一个很确切的评语。"深探其本"指立封建起源论,"据古验今而反复"正指两回将唐代跟周秦汉一并引作论证。

篇中两回引证周秦汉唐的事迹,观点虽然不同,而"制"的得失需由"政"见,所论不免有共同的地方,评为"反复"是不错的。第一回引证以"制"为主,所以有"非郡邑之制失"(4),"徇周之制",秦制之得(5),"州县之设,固不可革"(6)等语。这里周制之失是"末大不掉"(3),秦制之得是"摄制四海,运于掌握之内"(4);汉代兼用两制,"有叛国而无叛郡"(5)得失最是分明。秦虽二世而亡,但"有叛人(民)而无叛吏",可见"非郡县之制失"。唐用秦制,虽然"桀猾时起,虐害方域",但"有叛将而无叛州",可见"失不在于州而在于兵"(6)。兵原也可以息争,却只能用于小群小争。群大了,争大了,便得"有德",而且得有大德。"藩镇"是大群,有大争;而有兵无德,自然便乱起来了。——这番征引是证明"封建非圣人意也,势也"那个主旨。第二回引证以"政"为主,所以有"侯伯不得变其政","失在于制,不在于政"(8),"失在于政,不在于制"(9)"天子之政行于郡不行于国"(10)等语。周虽失"政",但"侯伯不得变其政,天子不得变其君",上下牵制,以至于此。所以真正的失,还"在于制,不在于政"。"秦制是'得'了,而郡邑无权,守宰不得人;二世而亡,"失在于政"。"汉兴,天子之政行于郡不行于国","侯王虽乱,不可变也;国人虽病,不可除也"。"及夫郡邑,可谓理(治)且安矣"(10)。篇中接着举出孟舒、魏尚、黄霸、汲黯、几个贤明的守宰。"政"因于"制",由此可见。至于唐"尽制郡邑,连置守宰"(11),"制"是已然"得"了,只要"善制兵,谨择守",便会"理(治)平"(11),不致失"政"。这就是上文提到的柳宗元向当时执政者建议的简要的原则了。——这番征引是证明郡县的守宰"施化易"而"能理(治)"(7),回答那第一难。郡县制的朝代虽也会二世而亡,虽也会"桀猾时起,虐害方域"(9),但这是没有认真施行郡县制的弊病,郡县制本身并无弊病。封建制本身却就有弊病,"政"虽有一时的得失,"侵弱之辱""土崩之困"终久[1]是必然的。——篇中征引,第一回详于周事,第二回详于汉事。这因为周是封建制的代表,汉是"政"因于"制"的实证的缘故。唐是柳宗元自己的时代,他知道的事迹应该最多,可是说得最少。一来是因为就封建郡县两制而论,唐代本不占重要的地位,用不着详其所不当详。二来也许是因为当代人论当代事,容易触犯忌讳,所以还是概括一些的好。

  政制的作用在求"理(治)平"(11)或"理(治)安"(10)(14),这是"天下之道"。"理(治)安"在乎"得人","使贤者居上不肖者居下,而后可以'理(治)安'"(14)。郡县制胜于封建制的地方便在能择守宰,能进贤退不肖,赏贤罚不肖。"且汉知孟舒于田叔,得魏尚于冯唐,闻黄霸之明审,睹汲黯之简靖,拜之,可也,复其位,可也,卧而委之以辑一方,可也。有罪得以黜,有能得以赏——朝拜而不道,夕斥之矣;夕受而不法,朝斥之矣。"(10)这正是能择人,能择人才能"得人"。但如孟舒魏尚,本都是罢免了的,文帝听了田叔和冯唐的话,才知道他们的贤能,重行起用,官复原职。可见知人善任,赏罚不差,也是不容易的。这不但得有贤明的君主,还得有贤明的辅佐。"谨择守"(11)只是个简要的原则,实施起来,得因时制宜,斟酌重轻,条目是无穷尽的,能"谨"择守宰,便能"得人",天下便能"理(治)安"了。"得人"真可算是一个不变的道理;纵贯古今,横通四海,为政都不能外乎此,不过条目随时随地不同罢了。柳宗元说郡县制是"公之大者"(13),便是为此。封建之初,虽然是"其德在人(民)者",死了才"求其嗣而奉之"(2),但后来却只是"继世而理(治)"。"继世而理(治)者,上果贤乎?下果不肖乎?"(14)。这只是私天下,家天下。"贤圣生于其时,亦无以立于天下,封建者为之也"(14)。汤武虽是"圣王",而不能革除封建制,也不免有私心;他们是"私其力于己也,私其卫于子孙也"。秦始皇改封建为郡县,其实也出于另一种私心;这是"私其一己之威","私其尽臣畜于我"。可是从天下后世看,郡县制使贤不肖各居其所,使圣贤有以立于天下,确是"公之大者"。所以说"公天下之端自秦始"(13)。向来所谓"公天下",原指尧舜传贤,对禹传子的"家天下"而言。那是整个儿的"以天下与人"。但尧舜之事太"远"了,太理想了。本篇着重实际的政制,所以存而不论。就实际的政制看,到了柳宗元的时代,郡县

---

[1] 原著为"终久",疑为"终究"。——编者

制确是"公之大者"。它将新的意义给予"公天下"这一语,而称"公天下之端自秦始",也未尝没有道理。

议论文不管是常理,是创见,总该自圆其说,所谓"持之有故,言之成理"。最忌的是自相矛盾的毛病。议论文的作用原在起信;不能自圆其说,甚至于自相矛盾,又怎么能说服别人呢?[4] 本篇开端道:"天地果无初乎?吾不得而知之也。生人(民)果有初乎?吾不得而知之也,然则孰为近?曰,有初为近。孰明之?由封建而明之也。"上面的两答,好像是平列的;下面的两问两答却偏承着"生人(民)果有初乎?"那一问说下去,将"天地果无初乎?"一问撇开了。按旧来的看法,这一问原是所谓陪笔;这样撇开正是很经济的。可是我们觉得"无初"一问既然在篇首和"有初"一问平列地提出,总该交代一笔,才好撇开去。照现在这样,不免使人遗憾。篇中又说"群之分,其争必大;大而后有兵有德"。接着却只说"德又大者",更不提"有兵"一层,论到世袭制,也只说"其德在人(民)者,死必求其嗣而奉之"(2)。柳宗元不提"有兵"的用意,我们是可以看出的,上文已见。他这儿自然也是所谓省笔;可是逻辑地看,他是并没有自圆其说的。——前一例是逻辑的不谨严,广义地说,不谨严也是没有自圆其说的一目。又,篇中说:"彼封建者,更古圣王尧舜禹汤文武而莫能去之。盖非不欲去之也,势不可也。势之来,其生人(民)之初乎?"(1)后面却又说,"殷(汤)周(武)之不革者,是不得已也"(13)。这"不得已"虽也是"势",却跟那"生人(民)之初"的势大不相同。这就未免自相矛盾了。篇中又说,"魏之承汉也,封爵犹建,晋之承魏也,因循不革;而二姓陵替,不闻延祚"(12)。这是回答那第二难。但魏晋只是郡县封建两制兼用,而郡县更见侧重。用这两代来证明"秦郡邑而促",似乎还比用来反证"夏商周封建而延"合适些。那么,这也是自相矛盾了。韩愈给柳宗元作墓志,说他"议论证据今古,出入经史百子,踔厉风发,率常屈其座人"。五百家注《柳集》说"韩退之文章过子厚而议论不及;子厚作《封建论》,退之所无。"长于议论的人,精于议论的文,还不免如上所述的毛病,足见真正严密的议论文还得有充分的逻辑的训练才成。

本篇全文是辩论,是非难。开端一节提出"封建非圣人意",已是一"非";所以后面提出第一难时说"余'又'非之"(7)。这两大段大体上是"反复"的。反复可以加强那要辩明的主旨,并且可以使文字的组织更显得紧密些。这两

---

[4] 议论文要注意论证的严密性和逻辑力量。这里及下文的分析,应该对我们指导议论文的阅读教学有所启示。

段里还用了递进的结构。论封建的起源时,连说"又有大者""又大者",一层层升上去,直到"天下会于一"。接着从里胥起又一层层升上去,直到天子。论汉代政制时说:"设使汉室尽城邑而侯王之,纵令其乱人(民),戚之而已。……明谯而导之,拜受而退已违矣。下令而削之,缔交合从之谋周于同列,则相顾裂眦,勃然而起——幸而不起,则削其半;削其半,民犹瘁矣。"(10)也是一层层升上去,不过最高一层又分两面罢了。递进跟反复是一样的作用,可以说是"异曲同工"。本篇的组织偏重整齐,反复和递进各是整齐的一目。篇中还用了许多偶句,从开端便是的,总计不下三十处,七十多语。又用了许多排语,如"周有天下"(3),"秦有天下"(4),"汉有天下"(5),"周之事迹断见矣"(8),"秦之事迹断可见矣"(9),"周事然也"(8),"秦事然也"(9),"汉事然也"(10),"有叛人(民)而无叛吏"(4),"有叛国而无叛郡"(5),"有叛将而无叛州"(6),"失不在于州而在于兵"(6),"失在于制,不在于政"(8),"失在于政,不在于制"(9)等等。偶句和排语也都可以增强组织的。柳宗元在朝中时,作文还没有脱掉六朝骈俪的规矩;本篇偏重整齐,多半也是六朝的影响。

　　本篇是辩论文,而且重在"破",重在非难。凡关键的非难的句子,总是毫不犹疑,斩钉截铁。如开端的"封建非圣人意也"(1)(2),结尾的"非圣人意也"(14),论秦亡说"非郡邑之制失也"(4),回答第二难说"尤非所谓知理(治)者也"(12),回答第三难说"是大不然"(13),都是斩截的否定的口气。这些是柳宗元的信念。他要说服别人,让他自己的信念取别人的不同的或者相反的信念而代之,就得用这样刚强的口气。要不然,迟迟疑疑的,自己不能坚信,自己还信不过自己,又怎能使别人信服呢?若是短小精悍的文字,有时不妨竟用这种口气一贯到底。但像本篇这样长文,若处处都用这种口气,便太紧张了,使读者有受威胁之感。再则许多细节,作者本人也未必都能确信不疑,说得太死,让人挑着了眼儿,反倒减弱全文的力量。这儿便得斟酌着掺进些不十分确定的,商榷前或诘难的口气,可不是犹疑的口气。这就给读者留了地步,也给自己留了地步,而且会增加全文的情韵或姿态。在本篇里,如"势之来,其生人(民)之初乎?"(1)"得非诸侯之盛强,末大不掉之咎欤?""则周之败端,其在乎此矣。"(3)"不数载而天下大坏,其有由矣"(4)。"曷若举而移之,以全其人(民)乎?"(10)便都是商榷的口气。如"何系于诸侯哉?"(12)"继世而理(治)者,上果贤乎?下果不肖乎?""岂圣人之制使至于是乎?"(14)便都是诘难的口气。

　　本篇征引周秦汉唐四代的事迹,而能使人不觉得有纠缠不清或琐屑可厌的地方。这是因为有裁剪。一代的事迹往往浩如烟海,征引时当然得有个选择。选择得按着行文的意念。这里需要的是判断,是眼光。所取的事迹得切合那意念,或巧合那意念;前者是正锋,后者是偏锋。这是剪裁的第一步。所取的事迹是生料,还得熔铸一番。或引申一面,或概括全面,或竟加以说明;总得使熟悉那些事迹的读者能领会到精细的去处,而不熟悉的读者也能领会到那意念,那大旨。这后一层是很重要的。因为熟悉史事的读者究竟比不熟悉的读者少得多;一般不熟悉史事而读书明理的读者,作者是不得不顾到的。大概简单些的事迹,直陈就行了;复杂些的就得加以概括或说明。这是剪裁的第二步。[5] 本篇秦代的事比较少些,比较简单些;但只第一回征引可以算是直陈的(4),第二回便以说明为主了(9)。唐代的事虽不少,却也只是概括地叙了几句(6)(11),这缘由上文已见。周汉两代的事都繁多而复杂,最需要第二步的剪裁的便是这些。篇中第一回征引周事甚详,便不得不多用说明的语句。如"然而降于夷王,害礼伤尊,下堂而迎觐者"(3),"下堂而迎觐者"是"害礼伤尊",说明了对于一般读者更方便些。又如"厥后问鼎之轻重者有之,射王中肩者有之,伐凡伯、诛苌弘者有之;天下乖戾,无君君之心"。有了后二语,即使不熟悉上面的三件事,也可以知道它们的性质和征引的用意。又如"遂判为十二,合为七国,威分于陪臣之邦,国殄于后封之秦;则周之败端,其在乎此矣","周之败端"也是说明语。这一节也参用概括的叙述,如说周初的封建,只用"周有天下,……离为守臣、扞城"一长句。又如"历于宣王,挟中兴复古之德,雄南征北伐之威,卒不能定诸侯之嗣",也是的。——末一语在不熟悉史事的读者,可以"概括化"为"卒不能定诸侯之嗣",意思还是明白的。篇中征引汉事,多作概括语。如"数年之间,奔命扶伤而不暇;困平城,病流矢"(5),上面接着"汉有天下",叙的自然是高祖了。这里前二语概括了数年间诸王叛变的事迹,后二语举了两个最厉害的例子,只要知道了这两件事是数年间最厉害的例子,一般的读者也就算懂得了。下面紧接着,"陵迟不救者三代;后乃谋臣献画,而离削自守矣",寥寥二语里也概括了许多事迹。又如"且汉知孟舒于田叔,……卧而委之以辑一方,可也"一长句,连举了六个人名,似乎会使一般的读者感到困难。但说

[5] 这里涉及的议论文的论证方法问题,谈的是例证法的运用,也即如何合理使用论据问题。

"知",说"得",说"明审""简靖",又说"拜之"。"复其位","卧而委之以辑一方",这些说明的语句,再加上上下文,那六个人名也不会妨碍一般的读者了解大意的。

<u>篇中有些词句,也许需要讨论。</u>⁶如"不初无以有封建"(1)。"不初"等于"不是生人(民)之初","初"是名词作动词用;"无以"是熟语。全句翻成白话是,"不是生民之初,没理由会有封建",或"不是初民社会不会有封建"。这句话若用文言的肯定语气,该作"有初而后有封建"但不及双重否定的斩截有斤两。"周有天下,裂土田而瓜分之,设五等,邦群后;布履星罗,四周于天下……"句读是照旧传。有人在"邦"字断句,将"群后"属下句。这样,"周……设五等邦""群后布履星罗,……"好像容易讲解些,也合于文法些。但"五等"是成词,"五等邦"罕见;本篇还有六朝骈俪的规矩,"设五等,邦群后"二语正是相偶的。至于文法,骈体和诗自有它们的规律,跟一般的文法原有不同的去处。所以我们觉得还是旧传的句读理长些。——"履"是"所达到的地界","布履"是"分布的地界"。"据天下之雄图,都六合之上游"(4),写秦的形势。这儿"雄图"的"图"是版图,不是谋略。"六合"原指天地四方,这儿只是宇内或天下的意思。——"六合"用在这里实在不妥帖;只因上一语有了"天下",只得另找一词对偶。这是骈体的毛病。——"负锄梃谪戍之徒"(4)一语,从贾谊《过秦论》的"锄櫌棘矜""谪戍之众"变出,但不是骈体的句子而是"古文"的句子。这种句法,以前似乎没有,大概是当时的语言的影响。——韩愈提倡"古文",主要的其实也只是教人照自然的语气造句行文罢了。这一语里"负锄梃"是形容"谪戍之徒"的,翻成白话的调子该是"负锄梃的谪戍之徒";按文法说,"负锄梃"下似乎该有个"之"字。但一语两个"之"字,便嫌啰唆,句子显得不"健"似的,"古文"里这样两"之"的句法极罕见。这些地方不宜拘守那并未十分确定的文法,只消达意表情明白而有力就成。况且"负锄梃"这样句法后来也成了用例了。"继汉而帝者,虽百代(世)可知也"(5),袭用《论语》"其或继周者,虽百世可知也";不过孔子的话只是理想,柳宗元却至少有唐代作证。"有理(治)人(民)之制而不委郡邑是矣,有理(治)人(民)之臣而不使守宰是矣"(9),是说明"秦之事迹"的。第一语"理(治)人(民)之制"就指的郡县制,可是郡邑无权。第二语"理(治)人(民)之臣"泛指贤能之士;贤能不在位,守宰不得人。"幸而

6　在前面指导本文论证观点、论证方法的基础上,关注本文的论证语言和文言文词句的特殊用法。

不起,则削其半;削其半,民犹瘁矣"(10),"削其半"是被朝廷"削其半","民犹瘁矣"是说那被削的一半的人民在被削以前,和那未被削的一半的人民,总之是吃苦的。"将欲利其社稷,以一其人(民)之视听,则又有世大夫世食禄邑,以尽封略"(14),前二语只是"为施政的便利,求制度的一贯"的意思。——以上是句。"所伏必众"(2),伏,服也。"圜视而合从"(4),"圜视"出在贾谊的《治安策》里,就是"睁圆了眼看着",表示惊愕的神气;"合纵"借用六国合纵的事迹,表示"叛秦"的意思。"戚之而已"(10),戚,忧也,又愤恨也。这些是"实词"。"告之以直而不改,必痛之而后畏"(2),两"之"字泛指上句里"所伏"的人——指其中的有些人。"秦制之得,亦以明矣"(5),"以"和"已"通用。"私有力于己也,私其卫于子孙也","私其一已之威也,私其尽臣畜于我也"(13),四"其"字都相当于白话的"那"字。这些是"半实词"。"彼其初与万物俱生"(2),"其"等于"之":这里用较古的"其",是郑重的语气。"秦有天下,裂都会而为之郡邑,废侯卫而为之守宰"(4),两"之"字也只是增强语气的词。"及夫大逆不道","及夫郡邑,可谓理(治)且安矣"(10),两"及夫"都是"至于"的意思,但第一个指时间说,第二个指论点说。"且汉知孟舒于田叔……"(10),"且"只是发端词,和"夫"字一样。这儿用"且",也许是有意避开上面两个"及夫"里的"夫"字——那两个"夫"字可是增强"及"字的语气的。这些是"虚词"。

篇中除袭用《论语》一句外,还袭用贾谊《过秦论》和《六代》《五等》两论的词句不少。如"秦有天下"一节(4),便多出于《过秦论》。其中"负锄梃"二语上文已论。"据天下之雄图,都六合之上游,摄制四海,运于掌握之内",也是隐括《过秦论》的词句。《过秦论》说"秦孝公据殽函之固,拥雍州之地,……有席卷天下,包举宇内,囊括四海,并吞八荒之心",又说"及至始皇,奋六世之余烈,振长策而御宇内,吞二周而亡诸侯,履至尊而制六合,执敲朴以鞭笞天下",都是这四语所本——这儿"六合"这个词是很妥帖的。《六代论》汉景帝时七国之乱,有"所谓'末大必折,尾大难掉'"一语。这是引用《左传》,本篇用"末大不掉"(3),大约还是《六代论》的影响。这儿将原来两语合为一语,自然是求变化。但"末大必折"本说树木枝干太大,根承不住,是会断的。现在这样和另一语拼合起来,各存一半,便不但失去原来两语的意义,而且简直是语不成义了。篇中"矫秦之枉,徇周之制"(5),出于《五等论》的"汉矫秦枉""秦因循周制";而"不数载而天下大坏,其有由矣"(4)的句调也出于同论的"周之不兢,有自来矣"——这两句都是总冒下文的。《六代论》作者曹冏是魏少帝的族祖。那时少帝年幼。曹冏历举夏殷周秦汉魏六代的事迹,主张封建宗室子弟,"强干弱枝,备万一之虑",作成此论,想感悟当时的执政者曹爽。曹爽没有采纳他的意见。此论纯为当时而作。《五等论》论"八代之制""秦汉之典"——"八代"指五帝三王而言。陆机是说古来圣王立"五等"治天下,"汉矫秦枉,大启侯王,境土逾溢,不遵旧典",于是乎有"过正之灾",却"非建侯之累"。他也是封建制的辩护人,可是似乎纯然出于历史的兴趣,不关时政。本篇只引周秦汉唐的事迹,韩愈所谓"证据今古",跟曹的重今,陆的述古,都是同而不同;柳宗元的态度是在曹、陆之间。

封建制郡县制的得失,主要的是中国实际政制问题,不独汉唐为然。明末的顾炎武还作了九篇《郡县论》。**7** 他说:"知封建之所以变而为郡县,则知郡县之弊而将复变。然则将复变而为封建乎?曰,不能。有圣人起,寓封建之意于郡县之中,而天下治矣。"又说:"封建之失,其专在下;郡县之失,其专在上。……有司之官凛凛焉救过之不给,以得代为幸,而无肯为其民兴一日之利者。民乌得而不穷?国乌得而不弱?"他主张"尊令长之秩,而予之以生财治人之权,罢监司之任,设世官之奖,行辟属之法——所谓寓封建之意于郡县之中"(论一)。我们看了他这番话,也许会觉得不伦不类,但他也是冲着时代说的。那时流寇猖獗,到哪里打劫哪里,如入无人之境一般;守土的"令长"大都闻风逃亡,绝少尽职抵抗的人。顾炎武眼见这种情形,才有提高令长职权,创设世官制度那番议论。就是我们民国时代,在国民革命以前,也还有过联省自治和中央集权的讨论,参加的很不少,那其实也在封建制和郡县制的得失的圈子里。

7 总结全文,并推介相关可进一步拓展阅读的内容。

与学者对话

一、下面是几位语文名家关于文言文教学的经典论述,研读后谈谈你的看法。

1. 胡适:古文教授法包括:(甲)教育分配分量,学生自己去预习。(乙)课堂上没有逐字逐句讲解的必要,只有质疑问难、大家讨论两件事可做。(丙)教员除解答疑难、应道讨论外,可以随时加入参考的材料。[胡适.中学国文的教学[J].教育丛刊,1920(2).]

2. 夏丏尊:自小学以至大学的学生文言文尽可以不写,而对于中等以上的学生,却希望其能读解普通的文言文,如果中学毕业生没有阅读中国普通书的能力,那就不能享受先人精神的遗产,不特是本人的不幸,恐也不是国家社会之幸,不特在中国文化上可悲观,在世界文化上看来也是可悲观的。[夏丏尊.初中国语课兼教文言文的商榷[J].春晖半月刊,1923(19).]

3. 朱自清,吕叔湘,叶圣陶:第一,我们认为,作为一般人的表情达意的工具,文言已经逐渐让位给语体,而且这个转变不久即将完成。因此,现代的青年若是还有学习文言的需要,那就只是因为有时候要阅读文言的书籍:或是为了理解过去的历史,或是为了欣赏过去的文学。写作文言的能力绝不会再是一般人所必须具备的了。第二,我们认为,在名副其实的文言跟现代口语之间已有很大的距离。我们学习文言的时候应该多少采取一点学习外国语的态度和方法,一切从根本上做起,处处注意它跟现代口语的同异。[朱自清,吕叔湘,叶圣陶.开明文言读本:编辑例言[M].上海:开明书店,1948.]

二、下面是当代一些学者关于文言文教学的论述,研读后谈谈你的看法。

1. 吕叔湘:关于文言文教学问题,首先应该明确目的是什么,才可以定指标和办法。目的不外三个:一是意识培养阅读文言的能力,使学生能自由阅读历代文献,做学习和研究的工具;二是接受文学遗产;三是了解现代文中的文言成分。我觉得现在的目的不明确。如果只是为了了解现代文中的文言成分,没有必要读许多文章,只要调查统计一番,出些成语词典一类的书就可以。如果要培养阅读文言的能力,那就不是轻而易举的事情。[吕叔湘.谈语言的学习和教学[J].文字改革,1962(12).]

2. 周正逵:中学文言文教学费时不少,成效甚微,原因何在呢?我们调查了文言文教学的历史和现状,感到中学文言文教学存在着许多问题:(1)要求无"度"。文言文教学只有一个笼统的要求,没有明确而具体的目标。(2)心中无"数"。文言文教材的数量忽多忽少,到底应该学多大量的文言文才能有效地养成初步阅读文言文的能力,编者和教者是不甚了了。(3)教学无"序"。中学语文教材一直是文白混编,把文言文教学与白话文教学混同起来,没有比较科学的文言阅读训练程序。(4)训练无"方"。文言文教学的方法也是五花八门:有的重在写作技巧,有的重在文学分析,有的重在语法知识,等等。这些做法,都在不同程度上离开了中学文言文教学的目标,不利于提高文言文教学的质量和效率。如何切实有效地培养和提高学生文言阅读的能力,拿不出一套比较成熟的办法来。广种薄收的现象是相当普遍。[周正逵.文言文教学改革实验一年述评[J].天津教育,1987(3).]

3. 周庆元,胡虹丽:我们一方面要抓住文言文教学"读"这个根本,还要与时俱进,针对不同阶段文言文教学的不同要求,采用恰当、有效的"读"的方法。在小学文言"启蒙"阶段,主要采用"唱读"。这里的"唱",并不是非要把文言诗文编成歌曲让学生唱出来,而是先用韵歌、古诗词、三字经、对联和成语歌等轻快简明、朗朗上口的古代优秀语言材料激发孩子的兴趣,让他们熟读成诵,达到"言若出于吾之口,意义若出于吾之心"的境界;而后用故事、寓言等质朴自然的文言短文或言语片段让学生熟读,知其大意,初步培养文言语感,为升入初中继续学习文言打好基础。初中"入门"阶段,主要是"美读"。以经典文言语料为凭借,大量诵读,积累典范正宗的文言章句,积淀文言语感。动情的朗读能够渲染浓厚的气氛,能帮助学生真切地体验字里行间作者心声的流淌。创设"古典"情境,才能读出文言味道;尽量把握一个意群,才能得"意"忘"言"。这样,通过大量的阅读,通过常见字词的反复再现,自然而然地积累语言知识,对文言文的语言感知能力逐步增强,文言句式和表达习惯也会在不经意间了然于心。这是在用一种文言思维进行文言文阅读,同时也符合中学生模糊性的思维特点。高中"提高"阶段,主要是"研读"。在经过小学初中阶段,诵读和积累了较为丰富的文言语料后,学生已储备了大量的古代文化常识的感性认识,只需教师点拨,很容易发生从量变到质变的转变。这时,教师注重研究和升华,引导学生探究文言经典的文化底蕴,就不会牵强附会,凌空蹈虚了。学生对以前所记诵的内容也能加以反刍,从而有更深一层的感悟和理解。[周庆元,胡虹丽.文言文教学的坚守与创新[J].中国教育学刊,2009(2).]

我思故我言

我思故我言

读《五代史·伶官传叙》[1]

读一篇文字,应该注意应该讨论的事项很多,不能面面俱到。这一回想就文言的句式,文言虚字的用法,以及文字的结构等项谈谈。[1] 选用的现成文字是欧阳修的《五代史·伶官传叙》。一因这篇文字篇幅短,谈起来容易了结。二呢,这篇文字在历来的选本里是常见的,现在的高中国文教本也有选它的,对于读者诸君也许并不陌生。全篇如下:

呜呼!盛衰之理,虽曰天命,岂非人事哉?原庄宗之所以得天下与其所以失之者,可以知之矣。

世言晋王之将终也,以三矢赐庄宗而告之曰:"梁吾仇也;燕王吾所立,契丹与吾约为兄弟,而皆背晋以归梁:此三者吾遗恨也。与尔三矢,尔其无忘乃父之志!"庄宗受而藏之于庙。其后用兵,则遣从事以一少牢告庙,请其矢,盛以锦囊,负而前驱,及凯旋而纳之。方其系燕父子以组,函

1　一篇课文不可能面面俱到,也就是叶圣陶先生所说的,教材无非是些例子。

---

[1] 1989年,河南教育出版社重印《精读指导举隅·略读指导举隅》,略去了《精读指导举隅》中的最后一篇〈《第二期抗战开端告全国国民书》指导大概〉。1992年,江苏教育出版社出版《叶圣陶集》第14卷,收入了《精读指导举隅》与《略读指导举隅》中叶圣陶撰写的部分,并将《精读指导举隅》中的〈《第二期抗战开端告全国国民书》指导大概〉替换为〈读《五代史·伶官传叙》〉。本书参照江苏教育出版社《叶圣陶集》第14卷的做法,略去〈《第二期抗战开端告全国国民书》指导大概〉,改用《读〈五代史·伶官传叙〉》。

梁君臣之首,入于太庙,还矢先王,而告以成功,其意气之盛,可谓壮哉!

及仇雠已灭,天下已定,一夫夜呼,乱者四应,苍皇东出,未及见贼而士卒离散,君臣相顾,不知所归,至于誓天断发,泣下沾襟,何其衰也!

岂得之难而失之易欤,抑本其成败之迹而皆自于人欤?

《书》曰:"满招损,谦得益。"忧劳可以兴国,逸豫可以亡身,自然之理也。

故方其盛也,举天下之豪杰莫能与之争;及其衰也,数十伶人困之,而身死国灭,为天下笑。

夫祸患常积于忽微,而智勇多困于所溺,岂独伶人也哉?

作《伶官传》。

这一回谈的既然限定在上面说的几项,其他就不谈了,可是要透彻地理解这一篇,如《五代史·伶官传》篇中提到的一些史事,篇中所有词语的意义,都非搞清楚不可。[2] 读者诸君如果早已知道这些,当然最好。如果不大知道,希望用自己的能力去找参考,像平时国文课前做预习的工夫一样。手头有一部《辞源》或者《辞海》,一部通史或者高中本国史,也够参考了。如果有方便,找到《二十四史》或者《二十五史》,不妨把欧阳修编的《新五代史》检出来看看。

"虽曰……岂非……哉"这种形式,表示撇开了"虽曰"以下的一层,侧重在"岂非"以下的一层。就这篇里的语句说,就是表示盛衰之理与天命的关系比较轻,与人事的关系特别重。

"岂非人事哉"是反诘语气带着感叹语气的判断。反诘与询问不同。询问要人家回答,反诘可根本不要人家回答,只是用一种较强的语气表达出自己的意见。就反诘语气说,通常用"哉"字(询问语气通常用"乎"字),与"岂不""岂非"相应,尤其通常用"哉"字。就感叹语气说,也可以用"哉"字为常。这篇文章论世代盛衰,见出人事与盛衰关系重大,单凭一个"哉"字还嫌感叹语气不足,所以开头先来个叹词"呜呼"。这句话如果不用反诘语气带感叹语气,也可以用直陈语气来说,那就是"实亦人事也",或者"实由人事也"。那时候,开头的"呜呼"也可以不要了。[3]

这篇里的第二句若不用代名词,该是"原庄宗之所以得天下与庄宗之所以

2 要透彻理解一篇文言文,篇中涉及的史事、篇中词语的意义,都是重点。

3 文言句式的学习,不仅只译出句式中所含词语的意思,还要关注句式本身所传达的意义。

失天下者,可以知'盛衰之理,虽曰天命,岂非人事哉'矣。"这多么啰唆,话也没有这么说法的,当然要用代名词以求简约。"其"字就代替第二个"庄宗之";"所以失之者"跟在"所以得天下"后面,"之"字当然代替"天下";"原庄宗之……失之者"是个条件,有了这个条件就"可以知之矣","之"字当然代替第一句全句:都不会使人模糊。"所以……者"这种形式,用现在的说法,就是"……的原因",或者"……的理由"。"所以得天下者"就是"得天下的原因","所以失之者"就是"失天下的原因",用"与"字连起来,就合用一个"者"字了。这种形式还残留在现在的口语里,我们说"他要这么做的理由","希脱勒[1]灭亡的原因",往往说成"他所以要这么做的理由","希脱勒所以灭亡的原因",就是例子。

"晋王之将终也",与"方其盛也","及其衰也",作用相同。"方其盛也"就是"方庄宗之盛也","及其衰也"就是"及庄宗之衰也","晋王之将终也"前面也隐隐有个"方"字,可见句式完全相同。这三个"也"字与篇中其他"也"字不一样,都表示语气稍稍停顿,带着口语中"的时候"的意味。同类的语句如

　　大道之行也,天下为公。(《礼记》)
　　赤之适齐也,乘肥马,衣轻裘。(《论语》)
　　有功之生也,孺人比乳他子加健。(归有光文)

句首都隐隐有个"方"字,"也"都带着"的时候"的意味。这里有个问题。作"<u>大道行</u>","<u>赤适齐</u>","<u>有功生</u>","<u>晋王将终</u>",<u>意义并无改变,而且也能使人明白,为什么要加用个"之"字?</u>[4] 因为"大道行","赤适齐","有功生","晋王将终",本来具备独立成句的资格,现在作为一个句子的一部分,失去了这个资格。加用个"之"字,就是在形式上确定它的地位,我们见了"……之……"这个形式,就知道那不是独立的句子。再从心理说。"大道行"可以断句。虽然接着说"则天下为公",我们虽然可以知道"大道行"并不独立,可是不如加上个"之"字,让读者从头就知道句子未完,就期待下文。这样,句子更觉紧凑。(采用吕叔湘《文言虚字》的说法,见第七第八两页)现在口语"大道施行的时候",显然不能独立成句,我们就绝不说"大道的施行的时候"了。

---

[1] 今多译为"希特勒",下同。——编者

4　我们教学时也常常遇到"之"字的此类用法,往往只说一句"取消句子独立性",有一些老师更为简略,只说简单"取独"二字,再让学生记下来。让我们看看下文叶老是如何指导"之"字的用法。

> 以三矢赐庄宗
>
> 以一少牢告庙
>
> 盛以锦囊
>
> 系燕父子以组
>
> 告以成功

这五语是同类的，可以合在一起讨论。五语分两式，两式调换，意义都一样。如果一律作"以"字在前动词在后的一式，就是：

> 以三矢赐庄宗
>
> 以一少牢告庙
>
> 以锦囊盛(之)——原当作"盛之以锦囊"，"之"字代替"矢"。但是"盛"字紧接着上句的"矢"字，习惯上往往省去"之"字。现在调转来，"盛"字与"矢"字隔开，"之"字就不能省了。
>
> 以组系燕父子
>
> 以成功告(之)——"之"字代替"先王"。补上"之"字的理由，与"以锦囊盛之"同。

如果一律调换成动词在前、"以"字在后的一式，就是：

> 赐庄宗以三矢
>
> 告庙以一少牢
>
> 盛(之)以锦囊
>
> 系燕父子以组
>
> 告(之)以成功

可是这篇里两式并用，不从一律，这也有可以说的。如果作"赐庄宗以三矢而告之曰"，"之"字就与"庄宗"隔远了；虽然不至于使人误会，不如照原文"之"字与"庄宗"贴近更为明白。如果作"则遣从事告庙以一少牢"，下一语"请其矢"的"其"字就与"庙"隔远了；"其"字代替"庙中的"，该与"庙"贴近才见醒豁，要贴近就得作"以一少牢告庙"。如果作"以锦囊盛之"，"以成功告之"，语气就舒缓了；可是就上下文体会，两语都该作紧张急促的语气，"盛以锦囊"，"告以成功"，语气就比较紧张急促。如果作"方其以组系燕父子"，原也可以，可是作"系燕父子以组"，与下一语"函梁君臣之首"恰好成为形式上的对偶。

5 只有细致的阅读态度,才能读出丰富的内容。	这一篇里有好些语句都作对偶,因而这个对偶也必须保持了。[5]
	"以三矢赐庄宗而告之曰"的"而"字,作用在把"以三矢赐庄宗"和"告之曰"两个行动连接在一起。[6]它如:
6 以下将通篇里"而"字的用法归纳指导,指导时常将文言文中的用法与口语中的用法相比较。前文也用了这样的方法。	

> 庄宗受而藏之于庙——"受"字下省却"之"字,代替"矢"。也可以作"受之而藏于庙"。如果作"受之而藏之于庙",也没有什么不可以,只是嫌啰唆些。
>
> 负而前驱——"负"字下省却"之"字,代替"矢"。
>
> 还矢先王而告以成功——"告"字下省却"之"字,代替"先王"。

这些"而"字都是把两个行动连接在一起。在口语里,以上例语中用"而"字的地方都不需用什么连接词。如说"把三枝箭赐给庄宗,告诫他说"就成了。

> 得之难而失之易
>
> 祸患常积于忽微而智勇多困于所溺

这两个"而"字,作用也是连接,把两个观念连接在一起。前一例是相对的两个观念,在口语里不需用什么连接词,说作"得天下难,失天下容易",就成了。后一例是相关的两个观念,"智勇多困于所溺"申说"积于忽微"的容易,在口语里就得说作"祸患常常在不经意中累积起来,并且足智多谋的人大多被溺爱的事物困住",或者作"足智多谋的人又大多被溺爱的事物困住"。"并且"和"又"大致相当于那个"而"字。

> 及凯旋而纳之
>
> 未及见贼而士卒离散

这两个"而"字,作用也在连接,把行动的时间连接到行动上去。"及凯旋"说明"纳之"的时间,"未及见贼"说明"士卒离散"的时间。在口语里,往往把"而"字以上的部分说作"……的时候",就不再需用什么连接词了。如说"到凯旋的时候,把箭送回庙中"。

> 燕王吾所立,契丹与吾约为兄弟,而皆背晋以归梁。
>
> 数十伶人困之,而身死国灭。

这两个"而"字,作用在转接,表示"而"字以下的话与"而"字以上的话或多或少有相反的意味。"吾所立"和"与吾约为兄弟"与"背晋以归梁",在人情上是相反的。"数十伶人困之",势力并不大,"身死国灭",受祸很严重,在常理上是相反的。这种转接作用的"而"字,多数相当于"可是"。第二例该说作"只有几十个伶人困住他,可是他命也丧了,国也亡了"。

现在只剩"抑本其成败之迹而皆自于人欤"的"而"字没有说了。这个"而"字是可以不要的,作"抑本其成败之迹皆自于人欤",并无不妥当。加用个"而"字,只在表示语气的舒缓。这一句接在感叹兼询问语"何其衰也"之后,还是感叹,语气舒缓是足以增强感叹的意味的。

这篇里用了四个"吾"字。[7] "燕王吾所立","吾"字等于"我",在主位。"契丹与吾约为兄弟","吾"字等于"我",在宾位(介词"与"的宾语)。"梁吾仇也","此三者吾遗恨也","吾"字都等于"我的",在领位。在古书里,"吾""我"两字用在主位、领位和宾位的都有,只是"吾"字用在宾位的不常见。现在我们写白话,就专用"我"字不用"吾"字了。

> 燕王吾所立
>
> 不知所归
>
> 智勇多困于所溺

这三个"所"字,作用在代替与下面的动词相关的事物。"所立"就是"立他为王的人"(全句是"燕王是我立他为王的人"),"所归"就是"归向的处所","所溺"就是"溺爱的事物"。现在的口语不能单说"所立","所归","所溺",常常要像上面说的把相关的事物说出,因而"所"字用不着了。现在我们还在说"我所厌恨的人","他所喜欢的东西",那是文言的残留。其实说"我厌恨的人","他喜欢的东西",就足够了。试听与古书古文无缘的人的言语,就很少用这样的"所"字。

"而皆背晋以归梁"的"以"字,作用与"而"字一样,连接"背晋"与"归梁"两个动作。径作"而皆背晋而归梁",也没有什么不可以。现在用"以"字,是为了避免"而"字在一语之中重复。"以"字用作这样的连接词,例子很多,如:

> 天大雷电以风。(《尚书》)
>
> 宾入大川而奏肆夏,示易以敬也。(《礼记》)
>
> 使民敬忠以劝,如之何?(《论语》)

这些"以"字都与"而"字相当,都可以换用"而"字。

"尔"与"乃"都是对称代名词。"尔"字可以用在主位,领位和宾位,"乃"

7 指导"吾"字与"所"字的用法,联系现在的口语来比较。

| 8 指导"尔"字、"乃"字与"其"字。 | 字用在主位和领位,可是不用在宾位。这里"与尔三矢"的"尔"字在宾位,第二个"尔"字在主位,"乃"字在领位。⁸

"尔其无忘乃父之志"的"其"字与一般的"其"字不一样。这个"其"字表示叮咛戒勉的语气,与口语里的"可"字相当。就是说"你可别忘了你爸爸的意志"。

  藏之于庙——也可以"藏于庙",前面已经说过。

  入于太庙

  自于人

  积于忽微

  困于所溺 |
|---|---|
| 9 指导"于"字的用法。 | 就这五语可以讨论"于"字,⁹ "于"字是个介词,把名词联系到动词,表明关于那个行动的种种情形。"庙"与"太庙"是"藏"与"入"的处所,"人"与"忽微"与"所溺"是"自"与"积"与"困"的来由。其他介词以用在动词之前为主,"于"字多数用在动词之后。试看这篇里的五语,就一律是"(动词)于(名词)"的形式。翻译成口语,可不能说"于"字一律与口语中的什么字相当,得根据上面那个动词的意义,选用一种说法。"藏于庙"就是"藏在庙里"("于"与"在……里"相当)。"入于太庙"就是"进太庙"(在口语里,"进"字之下不需要什么介词了。文言也可以不要"于"字,作"入太庙",可是"藏于庙"决不能作"藏庙")。"自于人"就是"从人事来的"("于"与"从"相当。"自"字原也是"从"义,但这里是动词不是介词,该是"来"的意义)。"积于忽微"就是"在不经意中累积起来"("于"与"在……中"相当)。"困于所溺"就是"被溺爱的事物困住"("于"与"被"相当)。可以注意的,说成口语,与"于"字相当的介词不一律在动词之后了。 |
| 10 指导"则"字的用法。 | "则遣从事以一少牢告庙"的"则"字的用法,是"则"字各种用法中最通常的一种,与口语中的"就"字相当。¹⁰

前面说过,反诘语气感叹语气以用"哉"字为常。"可谓壮哉"的"哉"字是表示感叹语气。"岂独伶人也哉","哉"字上连个"也"字,表示反诘与感叹的意味更重。这篇里有一个"何其衰也"的"也"字,与通常的"也"字也不一样,也是反诘语气兼带感叹语气。还有两个"欤"字,与"哉"字相类,也是反诘语 |

气兼带感叹语气。[11]

"岂……欤,抑……欤"这种反诘形式,表示撇开"岂"字以下的一层,侧重在"抑"字以下的一层。"抑"字大略与口语中的"还是"相当。

反诘语气不要人家回答,让大家直觉地领会作者正意。询问语气以不说明为说明,让人家自己去找出答语来。两种语气的效果都比直陈语气来得大。因为直陈语气是平静的,反诘语气和询问语气(又兼带感叹语气)却使读者在心理上起一番震荡,因而印入较深。试把篇中的反诘语气询问语气一律改为直陈语气看看。

岂非人事哉	改为	实亦人事也
何其衰也	改为	其衰甚矣
岂得之难而失之易	改为	非得之难而失之易也
欤抑本其成败之		本其成败之迹盖皆
迹而皆自于人欤		自于人也
岂独伶人也哉	改为	不独伶人也

意义虽然没有什么改变,摄引读者的力量却差得多了。

"至于誓天断发"的"至于"表示一件事情的程度。[12] 这儿说当时君臣狼狈的情形。狼狈到什么程度呢? 狼狈到"誓天断发,泣下沾襟"。他如:

思之思之,至于不寐。

贫困无以自存,至于乞食。

聪敏殊甚,至于一目十行。

这些"至于",都是同一的用法。

"忧劳可以兴国,逸豫可以亡身",还有开头第二句中"可以知之矣",这三个"可以"需要提出来讨论一下。[13] 我们口语说"我可以帮他一手","你可以走了","这件事情这么办,你说可以不可以",这几个"可以",在文言中都只是个"可"字,不是"可以"。文言中的"可以"应该拆开来理解,"可"表示可能,"以"是个介词,把名词联系到动词上去。如果没有可能的意义,像这篇里的三语,本该作"以忧劳兴国","以逸豫亡身","以'原庄宗之所以得天下与其所以失之者'知之",可是,在加上可能的意义的时候,就不作"可以忧劳兴国","可以逸豫亡身","可以'原庄宗之所以得天下与其所以失之者'知之",而需

---

[11] 语气词在今天的文言文教学中,有时被忽略。忽略的原因是认为让学生掌握重要的实词、虚词要紧。其实语气词并非可有可无。看完上面对于"语气词"的指导,非常有启发性。用"比较"的方法来教学,效果会较好。

[12] 指导"至于"的用法。

[13] "可以"的古今异义。

把在"以"字之后的名词提到"可"字之前去,这就成了"(名词)可以(动词)"的形式。提到前面去,为的是着重那名词。经这么一提前,那名词就处在主位了,"以"字之下又不需用什么代名词来填补,这是"……可以……"式的特别处。如:

> 诗可以兴,可以观,可以群,可以怨。(《论语》)
>
> 沧浪之水清兮,可以濯我缨;沧浪之水浊兮,可以濯我足。(《孟子》)
>
> 掺掺女手,可以缝裳。(《诗经》)

都是这种形式。不过也不是一定如此,如:

> 可以人而不如鸟乎?(《礼记》)
>
> 可以义起也。(《礼记》)

名词仍然在"以"字之下。

"夫祸患常积于忽微"的"夫"字,作用在提示。文言中常常用到"夫"字,口语中可没有相当的说法,大略近于"那"。[14]

14 "夫"字用法的指导。

这篇文字很简单。第一句表出盛衰之理关乎人事,是全篇的主脑。以下的话无非说明这一层意思。第一句下面也可以加一句"何以知之?"这是读者心中应有的问话。可是作者并没有加上这样的问话,单把回答这句问话的话写了出来,就是第二句。从"世言晋王之将终也"到"可谓壮哉",叙述庄宗气焰煊赫的情形。从"及仇雠已灭"到"何其衰也",叙述庄宗狼狈不堪的情形。前一节的结尾,"其意气之盛,可谓壮哉!"后一节的结尾,"何其衰也!"一个"盛"字,一个"衰"字,照应第一句中"盛衰之理"的"盛衰"。[15] 接着用反诘句表出"本其成败之迹而皆自于人",其实只是把第一第二两句合起来重说一回。"本其成败之迹"与"原庄宗之所以得天下与其所以失之者"意义相近("迹"是事实,指上面两节叙述的,"所以……者"却是抽象的道理:所以只说相近,不说相同),"皆自于人"就是"岂非人事哉?"以下引用《书经》的话作为论据,又加以伸论[1],这才对"岂非人事哉"与"皆自于人"做了说明。"满""谦""忧劳""逸豫"都是人事,结果是"招损""得益""兴国""亡身",足见人事的关系特别重,原属"自然之理","天命"与"得之难而失之易"(相信"得之难而失

15 要读出前后文的照应。

---

[1] 伸论,今多用"申论"。——编者

之易"其实就是相信"天命")是不大相干的了。这只是泛说。以下回说到庄宗。"方其盛也"之中,暗含他当时能"谦"、能耐"忧劳"的意思。"及其衰也"之中,暗含他当时自"满",耽于"逸豫"的意思。一个"盛"字,一个"衰"字,又照应第一句中"盛衰之理"的盛衰。借着推广开来说,祸患不限于伶人,只要"困于所溺",样样都是祸患。这样把全篇的警戒意味发展到最高点,文章也就此结束了。[16]

写这篇文章的动机就在警戒。从这儿可以见出作者的历史观念。他警戒的是什么人?是做"人主"的人,说得广泛些,是站在统治地位的人。至于寻常老百姓,是不在警戒之列的,至少在作者那样的史书编撰者,是不措意到什么寻常老百姓的。史书的作用在于警戒,警戒的对象是统治阶级:这是我国古来传统的也就是正统的历史观念。

这篇文章诵读起来,很有音节声调之美。第一,篇中运用感叹句,反诘带感叹句,询问带感叹句,凭这些句子,就有"一唱三叹"的情味。第二,篇中运用一些对偶语,对偶语有匀称的节奏。第三,在叙述庄宗狼狈不堪的一节里,多用四字语,四字语的音节紧张急促,与文情配合。可又不完全用四字语,"而士卒离散"是五个字,"至于誓天断发"是六个字,在整齐中见出变化。变化又正在极度紧张的处所,读的时候如果在那里特别顿挫,就很足以传情。

这篇文章,就立意说,代表着我国古来传统的也就是正统的历史观念。就结构说,开头提出"盛衰",以后两次一"盛"一"衰"的作为照应,极类似后来的八股文体。又具有音节声调之美,那也是八股文体竭力追求的。因此,这篇文章被历来选家看中了,一定要把它收在选本里头。至于现在的高中国文课文还选它,那自然为了现在虽说施行新教育了,精神上却与八股时代没有什么大分别的缘故。[17]

1947年1月1日发表

16 梳理全文的结构:提出论点—事实论证与事理论证—得出结论

17 从叶圣陶先生的《读〈五代史·伶官传叙〉》看,今天的文言文教学,多数情况下没有教出文章本身的味道。其中很重要的一点,是因为我们把文言文当作一种疏远的语言来教。本来学生在阅读文言文的过程中,已经有一种距离感,如果教师又将其当作一种遥远的语言,学生就更加不喜欢。其实,文言文与现代汉语有着千丝万缕的联系,很多用法也活在今天的口语里,尤其是成语中。叶圣陶先生在指导时就注意建立文言文与现代口语的联系,也注意区分二者之间的差异,这种做法很值得借鉴。

与学者对话

一、下面是语文名家关于精读指导的经典论述,研读后谈谈你的看法。

1. 叶圣陶:所谓阅读书籍的习惯,并不是什么难能的事,只是能够按照读物的性质做适当的处理而已。需要翻查的,能够翻查;需要参考的,能够参考;应当条分缕析的,能够条分缕析;应当综观大意的;能够综观大意;意在言外的,能够辨得出它的言外之意;义有疏漏的,能够指得出它的疏漏之处:到此地步,阅读书籍的习惯也就差不多了。一个人有了这样的习惯,一辈子读书,一辈子受用。学生起初当然没有这样的习惯,所以要他们养成;而养成的方法,唯有让他们自己去尝试。按照读物的性质,做适当的处理,教学上的用语称为"预习"。一篇精读教材放在面前,只要想到这是一个凭借,要用来养成学生阅读书籍的习惯,自然就会知道非教他们预习不可。预习的事项无非翻查、分析、综合、体会、审度之类;应该取什么方法,认定哪一些着眼点,教师自当测知他们所不及,给他们指点,可是实际下手得让他们自己动天君,因为他们将来读书必须自己动天君。预习的事项一一做完了,然后上课。上课的活动,教学上的用语称为"讨论",预习得对不对,充分不充分,由学生与学生讨论,学生与教师讨论,求得解决。应当讨论的都讨论到,需待解决的都得到解决,就没有别的事了。这当儿,教师犹如集会中的主席,排列讨论程序的是他,归纳讨论结果的是他,不过他比主席还多负一点责任,学生预习如有错误,他得纠正,如有缺漏,他得补充,如有完全没有注意到的地方,他得指示出来,加以阐发。教师的责任不在把一篇篇的文章装进学生脑子里去;因为教师不能一辈子跟着学生,把学生所要读的书一部部装进学生脑子里去。教师只要待学生预习之后,给他们纠正、补充、阐发;唯有如此,学生在预习的阶段既练习了自己读书,在讨论的阶段又得到切磋琢磨的实益,他们阅读书籍的良好习惯才会渐渐养成。如果不取这个办法,学生要待坐定在位子上,听到教师说今天讲某一篇之后,才翻开课本或选文来;而教师又一开头就读一句,讲一句,逐句读讲下去,直到完篇,别无其他工作:那就完全是另一回事了。[叶圣陶.论国文精读指导不只是逐句讲解[J].文史教育,1941(创刊号).]

2. 夏丏尊:如果把阅读分开来说,一般科学的教科书应该偏重于阅,语言文字的教科书应该偏重在读。一般科学的教科书虽也用了文字写着,但我们学习的目标并不在文字上,譬如说,我们学地理、学化学,所当注意的是地理、化学书上所记着的事项本身,这些事项除图表外还用文字记着,但我们不必专从文字上记忆揣摩,只要从文字去求得内容就够了。至于语言文字的学科就不同,我们在国文教科书里读到一篇文章——假定是韩愈的《画记》,这时我们不但该知道韩愈这个人,理解这篇《画记》的内容,还该有别的目标,如文章的结构、词句的式样、描写表现的方法,等等,都得加以研究。如果读韩愈的《画记》,只知道当时曾有过这样的画,韩愈曾写过这样的一篇文章,那就等于不曾把这篇文章当作国文功课学习过。我们又在英文教科书里读华盛顿砍樱桃树的故事,目的并不在想知道华盛顿为什么砍樱桃树,砍了樱桃树后来怎样,而是要把这故事当作学习英文的材料,收得英文上种种法则。所以阅读两个字不妨分开来用,一般科学的教科书应懂它的内容,不必从文字上去瞎费力,只要好好地阅就行,像国文、英文两门是语言文字的功课,应在形式上多用力,只阅不够,该好好地读。[夏丏尊.怎样阅读[J].中学生,1936(61).]

二、下面是当代一些学者关于议论文教学的论述,研读后谈谈你的看法。

1. 邓辉麟:现代的议论文理论,其核心是"三要素"理论,即认为一篇议论文由论点、论据和论证三个要素构成。这一理论,成了指导议论文教学与写作的圣经。然而,这一理论是有局限性的,并不适合所有的议论文,近年来许多有识之士已经指出了这一点。有一位语文教师说:"多年来,有一个问题困惑着我,这就是用传统的'中心论点说'讲议论文,有的讲得通,有的讲不通。如巴甫洛夫《给青年们的一封信》、鲁迅的《拿来主义》及《谋攻》《劝学》等等,就无论如何讲不通。""中心论点"说是"三要素"理论的一项重要内容,此说认为凡议论文必有一个中心论点。然而用此说讲《给青年们的一封信》《拿来主义》等文却讲不通,因为它们并不存在中心论点。在中学语文课本中,此类课文很多。例如,高中二册《我们对香港问题的基本立场》,该文谈了三个问题:"一个是主权问题;再一个问题,是1997年后中国采取什么方式来管理香港,继续保持香港繁荣;第三个问题,是中国和英国两国政府要妥善商谈如何使香港从现在到1997年的十五年中不出现大的波动。"对这三个问题,作者都提出了自己的观点。这些观点中,哪一个是中心论点呢?哪一个也不是,此文没有中心论点。又如高中一册《在庆祝北京大学建校一百周年大会上的讲话》,配套的《教师教学用书》说:"全文的大体思路是,先叙述北京大学的创建和新中国成立的艰苦历程,再充分肯定北京大学一个世纪来所作出的重要贡献,然后强调科教兴国和创建世界水平的一流大学,最后对青年学生提出四点希望,鼓励他们做到四个'统一'。"在论述的过程中,作者提出了许多观点。这些观点中,也并没有哪一个是作为中心论点的,此文同样没有中心论点。[邓辉麟.议论文教学要摆脱"三要素"理论的羁绊[J].中学语文教学,2002(4).]

与学者对话

2. 魏华中：在议论文教学中应注意以下几个问题：(1)激趣，创设乐学情境。议论文的教学，往往是台上教师"谆谆教诲"，台下学生"其睡昏昏"。一节课下来，教师有无穷遗憾，而学生感觉收效甚微。教学实践证明，好的设疑是思维的"启发剂"。它能创造"愤"和"悱"的状态，激发学生的兴趣。(2)论证，不能忽视的要点。教师教学议论文，让学生识论点，找论据，了解论证方法，就是很少涉及或只字不提论证，这就把一篇完整的文章搞得支离破碎，非常可惜。为什么会这样？从"语言物质外壳"这一角度来看，论证似乎没有论点和论据那样"触目可及"、较易把握，似乎较为隐晦，所以容易被忽视。然而论证却是贯穿于全文字里行间的一种存在，一种使文章具有生命力和吸引力的客观存在，绝非虚无缥缈、可望而不可即。因此，在议论文教学中，教师首先要充分认识论证的重要地位和作用，进而通过分析论点与论据的内在联系，分析论据如何使用，分析论证方法和语言艺术等，让学生充分认识，以至掌握文章的论证，真正学有所得，并能应用到自己的写作中去。(3)基础，必须抓牢的基本点。新教材强调能力，每个单元及每课的学习重点都是围绕能力点设计的，然而很多教师却自觉不自觉地在教学过程中忽视了基础知识，这是明显不妥的。能力培养是重点，但能力也是建立在基础之上的。字词的积累、名篇的背诵、常识的识记，等等，是时刻不能放松的。[魏华中．议论文教学要培养学生的五种能力[J]．语文教学通讯，2011(1A)．]

我思故我言

我思故我言

略读指导举隅

叶圣陶　朱自清　著

叶圣陶(1894—1988)

朱自清(1898—1948)

目录

例言
前言 …………………………………………………… 1
《孟子》指导大概 …………………………………… 14
《史记菁华录》指导大概 …………………………… 31
《唐诗三百首》指导大概 …………………………… 54
《蔡孑民先生言行录》指导大概 …………………… 78
《胡适文选》指导大概 ……………………………… 98
《呐喊》指导大概 …………………………………… 123
《爱的教育》指导大概 ……………………………… 148

例言

一、本书与《精读指导举隅》一样,专供各中学国文教师参考用。

二、本书专重略读指导,书中举了七部书作例子。计经籍一种,名著节本一种,诗歌选本一种,专集两种,小说两种。其中《孟子》《史记菁华录》《唐诗三百首》《胡适文选》适于高中学生阅读,《蔡孑民先生言行录》《呐喊》《爱的教育》适于初中学生阅读。

三、本书的"前言"是向各位中学教师说的。我们以为对于学生"略读"要做到"指导"二字,至少有这么些工作。否则便是让学生随便看书,不是"指导"他们阅读。

四、本书各篇"指导大概"是用教师的口气向学生说的。我们按照"前言"所提出的,对于每一部书,做了指导的实例。这七篇"大概"都是完整的成篇的文字,只因写下来不得不如此;并不是说每指导一部书,就得向学生做一番这样长长的演讲,讲过了就完事。"指导"得在讨论里;每篇"大概"中的每一节,都该是讨论的结果,这结果该是学生自己研求之后,在讨论时间,又经教师的纠正或补充,才得到的。我们希望各位教师能将这样的态度和方法,应用在别的书籍的略读指导里。

五、本书各篇,我们虽都谨慎地用心地写出,但恐怕还有见不到的错误。盼望各位教师多多指教,非常感谢!

前言

国文教学的目标,在养成阅读书籍的习惯,培植欣赏文学的能力,训练写作文字的技能。这些事不能凭空着手,都得有所凭借。凭借什么?就是课本或选文。有了课本或选文,然后养成、培植、训练的工作得以着手。[1] 课本里所收的,选文之中入选的,都是单篇短什,没有长篇巨著。这并不是说学生读了一些单篇短什就足够了。只因单篇短什分量不多,要做细磨细琢的研读功夫,正宜从此入手,一篇读毕,又来一篇,涉及的方面既不嫌偏颇,阅读的兴趣也不致单调;所以取作"精读"的教材。学生从精读方面得到种种经验,应用这些经验,自己去读长篇巨著以及其他的单篇短什,不再需要教师的详细指导,这就是"略读"。就教学而言,精读是主体,略读只是补充;但是就效果而言,精读是准备,略读才是应用。学生在校的时候,为了需要与兴趣,需在课本或选文以外阅读旁的书籍文字;他日出校之后,为了需要与兴趣,一辈子需阅读各种书籍文章:这种阅读都是所谓应用。使学生在这方面打定根基,养成习惯,全在国文课的略读。如果只注意于精读,而忽略了略读,工夫便只做得一半儿。其可能想象的弊害,当学生遇到书籍文字的时候,也许会因没有教师在旁做精读那样的详细指导,而致无所措手。现在一般学校,忽略了略读的似乎不少,这是必须改正的。[2]

略读不再需要教师的详细指导,并不等于说不需要教师的指导。各种学科的教学都一样,无非教师帮着学生学习的一串过程。略读是国文课程标准里面规定的正项工作,哪有不需要教师指导之理?不过略读指导与精读指导自有不同。精读指导必须纤屑不遗,发挥净尽;略读指导却需提纲挈领,期其自得。何以需提纲挈领?唯恐学生对于当前的书籍文字,摸不到门径,辨不清路向,马马虎虎读下去,结果所得很少。何以不必纤屑不遗?因为这一套功夫在精读方面已经训练过了,依理论说,该能应用于任何时候的阅读;现在让学

批注

1 养成习惯、培植能力、训练技能,这三大国文教学的目标与今天的语文教学目的很接近。而如何实现这一目标呢?选文是凭借,教材是抓手,这里明白地说出了教材在语文教学中的作用。

2 精读是主体,略读是补充;精读是准备,略读是应用:这准确地揭示了阅读与精读的关系,说明略读和精读处于同等重要的地位,缺一不可。

生在略读时候应用,正是练习的好机会。学生从精读而略读,譬如孩子学走路,起初由大人扶着肩、牵着手,渐渐地大人把手放了,只在旁边遮拦着,替他规定路向,防他偶或跌跤。大人在旁边遮拦着,正与扶着肩、牵着手走一样地需要当心,其目的唯在孩子步履纯熟,能够自由走路。精读的时候,教师给学生纤屑不遗的指导,略读的时候,更给学生提纲挈领的指导,其目的唯在学生习惯养成,能够自由阅读。³

　　仅仅对学生说,你们随便去找一些书籍文字来读,读得越多越好;这当然算不得略读指导。就是斟酌周详,开列个适当的书目篇目,教学生按照着自己去阅读,也还算不得略读指导。因为开列目录只是阅读以前的事儿;在阅读一事的本身,教师没有给一点帮助,就等于没有指导。略读如果只任学生自己去着手,而不给他们一点指导,很易使学生在观念上发生误会,以为略读只是"粗略的"阅读,甚而至于是"忽略的"阅读;而在实际上,他们也会以"粗略的"甚而至于"忽略的"阅读,就此了事。这是非常要不得的,积久养成不良的习惯,就终身不能从阅读方面得到多大的实益。略读的"略"字,一半系就教师的指导而言:还是要指导,但是只需提纲挈领,不必纤屑不遗,所以叫作"略"。一半系就学生的工夫而言:还是要像精读那样仔细咬嚼,但精读时候出于努力钻研,从困勉达到解悟,略读时候却已熟能生巧,不需多用心力,自会随机肆应,所以叫作"略"。无论教师与学生,都需认清楚这个意思;在实践方面又需各如其分,做得到家,略读一事才会收到它预期的效果。⁴

　　略读既需由教师指导,自宜如精读一样,全班学生用同一的教材。假如一班学生同时略读几种书籍,教师就不便在课内指导;指导了略读某种书籍的一部分学生,必致抛荒了略读别种书籍的另一部分学生;各部分轮流指导固也可以,但是每周略读指导的时间,至多也只能有两小时,各部分轮流下来,必致每部分都非常简略。况且同学间的共同讨论,是很有帮助于阅读能力的长进的,也必须阅读同一的书籍,才便于彼此共同讨论。在一学期中间,为求精详周到起见,略读书籍的数量不宜太多,大约有二三种也就可以了。好在略读与精读一样,选定一些教材来读,无非"举一隅"的性质,都希望学生从此习得方法,养成习惯,再自己去"以三隅反";故而数量虽少,并不妨事。学生如果在略读教材之外,更就兴趣选读旁的书籍,那自然是值得奖励的;并且希望能够普遍地

3　这里关于精读与略读的比方以及指导的方法,是不是对我们很有启示呢?

4　关于略读指导的观念误会,今天的教师是不是同样存在呢? 在无限的阅读资料不断地填满有限空间的今天,略读指导显得非常迫切和重要啊!

这么做。或许有人要说，略读同一的教材，似乎不能顾到全班学生的能力与兴趣。其实这不成问题。精读可以用同一的教材，为什么略读就不能？班级制度的一切办法，总之以中材为标准；凡是忠于职务、深知学生的教师，必能选取适合中材的教材，供学生略读；这就没有能力够不够的问题。同时，所取教材必能不但适应学生的一般兴趣，并且切合教育的中心意义；这就没有兴趣合不合的问题。所以，略读同一的教材是无弊的，只要教师能够忠于职务，能够深知学生。[5]

课内略读指导，包括阅读以前，对于选定教材的阅读方法的提示，及阅读以后，对于阅读结果的报告与讨论。做报告与讨论的虽是学生，但是审核他们的报告，主持他们的讨论，仍是教师的事儿；其间自不免有需要订正与补充的地方，所以还是指导。略读教材若是整部的书，每一堂略读课内令学生报告并讨论阅读那书某一部分的实际经验；待全书读毕，然后令作关于全书的总报告与总讨论。至于实际阅读，当然在课外。学生课外时间有限，能够用来自修的，每天至多不过四小时。在这四小时内，除了温理旁的功课，作旁的功课的练习与笔记外，分配到国文课的自修方面的，至多也不过一小时。一小时够少了，但精读方面也得自修、预习、复习、诵读、练习，都是非做不可的；故而每天的略读时间，至多只能有半小时。每天半小时，一周便是三小时(除去星期放假)。每学期上课时间以二十周计，略读时间仅有六十小时。在这六十小时内，如前面所说的，要阅读二三种书籍，篇幅太多的自不相宜；如果选定的书正是篇幅太多的，那只得删去若干，而选读它的一部分。不然，分量太多，时间不够，学生阅读势必粗略，甚而至于忽略；或者有始无终，没有读到完篇就此丢开了；这都足以养成不良习惯，为终身之累。所以漫无计算是要不得的；与其贪多务广，以致发生流弊，不如预做精密估计，务使在短少时间之内，把指定的教材读完，而且把应做的工作都做得到家，绝不草率行事，借此养成阅读的优良习惯，来得有益得多。学生有个很长的暑假，又有个相当长的寒假；在这两个假期内，可以自由阅读很多的书。如果略读时候养成了优良习惯，到暑假寒假期间，各就自己的需要与兴趣，去多多阅读，那一定比不经略读的训练，多得吸收的实效。归说起来，就是：略读的分量不宜过多，必须顾到学生能应用的时间；多多阅读固宜奖励，但得为时间所许可，故以利用暑假、寒假最为合适。[6]

---

[5] 如何选择略读的教材呢？"深知学生"是关键。那么，"深知学生"什么呢？一要深知学生的能力，二要深知学生的兴趣，这两点非常关键。我们今天在指导学生课外阅读、推荐课外读物时，是否考虑到了这两点呢？

[6] 《义务教育语文课程标准(2011年版)》要求"九年课外阅读总量应在400万字以上。"这一要求不算高，但在今天"无边试卷萧萧下，不尽题海滚滚来"的沉重学业压力下，如何真正将这一目标落实到位呢？这应该引起全社会的关注。作为语文教师，应该像两位语文大家这样，"精密估计"学生的课余自由阅读时间，有计划地安排阅读内容，不"贪多务广"，以求获得实际的阅读收效。

书籍的性质不一,因而略读指导的方法也不能一概而论。现在就一般说,在阅读以前,应该指导的有以下各项。

一　版本指导

一种书往往有许多版本。从前是木刻,现在是排印;在初刻、初排的时候,或许就有了错误,随后几经重刻、重排,又不免辗转发生错误;也有逐渐地增补或订正。读者读一本书,总希望得到最合于原稿的,或最为作者自己所惬意的本子;因为唯有读这样的本子,才可以完全窥见作者的思想感情,没有一点含糊。学生所见不广,在刚与一种书接触的时候,当然不会知道哪种本子较好;这需待教师给他们指导。现在求书不易,有书可读便是幸事,更谈不到取得较好的本子。但正唯如此,这种指导更不可少;哪种本子校勘最精审,哪种本子是作者的最后修订稿,都得给他们说明,使他们遇到那些本子的时候,可以取来覆按,对比。[7] 还有,这些书经各家的批评或注释,每一家的批评或注释自成一种本子,这中间也就有了优劣得失的分别。其需要指导,理由与前说相同。总之,这方面的指导,宜运用校勘家、目录家的知识,而以国文教学的观点来范围他。学生受了这样的熏陶,将来读书不但知道求好书,并且能够抉择好本子,那是受用无穷的。

二　序目指导

读书先看序文,是一种好习惯。学生拿到一部书,往往立刻看本文,或者挑中间有趣味的部分来看,对于序文,认为与本文没有关系似的;这因为不知道序文很关重要的缘故。序文的性质,常常是全书的提要或批评,先看一遍,至少对于全书有个概括的印象或衡量的标准;然后阅读全书,便不至于茫无头绪。通常读书,其提要或批评不在本书而在旁的地方的,尚且要找来先看;对于具有提要或批评的性质的本书序文,怎能忽略过去? 所以在略读的时候,必

---

[7] 今天的图书市场非常复杂,地摊书、盗版书随处可见,图书内容也错误百出,在这种情况下,版本指导也非常有必要,可是我们常常忽视了这一点。

须教学生先看序文,养成他们的习惯。⁸序文的重要程度,各书并不一致。属于作者的序文,若是说明本书的作意、取材、组织等项的,那无异于"编辑大意""编辑例言",借此可以知道本书的规模,自属非常重要。有些作者在本文之前作一篇较长的序文,其内容并不是本文的提要,却是阅读本文的准备知识,犹如津梁或门径,必须通过了这一关才可以涉及本文,那就是"导言"的性质,重要程度也高。属于编订者或作者师友所作的序文,若是说明编订的方法,抉出全书的要旨,评论全书的得失的,那都与了解全书直接有关,重要也不在上面所说的作者自序之下。无论作者自作或他人所作的序文,有些仅仅叙一点因缘,说一点感想,与全书内容关涉很少;那种序文的本身也许是一篇好文字,但对于读者,就比较不重要了。至于他人所作的序文,有专事赞扬而过了分寸的,有很想发挥而不得要领的;那种序文实际上很不少,诗文集中尤其多,简直可以不必看。教师指导的时候,不但教学生先看序文,就此完事;更需审查序文的重要程度,予以相当的提示,使他们知道注意之点与需要注意力的多少。若是无关紧要的序文,自然不教他们看,以免浪费时力。

目录表示一部书的骨干,也具有提要的性质;所以如序文一样,也需养成学生先看它的习惯。有些书籍,固然需顺次读下去,不读第一卷,就无从着手第二卷。有些书籍却不然,全书分做许多部分,各部分自为起讫,其前后排列,并无逻辑的根据,或仅大概以类相从,或仅依据撰作的年月,或竟完全出于编排时候的偶然,对于那样的书籍,就不必顺次读下去;为彻底了解全书,彻底认识作家起见,颠乱全书的次第,把有关的各卷各篇作一次读,读过以后,再把其他有关的各卷各篇作一次读,或许更比顺次读下去方便且有效得多。要把有关的各卷各篇聚在一起,就更有先看目录的必要。又如选定教材若是旧小说,假定是《水浒》[1],因为分量太多,时间不够,不能通体略读,只好选读它的一部分,如写林冲或武松的几回。要知道哪几回是写林冲或武松的,也得先看它的目录。又如选定教材的篇目若是非常简略,而其书又适宜颠乱了次第来读的,假定是《孟子》,那就在篇目之外,最好先看赵岐的"章指"。"章指"并不编列在目录的地位;用心的读者不妨抄录二百几十章的"章指",当它是个详细的

---

8 序文,可以说是阅读作品的一把钥匙。如果我们掌握了这把钥匙,靠着它引路导向,那就可以较为便捷地把书读懂读通。语言学家王力先生也说:首先应该读书的序例、序文和凡例。过去我们有个坏习惯,以为看正文就行了,序例可以不看。其实序例里有很多好东西。序便常常讲到书的纲领、目的,替别人作序的,还讲书的优点。可是,今天我们在指导学生阅读时常常忽视序文,这应该引起我们的注意。当然,我们也要告诉学生,不能完全让序、跋牵着鼻子走,也就是说,在阅读序、跋时也不可过于盲从,而要善于思索。

---

[1] 即《水浒传》。——编者

目录提要。有了这详细的目录提要,因阅读的目标不同,就可以把二百几十章做种种的组合,对于每一组合作一面精心地研读。目录的作用当然还有,可以类推,不再详说。教师指导的时候,务须相机提示,使学生能够充量利用目录。

三　参考书籍指导

参考书籍,包括关于文字的音义,典故成语的来历等所谓工具书,以及与所读书有关,必须借彼而后明此的那些书籍而言。从小的方面说,阅读一书而求其彻底了解;从大的方面说,做一种专门研究,要从古今人许多经验中得到一种新的发见,一种系统的知识,都必须广博地翻检参考书籍。一般学生读书,往往连字典、辞典也懒得翻,莫说跑进图书室去检览有关书籍了。这种"读书不求其解"的态度,当时未尝不可马虎过去;但这就成了终身的病根,将永不能从阅读方面得到多大益处;若做专门研究工作,更难有满意的成就。所以,利用参考书籍的习惯,必须在学习国文的时候养成;精读方面要多多参考,略读方面还是要多多参考。在起初,学生自必嫌得麻烦,这要翻检,那要搜寻,不如直捷读下去来得爽快;但是渐渐地成了习惯,就觉得必须这样多多参考,才可以透切地了解所读的书,其味道的深长,远胜于"不求甚解";那时候,教他们"不求甚解"也不愿意了。[9] 国文课内指导参考书籍,当然不能如专家做研究时候一样,搜罗务求广博,凡有一语一条用得到的材料都舍不得放弃,开列个很长的书目。第一,需顾到学生的能力。参考书籍所以帮助理解本书,若比本书艰深,非学生能力所能利用,虽属重要,也只得放弃。譬如阅读某一书,需做关于史事的参考,与其教学生查《二十四史》,不如教他们翻一部近人所编的通史;再退一步,不如教他们看他们所读的历史课本。因为通史与历史课的编辑方法适合他们的理解能力;而《二十四史》本身还只是一堆材料,要在短时期间从中得到关于一件史事的概要,事实上不可能。曾见一些热心的教师给学生开参考书目,把自己所知道的,巨细不遗,逐一开列,结果是洋洋大观;学生见了一大篇的书目,唯有望洋兴叹;有些学生果真去按目参考,又大半不能理解,有参考之名,无参考之实。这就是以教师自己为本位,忽略了学生的能力的弊病。

> 9　工具书与参考书是学生自主阅读的辅助,应该让学生掌握使用工具书、参考书的方法,并使之成为一种习惯,而这个习惯在小学就应该养成。

第二，需顾到图书室的设备。教师提示的书籍，学生从图书室中立刻可以检到，既不耽误工夫，且易引起兴趣。如果那参考书的确必要，又为学生的能力所能利用，但图书室中没有，学生只能以记忆书名了事；那就在阅读上短少了一分努力，在训练上错过了一个机会。因此，消极的办法，教师提示参考书籍，应以图书室中所具备的为限；积极的办法，就得有计划地采购图书室的图书——各科至少有最低限度的必要参考书籍，国文科方面当然要有它的一份。这事很值得提倡；现在一般学校，不是因为经费不足，很少买书，就是因偶然的机缘与教师的嗜好，随便买书；有计划地为供学生参考而采购的，似乎还不多见。还有个补救的办法，就是：图书室虽没有那书籍，而地方图书馆或私家方面却有，教师不妨指引学生去借来参考。图书室中购备参考书籍，即使有复本，也不过两三本而已；一班学生同时要拿来参考，势必争先恐后，好容易拿得到手，已经浪费了许多时间。为解除这种困难，可以用分组参考的办法：假定阅读某种书籍需要参考四部书，就分学生为四组，使每组参考一部；或待相当时间之后互相交换，或不再交换，就使每组报告参考所得，以免他组自去参考。第三，指定了参考书籍，教师的事情并不就此完毕。如果那书籍的编制方法是学生所不熟习的，或者分量很多，学生不容易找到所需参考的部分的，教师都得给他们说明或指示。一方面要他们练习参考，一方面又要他们不致茫无头绪，提不起兴趣；唯有如上所说，相机帮助他们，才可以做到。

四　阅读方法指导

各书因性质不同，阅读方法也不能一致。但就一般说，总得像精读时候的预习一样，就其中的一篇或一章一节，逐句循诵，摘出不了解的处所；然后应用平时阅读的经验，试把那些不了解的处所自求解答；得到了解答，再看注释或参考书，以检验解答得对不对；如果实在无法解答，那就径看注释或参考书。不了解的处所都弄清楚了，又复读一遍，明了全篇或全章全节的大意。最后细读一遍，把应当记忆的记忆起来，把应当体会的体会出来，把应当研究的研究出来。全书的各篇或各章各节，都该照此办法。略读原所以训练阅读的优良习惯,必须脚踏实地,毫不苟且,才有效益;绝不能让学生胡乱读过一遍就算。唯有开始脚踏实地,毫不苟且,到习惯既成之后才会"过目不忘","展卷有得"。若开始就草草从事,说不定将一辈子"过目辄忘","展卷而无所得"了。还有一层,略读既是国文功课方面的工作,无论阅读何种书籍,都宜抱着研究国文的态度。平常读一本数学课本,不研究它的说明如何正确;读一本史地课本,也不研究它的叙述如何精当。数学课本与史地课本原可以在写作技术方面加以研究;因作者的造诣不同,同样是数学课本与史地课本,其正确与精当的程度,实际上确也大有高下。但是在学习数学、学习史地的立场,自不必研究那些;如果研究那些,便转移到学习国文的立场,抱着研究国文的态度了。其他功课的阅读都只需顾到书籍的内容;国文功课训练阅读,独需内容、形式兼顾,并且不把内容、形式分开来研究,而认为不可分割的两方面;经过了国文功课方面的训练,再去阅读其他功课的书籍,眼力自也增高。认清了这一层,对于选定的略读书籍,自必一律做写作技术的研究。被选定的书总有若干长处;读者不仅在记得那些长处,尤其重要的,在能看出为什么会有那些长处。同时不免或多或少有些短处,读者也需能随时发现,说明它的所以然,这才可以做到读书而不为书所蔽。——这一层也是就一般说的。

  现在再分类来说,有些书籍,阅读它的目的在从中吸收知识,增加自身的经验;那就需运用思考与判断,认清全书的要点,不歪曲也不遗漏,才得如愿。若不能抉择书中的重要部分,认不清全书的要点,或忽略了重要部分,却把心用在枝节上,所得结果就很少用处。要使书中的知识化为自身的经验,自必从记忆入手;记忆的对象若是阅读之后看出来的要点,因它条理清楚,印入自较容易。若不管重要与否,而把全部平均记忆,甚至以全部文句为记忆的对象,那就没有纲领可凭,增重心思不少的负担,结果或且全部都不记忆。<u>所以死用记忆绝不是办法,漫不经心地读着读着,即使读到烂熟,也很难有心得;必须随时运用思考与判断,接着择要记忆,才合于阅读这一类书籍的方法。</u>[10]

  <u>又如小说或剧本,一般读者往往只注意它的故事,故事变化曲折,就感到兴趣,读过以后,也只记住它的故事。</u>[11]其实凡是好的小说或剧本,故事仅是迹象;凭着那迹象,作者发挥他的人生经验或社会批判,那些才是精魂。阅读小说或剧本而只注意它的故事,便是专取迹象,抛弃精魂,绝非正办;在国文课

10 阅读"必须随时运用思考和判断",这是阅读的黄金法则。读而不思,就好比吃下了食物而未经过胃肠的消化、吸收一样,阅读最为重要的就是要能够独立思考,善于思辨,融会贯通。否则,即使书读得再多,也仅仅是"两脚书橱"或"超级搬运工"。

11 在整体阅读指导的基础上,下面作者又进行文体分类阅读指导,包括小说或剧本、诗歌、古文,这些指导在今天仍有重要的借鉴意义。

内,要培植欣赏文学的能力,尤其不应如此。精魂就寄托在迹象之中,对于故事自不可忽略;但故事的变化曲折所以如此而不如彼,都与作者发挥他的人生经验和社会批判有关,这一层更需注意。初学者还没有素养,一时当然无从着手;全仗教师给他们易晓的暗示与浅明的指导,渐渐引他们入门。穿凿附会固然要不得,但粗疏忽略同样要不得。凭着故事的节目,逐一追求作者要说而没有明白说出来的意思,才会与作者精神相通,才是阅读这一类书籍的正当方法。有些学生喜欢看低级趣味的小说之类,教他们不要看,他们虽然答应了,一转身还是偷偷地看。这由于没有学得阅读这类书籍的方法,注意力仅仅集中在故事上之故。他们如果得到适当的暗示与指导,渐渐有了素养,便将觉得低级趣味的小说之类在故事之外没有东西,经不起咀嚼,不待他人禁戒,自然就不喜欢看了。——这可以说是消极方面的效益。

又如诗集,若是个人的专集,按照着写作的年月,顺次看它意境的广大或转换,风格的确立或变易,是一种读法。按题材归类,看它对于某一类题材如何立意,如何发抒,又是一种读法。按体式归类,比较它对于某一类体式最能运用如意,倾吐诗心,又是一种读法。以上都是分析研究方面的事儿,而文学这东西,尤其是诗歌,不但需分析地研究,还得要综合地感受。所谓感受,就是读者的心与诗人的心起了共鸣,仿佛诗人说的正是读者自己的话,诗人宣泄的正是读者自己的情感似的。阅读诗歌的最大受用在此;通常说诗歌足以陶冶性情,就因为深美高妙的诗歌能使读者与诗人同其怀抱。¹²但这种受用不是没有素养的人所能得到的;素养不会凭空而至,还得从分析的研究入手。研究愈精,理解愈多,才见得纸面的文字一一是诗人心情动荡的表现;读它的时候,心情也起了动荡,几乎分不清那诗是诗人的还是读者自己的。所读的若是总集,也可应用类似前说的方法,发现各代诗人取材的异同,风格的演变;比较各家各派意境的浅深,抒写的技巧;探讨各种体式如何与内容相应,如何必须去旧而谋新,这些都是研究的事儿;唯有经过这样研究,才可以享受诗歌。我国历代,诗歌的产量极为丰富;读诗一事,在知识分子中间差不多是普遍的嗜好。但就一般说,因为研究不精,感受不深,往往不很了然什么是诗。其表现于阅读与写作方面的,几乎认为凡是五字一句,七字一句,而又押韵的文字便是诗;最近二十年通行了新体诗,又有多数人认为凡是分行写的白话便是诗了。对

12 阅读诗歌是一个审美的过程,是一个从审美感受,到审美体验,再到审美建构的过程。整个过程,都要求鉴赏者拥有一颗与诗人共鸣的"诗心",能够走进文本的深处,并以此来陶冶性情,涵养心灵,丰满人生,提升我们的文化品位和审美情趣。

于什么是诗既不能了然,哪里谈得到享受?更哪里谈得到写作?中学生固然不必写诗,但享受诗却是他们的权利;要使他们真能享受诗歌,自非在国文课内认真指导不可。

又如古书,阅读它而要得到真切的了解,必须明了古人所处的环境与所怀的抱负。陈寅恪先生作冯友兰《中国哲学史》的审查报告,中间说:"古人著书立说,皆有所为而发;故其所处之环境,所受之背景,非完全明了,则其学说不易评论。而古代哲学家去今数千年,其时代之真相,极难推知。吾人今日可依据之材料,仅为当时所遗存最小之一部;欲借此残余断片,以窥测其全部结构,必须备艺术家欣赏古代绘画雕刻之眼光及精神,然后古人立说之用意与对象,始可以真了解。所谓真了解者,必神游冥想,与立说之古人,处于同一境界,而对于其持论所以不得不如是之苦心孤诣,表一种之同情,始能批评其学说之是非得失,而无隔阂肤廓之论。否则数千年前之陈言旧说,与今日之情势迥殊,何一不可以可笑可怪目之乎?"这里说的是专家研究古代哲学应持的态度,并不为中学生而言;要达到这种境界,必须有很深的修养与学识,一般知识分子尚且不易做到,何况中学生?但指导中学生阅读古书,不可不酌取这样的意思,以正他们的趋向——尽浅不妨,只要趋向正,将来可以渐求深造。否则学生必致辨不清古人的是非得失,或者一味盲从古人,成个不通的"新顽固";或者一味抹杀古人,骂古人可笑可怪,成个浅薄的妄人。这岂是教他们阅读古书的初意呢?所谓尽浅不妨,意思是就学生所能领会的,给他们适当的指导。[13]如读《孟子·许行章》"或劳心,或劳力;劳心者治人,劳力者治于人;治于人者食人,治人者食于人;天下之通义也"一节,若认孟子这个话为天经地义,而说从前君主时代竭尽天下的人力物力以供奉君主是合理的,现代的民权思想与民主政治是要不得的,这便是糊涂头脑。若以孟子这个话为胡言乱语,而说后代劳心者与劳力者分成两个阶级,劳心阶级地位优越,劳力阶级不得抬头,都是孟子的遗毒,这也是偏激之论。要知道孟子这一章在驳许行的君臣并耕之说,他所持的论据是与许行相反的"分工互助"。劳力的百工都有专长,劳心的"治人者"也有他的专长,各出专长,分任工作,社会才会治理;这是孟子的政治理想,与现代所谓"专家政治"相近。时代到了战国,社会关系渐趋繁复,许行那种理想当然行不通。孟子看得到这一点,自是他的识力。要怎样才是他理

13 "尽浅不妨"的做法,其实就是要尊重学生的理解实际,这也是"以学生为本"的思想在具体阅读指导中的体现。

想中的"治人者"？看以下"当尧之时"一大段文字便可明白，就是：像尧舜那样一心为民，干得有成绩，才算合格。这是从他"民为贵"的根本观点而来的，正因"民为贵"，所以为民除疾苦，为民兴教化的人是"治人者"的模范。于此可见他所谓"治人者"，至少含有"一心为民，干政治具有专长的人"的意思，并不泛指处在君位的人，如古代的酋长或当时的诸侯。至于"食人""食于人"，在他的意想中，只是表示互助的关系而已，并不含有"注定被掠夺""注定掠夺人家"的意思——如此看法，大概近于所谓"了解的同情"，与前面说起的糊涂头脑与偏激之论全然异趣。这未必深奥难知，中材的高中二、三年生也就可以领会。若多做类似的指导，学生自不致走入泥古诬古的歪路了。

五　问题指导

无论阅读何种书籍，要把应当记忆的记忆起来，把应当体会的体会出来，把应当研究的研究出来，总得认清几个问题——也可以叫作题目。如读一个人的传记，那个人的学问、事业怎样呢？或读一处地方的游记，那地方的自然环境、社会情形怎样呢？都是最浅近的例子。心中存着这些问题或题目，阅读就有了标的，辨识就有了头绪。又如阅读《爱的教育》，可以提出许多问题或题目：作为书中主人翁的那个小学生安利柯，他的父亲常常勉励他，教训他，父亲希望他成个怎样的人呢？书中写若干小学生，家庭环境不同，品性习惯各异，品性习惯受不受家庭环境的影响呢？书中很有使人感动的地方，为什么能使人感动呢？诸如此类，难以说尽。或阅读《孟子》，也可以提出许多问题或题目：孟子主张"民为贵"，书中的哪些篇章发挥这个意思呢？孟子的理想中，把政治分为王道的与霸道的两种，两种的区别怎样呢？孟子认为"王政"并不难行，他的论据又是什么呢？诸如此类，难以说尽。这些是比较深一点的。在善于读书的人，一边读下去，一边自会提出一些问题或题目来，作为阅读的标的，辨识的头绪；或当初读时候提出一些，到重读时候另外又提出一些。教学生略读，当然希望学生也能如此；但学生习惯未成，功力未到，恐怕他们提不出什么，只随随便便地胡读一阵了事，就有给他们提示问题的必要。对于一部书，可提出的问题或题目,往往如前面说的,难以说尽;提得太深了,学生无力应付,提得太多了,学生又无暇兼顾。因此,宜取学生能力所及的,分量多少又得顾到他们的自修时间。[14] 凡所提示的问题或题目,不只教他们"神游冥想",以求解答;还要让他们利用所有的凭借,就是序目、注释、批评及其他参考书。在教师所提示之外,学生如能自己提出,当然大可奖励。但提得有无价值,得当不得当,还需由教师加以注意与指导。为养成学生的互助习惯与切磋精神起见,也可分组研究;令每组解答一个问题或题目,到上课时候报告给大家知道,再听同学与教师的批判。

以上说的,都是教师给学生的事前指导。以后就是学生的事情了——按照教师所指导的去阅读,去参考,去研究。在这一段过程中,学生应该随时做笔记。说起笔记,现在一般学生似乎还不很明白它的作用;只因教师吩咐要做笔记,他们便在空白本子胡乱写上一些文字交卷。这种观念必须纠正。要让他们认清:笔记不是教师向他们要的赋税,而是他们修学读书不能不写的一种记录。参考得来的零星材料,临时触发的片段意思,都足以供排比贯穿之用,怎能不记录?极关重要的解释与批评,特别欣赏的几句或一节,就在他日还值得一再检览,怎能不记录?研究有得,成了完整的理解与认识,若不写下来,也许不久又搅忘了,怎能不记录?这种记录都不为应门面,求分数,讨教师的好;而只为于他们自己有益——必须这么做,他们的修学读书才见得切实。从上面的话看,笔记大概该有两大部分:一部分是碎屑的摘录;一部分是完整的心得——说得堂皇一点,就是"读书报告"或"研究报告"。对于初学,当然不能求其周密深至;但敷衍塞责的弊病必须从开头就戒除,每抄一条,每写一段,总得让他们说得出个所以然。这样成了习惯,终身写作读书笔记,便将受用无穷,无论应付实务或研究学问,都可以从笔记方面得到许多助益。而在上课讨论的时候,这种笔记便是参加讨论的准备;有了准备,自不致茫然无从开口,或临时信口乱说了。[15]

学生课外阅读之后,在课内报告并讨论阅读一书某一部分的实际经验;待全书读毕,然后作关于全书的总报告与总讨论,这在前面已经说过。那时候教师所处的地位与应取的态度,《精读指导举隅》曾有提到,不再多说。现在要

[14] 读书,用特级教师李镇西的话说,关键是要"读到'自己',读出'问题'",但这绝不是一蹴而就之事,需要教师的指导、培养和训练。

[15] 这里提出了两种类型的笔记,一种是摘录性笔记,一种是思考性笔记。两种笔记,互为补充,长期坚持,对提高学生的阅读能力大有裨益。

说的是关于成绩考查的事儿。教师指定一本书教学生阅读，要他们从书中得到何种知识或领会，必须有个预期的标准；那标准便是判定成绩的根据。完全达到了标准，成绩很好，固然可喜；可是，如果达不到标准，却不该给他们一个不及格的分数就此了事，其时教师必须研究学生所以达不到标准的原因——是教师自己的指导不完善呢，还是学生的资质上有缺点，学习上有疏漏？——竭力给他们补救或督促，希望他们下一次阅读时成绩较好，能渐近于标准。一般指导自然愈完善愈好；对于资质较差、学习能力较低的学生的个别指导，尤需有丰富的同情与热诚。总之，教师在指导方面多尽一分力，无论优等的次等的学生，必可在阅读方面多得一分成绩。单是考查，给分数，填表格，没有多大意义；为学生的利益而考查，依据考查再打算增进学生的利益，那才是教育家的存心。

以上说的成绩，大概指了解、领会以及研究心得而言。但还有一项，就是阅读的速度。处于事务纷繁的现代，读书迟缓，实际上很吃亏；略读既以训练读书为目标，自当要求他们速读，读得快，算是成绩好，不然就差。不用说，阅读必须以精细正确为前提；可是既（然）能精细正确，是否敏捷迅速，却是判定成绩时候应该注意的。[16]

16　这一提法很有预见性，今天的阅读实际和阅读需求，不是很好地印证了这一点吗？

与学者对话

一、下面是几位语文名家关于略读指导的经典论述,研读后谈谈你的看法。

1. 孟宪承:略读的教材,怎么样教学呢?《课程纲要》上定为大半由学生自修,只有一部分在上课时间讨论。"讨论"两字,太含糊了。这种课外的阅读,事先要有适当的指导,事后要有切实的考查。指导的事项,包括(1)读什么书?(2)怎样读法(计划和方法)? (3)有什么特别意义要指示的? (4)有什么特别困难要讨论或说明的?考查的方法,则或令学生作阅书画记,或由学生在上课时轮流提出口头报告。而我们的目的,既在养成阅读的能力,则所谓阅读的能力,尤不可不明白确定它是什么,然后再问用什么方法去养成。[孟宪承. 初中国文之教学[J]. 新教育,1924,9(1-2).]

2. 张文昌:前根本问题所说之补充读物即为略读,唯前者注重材料,后者注重方法。方法如何,请言于后。

(甲)分组——用测验或按平日成绩,分为有略读与无略读(当然是少数)两组。有略读者应将可读之数目列出,让学生自检一种,择其书相同者为一组,列表公布,同组之人共互相合作(此略读时间需有至多与至少限定)。

(乙)集会——只学生自读而无教师指导,又何贵乎教育?故宜定一定时间,师生相聚于一堂,是种集会可名之曰读书会,以各人之疑问、心得、新见解、等等,互相讨论,教师为指导。

(丙)笔记——笔记为自修之利器,自来中西古今大儒莫不有此,故略读者必须有笔记,每月交一次,其格式方法,教师需先示知。

如此读法,最多一学期或一学年,一部或二部,如此乃有进益。[张文昌. 中国国文教学的几个问题和实际问题[J]. 新教育评论,1927,3(8).]

3. 叶苍岑:在略读方面,我们切不可误解了这个"略"字。虽说略读,对于所读的书籍(或篇)也必须了解清楚。如作者身世、全书(或篇)大意,书(或篇)中所包含的问题,以及时代背景等等,都必须了解清楚。工具书籍和参考材料要尽量利用,并需作读书札记,如读一遍还不能了解,应再行重读,直至了解清楚后而已。要知道略读绝不是走马看花般草草读过的意思。草草读过,有时不但不能正确地了解,反而会发生误解,贻害无穷,还不如不读呢。[叶苍岑. 对中学新生谈国文教学[J]. 国文杂志,1942,1(2).]

二、下面是当代一些学者关于略读指导的论述,研读后谈谈你的看法。

1. 陈钟梁:我们既要指导学生根据自己的具体经验去认识一个抽象的概

念,又要指导学生善于在已经形成的概念的基础上去认识新的具体事物,促使概念向更高的水平发展,这就是带着探索的眼光去阅读的心理基础。那种把略读课仅仅作为解释词语、划分段落、归纳主题的做法,之所以使学生感到厌烦,就在于不能满足青少年学生阅读的需要。因此,往往出现一种反常现象,有的学生阅读课外书籍简直到了废寝忘食的地步,可是却没有兴趣参加语文课的阅读活动。略读课的指导应当重视阅读者的心理特征与心理表现。[陈钟梁.应当重视略读课[J].教育科研情况交流,1984(1).]

2. 刘名然:阅读教学遵从整体原则才是上策。首先略读,抓到文章的梗概,主要人、事、物或观点。然后逐段研究,分析其内在联系,最后又综合起来。正如刘勰在《文心雕龙·章句》中讲的那样,"搜句忌于颠倒,裁章贵于顺序";"章句在篇,如茧之抽绪,原始要终,体必鳞次。启行之辞,逆萌中篇之意,绝笔之言,追媵前句之旨,故能外文绮交,内义脉注,跗萼相衔,首尾一体"。读文章同写文章一样,都要有整体观念,从整体上搞清各个部分,分析每一个部分又注意最终建立整体结构。这样,学生学到的才是系统的而不是孤立的知识。略读先行,有利于贯彻整体原理,发挥整体功能,把字、词、句教学与篇章的教学有机地结合起来。这对于我们改进阅读教学,加强略读训练,提高精读效益,是很有启示的。[刘名然.论略读[J].江西教育科研,1984(1).]

3. 沈大安:阅读教学应当突出阅读能力取向,略读课文教学应该突出略读能力的培养。我以为,略读课教学有三个关键词,那就是"粗略""应用""自主"。"粗略"是抓大放小,在课文的阅读上有所侧重;"应用"是把在精读课文中学到的知识和能力迁移运用到略读课文的阅读中来;"自主"是教师更加放手,学生阅读的自主性更强,在阅读中体现和发展个性。[沈大安.略读课文我们到底该怎么教[J].课程·教材·教法,2009(7).]

我思故我言

我思故我言

《孟子》指导大概

阅读《孟子》，可取两种本子。一种是宋代朱熹的《孟子集注》，一种是清代焦循的《孟子正义》。[1] 两种都有商务印书馆的《国学基本丛书》本（《孟子集注》与《大学章句》《中庸章句》《论语集注》合称《四书章句集注》）；中华书局也有；又，这四种是宋代以来至今通行的读本，各地都有木刻本，后一种又有世界书局的《诸子集成》本，定价不高，而且容易买到。《四书章句集注》是朱熹一生心力所萃，其发挥处表示宋学的精神——宋学指宋代的道学，也就是现代所谓哲学。朱熹是宋代的大哲学家，他注这四部儒书，实即发挥二程（程颢、程颐）与他自己对于儒家思想的认识，所以表示宋学的精神。他的训诂考证虽不免有粗疏阙略之处，还待后来好些专家给他正补；但就一般说，简单扼要，篇幅不多，便于省览。《孟子正义》是依据后汉赵岐《孟子章句》的注，逐一给它作详密的疏，所采清代顾炎武以下六十余家之说；"于赵氏之说或有所疑，不惜驳破以相规正；至诸家或申赵义，或与赵殊，或专翼孟，或杂他经，兼存备录，以待参考。"（见《孟子篇叙》篇末疏中）这是集大成的工作，一般批评都说它当得精博两字。但篇幅繁多，训诂考证又偏于专门，初学者未必能够消化。现在不妨把《孟子集注》作为大家案头阅读的本子，而从阅书室中检出一部《孟子正义》来，供偶尔的参考；能力较强、素养较深的同学，自可会看《正义》。[2]

---

[1] 先从"版本指导"入手，呼应了作者在略读指导中提出的"能够抉择好本子，那是受用无穷的"。

[2] 介绍中学生读古书，用了传统做研究的入门方法。从文献学的角度，先介绍应选的版本，又指出各自特点，提出不同要求：《孟子集注》是必读，而《孟子正义》供学养较深的学生进一步研修。

批注	
3 接下来，对参考书籍进行指导。请大家注意叶老推荐的四本参考书，涉及历史的、哲学的、语言的，既有一定的广度，也有一定的深度和高度，同时，又接通了大学，如此训练下去，怎能不提高学生的阅读能力？同时，作者推荐的参考书，又大多是现代人编辑的，阅读上"省力"，理解上"亲切"，适合学生的程度。我们今天对学生的课外阅读指导是否能做到如此呢？	参考书不拟多举，只提以下四种。³一是历史课内所用的本国史课本。要读《孟子》，不可不明了孟子所处的时代；关于这一点，无论何种本国史课本，多少总有述及。二是冯友兰的《中国哲学史》（商务印书馆本）。这部书的第六章讲孟子思想极简要。阅读古代所谓诸子，必然牵涉思想问题，这就关系到哲学。哲学不一定微妙难知；就简单方面说，只是哲学家所抱的一种见解，"持之有故，言之成理"而已。所以，国文课内的阅读，也可取关于哲学的书籍来做参考。三是钱穆的《论语要略》（商务印书馆本）。这是一本研究《论语》也就是研究孔子的书；孟子自负继承孔子，他的思想与孔子最密切，理解《论语》当然可以帮助理解《孟子》。但所以提出这本书，尤其重要的，在它的方法。《论语》只是散乱地记述孔子的言行，这本书却从其中采辑相关的资料，分题研究；因为材料是本身的，排比在一起，其结论也就显然可知，没有穿凿附会的弊病：这种研究方法，对于《孟子》也极为合式。四是裴学海的《古书虚字集释》（商务印书馆本）。《孟子》一书，虽与后代的文言相差不远，但还有若干虚字，是后代文言所不常用的。这种虚字的训释，《孟子正义》收集得很齐备；恐怕一般同学无力看《正义》，所以提出这一本书。其体例与字典相似；对于每一个虚字，从实例中归纳出若干训释来，在每一个训释之下，就列举古书中的那些例句。只是各字的排列次第，与寻常字典不同；它不依各字的形体，按部首排列，而依各字的声音，按音母编次。起初使用它，不免感觉不便；但音母实在并不难辨，少加注意，渐即熟悉，若是记得注音符号注音的人，一经指点便明白了。——以上所举，除第一种外，通常认为大学适用的；拿来给高中同学参考，似乎是躐等。但所谓某种书适宜于某种程度的读者，原是大概的说法；高中二、三年的同学，距离大学的阶段已经不远，若能多努力，多用心，便是大学用书，又何尝不可参考？况且这三种书都是现代人编撰的，条理明白，文字流畅，比较参考从前人编撰的书，阅览上可以省力不少，理解上也有亲切之感。这是提出它们来的又一层理由。
4 下面两节文字着重论述《孟子》艺术的地位和价值，说明阅读此书的意义。	《孟子》一书，记载孟子一家的思想言论，与《荀子》《庄子》等书同类，应当归入"子"部。⁴《汉书·艺文志》《隋书·经籍志》《旧唐书·经籍志》都把它列在儒家，正是认孟子为诸子之中的一家。但是到了宋代，《孟子》一书却被

选拔出身,升到了"经"部。清代何绍基《东洲草堂诗集》中有《寄题丁俭卿新获嘉祐二体石经册》七言古诗一首,题目下记道:"丁俭卿舍人凡新得宋嘉祐二体石经三百七十余纸,为《易》《书》《诗》《春秋》《礼记》《周易》《孟子》七经。《玉海》等书述汴石经,不言有《孟子》。表章亚圣,自此刻始。是足补史志之阙。"以前的石经不收《孟子》,这嘉祐石经却收了,可见把《孟子》归入经部是从宋仁宗时候开始的。而南宋陈振孙作《直齐书录解题》,把《孟子》列入经类,是目录家对《孟子》移易观点的开头。"经"字原指六艺(《诗》《书》《乐》《礼》《易》《春秋》)而言(这样用得最早的,当推《礼记》中的《经解》)。六艺都是孔子以前的旧籍。孔子教人,这些就是他的教科书。他教的时候,也许加点儿选择,又或随时引申,算是他的讲义。后来人所说孔子删正六经,情形大概如此。孔子以后的儒家效法孔子,继续用六艺教人,而他家却只讲自己的思想学说,不讲旧籍,因此,六艺就似乎是儒家所专有。到汉武帝时候,罢黜百家,专尊儒术,立《诗》《书》《礼》《易》《春秋》于学官(或说《乐经》其时已亡失,或说乐本没有专书),定名为《五经》;于是"经"字开始含有特别高贵的意味。唐代以三体(《仪礼》《礼记》《周礼》)三传(《左传》《公羊传》《穀梁传》)合《诗》《书》《易》为九经。唐文宗开成年间,在国子学刻石,又把《孝经》《论语》《尔雅》加进去,为十二经。到了宋代,如前面所说,《孟子》又被加进去,便成十三经。现在用平心的看法,经部书实是在就是儒家的书:孟子虽是诸子之中的一家,但如陈振孙所说,"自韩文公称'孔子传之轲,轲死不得其传',天下学者咸曰孔孟,孟子之书,固非荀杨以降所可同日语也",那么被列入经部确是应该的。

《孟子》又是《四书》之中的一部。朱熹取《礼记》中的《大学》《中庸》两篇,以配《论语》《孟子》,为作章句集注,定名为《四书》。他在《大学章句》的开头记道:"子程子曰:《大学》,孔氏之遗书,而初学入德之门也。于今可见古人为学次第者,独赖此篇之存。而《论》《孟》[1]次之。学者必由是而学焉,则庶乎其不差矣。"他的《中庸章句序》说:"《中庸》何为而作也?子思子忧道学之失其传而作也。……若吾夫子,则虽不得其位,而所以继往圣,开来学,其功反有

---

[1] 即《论语》《孟子》,后同。——编者

贤于尧舜者。然当是时，见而知之者，惟颜氏曾氏之传得其宗。及曾氏之再传，而复得夫子之孙子思；则去圣远而异端起矣。子思惧夫愈久而愈失其真也，于是推本尧舜以来相传之意，质以平日所闻父师之言，更互演绎，作为此书，以诏后之学者。"可见他编辑《四书》，宗旨在供给研究道学的人一套有系统的教科书。他的意思，先读《大学》，懂了为学次第，才可以尽《论》《孟》的精微；对于《论》《孟》既能融会贯通，再读《中庸》，才可以穷道学的旨趣（现在《四书》次第，《中庸》在《大学》之后，乃以篇幅多少排列，并非朱熹的原意）。这套教科书，元仁宗延祐年间开始据以取士，明代清代因仍不改，凡读书的人必须诵习，势力最为广遍。因此，《四书》几乎成为知识分子的常识课本，无论习行方面、思想方面、言语方面，都不免与它发生关系。现在读《孟子》，这一层也是应该知道的。[5]

《孟子》一书，汉人都以为孟子自作。司马迁《史记·孟子荀卿列传》里说："孟轲……游事齐宣王，宣王不能用。适梁，梁惠王不果所言，则见以为迂远而阔于事情。……所如者不合。退而与万章之徒序《诗》《书》，述仲尼之意，作《孟子》七篇。"赵岐《孟子题辞》里说："孟子闵悼尧舜汤文周孔之业，将遂湮微……于是则慕仲尼，周流忧世，遂以儒道游于诸侯，思济斯民。由不肯枉尺直寻，时君咸谓之迂阔于事，终莫能听纳其说。……于是退而论集所与高弟弟子公孙丑、万章之徒难疑问答，又自撰其法度之言，著书七篇。"这都说孟子如现在的教师一样，自编讲义，自订学生所作的笔记，集合起来，成为一部学术讲录；到唐代韩愈，始以为其书出于弟子之手。韩愈《答张籍书》里说："孟轲之书，非轲自著；轲既殁，其徒万章、公孙丑相与记轲所言焉耳。"这是说《孟子》一书只是学生的笔记集，孟子自己并没有动笔。后人给后一说找证据，提出两点。一点是：《孟子》书中，对于孟子所见诸侯大都称谥，而诸侯之中，有可断言死在孟子之后的（如鲁平公），孟子绝不能预知他死后的谥；可证其书并非孟子自作。又一点是：《孟子》书中，对于孟子弟子大都称"子"，这是尊称，非师对弟子所宜用；可证其书并非孟子自作。对于前一点，有人解释说，书是孟子自己所作，但后来经弟子编定；当编定的时候，于当时诸侯，就其可知的，一律加谥，以便识别。对于后一点，有人解释说"子"是男人的通称，不一定是尊称，师对弟子也常用；在《孟子》书中，就有"子诚齐人也""我明语子"的话，都是孟子称他的

[5] 这里介绍四种参考书籍，本书"前言"："参考书籍，包括关于文字的音义，典故成语的来历等所谓工具书，以及与所读书有关，必须借彼而后明此的那些书籍而言"。裴学海的《古书虚字集释》为理解《孟子》一书语言必备的工具书，本国史课本、冯友兰的《中国哲学史》和钱穆的《论语要略》是为理解《孟子》一书的思想和内容所需的参考书。

弟子可以为证。前一解释是可能的,后一解释是确凿的;但只能证明那两证据不很坚强,并不能就此证明《孟子》书确系自作。大概自作的确据是找不到的;清代阎若璩《孟子生卒年月考》里说:"《论语》成于门人之手,故记圣人容貌甚悉;七篇成于己手,故但记言语或出处耳。"也只是想象之辞。不记容貌,岂便是自作的确据?现在只能信从较古且较可靠的材料,如朱熹一样,认为"《史记》近是"(见《孟子集注》卷注首的《孟子序说》)。<u>但有一点可以断言的,就是:无论是孟子自作或弟子所记,其编撰工作总之出于一人之手,不像大多数的子书那样,是一派中的前后许多学者的著作的结集。</u>⁶ 这从文字方面看,便可以知道。朱熹说:"《论语》多门弟子所集,故言语时有长长短短不类处;《孟子》疑自著之书,故首尾文字一体,无些子瑕疵,不是自下手,安得如此好?若是门弟子集,则其人亦甚高。"(《朱子语类》)首尾文字一体,读过《孟子》的人都有这种感觉;若不是出于一人之手,怎能一体呢?朱熹答人疑问,又说:"熟读七篇,观其笔势,如熔铸而成,非缀缉所就也。"(宋代王应麟《困学纪闻》引)非缀缉所就,也说明出于一手的意思。还有一层,私人著作的古书,据现在所知,最早是《论语》。《论语》是记言体,极为简约。及到《孟子》《庄子》等书,便由简约的记言进而为铺排的记言,更有设寓的记言;这是战国诸子文体的初步。此后乃有不用记言体而据题抒论的,如《荀子》书中的一部分;这是战国诸子文体演进的第二步(以上冯友兰《中国哲学史》引傅斯年说)。这也是文学观点上的话;<u>要把《孟子》与其他子书比较,应先有这样的概念。</u>⁷

现在的《孟子》凡有七篇,是赵岐作《孟子章句》以后的本子。以前所传的《孟子》却有十一篇。赵岐《孟子题辞》里说:"又有《外书》四篇——《性善》《辩文》《说孝经》《为政》,其文不能宏深,不与《内篇》相似;似非《孟子》本真,后世依放而托也。"后来传《孟子》的都依据赵本,《外书》四篇于是亡失。但他书中称引《孟子》的话,为七篇中所没有的,现在还可以见到。清代顾炎武《日知录》里说:"《史记》《法言》《盐铁论》等所引《孟子》,今《孟子》书无其文,岂俱所谓《外篇》者邪?"大概是不错的。至于七篇编排的次序,赵岐以为具有意义的。他在《孟子篇叙》里说:"孟子以为圣王之盛,惟有尧舜,尧舜之道,仁义为上;故以梁惠王问'利国',对以'仁义'为首篇也。仁义根心,然后可以大行其政;故次之以公孙丑问管、晏之政,答以曾西之所羞也。政莫美于反古之

6 这里介绍关于《孟子》作者的学术争议,旨在培养学生读书时的问题研究意识。本书"前言""问题指导"一节说:"无论阅读何种书籍,要把应当记忆的记忆起来,把应当体会的体会出来,把应当研究的研究出来,总得认清几个问题——也可以叫作题目"。

7 学生需了解《孟子》成为经书历史的演变和《孟子》相关的经学史背景。

道,滕文公乐反古;故次以文公为世子,始有从善思礼之心也。奉礼之谓明,明莫甚于离娄,故次以离娄之明也。明者当明其行,行莫大于孝;故次以万章,问舜往于田号泣也。孝道之本,在于情性;故次以告子论情性也。情性在内,而主于心;故次以尽心也。尽己之心与天道通,道之极者也;是以终于尽心也。"这样从散乱之中看出个条理来的办法,大概模仿《易经》的《序卦》,说得通时,未尝不新奇可喜。但这完全依据主观,只是读者的一种看法,绝非作者当时编排的原意。现在不用主观的眼光,那么,《孟子》每篇中的各章以及七篇的次序,只能说是大概以类相从,从政治、经济的实迹方面进到心性存养的抽象方面。《梁惠王篇》《滕文公篇》中,大都是与当时诸侯及人物的谈话;《万章篇》中,大都谈尧舜禹汤以及孔子的故事;《离娄篇》《尽心篇》中,汇集许多短章:所以说他大概以类相从。在前面的几篇中,谈政治、经济的话居多,一贯的宗旨在阐明"王政";到第六篇《告子》,却有许多章发挥对于"性"的见解,第七篇《尽心》开头一章便说尽心知性,所以说他大概以政治、经济的实迹方面进到心性存养的抽象方面。而第七篇《尽心》的末了一章,说从尧舜到孔子,每"五百有余岁"而有"知"道的圣人出世;以下接说孟子自己所处的时地:"去圣人之世,若此其未远也;近圣人之居,若此其甚也。"结末说:"然而无有乎尔,则亦无有乎尔!"叹息没有人继孔子而起,隐然以继承孔子之业为己任。这一章表明自家宗旨,于他书的"自叙"性质相近;编在末了,却不能说它没有意义。总之,《孟子》书的编排,并没有严密的逻辑的次序,所以不必按着次序一章章地读;<u>为充分了解起见,还是颠乱了次序,把相离的各章(如论"王政"的各章、阐明"民为贵"的各章)作一次读,来得有益。</u>[8]

孟子的出处,《史记·孟子荀卿列传》记载得很略;生卒也不详。<u>后来经许多人的考证,其说互有异同。</u>[9]大概他先事齐宣王,后见梁惠王、梁襄王,又事齐宣王;年寿很高,在八十岁以上,卒于距今二千二百三十年前后。他那时代是所谓战国之世。我国古代,从春秋到汉初,是社会组织的大改变时期。在春秋以前,社会上划分两个阶级,一是贵族,一是庶人。贵族之中又有层层阶级,都握有政治权与经济权,而且世代相袭;庶人只是贵族的奴仆,平时替贵族服种种劳役,战时便替贵族打仗拼命。这在当时人的意念中,认为当然之事,故而大家相安过去。可是到了春秋之世,贵族阶级开始崩坏了。其时诸侯上僭

---

8 学生应了解《孟子》各篇的流传和书的编排,也可以借此确定读《孟子》一书的顺序。古书序言一般放在最后,孟子最后一章《尽心》篇有"自序"性质,根据"前言"所介绍的方法,读全书内容前,应先读"序言",所以此章可提前读。但总体上,《孟子》的编排没有严密的逻辑顺序,所以可以相关主题为线,颠倒次序来读。

9 联系作者的生平和所处时代,这也是我们走进作品深处、深入理解作品的"钥匙"。

于天子,卿大夫上僭于诸侯,陪臣也上僭于卿大夫;贵族阶级不能各自守其阶级的制限,本身就大乱起来。同时庶人崛起而为大地主、大商人,他们有了经济上的势力,也便有政治上的势力,足以威胁贵族。这是个全新的局面,以前不曾有过。有心人遇到了,自然要精思深虑,求得一个有条理的理论,以为自己及他人应付这新局面的标准。所谓诸子书,就是这样来的;诸子都是处在新局面中的有心人。社会组织的大改变,到汉代渐渐停止,对于由自然趋势产生出来的新制度,大家又能相安;于是诸子也就没有了。以上说明我国古代特别有"诸子争鸣"这个现象的原因。再说处在新局面中的有心人,孔子是最早的一个;他却是拥护旧制度的。冯友兰《中国哲学史》里说:"在一社会之旧制度日即崩坏之过程中,自然有倾向于守旧之人,目观'世风不古,人心日下',逐起而为旧制度之拥护者,孔子即此等人也。不过在旧制度未摇动之时,只其为旧之一点,便足以起人尊敬之心;若其既已动摇,则拥护之者,欲得时君世主及一般人之信从,则必说出其所以拥护之之理由,与旧制度以理论上的根据。此种工作,孔子已发其端,后来儒家者流继之。""为旧制度之拥护者","与旧制度以理论上的根据",这两语说明了孔子的精神,也就是儒家的精神;现在读《孟子》书,应当特别记住。孟子距离孔子一百多年,其时思想界情形,与孔子时候有所不同。在孔子时候,还没有其他有势力的学派,与孔子对抗;及到孟子时候,思想派别,已极复杂。他唯恐"孔子之道不著"(《滕文公下》"外人皆称夫子号辩章"),所以对于他派的学说,尽力攻击;除他自己明说的"距杨墨"(同在前章)以外,又驳斥"为神农之言者许行"(《滕文公上》"许行章"),崇拜公孙衍、张义的景春(《滕文公下》"公孙衍、张仪章")、讥讽他的淳于髡(《离娄上》"男女授受不亲章"、《告子下》"先名实者为人也章"),主张薄税自夸有水利经验的白圭(《告子下》"吾欲二十而取一章""丹之治水也愈于禹章")等人的主张或议论;对于法家、名家、阴阳家、兵家等,也都有反对的论调("省刑罚"——《梁惠王上》"晋国天下莫强焉章";抵拒法家言,"生之谓性也,犹白之谓白欤?"——《告子上》"生之谓性章";抵抗名家言,"天时不如地利"——《公孙丑下》"天时不如地利章";抵抗阴阳家言、抵抗兵家言的篇章尤其多,这里不列举了)。《孟子》书几乎是一部辩论集,这是孟子所处的时代使然。而他辩论的一贯精神,只是拥护旧制度,"与旧制度以理论上的根据"。[10]

[10] 读《孟子》需了解孟子其人。《孟子·万章下》:"颂其文,读其书,不知其人,可乎?"

| 11 接下来谈孟子的政治见解和思想主张。

孟子以为旧时的政治、经济制度都是要得的,他把它称为"仁政"或"王政"或"王道";而当世的各国纷争,民生困苦,全由于诸侯不能行那种"仁政",一般"游事诸侯"发言立说的人不懂得那种"仁政"。[11] 在事实上,旧时的政治、经济制度只是自然趋势的产物,不一定含有什么道理;可是,他要把它作为当世的标准,自当说出道理来。这种道理是他想象出来的,推论出来的,不尽是旧制度的本真;用现在的说法,是他个人的"心得",而不是"客观的叙说";他讲尧舜禅让(《万章上》"尧以天下与有诸章"),井田制度(《滕文公上》"滕文公问为国章"),以及解释故事,称引《诗》《书》,无不如此。"仁政"为什么要得?因为王者"以德行仁"(《公孙丑上》"以力假仁者霸章"),一切施为都为民众着想,顾到民众的全部利益。民众为什么这样怠慢不得?因为"民为贵"(《尽心下》"民为贵章")。他用这些道理来解释旧制度。这些道理其实是他的新理论。在孔子并不看轻霸者,对于齐桓公与管仲,曾经深表赞美(《论语·宪问篇》);孟子却不惜说得歪曲一点,"仲尼之徒,无道桓文之事者"(《梁惠王上》"齐桓晋文之事章"),而把政治分为"王""霸"两种,贵王而贱霸。在孔子主张正名,只说"君君,臣臣,父父,子子"(《论语·颜渊篇》),处什么地位的人各尽他应尽的本分;孟子却更进一步,说"贼仁者谓之贼,贼义者谓之残,残贼之人,谓之一夫;闻诛一夫纣矣,未闻弑君也"(《梁惠王下》"汤放桀章"),不尽君的本分的人简直不是君,不妨诛灭他。从他"民为贵"与"仁政"为民的观点,自不得不达到这样的结论。孔子自称"述而不作"(《论语·述而篇》);孟子师法孔子,也是述而不作。其实他们并非不作,并非没有自己的新见解;只是以述为作,在称说古制,传述旧闻的当儿,就将自己的新见解参和其中而表达出来。孔子把《春秋》的"书法"归纳为"正名"两字,孟子把旧时的政治、经济制度描写成为民的"仁政";从他们依据旧材料之点来说,那是"述";从他们将旧材料理论化之点来说,便是"作"了。儒家给予后代的影响,在其"述"的方面小,在其"作"的方面大;换句话说,古制与旧闻的本身,对后代并没多大影响,其影响后代极大的,乃是儒家对古制与旧闻所加的理论。自从孟子把政治分为"王""霸"两种,直到如今,谈政治的人的心目中常常存着这种区别,无论国体是什么,政体是什么,总觉得"王道"是值得仰慕的,"霸道"是不足齿数的:可见孟子影响后代的大了。

"仁政"为什么必须施行？又为什么能够施行？这是孟子所必须说明的。他主张"仁政"，目的原在遏止当世的纷乱，解除民生的困苦；用现在的说法，他抱着一腔救世的热诚。若不说明这两点，怎能得到人家的信从？若不能得到人家的信从，又怎能达到他的目的？他说明这两点，把根据完全放在人的心理方面。他说："人皆有不忍人之心。先王有不忍人之心，斯有不忍人之政矣。以不忍人之心，行不忍人之政，治天下可运之掌上。"（《公孙丑上》"人皆有不忍人之心章"）。"人皆有不忍人之心"，社会纷乱，民生困苦，是"不忍人之心"所难堪的；所以"仁政"必须施行。这种心是人人皆有的，只要根据了这种心，发挥出来便是"不忍人之政"，便是"仁政"；所以"仁政"能够施行——非但能够施行，而且容易得很，一定办到，"可运之掌上"。他因齐宣王不忍见一条牛"觳觫而就死地"（《梁惠王上》"齐桓晋文之事章"），便断定他可以"保民而王"，意思就是如此。这可以说，他要说明他的政治见解才有他的心理见解，也可以说，他根据他的心理见解才有他的政治见解；总之，他的政治见解与心理见解是一贯的。在心理见解方面，他发挥得更为深广。<u>因"人皆有不忍人之心"，自然见得人性都善。从性善之说推行开来，便构成了他关于修养方面以及崇高人格的一套理论。</u>[12]

　　孟子说："所以谓人皆有不忍人之心者，今人乍见孺子将入于井，皆有怵惕恻隐之心；非所以内交于孺子之父母也，非所以要誉于乡党朋友也，非恶其声而然也。"（《公孙丑上》"人皆有不忍人之心章"）怵惕恻隐之心就是现在所谓的同情心，并无所为，而自然流露。以下接着说："由是观之，无恻隐之心，非人也。无羞恶之心，非人也。无辞让之心，非人也。无是非之心，非人也。"对于羞恶、辞让、是非之心，没有如对于恻隐之心那样举出例证；但他的意思，必以为这三种心也是并无所为，而自然流露，看"由是观之"一语便可推知。他说过"人之所以异于禽兽者几希"（《离娄下》"人之所以异于禽兽者几希章"），恻隐、羞恶、辞让、是非之心便是那"几希"的部分，所以说没这四种心就不是人。以下接着说："恻隐之心，人之端也。羞恶之心，义之端也。辞让之心，礼之端也。是非之心，智之端也。人之有四端也，犹其有四体也。"这"端"字可以比作萌芽，植物有萌芽，乃是自然机能，只需营养得宜，不加摧残，自会发荣滋长；人的"四端"正与相同，像四体一样，"我固有之也"（《告子上》"告子曰

12　了解《孟子》的政治思想，这也是《孟子》一书中的要旨，学生可以"政治思想"为线来读《孟子》。

性无善无不善也章"），只需扩而充之，不为"自贼"，自会完成具有仁、义、礼、智四德的崇高的人格。人人皆有"四端"，是孟子性善之说的根据。但事实上确有不善的人；这由于他们不能扩而充之，不把"四端"积极发展的缘故。所以他说："求则得之，舍则失之；或相倍蓰而无算者，不能尽其才者也。"（同在前章）"才"就是现在所谓的本质，指人人有善性而言；一般人不能发展他们的本质，"舍则失之"，便流于恶；善与恶之间，才有倍蓰乃至计算不清的距离。因此，光是有这"四端"，而任其自然，是不行的；人要合于所以为人的道理，而不致同于禽兽，必须"尽其才"，扩充这"四端"。这是孟子对于修养的根本观点。修养到了极致，当然是崇高的人格；可是，依他的说法，"圣人与我同类者"（《告子上》"富岁子弟多赖章"）；"尧舜与人同耳"（《离娄下》"王使人瞯天子章"），圣人具有崇高的人格，尧舜是他心目中的标准圣人，却说得这么平常，毫不稀奇，见得圣人也不过扩充到了家，无论什么人原都可以扩充到家的。[13]

以上所说，大部分根据冯友兰《中国哲学史》，为篇幅所限，只能扼要提出；诸同学要知道得详细，可以参看原书。但读《孟子》一书，有了上述的一些概念也就够了。孟子的政治见解与心理见解是一贯的，无非从人性本善的观点出发；记住了这一层，读他的二百几十章便能左右逢源，而不至于迷离惝怳，不明白他何所为而云然。不过，刚着手读过三遍，只能知道孟子思想的大概而已，绝不能说已经读通了《孟子》；往后每多读一回，必将多一分见解，多一层领会，其了解与领会增多且将永无止境。不但读《孟子》书如此，读古典或具有永久价值的文学作品，大都如此。因为这些东西不比数学的定理或化学的方程式，除非不懂，要懂就完全懂；这些东西是要用生活经验去对付的，生活经验愈丰富，愈能够咀嚼其中的意味；一个人的生活经验没有止境，所以一部古典或文学作品，可以终身阅读而随时有心得。《孟子》书是宋代以来势力很广遍的一部古典，几乎成为知识分子的常识课本，诸同学现在读它只是个开端，将来自当随时读它。抱着拘泥的态度读它当然流为迂腐（如相信今世必须有仁者出来王[1]天下才行），但抱着融通的态度读它却是真实地受用（如相信人必须合于所以为人的道理）。[14]

---

[1] 王，wàng，"称王"的意思。——编者

---

13 《孟子》一书中对孔子语焉不详的人性论做了重要发挥，这也是孟子哲学思想的核心部分，学生需重点研究。

14 经典的阅读不是一次性的，它需要引导学生真正沉浸进去，反复品味，融会贯通。

《孟子》七篇,据今本共三万五千二百二十六字,诸同学要以两个月的课外略读时间完全仔细读过,事实上恐怕办不到。那只好取尤其重要的来读,如与当时诸侯人士论仁政的以及发挥性善之说的若干章。读的时候,需认定两个目标:一是知道孟子思想的大概;一是借此养成阅读虽古而并不艰深的文言的能力。[15] 知道某人的思想,当然不就是信从某人的思想;但知道得既已真切,把自己的生活经验来印证,又觉此时此地仍还适合的时候,便不妨信从。古典之中,《孟子》的文学较易通晓,议论的发展,语调的呼应,都与现在人相近;超旷飘逸的文字如《庄子》,简奥费解的文字如《墨经》,尽可以让具有哲学兴趣的文学者与考据者去研究,一般人不一定要阅读;而如《孟子》那样的文字,却是受教育的人所必须通晓的,若还不能通晓,就可以说不懂文言,吃亏自不必说。——以上是对于两个目标的说明。

　　前面说过把相关的各章作一次读的话。所谓相关的各章,就是各章同属于某一个题目的意思。题目由读者的观点而定:对于《孟子》的二百几十章,可取的观点无数,所以题目也无数,各章的组合方式也无数。现在只能举一个例子来说。孟子对于修养,根本见解在扩充"四端",其扩充的条目怎样呢?这便是一个观点,一个题目。假如择定了这个题目,至少得把以下各章排比起来读。《公孙丑上》"人皆有不忍人之心章"说明人皆有"四端",《告子上》"告子曰性无善无不善也章"也说明人皆有"四端";前章以"苟能充之,足以保四海,苟不充之,不足以事父母"作结,仅说及能否扩充的后果;后章却有"弗思耳矣"与"求则得之,舍则失之"的话,见得那些不能扩充的人,其病在于"弗思"。能思便能扩充,《告子上》"公都子问曰章"即说明此意。那章里说:"耳目之官不思而蔽于物,物交物,则引之而已矣。心之官则思,思则得之,不思则不得也。"人有与禽兽同具的"耳目之官",又特别有禽兽所不具的能思的"心之官";"心之官"当其职而能思,"耳目之官"就不为外物所蔽,善端自能尽量扩充了。因此,讲求扩充,从消极方面说,必须寡欲,必须求放心,前一层意思见《尽心下》"养心莫善于寡欲章",后一层意思见《告子上》"仁人心也章"。从积极方面说,必须慎于择术,存心为仁:这可看《公孙丑上》"矢人岂不仁于函人哉章"。必须把"有所不忍""有所不为"的心推广开来,遍及于"所忍""所为";这可看《尽心下》"人皆有所不忍章"。必须在伦常之间实践,使善端自然扩充,

[15] 尊重学生的阅读实际,在此基础上提出两个具体切实的阅读目标。

各方面都无欠缺;这可看《离娄上》"仁之实事亲是也章"。必须在实践上辨别人的"所欲""所恶"到底是什么,抱持着"舍生而取义"的精神;这可看《告子上》"鱼我所欲也章"。而《万章下》"一乡之善士章"所说的"尚友"古人,《公孙丑上》"子路人告之以有过则喜章"所说的"与人为善",也是讲求扩充的人应有的事儿。在扩充的过程中,要在"自得",才可以"取之左右逢其源";这可看《离娄下》"君子深造之以道章"。又要在继续不间断,才可以积久而成熟;这可看《尽心下》"孟子谓高子曰章"。扩充而不得所欲,譬如我爱人而人不爱我,我敬人而人不敬我,那不必怨人,只当向自己方面加功,"反求诸己";《公孙丑上》"矢人岂不仁于函人哉章",《离娄上》"爱人不亲反其仁章",《离娄下》"君子所以异于人者章",都说到这层意思。"反身而诚",如《离娄上》"居下位而不获于上章"所说,"至诚而不动者,未之有也"。到得这个地步,便如《滕文公下》"公孙衍、张仪岂不诚大丈夫哉章"与《尽心上》"孟子谓宋勾践曰章"所说,无论"达"或"穷","得志"或"不得志",总之无往而不善;又如《尽心上》"万物皆备于我矣章"所说,人生的"乐莫大焉"。——与前面所举的题目有关的,除了这里所指出的各章,当然还有;这里只是个简约的组合罢了。这样把若干章贯穿起来读,比较单读一章易于了悟,且也富有趣味。贯穿起来必须有一条线索,那线索便是读者的理解力;理解若不透彻,贯穿起来就将流于穿凿,那非但不能增进了悟,反而把自己搅糊涂了。<u>因此,读的时候该分两个步骤:每章细体会,理解它的要旨,是前一个步骤;然后把相关各章贯穿起来,看出它们彼此照应,互相发明之点,是后一个步骤。</u>古典原不妨阅读一辈子;现在阅读《孟子》,取两个步骤,实在不是徒劳无益之举。[16]

前面说过,《孟子》书是铺排的记言体,其中更有设寓的记言。所谓铺排,就是说得畅达详尽;唯恐对方不感动,不了解,不相信,故用畅达详尽来取胜。[17]这在较长的各章都可以看出。其所用方法,一种是逐层疏解。如《梁惠王上》"孟子见梁惠王章""万乘之国弑其君者""不夺不餍"若干语,只是上文"上下交征利而国危矣"的意思,不过说得更明白一点。又如《告子下》"五霸者三王之罪人也章"开首提出"五霸者,三王之罪人也;今之诸侯、五霸之罪人也;今之大夫,今之诸侯之罪人也"三个判断,以下便逐一说明,说明完毕而

---

16 这里说明读古书的方法和态度——读三遍只能知道思想的大概,绝不能说已经读通了;往后每多读一回,必将多一分了解,多一层领会,其了解与领会的增多且将永无止境。读书是一生的事,但中学生受时间限制,略读要有重点。学生略读《孟子》的基本目标:一是知道孟子思想的大概,一是借此养成阅读虽古而并不艰深的文言的能力。

17 下面转入对作品艺术性的欣赏。

文字也完毕。又如《滕文公上》"有为神农之言者,许行章"说"或劳心,或劳力,劳心者治人,劳力者治于人",便接上"当尧之时……"一段,这不过是"岂无所用其心哉?亦不用于耕耳"的实例,为上文"劳心者治人"的解释;以下说了陈相倍他的师,便接上"昔者孔子没有……"一段,这不过说倍师是要不得的,借以衬托出陈相的荒唐。第二种方法是不惮反复——说了正面,再说反面;说了反面,又回到正面。如《梁惠王下》"庄暴见孟子章"曰论乐,"今王鼓乐于此……","今王田猎于此……",先从"不与民同乐"的方面说;接着反过来,"今王鼓乐于此……","今王田猎于此……",又从"与民同乐"的方面说。又如《公孙丑上》"仁则荣章"先提出"仁则荣,不仁则耻"的原则,以下"今恶辱而居不仁"与原则不相应,是反面;"如恶之,莫如……"才与原则相应,是正面;可是"今国家闲暇……",又说到反面去了。第三种方法是多用排语。若《梁惠王上》"齐桓晋文之事章"的"为肥甘不足于口与?轻暖不足于体与?抑为采色不足视于目与?声音不足听于耳与?便嬖不足使令于前与?"列举种种嗜欲。又如《梁惠王下》"所谓故国者章"从"左右皆曰贤"到"然后杀之",语作三排,其意无非说任贤诛罪,一切得从民意。又如《公孙丑上》"人皆有不忍人之心章"从"无恻隐之心,非人也"到"无是非之心,非人也",从"恻隐之心,仁之端也"到"是非之心,智之端也";书中说及仁义礼智的地方,往往作排语,不可尽举。第四种方法是插入譬喻——用具体的实例来显明抽象的理论。如《梁惠王上》"齐桓晋文之事章"的"缘木而求鱼",《梁惠王下》"为巨室章"的"教玉人雕琢玉",《公孙丑上》"仁则荣章"的"恶湿而居下",《滕文公上》"滕定公薨章"的"君子之德,风也,小人之德,草也",都是单纯的譬喻。又如《梁惠王上》"寡人之于国也章"以战喻为政,同篇"齐桓晋文之事章"以力举百钧,明察秋毫喻仁心足以王[1]天下,《公孙丑下·孟子之平陆章》以受人之牛羊喻牧民,《滕文公下》"戴盈之曰章"以攘鸡喻关市之征,都用譬喻来启发对方,使对方自然领悟,不得不首肯作者所持的理论。第五种方法是重言申明。如《梁惠王上》"王曰叟章"的答语,开头说"何必曰利"?结尾又说"何必曰利"?《滕文公下》"外人皆称夫子好辩章"的答语,开头说"予岂好辩哉?予不得已也",结尾又说

---

[1] 王,wàng,"称王"之意。——编者

"予岂好辩哉？予不得已也"。——应用以上五种方法，文字自然见得畅达详尽，与日常谈话差不多了。现在一个善于谈话的人的言辞，或一个善于演说的人的讲辞，听者觉得畅达详尽；如果留意一下，便知道多少与这里所说的五种方法有关。至于所谓设寓，与上面所举譬喻例子两类之中的后一类相近；但并不明白表示说的是譬喻，仿佛那故事真有事似的；这便是寓言。《公孙丑上》"夫子加齐之卿相章"的"宋人揠苗"，《离娄下》"齐人有一妻一妾章"的"齐人乞墦"，都是例子。说了"宋人揠苗"的故事，以下便说"助长"无益而有害，说了"齐人乞墦"的故事，以下便说求富贵利达而不以其道的可羞，这样把设寓的意思点明，是寓言的原始的形式。

《孟子》文字倾向于铺排，而其书是记言体，可见孟子当时的说话本来就那么铺排。这是时代的影响。那时候游说之风大盛，游士立谈可以取卿相，全靠辩论的技术，畅达详尽，说得人动听。孟子虽自视甚高，不屑将自己排在游士的队伍里；可是他要"正人心，息邪说，距诐行，放淫辞"（《滕文公下》"外人皆称夫子好辩章"），就不得不与游士一样，利用辩论的技术，一利用，自然走入铺排一路了。他说："予岂好辩哉？予不得已也。"可见他自己也承认，他的说辞与游士的辩是相仿的；不过游士的辩为的富贵利达，他的辩为的"不得已"，是二者的分别。大概辩论不会十分浑厚，多少要露点儿锋芒。朱熹《孟子集注》卷首的《孟子序说》里记着程子的话说："孟子有些英气，才有英气，便有圭角；英气甚害事。如颜子便浑厚不同。"这是在修养的造诣上所下的批评。现在不比较二人修养的造诣，单说《孟子》的文字，其英气是极易感觉到的。英气何从而来？就在于孟子好辩，具有游士的舌锋。

就学习语文的观点说，畅达详尽的具有英气的文气，与简约浑厚的文字，虽不能说二者有优劣之判，入手却有难易之不同，读了见效，也有迟速的分别。这就是说，前一类文字，阅读比较容易；要增进语文方面的素养，也以阅读前一类文字比较方便。现在读《孟子》，如果不是敷衍塞责地读，而是认认真真地读，其效果至少可以使思路开展，言辞顺适，没有枯窘、梗阻的毛病。尤其因为《孟子》文字与现在人说话相近，如果翻译为白话，大都与口头的白话差得不远，所以易于得到上述的效果。最好能够熟读，不去强记，而自然背诵得出。通体熟读也许不容易办到；选定其中较长的若干章，把它熟读，却是必要的。[18]

18 宋代大教育家朱熹在《训学斋规》中说："凡读书……须要读得字字响亮，不可误一字，不可少一字，不可多一字，不可倒一字，不可牵强暗记，只是要多诵数遍，自然上口，久远不忘。古人云：'读书千遍，其义自见'。谓读得熟，则不待解说，自晓其义也。"叶老的这段话其实是朱熹见解的现代阐释，的确是指导学生阅读的珍贵经验，而且是一条简单易行的经验。

《孟子》文字虽说与现在人说话相近,却也有些字句是后来文言中所不常用的。[19]如"愿比死者一洒之"(《梁惠王上》"晋国天下莫强焉章")的"比"字,作"为"字"代"字解;"君为来见也"(《梁惠王下》"鲁平公将出章")的"为"字,作"将"字解;"夫子加齐之卿相"(《公孙丑上》"夫子加齐之卿相章")的"加"字,作"居"字解;这些都不可滑过,致文义含糊;若细看注释,体会语意,自也不致含糊。又如"则苗浡然兴之矣"(《梁惠王上》"孟子见梁惠王章")的"之"字,不作代名词用而与助词"焉"字相当,"吾不惴焉"(《公孙丑上》"夫子加齐之卿相章")的"焉"字,不作表决定的助词用而与表反诘的助词"乎"字相当;"舍皆取诸其宫中而用之"(《滕文公上》"有为神农之言者许行章")的"舍"字,作"止"、作"不肯"解都很牵强,而作"任何"、作"什么"解,同于现在的"啥"字(见《责善》半月刊第一卷第十一期李行之《孟子书中之方俗语》),便非常顺适;这些也需仔细揣摩,才能得其神情。又如"苗则槁矣"(《公孙丑上》"夫子加齐之卿相章"),用现在的话说,就是"苗可枯了"或"苗却枯了";"木若以美然"(《公孙丑下》"孟子为卿于齐章"),用现在的话说,就是"棺木仿佛太好了一点似的";"人之有道也"(《滕文公上》"其为神农之言者许行章")同于"人之为道也",用现在的话说,就是"人的情形是这样的";这样用贴切的今语来理解,便见得较生的句式都是生动有致的了。

杨树达《高等国文语》的总论里说:"从孔子到孟子的二百年中间,文法的变迁已就很明显了。孔子称他弟子为'尔,汝',无子便称'子'了。孔子时代用'斯',孟子时代便不用了。《阳货》称孔子用'尔',子夏曾子相称亦用'尔,汝',孟子要人'充无受尔汝之实'(《尽心下》'人皆有所不忍章'),可见那时的'尔,汝'已变成轻贱的称呼了。"这是读《孟子》书注意到文法方面的例子。又如称名,《论语》中无论他称、自称,往往于单名之下加个助词"也"字,以表提示,"回也","赐也","由也","雍也",不一而足;《孟子》中却极为少见,仅有"求也为季氏宰"(《离娄上》"求也为季氏宰章"),"柯也请无问其详"(《告子下》"宋牼将之楚章")等几处。在对话里,自称名字的有"克告于君"(《梁惠王下》"鲁平公将出章"),"丑见王之敬子也"(《公孙丑下》"孟子将朝王章"),"此非距心之所得为也"(《公孙丑下》"孟子之平陆章"),"前日虞闻诸夫子曰"(《公孙丑下》"充虞路问曰章"),"丹之治水也愈于禹"(《告子下》"丹之治水也

---

19 下面就文言句式、用词等方面进行指导,落实一些文言基础知识。

愈于禹章")等例子,可是称呼对手,使用代名词"子"字而不宜直呼其名。这可以看出语气与称谓的变迁。又如"然"字、"如"字同样可以用作形容词、副词的语尾,但《论语》以用"如"字为多,《孟子》以用"然"字为多。《论话》中这种用法的"如"字,最多见于《乡党篇》,他如"翕如也……纯如也,皦如也,绎如也"(《八佾篇》),"申申如也,夭夭如也"(《述而篇》),"訚訚如也……行行如也……侃侃如也"(《先进篇》)都是。用"然"字的,只有"斐然成章"(《公冶长篇》),"颜渊喟然叹曰"(《子罕篇》),"硁硁然小人哉"(《子路篇》)等少数几处。《孟子》中这种用法的"然"字,如"填然鼓之"(《梁惠王上》"寡人之于国也章"),"天油然作云,沛然下雨,则苗浡然兴之矣"(《梁惠王上》"孟子见梁襄王章"),"举欣欣然有喜色而相告曰"(《梁惠王下》"庄暴见孟子曰章"),"岂不绰绰然有余裕哉"(《公孙丑下》"孟子谓蚳蛙曰章"),"予然后浩然有归志","悻悻然见于其面"(《公孙丑下》"孟子去齐尹士语人曰章"),"使民盻盻然终岁勤动"(《滕文公上》"滕文公问为国章"),"何为纷纷然与百工交易"(《滕文公上》"有为神农之言者许行章"),"夷子怃然为闲曰"(《滕文公上》"墨者夷之章"),"如其自视欿然"(《尽心上》"附之以韩魏之家章")都是。用"如"字的,只有"则皇皇如也"(《滕文公下》"周霄问曰章"),"欢虞如也……皞皞如也"(《尽心上》"霸者之民章")等少数几处。两书用这两个字,规律实相一致,就是:在语中用"然",在语末用"如",又加上个助词"也"字。但从多用少用上,也就可以看出孟子时代的语言习惯与孔子时代不尽相同了。以上不过略发其凡。诸同学如能自定观点,将《孟子》书作文法方面的研究,是很有意思的事儿;而且可研究处不会嫌少的。

顾炎武《日知录》(卷十九)里说:"时子因陈子而以告孟子,陈子以时子之言告孟子。"(《公孙丑下》"孟子致为臣而归章")此不需重见而意已明。"齐人有一妻一妾而处室者,其良人出,则必餍酒肉而后反。其妻问所与饮食者,则尽富贵也。其妻告其妾曰:'良人出,则必餍酒肉而后反。问其所与饮食者,尽富贵也。而未尝有显者来。吾将瞷良人之所之也。'"(《离娄下》"齐人有一妻一妾章")。"有馈生鱼于郑子产,子产使校人畜之池。校人烹之,反命曰:'始舍之,圉圉焉;少则洋洋焉,攸然而逝。'子产曰:'得其所哉!得其所哉!'校人出,曰:'孰谓子产智?予既烹而食之,曰:得其所哉!得其所哉!'"(《万章上》"诗云娶妻如之何章")此必须重叠而情事乃尽。此《孟子》文章之妙。这是读《孟子》书注意到文字技巧方面的例子。又如"杀人以梃与刃,有以异乎？……以刃与政,有以异乎？"(《梁惠王上》"寡人愿安承教章")"王之臣有托其妻子于其友,而之楚游者,比其反也,则冻馁其妻子,则如之何？……士师不能治士,则如之何？……四境之内不治,则如之何？"(《梁惠王下》"王之臣章")都是远远引起,渐入题旨,对方感愧而无所逃遁。又如"伊尹以割烹要汤章"(《万章上》)描写伊尹对于出处的心理,"伯夷目不视恶色章"(《万章下》)描写伯夷、伊尹、柳下惠、孔子四人各不相同的品格,都有抓住要点,传神阿堵的好处。诸同学如能按此类推,也将会有不少的心得。[20]

[20] 教师的指导可分几个环节：1.教师事先予以指导,让学生读《孟子》前需做以下准备工夫。指导的内容有：(1)《孟子》可读版本。(2)参考书。(3)《孟子》归入经类简况。(4)《四书》简况。(5)《孟子》作者。(6)《孟子》篇数及编排。(7)孟子的生平与思想。2.指导学生阅读方法,让学生阅读。首先,确定阅读的顺序和步骤。《孟子》书的编排,并没有严密的逻辑次序,所以不必按着次序一章章地读；可用孟子的政治见解、孟子的人性论等为线索,颠乱次序,把相关各章次阅读一次。也可用问题为线索来研读,如孟子对于修养,其根本见解在扩充"四端",其扩充的条目怎样呢？解此题要将相关各章排比起来读。其好处在于"这样把若干章贯穿起来读,比较单读一章易于了悟,且也富有趣味。贯穿起来必须有一条线索,那线索便是读者的理解力；理解若不透彻,贯穿起来就将流于穿凿,那非但不能增进了悟,反而把自己搅糊涂了。因此,读的时候该分两个步骤：每章仔细体会,理解它的要旨,是前一个步骤；然后把相关各章贯穿起来,看出它们彼此照应,互相发明之点,是后一个步骤"。

与学者对话

一、下面是20世纪语文课程标准关于"略读"的有关要求,研读后谈谈你的看法。

1. 略读的图书,需欣赏的、实用的、参考的三项并重,但依年级而异其分量。除课内指导外,应督励儿童课外阅读,并作读书报告。[《小学课程标准国语》(1932)]

2. 略读部分:令学生按个别的兴趣与能力,选读书籍,除定期刊物外,每学期至少二种,其教学要点如下:(1)设法引起学生读书之兴趣,并指示各种阅读之方法。(2)就学生所读书籍中,提出问题,令其作有系统的研究。(3)提出所读书籍之参考资料。(4)令学生在笔记簿上记录教员所指导之阅读方法,问题解答及自习时所摘出之要点及问题,以备参考及讨论。(5)注意学生阅读速率与了解程度。(6)应定期或临时举行考查成绩,其方法与精读成绩方法之(乙)(丙)(戊)(己)四项同。[《初级中学国文课程标准》(1936)]

3. 略读应就学生之资性及其兴趣,选读整部或选本之名著,散见各书之单篇作品,以及有价值之定期刊物与外国译文中精品。[《修正高级中学国文课程标准》(1940)]

二、下面是当代一些学者关于文言文教学的论述,研读后谈谈你的看法。

1. 欧阳芬、吴子兴:文言文教学经常出现两种相对立倾向:一种把文言文教学等同于古代汉语教学,片面突出其工具性;另一种则等同于古典文学教学,一味强调其人文性。我们认为,中学文言文教学要按照它自身特有的规律,建立相对独立的教学系统,有计划、有步骤地进行文言文阅读训练,切实培养课标所要求达到的阅读浅易文言文的能力。既要反对借工具性之名过多过细地给学生讲授古代汉语的语法知识,把一些文质兼美的文章诗词讲得支离破碎,枯燥无味;也要反对打着人文性的旗号去架空基本知识的积累和浅易文言文的阅读训练,追求一些脱离文本理解的空谈式感悟体验。既要稳扎稳打地进行浅易文言文阅读训练,使学生初步掌握阅读文言文工具,从而为以后的自学或深造做好必要的准备;又要潜移默化地利用这些民族文化精品培养学生的审美感受力,塑造其健康向上的人格,丰富其人文底蕴,加强其精神熏陶;最终使工具性与人文性和谐地统一在教学中。[欧阳芬,吴子兴.文言文教学应有恰当位置[J].中学语文教学,2005(11).]

2. 陈万勇、章楚祥:学习文言文的目的就是被文言文的精华所化,而不只是孤立地停留在意义理解的层面,这样,我们的教学就会上升到以理解意义为手段,以吸取文化养料为旨归的理想境界。然而,课堂教学是具体而微的,我们又该如何通过有效的路径来达到这种理想的境界呢? (1)组织活动,激发学习的兴趣和需求;(2)结合现实,拓展阅读的深度和广度;(3)注重运用,丰富写作的形式和素材。[陈万勇,章楚祥.致用:文言文教学的出路[J].教学与管理,2007(1).]

3. 胡虹丽:汉字的意义并不是机械地模块相加,而是渗透着特定时代特点和创作者独特的情感印迹。如果说,语言阐释还只是停留于文字的字面解释,那么历史阐释则把思维的触角伸向了文字记录的内容,延伸到创作者的意图、时代背景上,"以事解经""知人论世"等阐释方法就是这种思想的体现。落实到具体的文言文教学中,就是语境理念。这里的语境,不仅指狭义的上下文语境,而且是广义的,包括时代背景、时代特征、作者心理状况等。语境理念的核心思想是还原文字创作之初的场景,客观把握文字的含义。这就要求教师和学生要把文本留置于特定的语境中去阐释,在解读文本的过程中最大程度地将文本所传达的意蕴比较真实地向学生传递,使学生能感受到知识之间的融通,身临其境地进入作品的情境。[胡虹丽.文言文教学的"文化本位"及其实施策略[J].课程•教材•教法,2011(12).]

我思故我言

我思故我言

《史记菁华录》指导大概

读《史记菁华录》[1]，不可不知道《史记》的大概。《史记》的作者司马迁的传叙，有《史记》的末篇《自序》。那篇历叙他的家世，传述他父亲的学术见解和著述志愿，又记载他自己的游览各地和继承先志，然后说到《史记》的编例和内容。《汉书》里的《司马迁传》，就直抄那篇的原文，不过加入了迁报任安的一封书信罢了。现在为便利读者起见，作司马迁传略如下。[2]

司马迁，字子长，生于龙门（龙门是山名，在今山西省河津县[1]西北，陕西省韩城县[2]东北，分跨黄河两岸，形如门阙）。他的生年有两说：一说是汉景帝中元五年（公元前145年），一说是汉武帝建元六年（公元前135年），相差十年；据近人考证，前一说为是。他的父亲谈，于各派学术无所不窥，当武帝建元元封之间，为太史令。谈死于元封初年（元封元年当公元前110年），迁即继职为太史令。因此，《史记》中称父亲，称自己，都作"太史公"。《天官书》里有"太史公推古天变"一说，《封禅书》里有"有司与太史公祠官宽舒议""太史公祠官宽舒等曰"两语，其中的"太史公"，和《自序》前篇用了六次的"太史公"，都是称父亲；各篇后面"赞"的开头"太史公曰"的"太史公"，都是称自己。官是

---
[1] 今河津市。——编者
[2] 今韩城市。——编者

批注

1 《史记菁华录》为《史记》选本，字数约为《史记》原文五分之一，选者同时加以评点。《史记菁华录》是学生阅读和学习《史记》的入门书。

2 "知人"而后"论文"，这是作者强调的阅读指导原则。

太史令,为什么称"太史公"呢?关于此点,解释很多。有的说,"太史公"是官名,其位极尊;驳者却说,《汉书·百官公卿表》中并没有这个官。有的说,称"令"为"公",同于邑令称"公";驳者却说,这是僭称,用来称呼别人犹可,哪里有用来自称的?有的说,迁尊其父,故称为"公";驳者却说,明明自称的地方也作"公",为什么对自己也要"尊"?有的说,尊父为"公",是迁的原文,尊迁为"公"是后人所改;驳者却说,后人这一改似乎有点愚。有的说,这个"公"字并没有特别表示尊重的意思,只如古代著书,自称为"子"或"君子"而已。(此说用来解释称父和自称,都比较圆通,但得其真际与否,还是不可知)。迁在青年时期出去游览;《自序》里说:"二十而南游江淮,上会稽,探禹穴,窥九疑,浮于沅湘,北涉汶泗,讲业齐鲁之都,观孔子之遗风,乡射邹峄,厄困鄱、薛、彭城,过梁、楚以归。"黄河、长江流域的大部分,他都到过,回来之后,作"郎中"的官。元封元年,"奉使西征巴蜀以南,南略邛、笮、昆明",便又游览了西南地方。及继任了太史令,于太初元年(公元前104年)开始他的著作。《自序》里说:"余尝掌其官,废明圣盛德不载,灭功臣世家贤大夫之业不述,堕先人所言,罪莫大焉。……于是论次其文。"可见他从事著作为的是继承先志。"论次其文"是就旧闻旧文加以整理编排的意思;他既受了父亲的熏陶,又读遍了皇家的藏书,观察了各地的山川,风俗,接触了在朝在野的许多人物,自然能够取精用宏,肆应不穷。天汉二年(公元前99年),李陵与匈奴战,矢尽力竭,便投降了匈奴。消息传来,一班朝臣都说陵罪很重;武帝问到迁,迁独替李陵辩白。他说:"陵事亲孝,与士信,常奋不顾身,以殉国家之急。其素所畜积[1]也;有国士之风。今举事一不幸,全躯保妻子之臣,随而媒蘖其短,诚可痛也!且陵提步卒不满五千,深蹂戎马之地,抑数万之师,虏救死扶伤不暇,悉举引弓之民,共攻围之;转斗千里,矢尽道穷,士张空弮,冒白刃,北首争死敌;得人之死力,虽古名将不过也。身虽陷败,然其所摧败,亦足暴于天下。彼之不死,宜欲得当以报汉也。"(见《汉书·李陵传》,《报任安书》中也提到这一层,大致相同。)这是说李陵人品既好,将才又出众,战败是不得已,投降是有所待。武帝以为迁诬罔,意在毁谤贰师将军李广利(那一次打匈奴,李广利将三万骑,为主力军,但没有

---

[1] 畜积,应为"蓄积"。——编者

与单于大军相遇,因此少有功劳),并替李陵说好话;便治他的罪,处以最残酷的腐刑(割去生殖器)。这不但残伤了他的身体,同时也打击了他的精神;《报任安书》中说:"祸莫憯于欲利,悲莫痛于伤心,行莫丑于辱先,而诟莫大于宫刑。刑余之人,无所比数,非一世也,所从来远矣。昔卫灵公与雍渠载,孔子适陈;商鞅因景监见,赵良寒心;同子参乘,爰丝变色:自古而耻之。夫中材之人,事关于宦竖,莫不伤气,况忼慨之士乎!"从这些话,可知他的羞愤和伤心达到了何等程度。受刑之后不久,他又作"中书令"的官。对于著作事业,还是继续努力;《报任安书》中有"所以隐忍苟活,幽于粪土之中而不辞者,恨私心有所不尽,鄙没世而文采不表于后也。古者富贵而名摩灭,不可胜记,唯倜傥非常之人称焉。盖西伯拘而演《周易》;仲尼厄而作《春秋》;屈原放逐,乃赋《离骚》;左丘失明,厥有《国语》;孙子膑脚,兵法修列;不韦迁蜀,世传《吕览》;韩非囚秦,《说难》《孤愤》;《诗》三百篇,大抵贤圣发愤之所为作也。此人皆意有所郁结,不得通其道,故述往事,思来者。及如左丘明无目,孙子断足,终不可用,退论书策,以舒其愤思,垂空文以自见"的话,说明了他在痛苦之中,希望立言传世,垂名于久远的心理。接着就说:"仆窃不逊,近自托于无能之辞,网罗天下放失旧闻,考之行事,稽其成败兴坏之理。凡百三十篇;亦欲以究天人之际,通古今之变,成一家之言。草创未就,适会此祸。惜其不成,是以就极刑而无愠色。"写这篇书信的时候,既说了"近自托于无能之辞"的话,又有了"百三十篇"的总数,他的初稿大概已经完成了。这封书信,据近人考证,作于征和二年(公元前91年);其时迁从武帝幸甘泉,甘泉在今陕西省淳化县西北,距长安西北二百里,所以书中说"会东从上来";次年正月武帝要幸雍,迁也将从行,所以书中说"仆又薄从上上雍"("薄"是"近"和"迫"的意思,也就是"立刻要")。如此说来,他的著作,从开始着手到初稿完成,共占了十几年的时间;一部开创的大著作,十几年的工夫自然是要的。他的死年不可知,大概在武帝末年或昭帝初年(武帝末年当公元前87年);年龄在60岁左右。

司马迁所著的书,他自己并不称为《史记》。原来"史记"这个名词,在古代是记事之史的通称,这在司马迁书里,就有许多证据。如《周本纪》里说:"周太史伯阳读史记曰:'周亡矣!'"这"史记"指周室所藏的记事之史;《孔子世家》里说孔子"因史记,作春秋",《十二诸侯年表序》里说孔子"论史记旧闻,兴于鲁而次春秋",这"史记"指孔子所见的记事之史;《自序》里说"诸侯相兼,史记放绝",《六国年表序》里说"秦既得意,烧天下诗书,诸侯史记尤甚",这"史记"指各国所有的记事之史;《天宫书》里说"余观史记,考行事,百年之中,五星无出而不反逆行",这"史记"指汉代的记事之史,从"百年之中"一语可以推知;《自序》里说"䌷史记石室金匮之书",这"史记"兼指汉代、秦代、秦国(秦记独存,见《六国年表序》),及残余的各国的记事之史,这些都是他著书的参考资料。司马迁没有把"史记"这个通称作为自己的书的专名,也没有给自己的书取一个统摄全部的别的专名;他在《自序》里,只说"著十二本纪……作十表……作八书……作三十世家……作七十列传,凡百三十篇,五十二万六千五百字,为《太史公书》"而已。班固撰《汉书》,其《艺文志》承沿着刘歆的《七略》,称司马迁书为"太史公百三十篇",没有"书"字。他的父亲班彪论史家著述,将《太史公书》与《左氏》《国语》《世本》《战国策》《楚汉春秋》并举(见《后汉书·班彪传》)。可见在班氏父子当时,还没有把司马迁书称为《史记》。但范晔在《后汉书·班彪传》的叙述语中,却有"司马迁著《史记》"的话。据此推测,《史记》成为司马迁书的专名,该是起于班、范之间,从后汉到晋宋的时代。

《史记》一百三十篇,就体例而言,分为五类,就是:"本纪""表""书""世家""列传"。[3]"本纪"记载帝王的事迹,从五帝(黄帝、帝颛顼、帝喾、帝尧、帝舜)到汉武帝,有年的分年,没有年的分代。"表"编排各代的大事,年代已经不可考的作"世表",年代可考的作"年表",变化太剧烈的时候作"月表";并表列汉兴以来侯王的封立和将相的任免。"书"叙述文化的各部门,如礼节、历法、祭祀、水利、财政等,都分类历叙,使读者对于这些方面得到系统的知识。"世家"按国按家并按着年代世系,记载若干有重要事迹的封建侯王;体例和"本纪"相同,不过"本纪"记的是统治天下的人,"世家"记的是统治一个区域的人,有这一点分别而已。"列传"记载自古到汉或好或坏的重要人物,以及边疆内外的各国状态。这五类所包容的,范围很广大,组织很完密;在汉朝当时,实在是一部空前的"中国通史"。自从有了《史记》,我国史书的规模就确定了,以后史家作史大多模仿它,现在所谓《二十四史》,除了《史记》以外的二十三史,体例都与《史记》相同(不过"世家"一类,以后的史中没有了。"书"一类自从《汉书》

3 从《史记》的编写体例入手,总览全书大概,为《史记菁华录》的阅读指导奠定基础。

改称了"志"，便一直沿用下去，都称"志"而不称"书"。"表"和"志"并非各史都有，其没有这两类的，便只有"纪"和"传"了）。这种体例称为"纪传体"，与另外两个重要史体"编年体"和"纪事本末体"相对待。

五类之中，"本纪"和"世家"两类都有几篇足以引起人疑问的，这里简略地说一说。先说"本纪"方面。秦自庄襄王以上，论地位还是诸侯，应该入"世家"；迁却作了《秦本纪》，这是一点。项羽并没有得天下，成帝业；迁却作了《项羽本纪》，这是二点。惠帝做了七年的天子，迁不给他作"本纪"，却作了《吕太后本纪》，这是三点。以上三点疑问，看了《自序》的话，都可以得到解答。《自序》里说："略推三代，录秦汉，上记轩辕，下至于兹，著十二本纪，既科条之矣。""科条之"是科分条例、举其大纲的意思；换句话说，十二"本纪"是全书的纲领。既要"录秦汉"，自不得不详及秦的先代。《秦本纪》里说"秦之先伯翳，帝颛顼之苗裔"，《秦始皇本纪》赞里说"秦之先伯翳，尝有勋于唐虞之际"，都是说秦的由来久远。《秦始皇本纪》赞里又说"自缪公以来，稍蚕食诸侯，竟成始皇"，《自序》里说"昭襄业帝，作秦本纪第五"，都是说秦的帝业的由来。况且诸侯史记大多散失，独有秦记保存着；要举纲领，自宜将秦列入"本纪"了。项羽自为西楚霸王，"霸"是"伯"的借字——"伯长"的意思，"霸王"便是诸侯之长。他实际上为诸侯之长，所以《项羽本纪》赞里说"分裂天下而封王侯，政由羽出，号为霸王"，那自宜将他列入"本纪"了。惠帝当元年的时候，因为吕太后"断戚夫人（高祖的宠姬）手足，去眼，煇耳，饮喑药，使居厕中，命曰'人彘'"，便派人对太后说："此非人所为，臣为太后子，终不能治天下。"迁既记载了这个话，下文又说："孝惠以此日饮为淫乐，不听政。"在元年，惠帝便不听政了；惠帝即位以后，实际上纲纪天下的是吕太后。那自宜将她列入"本纪"了。再说"世家"方面。孔子并非侯王，应与老、孟、庄、荀同等，入"列传"；迁却作了《孔子世家》，这是一点。陈涉起自群盗，自立为陈王，六月而死，以后就没有子孙传下去了，这与封建侯王的情形不同，也应入"列传"；迁却作了《陈涉世家》，这是二点。《外戚世家》记载后妃，后妃与封建侯王更不相类，为什么要为她们作"世家"？这是三点。以上三点疑问，也可以从《自序》得到解答。《自序》里说："二十八宿环北辰，三十辐共一毂，运行无穷，辅拂股肱之臣配焉，忠信行道，以奉主上，作三十世家。"这说明了"世家"所叙人物，都是对统治者尽了"辅拂（同"弼"

字)股肱"的责任的。孔子不仕于周室,在周固非"辅拂股肱之臣";但在汉朝人观念中,孔于垂教乃是"为汉制作",他的功劳,实在当代功臣之上;《自序》里说"为天下制仪法,垂六艺之统纪于后世",便表示这个意思。那自宜将他列入"世家"了。汉室的兴起,由于天下豪杰群起反秦,而反秦的头一个,便是陈涉。《高祖本纪》里说"陈胜等起蕲,至陈而王,号为'张楚',诸郡县皆多杀其长吏,以应陈涉",高祖便是响应陈涉的一个。《陈涉世家》里说:"陈胜虽已死,其所置遣侯王将相竟亡秦,由涉首事也。"《自序》里说:"天下之乱,自涉发难。"可见陈涉对于汉室虽没有直接的功劳,间接的关系却非常重大,如果陈涉不发难,也许就没有汉室。那自宜将他列入"世家"了。至于后妃列入"世家",因为她们对于统治者辅弼之功独大;换句话说,她们影响统治者最为深切。《外戚世家》开头说:"自古受命帝王,及继体守文之君,非独内德茂也,盖亦有外戚之助焉。夏之兴也以涂山,而桀之放也以末喜,殷之兴也以有娀,纣之杀也嬖妲己;周之兴也以姜原及大任,而幽王之禽也淫于褒姒。"便说明这层意思。

五类之中,"列传"分量最多;体例并不一致,又可以分为三类,就是"分传""合传""杂传"。"分传"是一篇叙一个人,如《孟尝君》《信陵君》《李斯》《蒙恬》等传都是。"合传"是一篇叙两个人或两个人以上,或与事迹关联,不可分割,便叙在一起,如《廉颇蔺相如列传》是;或则时代虽隔,而精神相通,也便叙在一起,如《屈原贾生传》是。"杂传"是把许多人,其学业或技艺或治术或行为相类的,按照先后叙在一篇里,计有《刺客》《循吏》《儒林》《酷吏》《游侠》《佞幸》《滑稽》《日者》《龟策》《货殖》十篇,合了《扁鹊仓公列传》(该是"医者列传",但迁并没有标明),共十一篇。

《史记》中"本纪""世家""列传"三类,都是叙述人物和他们的事迹的,那些篇章并不是独立的单位,一个人物的性行,一件事情的原委,往往散见在若干篇中,读者要参看了若干篇才可以得其全貌;这由于作者认一百三十篇是整部的书,他期望读者读的时候,不仅抽读一篇两篇,而能整部地读。其所以运用这样作法,有几层理由可以说的。第一,一部《史记》包括若干人物的事迹,必然有若干共同的项目;若把每个人物的事迹,都叙述在关于其人的篇章里,必然有若干重复或雷同,就整部书看起来,便是浪费了许多可省的篇幅。所以作者把这些共同的事迹,叙述在关于主角的篇章里,同时连带叙及与此有关的其他人物；而在关于其他人物的篇章里，便节省笔墨，单说一句"见某篇"了事，有时连这一句也省去了。这叫作"互见"，其主要目的在于避免重复。例如管仲、晏婴两个人的重要事迹，都叙在《齐世家》里；于是在《管晏列传》里，对于管仲，便只叙他与鲍叔的交情和他的政治主张两点，对于晏婴，便只叙他事齐三世，与越石父交和荐其御者为大夫三点。大概迁以为管晏的重要事迹，都与齐国关系极大，而管晏与齐国比较，自然齐国居于主位，所以叙在《齐世家》里。《齐世家》里既然叙了，为避免重复起见，《管晏列传》里就不再叙了。若不明白这个"互见"的体例，单就《管晏列传》求知管晏，那是不会得其全貌的。第二，"互见"的体例不只在避免重复，又常用来寄托作者对于历史人物的褒贬。作者认为某人物该褒，便在关于其人的篇章里，专叙其人的长处；作者认为某人物该贬，便在关于其人的篇章里，专叙其人的短处；遇到该褒的人确有短处，无可讳言，该贬的人确有长处，不容不说的时候，便也用"互见"的办法，都给放到另外的篇章里去。例如《信陵君传》，前面既说"诸侯以公子贤，多客，不敢加兵谋魏十余年"；末后又说"秦闻公子死，使蒙骜攻魏，拔二十城，初置东郡，其后秦稍蚕食魏，十八岁而虏魏王，屠大梁"：隐隐表示信陵君的生死，影响到魏国的存亡。这由于迁对信陵君太倾倒了，任着感情写下去，以至"褒"得过了分寸。所以《魏世家赞》里又说："说者皆曰，魏以不用信陵君，故国削弱；余以为不然。"读者若单看《信陵君传》而不注意《魏世家赞》里的话，对于迁的史识，就不免要发生误会。又如《信陵君传》写信陵君的个性，先提明"公子为人仁而下士"，以下所叙许多故事，便集中在这一点；所以就文章论，这是一篇完整之作。但"仁而下士"只是信陵君个性的好的一方面，还有不甚高明的方面，却在另外的篇章里。《范雎传》里叙秦昭王要为范雎报仇，向赵国索取从魏国逃到平原君家里的魏齐，魏齐往见赵相虞卿，虞卿便解了相印，与魏齐同到大梁，欲见信陵君，信陵君犹豫不肯见，魏齐怒而自刭。虞卿可以丢了高官，陪着朋友亡命；信陵君与魏齐同宗，偏偏顾忌着秦国，拒而不见，无怪要引起侯嬴的讥刺了。同传里又叙秦昭王把平原君骗到秦国，软禁起来，向他要魏齐的头；平原君只说："贵而为友者为贱也，富而为交者为贫也；夫魏齐者，胜之友也，在固不出也，今又不在臣所。"平原君看重交情，表示得这么勇决，以与信陵君的顾忌、犹豫相对比，更可见出信陵君的"仁"并非毫无问题。读者若单记着《信陵君传》里的"仁而下士",对于信陵君的个性,就只知识了一半。第三,"互见"的体例,又常用来掩护作者,以免触犯忌讳。事实上是这样,而在作者所处的地位,却不容不说那样,否则便触犯忌讳;于是也用"互见"的办法,使读者参互求之,自得其真相。例如迁对于高祖、项羽两个人,他的同情似乎完全在项羽方面,但他是汉朝的臣子,不容不称赞高祖;因此,他写两个人就运用"互见"的体例。大概从正面写时,高祖是一个长者,而项羽是一个暴君;从侧面写时,便恰正相反。《高祖本纪》开头说高祖"仁而爱人",这是正面。在其他篇章里,便常有相反的记载。《张丞相传》里记载周昌对高祖说"陛下即桀纣之主也";《佞幸列传》里直说"高祖至暴抗也";此外见于《张耳陈余列传》《魏豹彭越列传》《淮阴侯列传》《郦生传》里的,不一而足。从这许多记载,读者可以见到高祖怎样地暴而无礼,恰正是"仁而爱人"的反面。《萧相国世家》里记载萧何请把上林中空地,让人民进来耕种,高祖大怒,教廷尉论萧何的罪,其后对萧何说:"相国休矣!相国为民请苑,吾不许,我不过为桀纣王,而相国为贤相;吾故系相国,欲令百姓闻吾过也。""桀纣王"的话,高祖自己也说出来了,可见高祖连假装"仁而爱人"的心思也并不存。《高祖本纪》里说:"怀王诸老将皆曰'项羽为人僄悍滑贼'",这是正面。在其他篇章里,便也常有相反的记载。《陈丞相世家》里记载陈平对高祖说"项羽为人,恭敬爱人,士之廉节好礼者多归之";《淮阴侯列传》里记载韩信对高祖说"项羽为人,恭敬慈爱,言语呕呕,人有疾病,涕泣分食饮",便在《高祖本纪》里,也还留着王陵的"项羽仁而爱人"一句话。陈平、韩信都是弃楚归汉的人,王陵的母亲在楚死于非命,他们三个人对于项羽,当然不会有过分的好评;把他们的话合起来看,项羽"恭敬爱人"该是真的,恰正是"僄悍滑贼"的反面。读者若不把各篇参看,对于高祖、项羽两人,就得不到真切的认识。

"互见"[4]的体例具有避免重复、寄托褒贬、掩饰忌讳三种作用,《史记》是这样,以后仿模《史记》的许多史书也是这样。因此,凡属"纪传体"的史书,必须统看全部,才会得到人物及其事迹的真相;倘若仅仅抽读一篇两篇,那所得的只是个朦胧而不切实的印象而已。所以,在欲知一点史实的人,"纪传体"的史书并非必读;现在有好些研究历史的人,给大学生作了"中国通史";给中学生读的"中国通史"似乎还没有,但编辑得完善一点的历史教本,也足够使中

4 互见是文言中常见的表达方式,我们一般只讲名词,不讲解它的三种功用,遗憾!

学生知道史实了。"纪传体"的史书,就其性质而言,还只是一种材料;把它参互比观,仔细钩稽,是史学家和大学史学系学生的工作,仅仅欲知一点史实的人是不能而且也不必去做的。还有,"纪传体"以人物为经。自不得不以记事迹为纬,即使不嫌重复,想不用"互见"的体例,事实上也办不到。而在欲知史实的人,却是事迹重于人物。一件事迹往往延续到若干年,另外一种"编年体"为要编年,把整件事迹分隔开来,看起来也不方便。所以宋朝袁枢在"纪传体"和"编年体"之外,创立"纪事本末体"和"通鉴纪事本末";它把一件大事作题目,凡司马光《资治通鉴》中关于这件大事的记载,都抄来放在一起,这样,一件事迹便有头有尾,它的前因后果都容易看明白了。在旧式的史书中,"纪事本末体"比较适宜于一般欲知史实的人,这是应该知道的。

　　现在的《史记》并不是司马迁当时的原样,已经经过了许多人的增补和窜改。《汉书·司马迁传》载了《史记·自序》之文,接着说:"迁之自叙云尔,而十篇缺,有录无书。"这是说整篇的缺失,而古代简策,保存不易,零星的残逸,也是可以想见的事。修补《史记》的,以汉褚少孙为最早;又有冯商和孟柳,"俱待诏,颇序列传"(见《汉书·艺文志》颜师古注);东汉时有杨终,"受诏删太史公书为十余万言"(见《后汉书·杨终传》),唐刘知几《史通》外篇《古今正史》中说,《史记》之后,"豫向、向子歆,及诸好事者若冯商、卫衡、杨雄、史岑、梁审、肆仁、晋冯、段肃、金丹、冯衍、韦融、萧奋、刘恂等相次撰续,迄于哀平,犹名《史记》"。这些增补删削的本子,与原书混合起来是很容易的,着手混合的人也不一定为着存心作伪。现在的《史记》,唯褚少孙的补作低一格刊刻,或更标明"褚先生曰",可以一望而知;此外的增补和窜改便不能辨别了。旧注中颇有辨伪的考证;历代就单篇零句加以考证的,多不胜举;清崔适作《史记探源》八卷,举出伪窜之处特别多,虽未必完全可靠,但一般批评都认为当得"精博"两字。

　　关于《史记》的注释,宋裴骃的《史记集解》,唐司马贞的《史记索隐》,唐张守节的《史记正义》,合称"三注",现在都附刊在《史记》里。《史记集解》的序文中说:"考较此书(指《史记》),文句不同,有多有少,莫辩其实。而世之惑者,定彼从此,是非相贸,真伪舛杂。故中散大夫东莞徐广,研核众本,为作'音义',具列异同,兼述训解;粗有所发明,而殊恨省略。聊以愚管,增演徐氏,采经传百家并先儒之说,预是有益,悉皆抄内,删其游辞,取其要实;或义在可疑,则数家兼列……号曰'集解';未详则阙,弗敢臆说。"《史记索隐》的序文中说:"贞谞闻陋识,颇事钻研,而家传是书(指《史记》),不敢失坠。初欲改更舛错,裨补疏遗,义有未通,兼重注述,然以此书残缺虽多,实为古史,忽加穿凿,难允物情。今止探求异闻,采摭典故,解其所未解,申其所未申者,释文演注,又为述赞,凡三十卷,号曰《史记索隐》。"《史记正义》的序文中说:"守节涉学三十余年,六籍九流,地里苍雅,锐心观采,评史汉,诠众训释而作正义。郡国城邑,委曲申明,古典幽微,窃探其美,索理允惬,次旧书之旨,音解兼注,引致旁通,凡成三十卷,名曰《史记正义》。"看了以上所引,约略可以知道"三注"的大概。若作《史记》的研究,单看"三注"是不够的;因为关于《史记》任何方面的考据,从唐以后还有很多,就是现在也常有人发表新见,必须搜罗在一起,互相比观,才谈得到研究。<u>若并不作研究而仅仅是阅读,那不必全看"三注",也可以全不看,只要有一部较好的辞书,如商务印书馆《辞源》或中华书局《辞海》,就可以解决大部分疑难了。</u>[5]

  《史记》的大概既已说明,才可以谈到《史记菁华录》。

  现在中学里自有历史课程,或用教本,或由教师编撰讲义,学生据以研修,便知道了从古到今的史实。《史记》不是仅仅欲知一点史实的人所宜,前面已经说过;若把他认为古史教本,给中学生研修,那在能力和时间上都超过了限度,无论如何是不应该的(事实上也没有一个中学把《史记》作为历史教本的)。但同样一部书,往往可以从不同的观点去看它;譬如《庄子》,就内容的观点说,是一部哲学书,但就写作技术的观点说,却是一部文学书;又如《水经注》,就内容的观点说,是一部地理书,但就写作技术的观点说,却是一部文学书。内容和写作技术当然不能划然分开——要了解内容必须明白它怎样表达,要理会写作技术必须明白它说些什么;但偏重一方面,在一方面多用些功夫,那是可以的。从哲学的观点读《庄子》,必须弄清楚庄子思想的整个系统,以及它与当时别派思想的异同,它给予后来思想界的影响等项;从地理的观点读《水经注》,必须弄清楚古今的变迁,广稽图籍,知道什么水道还是与古来一样,什么水道却不同了,又需辨别原著的是非,详加考证,知道某处记载确凿可靠,某处记载却是作者的疏失;但从文学的观点读这两部书,这些方面便不必过于精

5 有针对性地推荐参考读物。

求，只需注重在词句的运用、篇章的安排以及人情事态的描写等项就是了。《史记》也同上面所举两部书一样，就内容的观点说，是一部历史书；就写作技术的观点说，是一部文学书。认《史记》为历史而读它，固非中学生所能胜任；但认《史记》为文学而读它，对于中学生却未尝不相宜。《史记》的多数篇章，叙人叙事都是"文学的"，值得恒久地玩味；《二十四史》中的各史，不一定全是文学，但《史记》无疑是文学的名著。中学生读《史记》，目的并不在也能写出像《史记》一般的古文，而在借此训练欣赏文学的能力和写作记叙文的技术；换句话说，借此养成眼力和手法，以便运用到阅读和写作方面去，得到切实的受用。

<u>中学生读文学名著，虽不宜贪多务博，广事涉猎，也不能抱定一书，不再他求。因此，对于每一部书，不能通读全部，只能节取其一部分，全部的分量往往太多了</u>，非中学生的时力所能应付，所节取的一部分，当然是全书的精粹。[6] 教育部颁布的《中学国文课程标准》[1]，在"实施方法概要"项的"教材标准"目下，初中的略读部分列着"有诠释之名著节本"一条，高中的略读部分列着"选读整部或选本之名著"一语，就是这个意思。现在提出的《史记菁华录》，就是一种"名著节本"或"选本之名著"。

《史记菁华录》是钱塘姚祖恩编的。他在卷首有一篇题词，末书"康熙辛丑七夕后三日，苧田氏题"；卷尾又有一篇跋，末书"辛丑长至后三日阅讫题此"；据此可知他这部书的编成在清康熙六十年辛丑（公元一七二一年）。"苧田氏"是他的别号；幸而题词后面有吴振棫的短跋，"此本为吾乡姚公祖恩摘录，此携之入黔，中丞善化贺公见而善之，命校勘刊行，以惠学者；道光癸卯五月，钱塘吴振棫识"，才使我们知道编者的姓名和籍贯。但除此以外，我们对于姚祖恩便别无所知。"善化贺公"是贺长龄，曾做贵州巡抚，吴振棫曾做贵州布政使，此书原版就在任内刊刻，所以卷首书名旁边署着"藩宪吴开雕"五字。"癸卯"是道光二十三年（公元 1843 年），据此可知此书行世快满 100 年了。<u>原版而外，各地刻本不少；最近在成都买到一部，是民国三年（公元 1914 年）成都文明阁刻的。自从西洋印刷术流传进来之后，又有些铅印石印的本子。你一定要在某家书铺子里买到一部，往往不能如愿；但如果随时留心的话，却很容易遇见</u>

---

[1] 指 1940 年教育部颁布的《修正初级中学国文课程标准》和《修正高级中学国文课程标准》。——编者

---

6 阅读名著是提升语文素养的基本路径，但是中学生升学压力太大，没有时间读，倘能采取读节选本的办法，既可以节约时间又可以收到读书的功效，何乐而不为？

此书,当然不限定哪一种本子。[7]

姚祖恩自题两篇,就所记时日看,跋作在前。此跋说明他的编撰体例,现在全录于后:[8]

> 《史记》一书,学者断不可不读,而亦至不易读者也。盖其文洸洋玮丽,无奇不备,汇先秦以上百家六艺之菁英,罗汉兴以来创制显庸之大略,莫不选言就班,青黄纂组,如游禁籞,如历钧天,如梦前生,如泛重溟;以故谫材诹学无有能阅之终数卷者。前哲虽有评林,要亦丹黄粗及,全豹不呈。不揣荒陋,特采录而详阅之,务使开卷犁然,皆可成诵,间加论断,必出心裁。密字蝇头,经涉寒暑,幸可成编,固足为雪案之快观也。若所删节者,刊本具存,岂妨翻读。世有三仓四库烂熟胸中之士,吾又安能限之哉?

这里说他所采选的,都可以认为完整的篇章;如要看删去的部分,自有整部的《史记》在那里。采选之外,他又自出心裁,加以评注。题词一篇,说明他编撰此书的用意,现在摘录如下:[9]

> 余少好龙门《史记》,循环咀讽,炙輠[1]而味益深长。顾其夥颐奥衍,既不能束之巾笥;又往哲评林,迄无定本。尝欲抽挹菁华,批导窾却,使其天工人巧,刻削呈露;俾士之欲漱芳润而倾沥液者,澜翻胸次,而龙门之精神眉宇,亦且郁勃翔舞于尺寸之际,良为快事矣。……古人比事属辞,事奇则文亦奇,事或纷粲,则文不能无冗蔓;故有精华结聚之处,即不能无随事敷衍之处。撷其菁华而略其敷衍,而后知古人之作文甚苦,而我之读之者乃甚知也。今夫龙门之文得于善游,夫人而能言之矣;则当其浮长淮,沂大江,极览夫惊沙逆澜,长风怒号,崩击而横飞者,吾与其书而撷取之;望云梦之泱漭,睹九嶷之芊绵,苍梧之野,巫山之阳,朝云夕烟,靡曼绰约,吾于其书而撷取之;临广武之墟,历鸿门之坂,访潜龙之巷陌,思霸主之雄图,鹰扬豹变,忼慨悲怀。吾于其文而撷取之;奉使巴岷,吊蚕丛鱼凫之疆,扪石栈天梯之险,萦纡晦宵,巉峭幽深,吾于其文而撷取之;适鲁登夫子之堂,扶琴书,亲杖履,雍容鱼雅,穆如清风,吾于其文而撷取之。若夫后胜

---

[1] "輠",古时车上盛贮油膏的器具,"炙輠"比喻言语流畅风趣。——编者

批注

7 作者非常重视版本的选择。

8 序、跋是阅读的一把钥匙,作者在《略读指导举隅》前言里特别强调要养成阅读序文的习惯。

9 《史记菁华录》是从文学家的立场来编选的,其最重要的选录原则就是"奇",表现在所选文章或为能体现司马迁"发愤之所为作"的创作特点的"奇志";或为能体现人物形象风貌之"奇"的篇章;或为多记神异怪诞之事的事"奇"之篇;或为能体现文辞之"奇"的记录阴阳、纵横之士言论的篇章;或为侧重于结构布局之"奇"的篇章,同时,他编选的文章也做到了整体脉络的贯连。所删节的即姚祖恩所谓原文中"随事敷衍"之处,使文章结构更精巧,人物形象更鲜明,文学性得到凸显。

未来,前奇已过,于其中间,历荒堤而经破驿,顽山钝水,非其兴会之所属,斯逸而勿登焉。读其文而可以知其游之道如彼,则文之道诚不得不如此也。……凡《史记》旧文几五十万言,今撮其五之一;评注皆断以鄙意,视他本为最评,约亦数万言。龙门善游,此亦如米海岳七十二芙蓉,研山几案间卧游之逸品也。因目之曰《史记菁华录》云。

这里说摘出一些部分,足以表见《史记》文字的"天工人巧"的,供学者研摩;又把游览比喻读书,游览可以挑选那最胜之处,"顽山钝水",便舍弃不顾,读书可以挑选那精粹之处,随事敷衍的笔墨,便也舍弃不顾:这是文章家的看法,把《史记》视为文学书,与史学家的看法全然不同。其中"事奇则文亦奇"的"奇"字,与跋中"无奇不备"的"奇"字,在评注中也常常用到,并不是"奇怪"或"新奇"的意思;大概"事奇"的"奇"字指其事可供描写而言,"文奇"的"奇"字指其文描写得出而言,但站在史家的立场,不能专取那些可供描写的材料;一事的过场脉络,也不得不叙:趣味枯燥可是关系重要的事迹,也不得不记。这些材料,在文章家看来,便是不奇的事,写成文字,只是寻常的记叙文,便是不奇的文了。

此书选录"本纪"三篇,"表序"三篇,"书"三篇,"世家"九篇,"列传"三十三篇,共五十一篇。各篇之中,并不都加删节,全录的有十六篇(《高祖功臣年表序》《秦楚之际月表序》《六国表序》《萧相国世家》《伯夷列传》《司马相如列传》《孟子荀卿列传》《信陵君列传》《季布栾布列传》《张释之冯唐列传》《魏其武安侯列传》《李将军列传》《汲郑列传》《酷吏列传》《游侠列传》《滑稽列传》)。于"合传"中全录一人之传的也有五篇(于《老庄申韩列传》全录《老子传》,于《屈原贾生列传》全录《屈原传》。于《韩王信卢绾列传》全录《卢绾传》,于《郦生陆贾列传》全录《陆贾传》而《郦生传》有删节,于《扁鹊仓公列传》全录《扁鹊传》而《仓公传》有删节)。这些全录的,该是编者所认为完整的篇章,文学的佳作。从此又可推知,凡加以删节的,他必认为其中有"随事敷衍之处",非作者"兴会之所属"。如"本纪"一类,原是全书的纲领,从史学的观点看,是极关重要的;但作者写来,不能不平铺直叙,有如记账。所以十二"本纪"中,他只选了三篇,而且都加以删节。于《秦始皇本纪》,只取了"议帝号""制郡县""废诗书"三节;这三节主要部分是议论,阔大而简劲,其事对于后来又有很大关系，故而采选。于《项羽本纪》，删去的部分就没有《秦始皇本纪》那么多，约占全篇的三分之一，都是叙述当时一般的战争情势的。原来《项羽本纪》注重在描写项羽这个人物，在十二"本纪"中，是并不拘守体例的一篇；从文章家看来，描写项羽的部分都是好文章，其叙述当时一般的战争情势的部分，虽是史学家所不容忽略，然而非作者"兴会之所属"了。于《高祖本纪》，只取了开头叙高祖微时的一节；和高祖还沛，酒酣做《大风歌》的一节；这两节都是描写高祖这个人物，采选的用意与《项羽本纪》相同。——其他各篇删节，大致都是如此。

编者用从前人评点的办法，把《史记》文字逐语圈断，认为颇关紧要或文章佳胜的处所，便在旁边加上连点或连圈。因为刊刻的不精审，就是原版也有很多地方把圈断的圈儿刻错了，其他圈刻排印的本子，也不能完全校正无误；其加上连圈的部分，把一段文字一直圈下去，圈断之处便无从辨别。因此阅读此书的时候，先得自己下一番工夫，详审文字的意义而加上句读，不能全靠圈断的圈儿。阅读古书，第一步原在明句读；句读弄清楚了，对于书中的意义才确切咬定，没有含糊。像此书似的单用一种圈儿作符号，语意未完的地方是圈儿，语意完足的地方也是圈儿，本来不很妥当。读者自己下一番工夫，在语意未完的地方用"读号"（"，"），在语意完足的地方才用"句号"（"。"），这是很有意思的一种练习，使你对于文中每一个字都不能滑过。¹⁰ 至于文字旁边的连点和连圈，也可以不必重视；因为加上这种符号由于编者的主观，读者若能读得透彻，别有会心，也自有他的主观，而这两种主观，从读者方面说，以后者为要，前者只有拿来比照的用处罢了。

古人作文不分段，现在重印古书，往往给它分段，如果分得很精审的话，在读者自是极大便利。此书除了删去一段，下段另行开头以外，仍照原样不分段。因此，读者在断句之后，还得下一番分段的工夫。这番工夫也不是白用的，从这上边，你可以练习解析文章的手段。分段的时候，可以参考此书的注，因为注中有时提到关于段落的话。如《项羽本纪》，此书节录"初宋义所遇齐使者高陵君显在楚军"至"项羽由是始为诸侯上将军，诸侯皆属焉"为一段；但在其中"当阳君蒲将军皆属项羽"一句下注道"以上一大段，总写羽为上将军之案"，便可知此处是一段之末，以下"项羽已杀卿子冠军"可另作一段。又如同篇节录

10 "明句读"是阅读文言文的一项基本功，今天的文言读物有现存的标点，方便是方便，但学生的思考力和阅读力降低了。

叙"鸿门之会"的文字为一段；但在其中"乃令张良留谢"一语下注道"张良留谢，自作一段读"，便可知此处是一段之始，该与上一语"于是遂去"划开。在注中没有提到的地方，就得自出心裁，把每一段都分得极精审。

编者所加评注，篇中篇末都有。在篇中的，有的写在文句之下，有的写在书页的上方。如所谓"眉批"，[11] 大致评注少数语句的，写在文句之下，评注较长的一节的，写在书页的上方；但这个区别并不严格，只能说是编者下笔时随便书写的结果。在篇末的，是对于本篇的评论，所选五十一篇的后面，并不是每篇都有，只有二十四篇有。我们既选读此书，对于这些评注，应当明白它的体例，辨别它的善否，选择它的善者而利用它。以下便就这方面说。

通常所谓"注"，是解释字义、句义，凡读者不易了悟之处，都把它申说明白；或考证故事成语，凡读者见得生疏之处，都把它指点清楚。这类的注，此书并不多，所以阅读的时候，案头应当备一部较好的辞书。但此书属于这类的注，大体都明白扼要，可以阅看。如《秦始皇本纪》，于"丞相绾、御史大夫劫、廷尉斯等"下注道"秦初三公之职如此"，读者便知"丞相""御史大夫""廷尉"是秦的"三公"，汉时"三公"是因袭秦制。又如《项羽本纪》，于"公将见武信君乎"下注道"即项梁"；于"项王令壮士出挑战"下注道"独骑相持，不用兵卒者，谓之挑战"；于赞语"何兴之暴也"上方注道"暴字只是骤字义，言苟非神明之后，何德而致此骤兴也"，读者对于"武信君""挑战"和"暴"字，或将迷惑，看了注语，便明白了。又如《秦始皇本纪》，于"人善其所私学，以非上之所建立"下注道"人各以其所私学者为善也，长句曲而劲"；《高祖本纪》，于"高祖每酤，留饮酒，仇数倍"下注道"始则索钱数倍常价，以其不琐琐较量也"；读者于此等语句或将不明其义，看了"人各以其所私学为善"，便明白什么是"人善其所私学"，看了"索钱数倍常价"，便明白什么是"仇数倍"。不过也偶尔有解释错的。如《项羽本纪》，于"马童面之，指王翳曰：'此项王也'"下注道"回面向王翳也"；把"回面向"解释"面"字，又把"之"认为称代王翳，都是显然的错误。这个"面"字向来认为用的反训，是"背向"的意思。又有人说是"偭"的借字，"偭"有"向"义，也有"背"义，《离骚》"偭规矩而改错"的"偭"字，便是"背"义。用代名词"之"字，所代的人或事物必然先见，没有先见了"之"字，然后提出它所代的

---

[11] 这里将夹批、眉批合称"眉批"。《史记菁华录》的评点，大致像明清小说评点体例一样，分为夹批、眉批和末评。夹批一般都较为简洁，有的用来疏解字句含义，帮助读者理解文章。然而它又不像注释那样固板，大多紧扣语境，带有主观鉴赏的性质。

人或事物，现在说"回面向王翳"便是"之"字先见，王翳后出了。这个"之"字分明是称代上一句"项王身亦被十余创……"的"项王"；"面之"便是"背向项王"。

除了前一类的注以外，多数的评注可以分为两大类：一类是关于文章的，一类是关于事迹的。现在先说前一类。前一类中又可以分为几类。一类是说明文章的段落，前面已经提及，这里不再说了。又一类是说明文章的层次脉络。如《秦始皇本纪》，于"收天下兵，聚之咸阳，销以为钟鐻，金人十二，重各千石，置宫廷中"下注道"一销兵"；于"一法度衡石丈尺，车同轨，书同文字"下注道"二同律"；于"地东至海，暨朝鲜，西至临洮羌中，南至北向户，北据河为塞，并阴山，至辽东"下注道"三与地"；于"徙天下富豪于咸阳十二万户，诸庙及章台上林，皆在渭南"下注道"四建京"；看了这四注，对于这节文字便有了统括的观念。又如《项羽本纪》，于"是时汉兵盛食多，项王兵罢食绝"下注道"成败大关目，提出大有笔力"；于张良、陈平说汉王语中的"楚兵罢食尽"下又注道"再言之"；于"项王军壁垓下，兵少食尽"下又注道"三言之"；其上方又注道"'兵疲食尽'之语凡三提之，正与项王'天亡我'之言呼应；史公力为项王占地步，其不肯以成败论英雄如此，皆所谓'一篇之中，三致意焉'者也"；这提醒了读者，由此可知屡叙兵罢食尽并不是无谓的赘笔。又如同篇，于"项王身亦被十余创，顾见汉骑司马吕马童曰：'若非吾故人乎？'马童面之，指王翳曰：'此项王也。'项王乃曰：'吾闻汉购我头千金……'"的上方注道"项王语本一片，中间别描吕马童数笔，此夹叙法"；看了此注，便知项王"吾闻汉购我头千金……"的语与"若非吾故人乎"的话原是迳接的，知道迳接，项王当时的心情声态更觉如在目前；又可以进而推求，为什么要把吕马童向王翳说的话插在中间？推求的结果，便知道移到后面去就安排不好，唯有插在中间，才表现出当时的生动的场面。这一类注都有用处，都该细看。

又一类是说明文章的作用。如《项羽本纪》，于"诸项氏枝属，汉王皆不诛，乃封项伯为射阳侯"下注道"合叙中见轻重法"；读者便知特提项伯，其作用在显示他是有恩于汉王的人，下文"桃侯、平皋侯、玄武侯"三个人都无甚关系，所以只以"皆项氏，赐姓刘氏"了之。又如《高祖本纪》，于"吕公大惊，起迎之门。吕公者，好相人"下注道"史公每用夹注法，最奇妙"，于下文"见高祖状貌，因重敬之,引入座"下又注道"接上'迎之门'句",读者便知"吕公者,好相人"的作用是插注,"引入座"的作用是回接。又如《阿渠书》,于"随山浚川,任土作贡,通九道,陂九泽,度九山,然河菑衍溢,害中国也尤甚"下注道"忽宕一笔,是史公文至此方从洪水独抽出河来,以下皆言治河";读者便知,"然河菑衍溢,害中国也尤甚"的作用从广泛的洪水转到单独的河害。这一类注也有用处,由此可以养成仔细阅读的习惯。

又一类是阐说文章的旨趣。如《项羽本纪》,于"梁父即楚将项燕,为秦将王翦所戮者也。项氏世世为楚将"的上方注道"提出项燕王翦,以著秦项世仇,提出世为楚将,以著霸楚缘起";又如同篇,于"项王渡淮,骑能属者百余人耳"的上方注道"以下皆子长极意摹神之笔,非他传可比";又如《高祖本纪》,于所选第一段的上方注道"汉室定鼎,诛伐大事,皆详于诸功臣家列传中,及《高祖本纪》,则多载其细微时事及他神异符验,所以其文繁而不杀,灵而不滞;叹后世撰实录者不敢复用此格,而因以竟可无传之文也";又如《六国表序》,于"独有秦记"至"此与耳食无异,悲夫"的上方注道"此段是正叙采《秦记》以著《六国年表》本意;然《秦记》卑陋,为世儒聚道,下段故特举'耳食'之弊,以见《秦记》之不可尽废也;文义始终照应,一丝不走"。以上四例,从第一例,可知叙述项燕为王翦所戮和项氏世为楚将,并非闲笔墨;从第二例,可以唤起阅读时的注意,于项王战败自到一大段,细辨其"极意摹神"之处;从第三例,可知《高祖本纪》内容的大概,以及其何以略于"诛伐大事";从第四例,可知《六国表序》以"太史公读《秦记》"开头,以下以各国与秦并论,而侧重于秦,皆所以说明"因《秦记》"做表的旨趣。这一类注都于读者有帮助。

又一类是指出描写的妙笔。如《项羽本纪》,于"项伯……欲呼张良与俱去,白:'毋从俱死也'"下注道"十余字耳,叙述情事俱尽,性情态色俱现,千古奇笔";于"张良曰:'谁为大王为此计者'"下又注道"从容得妙";于"(沛公)曰:'鲰生说我曰'"下又注道"急中骂语,皆极传神";于"张良曰:'料大王士卒,足以当项王乎'"下又注道"偏从容";于"沛公默然曰:'固不如也,且为之奈何'"下又注道"又倔强,又急遽,传神之笔",于"张良曰:'请往谓项伯,言沛公不敢背项王也'"下又注道"到底从容,音节琅琅可听,只如此妙";于这段文字的上方又注道"以一笔夹写两人,一则窘迫绝人,一则从容自如,性情须眉,跃跃纸上,史公独绝之文,左国中无有此文字"。沛公与张良计议是史实,但这些注语并不论史实而论文章;从文章看,沛公的窘迫和张良的从容都表现了出来,而注语把表现了出来之处给点醒了。又如《高祖本纪》,于"吕后与两子居田中耨,有一老父过,请饮,吕后因餔之"下注道"看他连叙两个相人,无一笔反复,古人不可及在此",一个相人是吕公相高祖,一个相人是老父相吕后,孝惠相鲁元;于"相鲁元亦皆贵"下又注道"相人凡换四样笔,乃至一字不相袭,与城北徐公语又大不同"。所谓四样笔,一是吕公相高祖,明说"臣少好相人,相人多矣,无如季相";二是老父相吕后,赞称"夫人天下贵人";三是老父相孝惠,说明"夫人所以贵者,乃此男也";四是老父相鲁元,不复记其言语,只叙道"相鲁元亦皆贵"。这也是论文章,记叙同样的事实,而文章能变化,确然值得玩味。后一注中所称"城北徐公语",指《战国策·齐策·邹忌修八尺有余》一篇中的问答语而言。邹忌问其妻"我孰于城北徐公美?"妻答道:"君美甚,徐公何能及君也!"又问其妾"吾孰于徐公美?"妾答道:"徐公何能及君也!"又问其客"吾与徐公孰美?"客答道:"徐公不若君之美也。"每次问答语都不相同,向来认为文章能变化的好例;但与《高祖本纪》写相人的这一节对比,便觉得《战国策》回答语的变化仅在字句之间了。又如《项羽本纪》"项王范增……乃阴谋曰:'巴陵道险,秦之迁人皆居蜀',乃曰:'巴蜀亦关中地也'。故立沛公为汉王,王巴蜀汉中"一节,于"巴蜀亦关中地也"下注道"'乃阴谋曰','乃曰',一阴一阳,连缀而下,真绘水绘声手";经这一点明,便知这两语一表私下的计议,一表公开的宣布,虽是简单的叙述,也具有描写的作用。又如《陈涉世家》,于"且曰,卒中往往语,皆指目陈胜"下注道"画出情景";经这一点明,便觉"指目陈胜"四字写出一个繁复而生动的场面,读者各自可以想象得之。又如《信陵君列传》,于"当是时,魏将相宾客满堂,待公子举酒,市人皆观公子执辔,从骑窃骂侯生"下注道"方写市中公子侯生,忽从家内插一笔,从骑插一笔,市人插一笔,神妙之笔,当面飞来,又凭空抹倒";经这一点明,便觉这几语看似突兀,而实则极入情理,以见所有的人都惊怪于公子的谦恭和侯生的骄蹇,于是"侯生视公子,色终不变"两语接上去,才格外地有力——因为看似突兀,所以说"当面飞来",因为下文仍归到市中公子侯生,所以说"又凭空抹倒"。这一类注都足以启发读者,语句虽简短，有时又不免抽象一点，但读者据此推想开来，往往可以体会到描写的佳处。

<u>以上所举几类的注，都是关于文章的。</u>[12] 现在再说关于事迹的。这又可以分为几类。一类是批评事迹，与文章全无关系；但其语精警，于读者知人论世颇有帮助。如《项羽本纪》，于樊哙带剑拥盾入项王军门一节的上方注道"樊哙谏还军霸上，及定天下后排闼问疾数语，俱有大臣作用，此段忠诚勇决，亦岂等闲可同；论事者宜分别观之"。编者恐读者但认樊哙为粗豪武夫，所以批注这一条，唤起读者的注意。沛公攻进了咸阳，艳羡秦宫的富有，意欲就此住下来；樊哙劝他还军霸上，他不听，张良说樊哙的话是忠言，他才听了：事见《留侯世家》（此书《留侯世家》没有选录这一节）。高祖在禁中卧病，不让群臣进见；樊哙排闼直入，一群大臣也就跟了进去，却见高祖枕着一个宦官躺在那里；哙等于是流涕进谏，有"陛下病甚，大臣震恐，不见臣等计事，顾独与一宦者绝乎！且陛下独不见赵高之事乎？"的话：事见《樊哙滕灌列传》（此书没有选录下《樊哙滕灌列传》）。读者若细味本篇樊哙对项王说的一番话，再兼看那两篇，对于樊哙这个人物，印象自当不同。又如《廉颇蔺相如列传》，于相如送璧先归，庭对秦王一节的上方批道："人臣谋国，只是致身二字看得明白，即智勇皆从此生，而天下无难处之事矣。玩相如'完璧归赵'一语，当奉使时，已自分璧完而身碎，璧归赵而身不与之俱归矣。此时只身庭见，若有丝毫冀幸之情，即一字说不出。看其侃侃数言，有伦有脊，故知其明于致身之义者也。"这里提出"致身"二字，解释相如智勇的由来，很有见地。又如《淮阴侯列传》，于诸将问韩信致胜之述，韩信答以"置之死地"一节的上方批道："岳忠武论兵曰：'运用之妙，存乎一心'。""夫心之精微，口不能言也，况于书乎。汉王尝以十万之兵，夹睢水阵，为楚所蹵，睢水为之不流；此与'置之死地'者何异，而败衄[1]至此。使泥韩信之言，其不至颠蹶与尸，载胥及溺者几何矣。此总难为死守训诂者言也"。这一段以韩信背水阵与汉王夹睢水阵并论，两回战役情形相似，而一胜一败，可见致胜的因素绝不止一个；韩信据兵法说由于"置之死地"这不过许多因素中的一个而已；因此归结到韩信的话不可泥，自是颇为通达的议论。又如《李

---

[1] 败衄，多指战事失败。——编者

---

[12] 以上分门别类，指出了各类注的作用，给阅读者具体、清晰的指导。

将军列传》,于文帝说李广"惜乎子不遇时,如令子当高帝时,万户侯岂足道哉"的上方批道:"文帝'惜乎子不遇时'之言,非谓高帝时尚武而今偃武修文也。文帝时匈奴无岁不扰,岂得不倚重名将?帝意正以广才气跅弛,大有黥彭樊灌之风;当肇造区宇之时,大者王,小者侯,取之如探策矣。今天下已定,虽勒兵陷阵,要必束之于簿书文法之中;鳃鳃纪律,良非广之所堪也,故叹惜之。此实文帝有鉴别人才处;广之一生数奇,早为所决矣。"这一段发明文帝语意和李广所以一生数奇,都很精辟。

又一类也是批评事迹,也与文章全无关系,且所评只是编者一时的兴会,说不上知人论世;这一类评注于读者无甚益处,竟可不看,即使顺便看了,也无需加以仔细研求。如《项羽本纪》,于项羽拔剑斩会稽守头下批道:"如此起局,自然只成群雄事业。"这似乎说项羽不能取天下,成帝业,乃由于他起局的不正,未免把历史大事看得太简单、太机械了。于项王以马赐乌江亭长下批道"以马与长者,好处分";于项王对吕马童说:"若非吾故人乎"下又批道"寻一自刭好题目";于项王"乃自刭而死"下又批道"以身与故人,又好处分"。这些都是在小节目上说巧话,颇像从前人批评小说的格调,对于读者实在没有什么启发。又如《绛侯周勃世家》,于文帝劳军细柳,"军士吏披甲,锐兵刃,彀弓弩持满"下批道:"作临阵之态,岂非着意妆点,见才于人主乎?"于"天子先驱至,不得入"下又批道:"若先驱得入,则不能令天子亲见军容矣,其理可知。"于"都尉曰:'将军令曰'"下又批道:"极意作态。"于"于是上乃使使持节召将军"下又批道:"此亦天之诏也,天子未至则不受,至则受之,为其整肃之已见也,倨甚。"于"壁门士吏谓从属车骑曰:'将军约,军中不得驱驰'"下又批道:"乃至以约束吏者约束天子,'倨甚'。"于"将军亚夫持兵揖曰"下又批道"倨甚"。于这一节文字的上方又批道:"细柳劳军,千古美谈。全谓亚夫之巧于自著其能,以邀主眷耳;行军之要,固不在此也。何者?当时遣三将军出屯备胡,既非临阵之时,则执兵介胄,传呼辟门,一何过倨。况军屯首重侦探,岂有天子劳军已历两塞,而亚夫尚未知之理?乃至先驱既至,犹闭壁门,都尉申辞,今天子亦遵军令,不亦甚乎!然其持重之体迥异他军,则锥处囊中,脱颖而出,亚夫之谋亦工矣。顾非文帝之贤,安能相赏于形迹之外哉?"这些评语以为亚夫有意做作,好像他预知文帝能够赏识他那一套似的;

未免是存心挑剔。从前有一部分翻案的史论就属于这一类,都无关于史实的认识。

又一类是批评事迹,却与文章的了解或欣赏有关。这一类大致可看,看了之后,于事迹,于文章,都可有进一步的体会。如《项羽本纪》,于"籍曰:'彼可取而代也'"下批道"蛮得妙,与高祖语互看,两人大局已定于此";《高祖本纪》,于"观秦皇帝,谓然太息曰:'嗟乎!大丈夫当如此也'"下批道"与项羽语参看"。"两人大局已定于此"的话虽浮游无根,但把两语参看,确可见刘项微时,正具一般的雄心;而两语一表粗豪,一表阔大,也可从比较中见出。又如《项羽本纪》,于项王困于垓下,自为诗歌下批道:"英雄气短,儿女情深,千古有心人莫不下涕。"《留侯世家》,于高祖欲立戚夫人子为太子,因张良计阻,不得如愿,"戚夫人泣,上曰:'为我楚舞,吾为若楚歌'"下批道:"项羽垓下事情,高祖此时却类之,英雄儿女之情,何必以成败异也,读之凄绝。"两事很相类,若取这两节文章对看,体会其文情,更吟味两个人所为诗歌的感慨意绪,自比单看一节有趣得多。又如《魏其武安侯列传》,于篇首的上方批道:"叙魏其事,需看其段段与武安侯针锋相对,预为占地步处。"又道:"田蚡藉太后之势以得侯,魏其诎太后之私以去位,此一异也;田蚡贵幸,镇抚多宾客之谋,魏其赐环,投身赴国家之难,此二异也;田蚡居丞相之位,不肯诎于其兄,魏其受大将之权,必先进乎其友,此三异也;田蚡之狗马玩好,遍征郡国而未厌其心,魏其之赐金千斤,尽陈廊庑而不私于己,此四异也;魏其以强谏谢病,宾客语之莫来,田蚡以怙势见疏,人主麾之不去,此五异也;凡此之类,皆史公着意推毂魏其,以深致痛惜之情;而田蚡之不值一钱,亦俱于反照处见之矣。"这些评语把两个人的事迹扼要提示,同时指出作者的文心,使读者看下去,头绪很清楚,并能领会于叙述中见褒贬的笔法。但这一类中也有不足取的。如《留侯世家》,于"子房始所见下邳圯上父老与太公书者,后十三年,从高帝过济北,果见穀城山下黄石,取而葆祠之"的"子房始所见下邳圯上父老与太公书者"下批道:"好结穴,诸传所无。"他人并没有老人授书事,他人传中当然不会有此结笔;这不过是补叙余事,回应前文而已,定要说是"诸传所无"的"好结穴",未免求之过深。又如《张仪列传》,于苏秦使舍人阴奉张仪,让他得见秦惠王,既已达到目的,舍人辞去,张仪留他,舍人说"臣非知君,知君乃苏君;苏君忧秦伐赵败从约,以为非君莫能得秦柄,故感怒君"下批道:"此数语恐当日未必明明说出,若说出一毫无味矣;史公未检之笔也,不可不晓。"因其明说无味,便认为"未检之笔",这纯把作史看成作小说了。并且,不叙舍人说"苏君忧秦伐赵败从约",下文张仪"吾又新用,安能谋赵乎"的话又怎能着拍?所以这个评语乃是不中节的吹求。

此书所选《史记》文字,其中二十四篇的篇末,有编者的评论,都就全篇而言。体例也不一律,或仅论事论人,或在论事论人之外兼论文章理法,或仅发表对于本篇的感想,现在各举一例。《商君列传》篇末评道:

> 商君变法一事,乃三代以下一大关键。由斯以后,先王之流风余韵遂荡然一无可考;其罪固不可胜诛。然设身处地,以一羁旅之臣,岸然排父兄百官之议,任众怨,兼众劳,以卒成其破荒特创之功,非绝世之异才,不能为也。故吾以为古今言变法者数人:卫鞅,才子也,介甫,学究也,赵武灵王,雄主也,魏孝文帝,明辟也,其所见不同,而有定力则一,唯学究之害最深,以其执古方以杀人,而不知通其理也。

这一说商鞅废古,罪不可胜诛,王介甫行新法,是执古方以杀人,都是从前读书人的传统见解,无甚意思。但说商鞅变法是三代以下一大关键,却有识见。秦变法之后,立了许多新制度,后来传给汉,于是秦汉的局面与三代大不相同;岂不是一大关键?《秦楚之际月表序》篇末评道:

> 题曰《秦楚之际》,试问二世既亡,汉国未建,此时号令所出,非项羽而谁?又当山东蜂起,六国复立,武信初兴,沛公未兆,此时号令所出,非陈胜而谁?故不可言'秦',不可言'楚',谓之'际'者,凡以陈、项两雄也。表为两雄而作,却以记本朝创业之由,故首以三家并起,而言下轩轾自明。次引古反击一段,然后收归本朝,作赞叹不尽之语以结之。布局之工,未易测也。

这一段前半据史实发明立题的旨趣,后半就文章阐说全局的布置,都很精当,于读者颇有帮助。又如《信陵君列传》篇末评道:[13]

> 不知文者尝谓无奇功伟烈,便不足垂之青简,照耀千秋。岂知文章予夺,都不关实事。此传以存赵起,抑秦终;然窃符救赵,本未交兵,即逐秦至关,亦只数言带叙,其余摹情写景,按之无一端实事。乃千载读之,无不

13 末评置于《史记菁华录》中二十四篇选文末尾,不是每篇都有,运用上有很大的随意性。内容上类似于眉批,但更富于宏观总结的性质,它们或总评人事,或归纳全传结构布局,阐明史公作传命意。姚苎田并不是一个高明的史家,末评中的人事评点,鲜有闪光之处。但他却可以称得上是一个高明的文章家,篇末对文章的评述,很有见地,对读者的阅读能够起到提纲挈领的作用。

神情飞舞,推为绝世伟人。文章有神,夫岂细故哉!

这一段点明《信陵君列传》所以使人赞赏不已,不在信陵君的事功,而在文章描写得精妙,确是见到之言。

关于此书的评注,前面已经谈得很多。读者若能依据前面所分类目,逐一比附,取其精要的,特别加以体会,略其肤泛的,不再多费思索;便是善于利用此书了。当然,在编者的评注以外,读者自己若能有深入的心得,那是尤其可贵的。

原书注:本篇前半谈《史记》的部分,有许多意见是从朱东润先生的《史记讲录》(武汉大学讲义)和《传叙文学与史传之别》(《星期评论》第三十一期)采来的;不敢掠美,特此声明。

一、下面是语文名家关于阅读教学的经典论述,研读后谈谈你的看法。

1. 周予同:我主张看书和讲读都不可偏废。看书是偏重于学生自修方面;讲读是偏重教师指导方面。只有看书,流弊或则至于"食古不化";只有讲读,流弊不免至于学识浅薄。为调剂二者的缺点,应该双方并进才是。但是看书完全让学生自己去窥探,结果恐怕是"事倍功半"。譬如在未看书以前,教师不说明某书的性质和价值,已看的时候,学生无解疑释难的机会,看完以后,教师也无考查成绩的方法;这不是太不经济了吗?所以我主张在课程内应有相当的时间,以便说明、问难或考查。[周予同.对于普通中学国文课程与教材的建议[J].教育杂志,1922,14(1).]

2. 杨同芳:"自动教学"的方法,对于中学国文教学颇为重要。现在中学国文教学似乎太缺少自动学习的精神了。教师只知道课文讲一遍,读一遍,很少顾到学生的活动。教师只要把一册一册的教本讲完就算完事,是不是都能使学生了解教材,是不是都能使学生把教材加以消化利用,是不是能够帮助学生获得思想的表达方法,都不去管它。这样的教学难怪发生"有教无学"之讥。国文教学时研讨语文形式和内容的学科,学习时是需要相当的思考的。如果不让学生有对教材发生反应的机会,则教学等于白费心力。还有,教学时仅有少数的优等生参加讨论,而成绩较差的学生好像没有参加教学活动,也是亟待矫正的。我所说的自动是全体性的自动,普遍性的自动,是个个学生都动员了所有职司思维的神经细胞的自动。[杨同芳.中学语文教学泛论[J].国文月刊,1946(48).]

3. 龚启昌:都主张让学生自学,教师不必多讲解,在文学欣赏一点上看,作者主张,教师是必须用活跃而出神的方法,来为学生讲解的。因为学生所能涵泳体味的,当然没有教师深,教师必须把自己所涵泳体味到的情感,传导给学生,这是一件很要紧的事。[龚启昌.中学国文教学问题之检讨[J].教育杂志,1948,32(9).]

二、下面是当代一些学者关于文言文教学的论述,研读后谈谈你的看法。

1. 吕叔湘:关于文言文教学问题,首先应该明确目的是什么,才可以定指标和办法。目的不外三个:一是培养阅读文言的能力,是学生能够自由阅读历代文献、做学习和研究的工具;二是接受文学遗产;三是了解现代文中的文言成分。[吕叔湘.谈语言的学习、教学和研究[J].文字改革,1962(12).]

2. 朱宏杰:中学文言文教学,注重推敲词语,讲训诂,讲语法,在字、词、句上花气力,忽视文章章法、技法的剖析。这种"只见树木,不见森林"的偏向应该纠正。文言文提倡引导自学研讨,不可只到翻译为止,要在学生理解文章的基础上,帮助他们厘清文章的脉络,体会古人构思、布局之妙,以便借鉴古人,着眼今用。[朱宏杰.中学文言文教学改革管见[J].天津教育,1990(3).]

  3. 程永超:中学文言文教学要实现传承民族文化、观照生命未来的价值取向,就要在具体的教学中妥善处理"文""言"关系,既不能将它们割裂开来,也不能简单机械地将它们理解为"文"+"言",而是要在"文""言"相生相融中实现当下中学文言文的教学价值。"文""言"相生相融具体可从两方面来阐释:"因言释文"和"因文悟言"。所谓"因言释文"是通过"言"的解读来阐释"言所承载的内容";所谓"因文悟言",即以文言文所蕴涵的文化来反照领悟"言"。应该注意的是,无论是"因言释文"还是"因文悟言",都只是分析视角不同而已,两者在教学中实际上是相生相融的同一过程。[程永超.文言文教学:行于"文""言"之中[J].语文建设,2008(3).]

我思故我言

我思故我言

《唐诗三百首》指导大概

有些人在生病的时候或烦恼的时候,拿过一本诗来翻读,偶尔也朗吟几首,便会觉得心上平静些,轻松些。这是一种消遣,但跟玩骨牌或纸牌等等不同,那些大概只是碰碰运气。跟读笔记一类书也不同,那些书可以给人新的知识和趣味,但不直接调平情感。读小说在这些时候大概只注意在故事上,直接调平情感的效用也不如诗。诗是抒情的,直接诉诸情感;又是节奏的,同时直接诉诸感觉;又是最经济的,语短而意长。具备这些条件,读了心上容易平静轻松,也是当然。自来说,诗可以陶冶性情,这句话不错。[1]

但是诗绝不只是一种消遣,正如笔记一类书和小说等不是的一样。诗调平情感,也就是节制情感。诗里的喜怒哀乐跟实[1]生活里的喜怒哀乐不同。这是经过"再团再炼再调和"的。诗人正在喜怒哀乐的时候,绝想不到作诗。必得等到他的情感平静了,他才会吟味那平静了的情感,想到作诗;于是乎运思造句,作成他的诗,这才可以供欣赏。要不然,大笑狂号只教人心紧,有什么可欣赏的呢?读诗所欣赏的便是诗里所表现的那些平静了的情感。假如是好诗,说的即使怎样可气可哀,我们还是不厌百回读的。在实生活里便不然,可气可

---

[1] 即"实际",后同。——编者

1　拿读诗与玩游戏、读笔记、读小说作比较,说明读诗目的之不同,读诗重在陶冶性情,调平情感,这是指导学生读诗应该明白的基本思想。

哀的事我们大概不愿重提。这似乎是有私、无私或有我、无我的分别，诗里无我，实生活里有我。别的文学类型也都有这种情形，不过诗里更容易见出。读诗的人直接吟味那无我的情感，欣赏它的发而中节，自己也得到平静，而且也会渐渐知道节制自己的情感。一方面[1]因为诗里的情感是无我的，欣赏起来得设身处地，替人着想。这也可以影响到性情上去。节制自己和替人着想这两种影响都可以说是人在模仿诗。诗可以陶冶性情，便是这个意思。所谓温柔敦厚的诗教，也只该是这个意思。[2]

部定初中国文课程标准"目标"里有"养成欣赏文艺之兴趣"一项，略读教材里有"有注释之诗歌选本"一项。高中国文课程标准"目标"里又有"培养学生欣赏中国文学名著之能力"一项，关于略读教材也有"选读整部或选本之名著"的话。[3] 欣赏文艺，欣赏中国文学名著，都不能忽略读诗。读诗家专集不如读诗歌选本。读选本虽只能"尝鼎一脔"，却能将各家各派鸟瞰一番；这在中学生是最适宜的，也最需要的。有特殊的选本，有一般的选本。按着特殊的做派选的是前者，按着一般的品味选的是后者。中学生不用说该读后者。《唐诗三百首》正是一般的选本。这部诗选很著名，流行最广，从前是家弦户诵的书，现在也还是相当普遍的书。但这部选本并不成为古典；它跟《古文观止》一样，只是当年的童蒙书，等于现在的小学用书。不过在现在的教育制度下，这部书给高中学生读才合适。无论它从前的地位如何，现在它却是高中学生最合适的一部诗歌选本。唐代是诗的时代，许多大诗家都在这时代出现，各种诗体也都在这时代发展。这部书选在清代中叶，入选的差不多都是经过一千多年淘汰的名作，差不多都是历代公认的好诗。虽然以明白易解为主，并限定诗篇的数目，规模不免狭窄些，却因此成为道地的一般的选本，高中学生读这部书，靠着注释的帮忙，可以吟味欣赏，收到陶冶性情的益处。

本书是清乾隆间一位别号"蘅塘退士"的人编选的。卷头有"题词"，末尾记着"时乾隆癸未年春日，蘅塘退士题"。乾隆癸未是公元 1763 年，到现在快 180 年了。有一种刻本"题"字下押了一方印章，是"孙洙"两字，也许是选者的姓名。孙洙的事迹，因为眼前书少，还不能考出、印证。这件事只好暂时存疑。

---

[1] 原著中有"一方面"，但下文无"另一方面"。下同。——编者

批注

2 对于中学生，这里主张温柔敦厚的诗教，主张诗歌应节制情感，与 20 世纪二三十年代中国现代诗歌中新月派主张"理性节制情感"的美学主张也有相似的地方。

3 联系国文课程标准"目标"和教材要求，揭示诗歌教学的目标重在培养学生阅读的兴趣和能力。

"题词"说明编选的旨趣,很简短,抄在这里:

> 世俗儿童就学,即授《千家诗》,取其易于成诵,故流传不废。但其诗随手掇拾,工拙莫辨。且止七言律绝二体,而唐宋人又杂出其间。殊乖体制。因专就唐诗中脍炙人口之作择其尤要者,每体得数十首,共三百余首,录成一编,为家塾课本。俾童而习之,白首亦莫能废。较《千家诗》不远胜耶?谚云,"熟读唐诗三百首,不会吟诗也会吟",请以是编验之。

这里可见本书是断代的选本,所选的只是"唐诗中脍炙人口之作",就是唐诗中的名作。而又只"择其尤要者",所以只有三百余首,实数是三百一十首。所谓"尤要者"大概着眼在陶冶性情上。至于以明白易解的为主,是"家塾课本"的当然,无需特别提及。本书是分体编的,所以说"每体得数十首"。引谚语一方面说明为什么只选三百余首。但编者显然同时在模仿"三百篇",《诗经》三百零五篇,连那有目无诗的六篇算上,共三百一十一篇;本书三百一十首,绝不是偶然巧合。编者是怕人笑他僭妄,所以不将这番意思说出。引谚语另一方面叫人熟读,学会吟诗。我们现在也劝高中学生熟读,熟读才真是吟味,才能欣赏到精微处。但现在却无需再学作旧体诗了。

本书流传既广,版本极多。原书有注释和评点,该是出于编者之手。注释只注事,颇简当,但不释义。读诗首先得了解诗句的文义;不能了解文义,欣赏根本说不上。书中各诗虽然比较明白易懂,又有一些注,但在初学还不免困难。书中的评,在诗的行旁,多半指点作法,说明作意,偶然也品评工拙。点只有句圈和连圈,没有读点和密点——密点和连圈都表示好句和关键句,并用的时候,圈的比点的更重要或更好。评点大约起于南宋,向来认为有伤雅道,因为妨碍读者欣赏的自由,而且免不了成见或偏见。但是谨慎的评点对于初学也未尝没有用处。这种评点可以帮助初学了解诗中各句的意旨并培养他们欣赏的能力。本书的评点似乎就有这样的效用。

但是最需要的还是详细的注释。道光间,浙江省建德县[1](?)人章燮鉴于这个需要,便给本书作注,成《唐诗三百首注疏》一书。他的自跋作于道光甲午,就是公元1834年,离蘅塘退士题词的那年是71年。这注本也是"为家塾子弟

---

[1] 今浙江省建德市。——编者

起见",很详细。有诗人小传,有事注,有义疏,并明作法,引评语;其中李白诗用王琦《李太白集注》,杜甫诗用仇兆鳌《杜诗详注》。原书的旁评也留着,但连圈没有——原刻本并句圈也没有。书中还增补了一些诗,却没有增选诗家。以注书的体例而论,这部书可以说是驳杂不纯,而且不免繁琐疏漏附会等毛病。书中有"子墨客卿"(名翰,姓不详)的校正语十来条;都确切可信。但在初学,这却是一部有益的书。这部书我只见过两种刻本。一种是原刻本。另一种是坊刻本,四川常见。这种刻本有句圈,书眉增录各家评语,并附道光丁酉(公元1837年)印行的江苏金坛于庆元的《续选唐诗三百首》。读《唐诗三百首》用这个本子最好。此外还有商务印书馆铅印本《唐诗三百首》,根据蘅塘退士的原本而未印评语。又,世界书局石印《新体广注唐诗三百首读本》,每诗后有"注释"和"作法"两项。"注释"注事比原书详细些;兼释字义,却间有误处。"作法"兼说明作意,还得要领。卷首有"学诗浅说",大致简明可看。书中只绝句有连圈,别体只有句圈;绝句连圈处也跟原书不同,似乎是抄印时随手加上,不足凭信。[4]

本书编配各体诗,[5]计五言古诗三十三首,乐府七首,七言古诗二十八首,乐府十四首,五言律诗八十首,七言律诗五十首,乐府一首,五言绝句二十九首,乐府八首,七言绝句五十一首,乐府九首,共三百一十首。五言古诗和乐府,七言古诗和乐府,两项总数差不多。五言律诗的数目超过七言律诗和乐府很多;七言绝句和乐府却又超出五言绝句和乐府很多。这不是编者的偏好,是反映着唐代各体诗发展的情形。五言律诗和七言绝句作得多,可选的也就多。这一层下文还要讨论。五、七、古、律、绝的分别都在形式,乐府是题材和作风不同。乐府也等下文再论,先说五七古律绝的形式。这些又大别为两类:古体诗和近体诗。五、七言古诗属于前者,五、七言律绝属于后者。所谓形式,包括字数和声调(即节奏),律诗再加对偶一项。五言古诗全篇五言句,七言古诗或全篇七言句,或在七言句当中夹着一些长短句。如李白《庐山谣》开端道:

　　我本楚狂人,狂歌笑孔丘。手持绿玉杖,朝别黄鹤楼。五岳寻山不辞远,一生好入名山游。

又如他的《宣州谢朓楼饯别校书叔云》开端道:

---

[4] 作者通过比较甄别,推荐比较理想的阅读版本,进一步说明阅读指导中版本选择之重要。

[5] 下面作者对本书进行具体的指导,先谈"诗体"。

> 弃我去者昨日之日不可留,乱我心者今日之日多烦忧。长风万里送秋雁,对此可以酣高楼。

这些都是七言古诗。五、七古全篇没有一定的句数。古近体诗都得用韵,通常两句一韵,押在双句末字;有时也可以一句一韵,开端时便多如此。上面引的第一例里"丘""楼""游"是韵,两句间见;第二例里"留"和"忧"是逐句韵,"忧"和"楼"是隔句韵。古体诗的声调比较近乎语言之自然,七言更其如此,只以读来顺口、听来顺耳为标准。但顺口、顺耳跟着训练的不同而有等差,并不是一致的。

近体诗的声调却有一定的规律[6];五、七言绝句还可以用古体诗的声调,律诗老得跟着规律走。规律的基础在字调的平仄,字调就是平、上、去、入四声,上、去、入都是仄声。五、七言律诗基本的平仄式之一如次:

五　　律

仄仄平平仄　平平仄仄平

平平平仄仄　仄仄仄平平

仄仄平平仄　平平仄仄平

平平平仄仄　仄仄仄平平

七　　律

平平仄仄仄平平　仄仄平平仄仄平

仄仄平平平仄仄　平平仄仄仄平平

平平仄仄平平仄　仄仄平平仄仄平

仄仄平平平仄仄　平平仄仄仄平平

即使不懂平仄的人也能看出律诗是两组重复、均匀的节奏所构成的,每组里又自有对称、重复、变化的地方。节奏本是异中有同,同中有异,律诗的平仄式也不外这个理。即使不懂平仄的人只默诵或朗吟这两个平仄式,也会觉得顺口、顺耳;但这种顺口、顺耳是音乐性的,跟古体诗不同,正和语言跟音乐不同一样。律诗既有平仄式,就只能有八句,五律是四十字,七律是五十六字——排律不限句数。但本书里没有。绝句的平仄式照律诗减半——七绝照七律的前四句——,就是只有一组的节奏。这里所举的平仄式只是最基本的,其中有种种重复的变化。懂得平仄的自然渐渐便会明白。不懂平仄的,只要多读,熟

[6] 次谈"声调平仄"。

读,多朗吟,也能欣赏那些声调变化的好处,恰像听戏多的人不懂板眼也能分别唱得好坏,不过不大精确就是了。四声中国人人语言中有,但要辨认别某字是某声,却得受过训练才成。从前的训练是对对子跟读四声表,都在幼小的时候。现在高中学生不能辨别四声,也就是不懂平仄的,大概有十之八九。他们若愿意懂,不妨试读四声表。这只消从《康熙字典》卷首附载的《等韵切音指南》里选些容易读的四声如"巴把霸捌""庚梗更格"之类,得闲就练习,也许不难一旦豁然贯通。(中华书局出版的《学诗入门》里有一个四声表,似乎还容易读出,也可用。)律诗还有一项规律,就是中四句得两两对偶,这层也在下文论。

初学人读诗,往往给典故难住。[7] 他们一回两回不懂,便望而生畏,因畏而懒;这会断了他们到诗去的路。所以需要注释。但典故多半只在历史的比喻和神仙的比喻;用典故跟用比喻往往是一个理,并无深奥可畏之处。不过比喻多取材于眼前的事物,容易了解些罢了。广义的比喻连典故在内,是诗的主要的生命素;诗的含蓄,诗的多义,诗的暗示力,主要的建筑在广义的比喻上。那些取材于经验和常识的比喻——一般所谓比喻只指这些——可以称为事物的比喻,跟历史的比喻、神仙的比喻鼎足而三。这些比喻(广义,后同)都有三个成分:(1)喻依;(2)喻体;(3)意旨。喻依是作比喻的材料,喻体是被比喻的材料,意旨是比喻的用意所在。先从事物的比喻说起。如"天边树若荠"(五古,孟浩然,《秋登兰山寄张五》),荠是喻依,天边树是喻体,登山望远树,只如荠菜一般,只见树的小和山的高,是意旨。意旨却没有说出。又,"今朝此为别,何处还相遇?世事波上舟,沿洄安得住!"(五古,韦应物,《初发扬子寄元大校书》)世事是喻体,沿洄不得住的波上舟是喻依,惜别难留是意旨——也没有明白说出。又,"吴姬压酒劝客尝"(七古,李白,《金陵酒肆留别》),当垆是喻体,压酒是喻依,压酒的"压"和所谓"压装"的"压"用法一样,压酒是使酒的分量加重,更值得"尽觞"(原诗,"欲行不行各尽觞")。吴姬当垆、助客酒兴是意旨。这里只说出喻依。又,"辞严义密读难晓,字体不类隶与蝌。年深岂免有缺画?快剑斫断生蛟鼍。鸾翔凤翥众仙下,珊瑚碧树交枝柯,金绳铁索锁纽壮,古鼎跃水龙腾梭"(七古,韩愈,《石鼓歌》)。"快剑"以下五句都是描写石鼓的字体的。这又分两层。第一,专描写残缺的字。缺画是喻体,"快剑"句是喻依,缺画依然劲挺有生气是意旨。第二,描写字体的一般。字体便是喻体,"鸾

---

7 再谈"典故","典故"是古诗阅读的难点,作者用了比较多的篇幅,谈得比较细致、具体。

翔"以下四句是五个喻依——"古鼎跃水"跟"龙腾梭"各是一个喻依。意旨依次是隽逸、典丽、坚壮、挺拔——末两个喻依只一个意旨——都指字体而言，却都未说出。又，"大弦嘈嘈如急雨，小弦切切如私语；嘈嘈切切错杂弹，大珠小珠落玉盘。间关莺语花底滑，幽咽泉流冰上难"（原作"水下滩"，依段玉裁说改——七古，白居易，《琵琶行》）。这几句都描写琵琶的声音。大弦嘈嘈跟小弦切切各是喻体，急雨跟私语各是喻依，意旨一个是高而急，一个是低而急。"嘈嘈"句又是喻体，"大珠"句是喻依，圆润是意旨。"间关"二句各是一个喻依，喻体是琵琶的声音；前者的意旨是明滑，后者是幽涩。头两层的意旨未说出，这一层喻体跟意旨都未说出，事物的比喻虽然取材于经验和常识，却得新鲜，才能增强情感的力量；这需要创造的工夫。新鲜还得入情入理，才能让读者消化；这需要雅正的品位。

有时全诗是一套事物的比喻，或者一套事物的比喻渗透在全诗里。前者如朱庆馀《近试上张水部》：

洞房昨夜停红烛，待晓堂前拜舅姑。

妆罢低声问夫婿："画眉深浅入时无？"（七绝）

唐代士子应试，先将所作的诗文呈给在朝的知名人看。若得他赞许宣扬，登科便不难。宋人诗话里说，"庆余遇水部郎中张籍，因索庆余新旧篇什，寄之怀袖而推赞之，遂登科"。这首诗大概就是呈献诗文时作的。全诗是新嫁娘的话，她在拜舅姑以前问夫婿，画眉深浅合适否？这是喻依。喻体是近试献诗文给人，朱庆馀是在应试以前问张籍的，所作诗文合适否？新嫁娘问画眉深浅，为的是请夫婿指点，好让舅姑看得入眼。朱庆馀问诗文合适与否，为的是请张籍指点，好让考官看得入眼。这是全诗的主旨。又，骆宾王《在狱咏蝉》：

西陆蝉声唱，南冠客思深。不堪玄鬓影，来对白头吟。

露重飞难进，风多响易沉。无人信高洁，谁为表予心！（五律）

这是闻蝉声而感身世。蝉的头是黑的，是喻体；玄鬓影是喻依，意旨是少年时不堪回首。"露重"一联是蝉，是喻依；喻体是自己，身微言轻是意旨。诗有长序，序尾道："庶情沿物应，哀弱羽之飘零，道寄人知，悯余声之寂寞。"正指出这层意旨。"高洁"是蝉，也是人，是自己；这个词是双关的，多义的。又，杜甫《古柏行》（七古）咏夔州武侯庙和成都武侯祠的古柏，作意从"君臣已与时

际会,树木犹为人爱惜"二语见出。篇末道:

    大厦如倾要梁栋,万牛回首丘山重。不露文章世已惊,未辞剪伐谁能送?
    苦心岂免容蝼蚁?香叶终经宿鸾凤。志士幽人莫怨嗟,古来材大难为用。

  大厦倾和梁栋虽已成为典故,但原是事物的比喻。两者都是喻依。前者的喻体是国家乱;大厦倾会压死人,国家乱人民受难,这是意旨。后者的喻体是大臣;梁栋支柱大厦,大臣支持国家,这是意旨。古柏是栋梁材,虽然"不露文章世已惊",也乐意供世用,但是太重了,太大了,谁能送去供用呢?无从供用,渐渐心空了,蚂蚁爬进去了;但是"香叶终经宿鸾凤",它的身份还是高的。这是喻依。喻体是怀才不遇的志士幽人。志士幽人本有用世之心,但是才太大了,无人真知灼见,推荐入朝。于是贫贱衰老,为世人所揶揄,但是他们的身份还是高的。这是才大难为用,是意旨。

  典故只是故事的意思。这所谓故事包罗的却很广大。经史子集等等可以说都是的;不过诗文里引用,总以常见的和易知的为主。典故有一部分原是事物的比喻,有一部分是事迹,另一部分是成辞。上文说典故是历史的比喻和神仙的比喻,是专从诗文的一般读者着眼的,他们觉得诗文里引用史事和神话或神仙故事的地方最困难。这两类比喻都应该包括那三部分。如前节所引《古柏行》里的"大厦如倾要梁栋","大厦之倾,非一木所支",见《文中子》;"栝柏豫章虽小,已有栋梁之器",是袁粲叹美王俭的话,见《晋书》。大厦倾和梁栋都是历史的比喻,同时可还是事物的比喻。又,"乾坤日夜浮"(五律,杜甫,《登岳阳楼》)是用《水经注》。《水经注》道:"洞庭湖广五百里,日月若出没其中。"乾坤是喻体,日夜浮是喻依。天地中间好像只有此湖;湖盖地,天盖湖,天地好像只是日夜飘浮在湖里。洞庭湖的广大是意旨。又,"古调虽自爱,今人多不弹"(五绝,刘长卿,《弹琴》),用魏文侯听古乐就要睡觉的话,见《礼记》。两句是喻依,世人不好古是喻体,自己不合时宜是意旨。这三例不必知道出处便能明白;但知道出处,句便多义,诗味更厚些。

  引用事迹和成辞不然,得知道出处,才能了解正确。如"圣代无隐者,英灵尽来归。遂令东山客,不得顾采薇"(五古,王维,《送綦毋潜落第还乡》)。谢安曾隐居会稽东山。东山客是喻依,喻体是綦毋潜,意旨是大才隐处。采薇是伯夷、叔齐的故事,他们义不食周粟,隐于首阳山,采薇而食。采薇是喻依,隐居是喻体,自甘淡泊是意旨。又,"客心洗流水"(五律,李白,《听蜀僧濬弹琴》[1]),流水用俞伯牙、钟子期的故事,俞伯牙弹琴,志在流水。钟子期就听出了,道:"洋洋乎,若江河!"诗句是倒装,原是说流水洗客心。流水是喻依,喻体是蜀僧濬的琴曲,意旨是曲调高妙。洗流水又是双关的,多义的。洗是喻依,净是喻体,高妙的琴曲涤净客心的俗虑是意旨。洗流水又是喻依,喻体是客心;听琴而客心清净,像流水洗过一般,是意旨。又,钱起《送僧归日本》(五律)道:"……浮天沧海远,去世法舟轻。……惟怜一灯影,万里眼中明。"一灯影用《维摩经》。经里道:"有法门,名无尽灯。譬如一灯燃百千灯,冥者皆明,明终不尽。夫一菩萨开导千百众生,令发阿耨多罗三藐三菩提心(译言"无上正等正觉心"),其于道意亦不灭尽。是名无尽灯。"这儿一灯是喻依,喻体是觉者;一灯燃千百灯,一觉者造成千百觉者,道意不灭是意旨。但在诗句里,一灯影却指舟中禅灯的光影,是喻依,喻体是那日本僧,意旨是他回国传法,辗转无尽。——"惟怜"是"最爱"的意思。又,"后来鞍马何逡巡,当先下马入锦茵。杨花雪落覆白蘋,青鸟飞去衔红巾。炙手可热势绝伦,慎莫近前丞相嗔!"(七古,乐府,杜甫,《丽人行》)全诗咏三月三日长安水边游乐的情形,以杨国忠兄妹为主。诗中上文说到虢国夫人和秦国夫人,这几句说到杨国忠——他那时是丞相。"杨花"二语正是暮春水边的景物。但是全诗里只在这儿插入两句景语,奇特的安排暗示别有用意。北魏胡太后私通杨华作《杨白花歌辞》,有"杨花飘荡入南家";"愿衔杨花入窠里"等语。白蘋,旧说是杨花入水所化。杨国忠也和虢国夫人私通。"杨花"句一方面是个喻依,喻体便是这件事实。杨国忠兄妹相通,都是杨家人,所以用杨花覆白蘋为喻,暗示讥刺的意旨。三青鸟是西王母传书带信的侍者。当时总该有些侍婢是给那兄妹二人居间。"青鸟"句一方面也是喻依,喻体便是这些居间的侍婢,意旨还是讥刺杨国忠不知耻。青鸟是神仙的比喻。这两句隐约其辞,虽志在讥刺,而言之者无罪。又杜甫《登楼》(七律):

花近高楼伤客心,万方多难此登临。

锦江春色来天地,玉垒浮云变古今。

---

[1] 别名《听蜀僧浚弹琴》。——编者

北极朝廷终不改,西山寇盗莫相侵。

可怜后主还祠庙,日暮聊为《梁父吟》。

旧注说本诗是代宗广德二年在成都作。元年冬,吐蕃陷京师,郭子仪收复京师,请代宗反正。所以有"北极"二句。本篇组织用赋体,以四方为骨干。锦江在东,玉垒山在西,"北极"二句是北眺所思。当时后主附祀先主庙中,先主庙在成都城南。"可怜"二句正是南瞻所感(罗庸先生说,见《国文月刊》九期)。可怜后主还有祠庙,受祭享;他信任宦官,终于亡国,辜负了诸葛亮出山一番。《三国志》里说"亮躬耕陇亩,好为《梁父吟》",《梁父吟》的原辞不传(流传的《梁父吟》绝不是诸葛亮的《梁父吟》),大概慨叹小人当道。这二语一方面又是喻依,喻体是代宗和郭子仪;代宗也信任宦官,杜甫希望他"亲贤臣,远小人"(诸葛亮《出师表》中语),这是意旨。"日暮"句又是一喻依,喻体是杜甫自己;想用世是意旨。又,"今朝郡斋冷,忽念山中客,涧底束荆薪,归来煮白石"(五古,韦应物,《寄全椒山中道士》),煮白石用鲍靓事。《晋书》:"靓学兼内外,明天文河洛书。尝入海,遇风,饥甚,取白石煮食之。"煮白石是喻依,喻体是那山中道士,他的清苦生涯是意旨。这也是神仙的比喻。又,"总为浮云能蔽日,长安不见使人愁"(七律,李白,《登金陵凤凰台》),两句一贯,思君的意思似甚明白。但乐府《古杨柳行》道"谗邪害公正,浮云冷白日",古诗也道"浮云蔽白日,游子不顾反",本诗显然在引用成辞。陆贾《新语》说:"邪官之蔽贤,犹浮云之障日月。"本诗的"浮云能蔽日",一方面也是喻依,喻体大概是杨国忠等遮塞贤路。意旨是邪臣蔽君误国;所以有"长安"句。历史的比喻和神仙的比喻引用故事,得增减变化,才能新鲜入目。宋人所谓"以旧为新",便是这意思。所引各例可见。

典故渗透全诗的,如孟浩然《临洞庭上张丞相》(五律):

八月湖水平,涵虚混太清。气蒸云梦泽,波撼岳阳城。

欲济无舟楫,端居耻圣明。坐观垂钓者,徒有羡鱼情。

张丞相是张九龄,那时在荆州。前四语描写洞庭湖,三、四是名句。后四语蝉联而下,还是就湖说,只"端居"句露出本意,这一语便是《论语》"邦有道,贫且贱焉,耻也"的意思。"欲济"句一方面说想渡湖上荆州去,却没有船,一方面是一喻依。伪古文《尚书·说命》殷高宗命傅说道,若济巨川,"用汝作舟楫"。

本诗用这喻依，喻体却是欲用世而无引进的人。意旨是希望张丞相援手。"坐观"二语是一喻依。《汉书》用古人言，"临渊羡鱼，不如退而结网"。本诗里网变为钓。这一联的喻体是羡人出仕而得行道。自己无钓具，只好羡（慕）人家钓得的鱼，自己不得仕，只好羡（慕）人家行道。意旨同上。

全诗用典故最多的，本书中推杜甫《寄韩谏议》一首（七古）：

今我不乐思岳阳，身欲奋飞病在床。
美人娟娟隔秋水，濯足洞庭望八荒。
鸿飞冥冥日月白，青枫叶赤天雨霜。
玉京群帝集北斗，或骑麒麟翳凤凰。
芙蓉旌旗烟雾落，影动倒景摇潇湘。
星宫之君醉琼浆，羽人稀少不在旁。
似闻昨者赤松子，恐是汉代韩张良。
昔随刘氏定长安，帷幄未改神惨伤。
国家成败吾岂敢，色难腥腐餐枫香。
周南留滞古所惜，南极老人应寿昌。
美人胡为隔秋水！焉得置之贡玉堂！

韩谏议的名字事迹无考。从诗里看，他是楚人，住在岳阳。肃宗平定"安史之乱"，收复东西京，他大约也是参与机密的一人。后来去官归隐，修道学仙。这首诗是爱惜他，思念他。第一节说思念他，是秋日，自己是在病中。美人这喻依见《楚辞》，但在这儿喻体是韩谏议，意旨是他的才能出众。"鸿飞冥冥，弋人何篡焉！"见扬雄《法言》。这儿一方面描写秋天的实景，一方面是喻依；喻体还是韩谏议，意旨是他已逃出世网。第二节说京师贵官声势煊赫，而韩谏议不在朝。本节差不多全是神仙的比喻，各有来历。"玉京"句一喻依，喻体是集于君侧的朝廷贵官，意旨是他们承君命掌大权。"或骑"二语一套喻依——"烟雾落"就是落在烟雾中，喻体同上句，意旨是他们的骑从仪卫之盛。影是芙蓉旌旗的影。"影动"句一喻依，喻体是声势煊赫，从京师传遍天下；意旨是在潇湘的韩谏议也必闻知这种声势。星宫之君就是玉京群帝，醉琼浆的喻体是宴饮，意旨是征逐酒食。羽人是飞仙，羽人稀少就是稀少的羽人；全句一喻依，喻体是一些远引的臣僚不在这繁华场中，意旨是韩谏议没有分享到这种声势。

第三节说韩谏议曾参预定乱收京大计,如今却不问国事,修道学仙。全节是神仙的比喻夹着历史的比喻。"昨者"是从前的意思。如今的赤松子,昨者"恐是汉代韩张良"。韩张良的跟赤松子的喻体都是韩谏议,前者的意旨是他有谋略,后者的意旨是他修道学仙。别的喻依可以准此类推下去。第四节说他闲居不出很可惜,祝他老寿,希望朝廷再起用他来匡君济世。太史公司马谈因病留滞周南,不得参与汉武帝的封禅大典,引为平生恨事。诗中"周南留滞"是喻依,喻体是韩谏议,意旨是他闲居乡里。南极老人就是寿星,是喻依,喻体同,意旨便是"应寿昌"。以上只阐明大端,细节从略。

诗和文的分别,一部分是在词句篇段的组织上,诗的组织比文的组织要经济些。引用比喻或典故,一个原因便是求得经济的组织。在旧体诗里,有字数、声调、对偶等制限,有时更不得不铸造一些特别经济的组织来适应。这种特殊的组织在文里往往没有,至少不常见。初学遇到这种地方也感困难,或误解,或竟不懂。这得去看看详细的注释。但读诗多了,常常比较着看,也可明白。这种特殊的组织也常利用比喻或典故组成,那便更复杂些。如刘长卿《送李中丞归汉阳别业》(五律):

流落征南将,曾驱十万师。

罢归无旧业,老去恋明时。

独立三边静,轻生一剑知。

茫茫江汉上,日暮欲何之!

"轻生一剑知"就是一剑知轻生的意思;轻生是说李中丞作征南将时不顾性命杀敌人。"一剑知"就是自己知;剑是杀敌所用,是自己的一部分,部分代全体是修辞之一。自己知又有两层用意:一是问心无愧,忠可报君;二是只有自己知,别人不知。上下文都可印证。又,"即此羡闲逸,怅然吟式微"(五古,王维,《渭川田家》),式微用《诗经》。《式微》篇道:"式微,式微,胡不归!"本诗的《式微》是篇名,指的是这篇诗。吟《式微》,只是取"胡不归"那一语,用意是"何不归田呢"。又,"惟将迟暮供多病,未有涓埃答圣朝"(七律,杜甫,《野望》),"恐美人之迟暮"(见《楚辞》),迟暮是老大无成的意思。"惟将"句是说自己已老大,不曾有所建树、报答圣朝,加上迟暮的年光又都消磨在多病里,虽然"海内风尘"(见本诗第三句),却丝毫的力量也不能尽。"供"是喻依,杜甫自己是喻体,消磨在里面是意旨。这三例都是用辞格(也是一种比喻)或典故组成的。又如李颀《送陈章甫》(七古)末尾道,"闻道故林相识多,罢官昨日今如何?"昨日罢官,想到就要别了许多朋友归里,自然不免一番寂寞;但是"闻道故林相识多",今日临行,想到就要会见着那些故林相识的朋友,又觉(得)如何呢?——该不会寂寞了吧?昨今对照,用意是安慰。——"昨日"是日前的意思。又刘长卿《寻南溪常道士》:

　　一路经行处,莓苔见屐痕。

　　白云依静渚,芳草闭闲门。

　　过雨看松色,随山到水源。

　　溪花与禅意,相对亦忘言。

去寻常道士,他不在寓处,"随山到水源"才寻着。对着南溪边的花和常道士的禅意,却不觉忘言。"相对"是和"溪花与禅意"相对着。禅意给人妙悟,溪花也给人妙悟——禅家有拈花微笑的故事,那正是妙悟的故事——所以说"与"。妙悟是忘言的。寻着了常道士,却被溪花与禅意吸引住!只顾欣赏那无言之美,不想多交谈,所以说"亦"忘言。又,韦应物《送杨氏女》(五古),是送女儿出嫁杨家,前面道:"女子今有行,大江溯轻舟。尔辈苦无恃,抚念益慈柔。幼为长所育,两别泣不休。"篇尾道:"归来视幼女,零泪缘缨流。"全诗不曾说出杨氏女是长女,但读了这几句关系自然明白。

　　倒装这特殊的组织,诗里也常见。[8] 如"竹喧归浣女,莲动下渔舟"(五律,王维,《山居秋暝》),"归浣女""下渔舟"就是浣女归、渔舟下。又,"家书到隔年"(五律,杜牧,《旅宿》)就是"家书隔年到"。又,"东门酤酒饮我曹"(七古,李颀,《送陈章甫》),"饮我曹"就是"我曹饮",从上下文可知。又,"名岂文章著,官应老病休"(五律,杜甫,《旅夜书怀》),就是"文章岂著名,老病应休官"。又,"幽映每白日"(五律,刘眘虚,《阙题》),就是"白日每幽映"。又,"徒劳恨费声"(五律,李商隐,《蝉》),就是"费声恨徒劳"。又,"竹怜新雨后,山爱夕阳时"(五律,钱起,《谷口书斋寄杨补阙》),就是怜新雨后之竹,爱夕阳时之山——怜爱同意。又,"独夜忆秦关,听钟未眠客"(五古,韦应物,《夕次盱眙县》)就是"听钟未眠客,独夜忆秦关"。这些倒装句里纯然为了适应字数、声调、对偶等限制的却没有,它们主要的作用还在增强语气。此外如"何因不

8　又谈到诗的特殊"句式"。

归去,淮上对秋山?"(五律,韦应物,《淮上喜会梁州故人》)这是诘问自己,"何因"直贯下句,二语合为一句。这也为了经济的缘故。——至如"少陵无人谪仙死"(七古,韩愈,《石鼓歌》),"无人"也就是"死"。这是求新,求惊人。又,"百年多是几多时"(七律,元稹,《遣悲怀》之三),是说:百年虽多,究竟又有多少时候呢?这也许是当时口语的调子。又如"云中君不见"(五律,马戴,《楚江怀古》),云中君是一个词,这句诗上三字下二字,跟一般五言句上二下三的不同,但似乎只是个无意为之的例外,跟古诗里"出郭门直视"一般。可是如"永夜角声悲自语,中天月色好谁看"(七律,杜甫,《宿府》);"五更鼓角声悲壮,三峡星河影动摇"(七律,杜甫,《阁夜》),都是上五下二,跟一般七言句上四下三或上二下五的不同。又,"近寒食雨草萋萋,著麦苗风柳映堤"(七绝,无名氏,《杂诗》),每句上四字作一二一,而一般作二二或三一,这些却是有意变调求新了。

本书选诗,各方面的题材大致都有,分配又匀称,没有单调或琐屑的弊病。[9] 这也是唐代生活小小的一个缩影。可是题材的内容虽反映着时代,题材的项目却多是汉魏六朝诗里所已有。只有音乐图画似乎是新的。赋里有以音乐为题材的,但晋以来就少。唐代音乐图画特别发达,反映到诗里,便增加了题材的项目。这也是时势使然。在各种题材里,"出处"是一重大的项目。从前读书人唯一的出路是出仕,出仕为了行道,自然也为了衣食。出仕以前的隐居、干谒、应试(落第)等,出仕以后的恩遇、迁谪,乃至忧民、忧国,思林栖、思归田等,乃至真个辞官归田,都是常见的诗的题目,本书便可作例。仕君、行道是儒家的思想,隐居和归田都是道家的思想。儒、道两家的思想合成了从前的读书人。现在时势变了,读书人不一定出仕,林栖、归田等思想也绝无仅有。有些人读这些诗,也许会觉得不真切,青年学生读书,往往只凭自己的狭隘的兴趣,更容易有此感。但是会读诗的人、多读诗的人能够设身处地,替古人着想,依然觉得这些诗真切。这是情感的真切,不是知识的真切。这些人不但对于现在有情感,对于过去也有情感。他们知道唐人的需要,唐人的得失,和现代人不一样,可是在读唐诗的时候,只让那对于过去的情感领着走;这种无私、无我、无关心的同情教他们觉到这些诗的真切。这种无关心的情感需要慢慢调整自己,扩大自己,才能养成。多读史,多读诗,是一条修养的途径,就是那些

---

9 接下来谈"题材"。

比较有普遍性的题材,如相思、离别、慈幼、慕亲、友爱等也还是需要无关心的情感。这些题材的节目多少也跟着时代改变一些,固执"知识的真切"的人读古代的这些诗,有时也不能感到兴趣。

至于咏古之作,如唐玄宗《经鲁祭孔子而叹之》(五律),是古人敬慕古人,纪时之作,如李商隐《韩碑》(七古),是古人论当时事。虽然我们也敬慕孔子,替韩愈抱屈,但知识地看,古人总隔一层。这些题材的普遍性比前一类低减些,不过还在"出处"那项目之上。还有,朝会诗,如岑参、王维《和贾至舍人早朝大明宫之作》(七律),见出一番堂皇富丽的气象;又,宫词,往往见出一番怨情,宛转可怜。可是这些题材现代生活里简直没有。最别扭的是边塞和从军之作,唐人很喜欢作这类诗,而悯苦寒、饥黩武的居多数,跟现代人冒险尚武的精神恰恰相反。但荒寒的边塞自是一种新境界,从军苦在当时也是一种真情的流露;若能节取,未尝没有是处。要能欣赏这几类诗,那得靠无关心的情感。此外,唐人酬应的诗很多,本书里也可见。有些人觉得作诗该等候感兴,酬应的诗不会真切。但伫兴而作的人向来大概不多;据现在所知,只有孟浩然是如此。作诗都在情感平静了的时候,运思造句都得用到理智;伫兴而作是无所为,酬应而作是有所为,在功力深厚的人其实无多差别。酬应的诗若能恰如分际,也就见得真切。况且这种诗里也不短至情至性之作。总之,读诗得除去偏见和成见,放大眼光,设身处地看去。

明代高棅编选《唐诗品汇》,将唐诗分为四期。后来虽有种种批评,这分期法却渐被一般沿用。初唐是高祖武德元年(公元618年)至玄宗开元初(公元713年),约100年。盛唐是玄宗开元元年至代宗大历初(公元766年),50多年。中唐是代宗大历元年至文宗太和九年(公元835年),70年。晚唐是文宗开成元年(公元836年)至昭宗天祐三年(公元906年),80年。初唐诗还是齐梁的影响,题材多半是艳情和风云月露,讲究声调和对偶。到了沈佺期、宋之问手里,便成立了律诗的体制。这是唐代诗坛的一件大事,影响后世最大。当时有个陈子昂,独主张复古,扩大诗的境界。但他死得早,成就不多,盛唐诗李白努力复古,杜甫努力开新。所谓复古,只是体会汉魏的作风和借用乐府诗的题目,并非模拟词句。所以陈子昂、李白都能够创一家,而李白的成就更大。他的成就主要在七言乐府;绝句也独步一时。杜甫却各体诗都是创作,全然不落古人窠臼。他以时事入诗,议论入诗,使诗散文化,使诗扩大境界,一方面研究律诗的变化,用来表达各种新题材。他的影响的久远,几乎没有一个诗人比得上。这时期作七古体的最多,为的这一体比较自由,又刚在开始发展。而王维、孟浩然专用五律写山水,也能变古成家。中唐诗韦应物、柳宗元的五古以复古的作风创作,各自成家。古文家韩愈继承杜甫,更使诗向散文化的路上走。宋诗受他的影响极大。他的门下作诗,有词句冷涩的,有题材诡僻的;本书里只选了贾岛一首。另一面有些人描写一般的社会生活;这原是乐府精神,却也是杜甫开的风气。元稹、白居易主张诗该写社会生活而有规讽的作意,才是正宗。但他们的成就却不在此而在情景深切,明白如话。他们不避俗,跟韩愈一派恰相对照;可也出于杜甫。晚唐诗刻画景物,雕琢词句,题材又回到风云月露和艳情上,只加了一些雅事。诗境重趋狭窄,但精致过于前人。这时期的精力集中在近体诗。精致的只是词句,全篇组织往往配合不上。就中李商隐、温庭筠虽咏艳情,却有大处奇处,不局蹐在绮靡的圈子里;而李商隐学杜、学韩境界更广阔些。学杜韩而兼受温李熏染的是杜牧,豪放之余,不失深秀。本书选诗七十七家,初唐不到十家,盛中晚三期各二十多家。入选的诗较多的八家。盛唐四家:杜甫的三十六首,王维二十九首,李白二十九首,孟浩然十五首。中唐二家:韦应物十二首,刘长卿十一首。晚唐二家:李商隐二十四首,杜牧十首。

<u>李白诗</u>,[10] 书中选五古三首,乐府三首,七古四首,乐府五首,五律五首,七律一首,五绝二首,乐府一首,七绝二首,乐府三首。各体都备,七古和乐府共九首,最多,五、七绝和乐府共八首,居次。李白,字太白,蜀人,玄宗时作供奉翰林,触犯了杨贵妃,不能得志。他是个放浪不羁的人,便辞了职,游山水,喝酒,作诗。他的态度是出世的;作诗全任自然。当时称他为"天上谪仙人",这说明了他的人和他的诗。他的乐府很多,取材很广;他其实是在抒写自己的生活,只借用乐府的旧题目而已。他的七古和乐府篇幅恢张,气势充沛,增进了七古体的价值。他的绝句也奠定了一种新体制。绝句最需要经济地写出,李白所作,自然含蓄,情韵不尽。书中所收《下江陵》一首,有人推为唐代七绝第一。杜甫诗,计五古五首,七古五首,乐府四首,五、七律各十首,五、七绝各一首。只少五言乐府,别体都有。律诗共二十首。最多;七古和乐府共九首,居次。

[10] 以下谈入选的几位著名"诗家",对他们的诗进行简略的指导,并结合诗人的身世,因人论诗。

杜甫,字子美,河南巩县[1]人。安禄山陷长安,肃宗在灵武即位。他从长安逃到灵武,做了左拾遗的官。后因事被放,辗转流落到成都,依故人严武,做到"检校工部员外郎"。世称杜工部。他在蜀住得很久。他是儒家的信徒,一辈子惦着仕君、行道;又身经乱离,亲见民间疾苦。他的诗努力描写当时的情形,发抒自己的感想。唐代用诗取士,诗原是应试的玩意儿;诗又是供给乐工、歌妓唱来伺候宫廷和贵人的玩意儿。李白用来抒写自己的生活,杜甫用来抒写那个大时代,诗的意境扩大了,地位也增高了。而杜甫抓住了广大的实在的人生,更给诗开辟了新世界。他的诗可以说是写实的;这写实的态度是从乐府来的。他使诗历史化,散文化,正是乐府的影响。七古体到他手里正式成立,律诗到他手里应用自如——他的五律极多,差不多穷尽了这一体的变化。

王维诗,计五古五首,七言乐府三首,五律九首,七律四首,五绝五首,七绝和乐府三首,五律最多。王维,字摩诘,太原人,试进士,第一,官至尚书右丞,世称王右丞。他会草书、隶书,会画画。有别墅在辋川,常和裴迪去游览作诗。沈宋的五律还多写艳情,王维改写山水,选词造句都得自出心裁。从前虽也有山水诗,但体制不同,无从因袭。苏轼说他"诗中有画"。他是苦吟的,宋人笔记里说他曾因苦吟走入醋缸里;他的《渭城曲》(乐府),有人也推为唐代七绝压卷之作。他的诗是精致的。孟浩然诗,计五古三首,七古一首,五律九首,五绝二首,也是五律最多。孟浩然,名浩,以字行,襄州襄阳人,隐居鹿门山,四十岁才游京师。张九龄在荆州,召为僚属。他用五律写江湖,却不苦吟,仵兴而作。他专工五言,五言各体都擅长。山水诗不但描写自然,还欣赏自然;王维的描写比孟浩然多些。

韦应物诗,五古七首,五律二首,七律一首,五、七绝各一首,五古多。韦应物,京兆长安人,做滁州刺史,改江州,入京做左司郎中,又出做苏州刺史。世称韦左司或韦苏州。他为人少食寡欲,常焚香扫地而坐。诗淡远如其人。五古学古诗,学陶诗,指事述情,明白易见——有理语,也有理趣,正是陶渊明所长。这些是淡处。篇幅多短,句子浑含不刻画,是远处。朱子说他的诗无一字造作,气象近道。他在苏州所作《郡斋雨中与诸文士燕集》诗开端道:"兵卫森

---

[1] 今巩义市。——编者

画戟,宴寝凝清香;海上风雨至,逍遥池阁凉。"诗话推为一代绝唱,也只是为那肃穆清华的气象。篇中又道"自惭居处崇,未瞻斯民康"《寄李儋元锡》(七律),也道"邑有流亡愧俸钱",这是忧民;识得为政之体,才能有些忠君、爱民之言。刘长卿诗,计五律五首,七律三首,五绝三首,五律最多。刘长卿,字文房,河间人,登进士第,官终随州刺使。世称刘随州。他也是苦吟的人,律诗组织最为精密整练;五律更胜,当时推为"五言长城"。上文曾举过两首作例,可见出他的用心处。

李商隐诗,计七古一首,五律五首,七律十首,五绝一首,七绝七首,七律最多,七绝居次。李商隐,字义山,河内人,登进士第。王茂元镇河阳,召他掌书记,并使他做女婿。王茂元是李德裕同党;李德裕和令狐楚是政敌。李商隐和令狐本有交谊,这一来却得罪了他家。后来令狐楚的儿子令狐绹做了宰相,李商隐屡次写信表明心迹,他只是不理。这是李商隐一生的失意事,诗中常常涉及,不过多半隐约其辞。后来柳仲郢镇东蜀,他去做过节度判官。他博学强记,又有隐衷,诗里的典故特别多。他的七律里有好些《无题》诗,一方面像是相思不相见的艳情诗,另一方面又像是比喻,咏叹他和令狐绹的事,寄托那"不遇"的意旨。还有那篇《锦瑟》,虽有题,解者也纷纷不一。那或许是悼亡诗,或许也是比喻。又有些咏史诗,如《隋宫》,或许不止是咏古,还有刺时的意旨。他的诗语既然是一贯的隐约,读起来便只能凭文义、典故和他的事迹做一些可能的概括的解释。他的七绝里也有这种咏史或游仙诗,如《隋宫》《瑶池》等。这些都是奇情壮采之作——一方面七律的组织也有了进步——所以入选的多。他的七绝最著名的可是《寄令狐郎中》一首。杜牧诗,五律一首,七绝九首,几乎是专选一体。杜牧,字牧之,登进士第。牛僧孺镇扬州,他在节度府掌书记,又做过司勋员外郎。世称杜司勋,又称小杜——杜甫称老杜。他很有政治的眼光,但朝中无人,终于是个失意者。他的七绝感慨深切,情辞新秀。《泊秦淮》一首也曾被推为压卷之作。

唐以前的诗,可以说大多数是五古,极少数是七古;但那些时候并没有体制的分类。那些时候诗的分类,大概只从内容方面看;最显著的一组类别是五言诗和乐府诗。五言诗虽也从乐府演变而出,但从阮籍开始,已经高度地文人化,成为独立的抒情写景的体制。乐府原是民歌,叙述民间故事,描写各社会的生活，有时也说教，东汉以来文人仿作乐府的很多，大都沿用旧题旧调，也是五言的体制。汉末旧调渐亡，文人仿作，便只沿用旧题目；但到后来诗中的话也不尽合于旧题目。这些时候有了七言乐府，不过少极；汉魏六朝间著名的只有曹丕的《燕歌行》、鲍照的《行路难》十八首等。乐府多朴素的铺排，跟五言诗的浑含不露有别。五言诗经过汉魏六朝的演变，作风也分化。阮籍是一期，陶渊明、谢灵运是一期，"宫体"又是一期。阮籍抒情，"志在刺讥而文多隐避"（颜延年、沈约等注《咏怀诗》语），最是浑含不露。陶谢抒情、写景、说理，渐趋详切，题材是田园、山水。宫体起于梁简文帝时，以艳情为主，渐讲声调对偶。

  初唐五古还是宫体余风，陈子昂、张九龄、李白主张复古，虽标榜"建安"（汉献帝年号，建安体的代表是曹植），实是学阮籍。本书张九龄《感遇》二首便是例子。但盛唐五古，张九龄以外，连李白所作（《古风》除外）在内，可以说都是陶、谢的流派。中唐韦应物、柳宗元也如此。陶、谢的详切本受乐府的影响。乐府的影响到唐代最为显著。杜甫的五古便多从乐府变化。他第一个变了五古的调子，也是创了五古的新调子。新调子的特色是散文化。但本书所选他的五古还不是新调子，读他的长篇才易见出。这种新调子后来渐渐代替了旧调子。本书里似乎只有元结《贼退示官吏》一首是新调子；可是散文化太过，不是成功之作。至于唐人七古，却全然从乐府变出。这又有两派。一派学鲍照，以慷慨为主；一派学晋《白纻（舞名）歌辞》（四首，见《乐府诗集》）等，以绮艳为主。李白便是著名学鲍照的；盛唐人似乎已经多是这一派。七言句长，本不像五言句的易加整练，散文化更方便些。《行路难》里已有散文句。李白诗里又多些，如，"我欲因之梦吴越"（《梦游天姥吟留别》），又如上文举过的"弃我去者"二语。七古体夹长短句原也是散文化的一个方向。初唐陈子昂《登幽州台歌》全首道："前不见古人，后不见来者。念天地之悠悠，独怆然而涕下。"简直没有七言句，却也可以算入七古里。到了杜甫，更有意地以文为诗，但多七言到底，少用长短句。后来人作七古，多半跟着他走。他不作旧题目的乐府而作了许多叙述时事，描写社会生活的诗。这正是乐府的本来面目。本书据《乐府诗集》将他的《哀江头》《哀王孙》等都放在七言乐府里，便是这个理。从他以后，用乐府旧题作诗的就渐渐地稀少了。另一方面，元稹、白居易创出一种七古新调，全篇都用平仄调协的律句，但押韵随时转换，平仄相间，各句安排也不像七律有一定的规矩。这叫作长庆体。长庆是穆宗的年号,也是元白的集名。本书白居易的《长恨歌》《琵琶行》都是的。古体诗的声调本来比较近乎语言之自然,长庆体全用律句,反失自然,只是一种变调,但却便于歌唱。《长恨歌》可以唱,见于记载,可不知道是否全唱。五、七古里律句多的本可歌唱,不过似乎只唱四句,跟唱五、七绝一样。古体诗虽不像近体诗整练,但组织的经济也最着重。这也是它跟散文的一个主要的分别。前举韦应物《送杨氏女》便是一例。又如李白《宣州谢朓楼饯别校书叔云》里道"蓬莱文章建安骨,中间小谢又清发",一方面说谢朓(小谢),一方面是比喻。且不说喻旨,只就文意看,"蓬莱"句又有两层比喻,全句的意旨是后汉文章首推建安诗。"中间"句说建安以后"大雅久不作"(见李白《古风》第一首),小谢清发,才重振遗绪;"中间""又"三个字包括多少朝代,多少诗家,多少诗,多少议论!组织有时也变换些新方式,但得出于自然。如李白《梦游天姥吟留别》(七古)用梦游和梦醒作纲领,韩愈《八月十五夜赠张功曹》用唱歌跟和歌作纲领,将两篇歌词穿插在里头。

律诗出于齐梁以来的五言诗和乐府。何逊、阴铿、徐陵、庾信等的五言都已讲究声调和对偶。庾信的《乌夜啼》乐府简直像七律一般;不过到了沈宋才成定体罢了。律首声调,前已论及。对偶在中间四句,就是第一组节奏的后两句,第二组节奏的前两句,也是异中有同,同中有异。这样,前四句由散趋整,后四句由整复归于散,增前两组节奏的往复回还的效用。这两组对偶又得自有变化,如一联写景,一联写情,一联写见,一联写闻之类,才不致板滞,才能和上下打成一片。所谓情景或见闻,只是从浅处举例,其实这中间变化很多,很复杂。五律如"地犹鄹氏邑,宅即鲁王宫。叹凤嗟身否,伤麟怨道穷"(唐玄宗,《经鲁祭孔子而叹之》)。四句虽两两平列,可是前一联上句范围大,下句范围小,后一联上句说平时,下句说将死,便见流走。又,"为我一挥手,如听万壑松。客心洗流水,余响入霜钟"(李白,《听蜀僧濬弹琴》)。前联一弹一听,后联一在弹,一已止,各是一串儿。又,"遥怜小儿女,未解忆长安;香雾云鬟湿,清辉玉臂寒"(杜甫,《月夜》)。"遥怜"直贯四句。小儿女"未解忆长安"固然可怜,"香雾"云云的人(杜甫妻)解得忆长安,也许更可怜些。前联只是一句话,后联平列,两相调剂着。律诗多在四句分段,但也不尽然,从这一首可见。又,前面引过的刘长卿《寻南溪常道士》次联"白云依静渚,芳草闭闲门",似乎平列,用意却侧重寻常道士不遇,侧重在下句。三联"过雨看松色,随山到水源",上句景物,下句动作,虽然平列而不是一类。再说"过雨",暗示忽然遇雨,雨住后松色才更苍翠好看;这就兼着叙事,跟单纯写景又不同。

七律如"云边雁断胡天月,陇上羊归塞草烟。回日楼台非甲帐,去时冠剑是丁年"(温庭筠,《苏武庙》)。前联平列,但不是单纯地写景句;这中间引用着《汉书·苏武传》,上句意旨是和汉朝音信断绝(雁足传书事),下句意旨是无归期(匈奴使苏武牧牡羊,说牡羊有乳才许归汉)。后联说去汉时还是冠剑的壮年,回汉时武帝已死;"丁年奉使"见李陵《答苏武书》,甲帐是头等帐,是武帝做来敬神的,见《汉武故事》。这一联是倒装,为的更见出那"不堪回首"的用意。又,"玉玺不缘归日角,锦帆应是到天涯。于今腐草无萤火,终古垂杨有暮鸦"(李商隐,《隋宫》)"日角"是额骨隆起如日,是帝王之相,这儿是根据《旧唐书》,用来指太宗。"锦帆"指隋炀帝的游船,见《开河记》。这一联说若不因为太宗得了天下,炀帝还该游得远呢。上句是因,下句是果。放萤火,种垂杨,都是炀帝的事。后联平列,上句说不放萤火,下句说垂杨栖鸦,一有一无,却见出"而今安在"一个用意。又,李商隐《筹笔驿》中二联道:"徒令上将挥神笔,终见降王走传车。管乐有才真不忝。关张无命欲何如!"筹笔驿在绵州绵谷县,诸葛武侯曾在那里驻军筹划。上将指武侯,降王指后主;管乐是管仲、乐毅,武侯早年曾自比这二人。前联也是倒装,因为"终见",才觉"徒令"。但因"筹笔"想到"降王",即景生情,虽倒装还是自然。后联也将"有""无"对照,见出本诗末句"恨有余"的用意。七律对偶用倒装句,因果句,到晚唐才有。七言句长,整练较难,整练而能变化如意更难。唐代律诗刚创始,五言比较容易些,发展得自然快些。作五律的大概多些,好诗也多些,本书五律多,便是这个缘故。律诗也有不对偶或对偶不全的,如李白《夜泊牛渚怀古》(五律),又如崔颢《黄鹤楼》(七律)的次联,这些只算例外。又有不调平仄的,如《黄鹤楼》和王维《终南别业》(五律),也是例外。——也有故意这样作的,后来称为拗体,但究竟是变调。本书不选排律。七言排律本来少,五言的却多,也推杜甫为大家。排律将律诗的节奏重复多次,便觉单调,教人不乐意读下去。但本书不选,恐怕是为了典范多故。晚唐律诗着重一句一联,忽略全篇的组织,因些后人评论律诗,多爱摘句,好像律诗篇幅完整的很少似的。其实不然,这只是偏好罢了。

绝句不是截取律诗的四句而成。绝句的源头在六朝乐府里。六朝五言四句的乐府很多，《子夜歌》最著名。这些大都是艳情之作，诗中用谐声辞格很多。谐声辞格如"蟢子"谐"喜"声，"藁砧"就是"铁"（铡刀）谐"夫"声。本书选了权德舆《玉台体》一首，就是这种诗。也许因为诗体太短，用这种辞格来增加它的内容，这也是多义的一式。但唐代五绝已经不用谐声辞格，因为不大方，范围也窄。唐代五绝有调平仄的，有不调平仄而押仄声韵的；后者声调上也可以说是古体诗，但题材和作风不同。所以容许这种声调不谐的五绝，大约也是因为诗体太短，变化少；多一些自由，可以让作者多一些回旋的地步。但就是这样，作的还是不多。七言四句的诗，唐以前没有，似乎是唐人的创作。这大概是为了当时流行的西域乐调而作；先有调，后有诗。五、七绝都能歌唱，七绝歌唱得更多——该是因为声调曼长，好听些。作七绝的比作五绝的多得多，本书选得也多。唐人绝句有两种作风：一是铺排，一是含蓄。前者如柳宗元《江雪》：

　　千山鸟飞绝，万径人踪灭。

　　孤舟蓑笠翁，独钓寒江雪。

又，韦应物《滁州西涧》：

　　独怜幽草涧边生，上有黄鹂深树鸣。

　　春潮带雨晚来急，野渡无人舟自横。

柳诗铺排了三个印象，见出"江雪"的幽静，韦诗铺排了四个印象，见出西涧的幽静；但柳诗有"千山""万径""绝""灭"等词，显得那幽静更大些。所谓铺排，是平排（或略参差，如所举例）几个同性质的印象，让它们集合起来，暗示一个境界。这是让印象自己说明，也是经济的组织，但得选择那些精印象。后者是说要从浅中见深，小中见大；这两者有时是一回事。含蓄的绝句，似乎是正宗，如杜牧《秋夕》：

　　银烛秋光冷画屏，轻罗小扇扑流萤。

　　天街夜色凉如水，卧看牵牛织女星。

是说宫人秋夕的幽怨，可作浅中见深的一例。又刘禹锡《乌衣巷》：

　　朱雀桥边野草花，乌衣巷口夕阳斜。

　　旧时王谢堂前燕，飞入寻常百姓家。

乌衣巷是晋代王导、谢安住过的地方,唐代早为民居。诗中只用野花、夕阳、燕子,对照今昔,便见出盛衰不常一番道理。这是小中见大,也是浅中见深。又,王之涣《登鹳雀楼》:

　　白日依山尽,黄河入海流。

　　欲穷千里目,更上一层楼。

鹳雀楼在平阳府蒲州城上。白日依山,黄河入海,一层楼的境界已穷,若要看得更远,更清楚,得上高处去。三、四句上一层楼,穷千里目,是小中见大;但另一方面,这两句可能是个比喻,喻体是人生,意旨是若求远大得向高处去。这又是浅中见深了。但这一首比较前二首明快些。

　　论七绝的称含蓄为"风调"。风飘摇而有远情,调悠扬而有远韵,总之是余味深长。这也配合着七绝的漫长的声调而言,五绝字少节促,便无所谓风调。风调也有变化,最显著的是强弱的差别,就是口气否定、肯定的差别。明、清两代论诗家推举唐人七绝压卷之作共十一首,见于本书的八首。就是:王维《渭城曲》(乐府),王昌龄《长信怨》或《出塞》(皆乐府),王翰《凉州曲》,李白《下江陵》,王之涣《出塞》(乐府,一作《凉州词》),李益《夜上受降城闻笛》,杜牧《泊秦淮》。这中间四首是乐府,乐府的措辞总要比较明快些。其余四首虽非乐府,也是明快一类。只看八首诗的末二语便可知道。现在依次抄出:

　　劝君更尽一杯酒,西出阳关无故人。

　　玉颜不及寒鸦色,犹带昭阳日影来。

　　但使龙城飞将在,不教胡马度阴山。

　　醉卧沙场君莫笑,古来征战几人回?

　　两岸猿声啼不住,轻舟已过万重山。

　　羌笛何须怨杨柳?春风不度玉门关。

　　不知何处吹芦管,一夜征人尽望乡。

　　商女不知亡国恨,隔江犹唱后庭花。

这些都用否定语作骨子,所以都比较明快些。这些诗也有所含蓄,可是强调。七绝原来专为唱歌而作,含蓄中略求明快,听者才容易懂,适应需要,本当如此。弱调的发展该是晚点儿。——不见于本书的三首,一首也是强调,二首是弱调。十一首中共有九首强调,可算是大多数。

当时为人传唱的绝句见于本书的，五言有王维的《相思》，七言有他的《渭城曲》，王昌龄的《芙蓉楼送辛渐》和《长信怨》，王之涣的《出塞》。《相思》道：

红豆生南国，春来发几枝？

愿君多采撷！此物最相思。

《芙蓉楼送辛渐》道：

寒雨连江夜入吴，平明送客楚山孤。

洛阳亲友如相问，一片冰心在玉壶。

除《长信怨》外，四首都是对称的口气，——王之涣的"羌笛"句是说"你何须吹羌笛的《折柳词》来怨久别？"——那不见于本书的高适的"开箧泪沾臆，见君前日书"一首也是的（这一首本是一首五古的开端四语，歌者截取，作为绝句）。歌辞用对称的口气，唱时好像在对听者说话，显得亲切。绝句用对称口气的特别多；有时用问句，作用也一般。这些原都是乐府的老调儿，绝句只是推广应用罢了。——风调转而为才调，奇情壮采依托在艳辞和故事上，是李商隐的七绝。这些诗虽增加了些新类型，却非七绝的本色。他又有《夜雨寄北》一绝：

君问归期，未有期，巴山夜雨涨秋池。

何当共剪西窗烛？却话巴山夜雨时！

这也是对称的口气。设想归后向那人谈此时此地的情形，见出此时此地思归和相念的心境，回环含蓄，却又亲切明快。这种重复的组织极精练可喜。但绝句以自然为主。像本诗的组织，精练不失自然，是可遇而不可求的。

朱宝莹先生有《诗式》（中华版），专释唐人近体诗的作法作意，颇切实；邵祖平先生有《唐诗通论》（《学衡》十二期），颇详明，都可参看。

与学者对话

一、下面是几位语文名家关于阅读教学的经典论述,研读后谈谈你的看法。

1. 孟宪承:课外的阅读,事前要有适当的指导,事后要有切实的考查。指导的事项,包括:(1)读什么书? (2)怎样读法(计划和方法)? (3)有什么特别意义要指示的? (4)有什么特别困难要讨论和说明的? 考查的方法,则或令学生作阅书画记,或由学生在上课时轮流提出口头报告。[孟宪承.初中国文之教学[J].新教育,1924,9(1-2).]

2. 朱经农:我们如果希望学生对于国文一门有一点确实的心得,除非把"被动听讲"改为"自动阅读"不可。中学学生如果自己不去看书,全靠每天在课堂上听先生讲几句古文,那是没有什么大进步的。不过教员对于学生看书需加积极的指导,万不可专取放任主义。不加指导的阅读,是要发生流弊的。并且学生阅书以后,没有一个研究讨论的地方,兴趣也要减少。[朱经农.对于初中课程的讨论:国语科的内容[J].教育杂志,1924,16(4).]

3. 傅庚生:读一篇文章,要把写在平面上的文字,看成立体的东西:有高低,有远近,有隐显,有明暗,要抓到一篇中的警策,或是故事开展的最高峰;要从情景融会的字句中,找到它们的联系;要知人论世,辨明不得已而用的曲笔;要体味字里行间的话,听出弦外之音。然后才算把这篇文章读"透"了。[傅庚生.国文教学识小篇[J].国文月刊,1946(48).]

二、下面是当代一些学者关于诗歌阅读的论述,研读后谈谈你的看法。

1. 张厚感:诗歌教学要有好的态势,要着力于点评、朗读、背诵,少做无谓的分析。点评,是有选择地讲一下炼字炼句的精妙,重在提高学生品味语言的能力;熟读成诵,重在积累。如能这样,可以期望逐步提高学生阅读欣赏能力,提高文化素养,潜移默化,陶冶性情。总而言之,与其铺排分析,浪费时间,不如多读多背几首好诗,由课内延伸到课外,把学生领进广阔的诗歌天地。[张厚感.中学诗歌教学策略[J].课程·教材·教法,1997(7).]

2. 王富仁:(1)诗要读。诗的美,诗的意味,有很多只有在读时才能感受得到。因为语言是有声音的,语言的艺术在很多方面是充分利用它的声音特征造成的。(2)诗不但要读,还要冥想。先要读,接着就要冥想。所谓冥想,就是要静静地想,要在自己的想象中呈现出诗给我们描绘出的形象画面。"诗中有画",这个画在我们的冥想中才能构成。(3)诗要读,要冥想,也要悟。所谓悟,就是要对诗的整体有所感,就是沉浸在它给我们造成的整体的情绪感受里,并在这种情绪感受中对整个宇宙、整个人类、整个人生有了新的发现,产生了新的理解。这种发现,这种理解,可能还是很不具体的,难以用语言表达的,但在我们的心灵里,确实似乎感到了什么,觉出了什么。[王富仁.诗歌的阅读与赏析[J].中学语文,2000(11).]

3. 赵谦翔:口诵"心惟",引导学生"投入"。以口诵"投入",就是让学生在诵读中感知诗歌的音趣,即音乐美、声调美、押韵美、节奏美。"投入"不是"塞入",务必让学生敞开心、放开声、读出味;教师不可越俎代庖,也不能采取"填鸭式""满堂灌"。以"心惟"投入,就是让学生感知诗歌的意趣。"心惟"即韩愈所说的"沉浸浓郁,含英咀华",忘却自己,诗我合一,尽享诗意的甘醇。意趣包括情趣和理趣。[赵谦翔.绿色诗歌鉴赏[J].人民教育,2004(1).]

我思故我言

我思故我言

《蔡孑民先生言行录》指导大概

　　本书是新潮社编辑的新潮丛书第四种,出版在民国九年。新潮社早已不存在,这部书也早已绝版了。但书的版权已归开明书店所有,我们希望开明能够继续印行(删去《致汪精卫书》和《华工学校讲义》汪序),因为这是一部有益于青年——特别是中学生——的书,在文字上,也在思想上。[1] 本书分上下二册,约十七万字。前有《凡例》,第一条道:[2]

　　　　蔡先生的道德学问和事业,用不着我们标榜。不过我们知道国内外尚有许多急欲明白先生言行的人,极希望一部有系统的先生言行录:这便是我们编印本书的一点微意。

　　蔡先生去年死了。盖棺论定,他老人家一生的道德学问和事业的确可以做青年人的模范;他的言行,青年人更该"急欲明白"。这部书的继续印行真是必要的。听说刘开渠先生还给他编了一部全集,似乎没有付印。全集的篇幅一定很多,而且不免有些"与社会无甚关系的"(见《凡例》第四条)文字。为青年人——特别是中学生——阅读,本书该是更适宜些。

　　《凡例》第二条道:

　　　　本书内容共计先生传略一篇,言论八十四篇,附录三篇。言论大别为六类。分类本是不容易的事;归入甲类的,同时也与乙、丙有关。故本书

批注

1　指出推荐阅读本部书的理由。

2　所谓凡例,就是发凡起例。简言之,就是说明本书的宗旨、内容和编纂体例的文字。所以,指导从凡例切入,既说明了推荐本书的原因,也对本书的主要内容做了整体的概述。

没有标明分类的名目。不过我们可以在这里略为说明：第一类大约关于最重大普遍的问题；第二类关于教育；第三类关于北京大学；第四类关于中西文化的沟通；第五类为普通的问题；第六类为范围较小，关系较轻的问题。附录第一篇内《华工学校讲义》四十小篇……为先生大部分道德精神所寄。其余两篇，系大学改制的提案，也与先生的事业很有关系。

第一类共十八篇，[3]论世界观与人生观，哲学与科学，劳工神圣，国文的趋势等等。第二类共十六篇，论教育方针，新教育与旧教育，美育，平民教育，五四运动等等。第三类共十八篇，说明办北京大学的宗旨和对于学生的希望，还有提倡学生课外活动——音乐、书法、新闻学等——的文字。关系重大的《致〈公言报〉并答林琴南君函》便在这一类里。第四类共十一篇，所论以中法文化的沟通为主。第五类共十一篇，杂论修养，学术教育。第六类共十篇，杂论学术、时事、教育，其中有四篇是民国纪元前旧作。《华工学校讲义》三十篇论德育，十篇论智育。这些文字差不多都和教育有关；教育是蔡先生的终生事业，所以他全神贯注，念念不忘。读这部书不妨将第六类和附录的二篇略去，别的都得细看。第三类都是些关于当时的北京大学的文字，似乎不能引起现在中学生读者的兴味。但是不然。民国八年的五四运动，北京大学是领导者，那时正是蔡先生做校长。五四运动是政治运动，同时是新文化运动，影响的重大，青年人都知道。再说改进北京大学也是蔡先生平生最大的教育事业，值得后来人景仰。所以这一类文字，兴趣绝不会在别的几类以下。

本书六类文字中，文言文五十六篇，白话文二十八篇，共八十四篇。《华工学校讲义》四十篇，全是文言，连前共一百二十四篇，文言文共九十六篇，占全书百分之八十弱。全书按体裁分，又有论文，演说词，序（包括发刊词），书信，日记，启事等类。论文六十四篇，演说词三十八篇，序十五篇，书信五篇，日记，启事各一篇。这些又都只是说明文和论说文两类。演说词占全书百分之三十，却是文言多于白话；三十八篇里有二十四篇是文言，占百分之六十弱。这中间有三篇注明是别人笔记的，一篇是文言，两篇是白话。还有一篇，题目下注着"八年十二月三日改定"，不知道是不是先经别人笔记后来再改定的。蔡先生是个忙人，该常有些文牍或秘书给他拟稿。本书所收的文字，除注明别人笔记的三篇演说词以外，原也不一定全出于他的亲手，但大部分该是的。《华工学

3　下面两段文字整体上介绍了本书的内容构成和体裁分类。

校讲义》四十篇都是他"手撰",有明文可据。论文,序,书信里,至少那些重要的是他自己动笔。那篇日记和那条启事更该是他自己写的。别的即使有人拟稿,也该是他的意思,并且经他手定的。全书所收的文字,思想是如此一致,风格也是如此一致,他至少逐篇都下过工夫来看。无论如何,这问题并不影响本书的价值。在文字上,在思想上,本书无疑的是青年人——特别是中学生——有益的读物。现在中学生的读物里最缺乏简短的说明文和议论文,无论文言或白话。再说文言方面有的是古书,唐宋八家文,明人小品文,以及著述文等等,这些却都不能帮助学生学习应用的文言。梁启超先生的文言可以算是应用的了,但只在清末合适,现在看来,却还嫌高古似的。只有本书的文言,朴实简明,恰合现在的应用,现在报纸上的文言便是这种文言,这是最显著的标准。我们说应用,蔡先生也说应用(《国文之将来》),又称为"实用"(《论国文的趋势及国文与外国语及科学之关系》)都是广义的。一般所谓"应用文"却是狭义的,指公文、书信、电报、商业文件等。那些都有一定的程式。程式为的求经济,求确当,是一种经验的传统,渗透在我们所谓应用的文言里。学会了应用的文言,学那些程式便不难。应用的文言才是真正的基础。所以我们特别推荐这部书。

蔡先生名元培,字子民,浙江省绍兴县[1]人,死时年七十四岁。⁴ 本书里的《传略》,是江西黄世晖先生记的。黄先生是蔡夫人家里人,记得很确实,虽说是"传略",却也够详的。蔡先生曾做到清廷的翰林院编修,后来尽力教育,运动革命,又到德国游学。"辛亥革命"后,回国任教育总长。他觉得当时的总统袁世凯不能合作,不久便辞职再到德国游学。后来又到法国游学,并帮助李石曾先生等办留法俭学会,组织华法教育会。民国六年回国任北京大学校长。五四运动,辞职出京,不久又回任。过了一年多,便出国考察,从此没有回北京大学。"国民革命"后,任大学院长。后来改任中央研究院院长,直到去年逝世时止。本书出版在民国九年,所以传略只记到北京大学校长时代。统观蔡先生的一生事业,可以说他是一个革命家,又是一个教育家。辛亥以前,他是

4 下面联系书作者的个人经历、思想主张等方面来分析,也就是前面所说的"知人论文"。

---

[1] 今绍兴市。——编者

革命家。那时虽也尽力教育,却似乎只将教育当手段,达到革命的目的。传略里说他以为"戊戌变法"康、梁"所以失败,由于不先培养革新之人才,而欲以少数人弋取政权,排斥顽旧,不能不情见势绌。此后北京政府无可希望,故抛弃京职,而愿委身于教育"(五面)。可见他的动机是在那里。他办教育,提倡民权(参看五面,八面,九面),提倡进化论(参看六面),提倡俄国的虚无主义(参看一四面,一七面)。但他当时虽以教育为手段,却真相信教育的永久的价值。他的游学便为的是充实自己的教育。他在德国研究哲学、文明史等,尤其注重实验心理学和美学。曾进实验心理学研究所参加实验工作(一九面,二四面)。他倾向于哲学,而对于科学的训练也不忽略。辛亥以后,他是教育家。他特别提倡公民道德的教育,以及世界观教育、美感教育(《对于教育方针之意见》)。他提倡中西文化的沟通,而特别注重欧化(参看第四类各篇)。他办大学,主张纯粹研究学问,思想自由(参看《北京大学开学式之演说》《北京大学月刊〉发刊词》等)。对于中学,反对文、理分科,主张"高等普通"的教育(《德国分科中学之说明》)。他又提倡工学(参看《工学互助团的大希望》等),提倡平民教育(参看《在平民夜校开学日的演说》等)。他不但是个理想家,而且是个实行家。这些主张都曾相当地实现,留下强大的影响。他尤其注重砥砺德行,提倡进德会,《华工学校讲义》里有三十篇论德育,以及提倡公民道德的教育,是他一致的态度。他是个躬行实践的人,能做到他所说的,他的话是有重量的。

蔡先生虽做过翰林院编修,但在欧洲研究考察得很久,对于西洋文化认识得很清楚。他看出中国必须欧化。他说:

> 吾国古代文明,有源出巴比仑[1]之说,迄今尚未证实。汉以后,天方、大秦之文物,稍稍输入矣,而影响不著,其最著者,为印度之文明。汉季,接触之时代也;自晋至唐,吸收之时代也。吾族之哲学、文学及美术,得此而放一异彩。自元以来,与欧洲文明相接触,逾六百年矣,而未尝大有所吸收,如球茎之植物,冬蛰之动物,恃素所贮蓄者以自赡。日趋羸瘠,亦固其所。至于今日,始有吸收欧洲文明之机会;而当其冲者,实为我寓欧之同人。(《文明之消化》)

---

[1] 今多译为"巴比伦",下同。——编者

又说：

> 西人之学术所以达今日之程度者，自希腊以来，固已积二千余年之进步而后得之。吾先秦之文化无以远过于希腊，当亦吾同胞之所认许也。吾与彼分道而驰，既二千余年矣，而始有羡于彼等所等（得）之一，则循自然公例，取最短之途径以达之可也。乃曰吾必舍此捷径，以二千余年前之所诣为发足点，而奔轶绝尘以追之，则无论彼我速率之比较如何，苟是由是而彼我果有同等之一日，我等无益于世界之耗费，已非巧历所能计矣。不观日本之步趋欧化乎，彼固取最短之径者也。行之且五千年，未敢曰与欧人达同等之地位也。然则吾即取最短之径以往，犹惧不及，其又堪迂道焉？（《〈学风〉杂志发刊词》）。

他主张欧化，而且主张急起直追的欧化。他也提到中印文化对于欧洲的影响（三六一面），也提到东西文化的媒合（四〇二面），但他总"觉得返忆旧文明的兴会，不及欢迎新文明的浓至"（四〇三面）。——蔡先生所谓"文明"似乎和"文化"同一意思。——他尤其倾慕法国的文化，因为法国没有"绅民阶级，政府万能，宗教万能等观念"（三七八面），而"科学界之大发明家，多属于法，德人则往往取法人所发明而更为精密之研究"，"法人科学程度，并不下于德人"（三七八面，三七九面）。

蔡先生信仰法国革命时代所标揭的自由、平等、博爱三大义（参看一九一面，三七三面），加上哲学、科学、美学，便见出他的一贯的思想。他说人生观必得有世界观作根据：

> 世界无涯涘也，而吾人乃于其中占有数尺之地位。世界无终始也，而吾人乃于其中占有数十年之寿命。世界之迁流如是其繁变也，而吾人乃于其中占有少许之历史。以吾人之一生较之世界，其大小久暂之相去既不可以数量计，而吾人一生又绝不能有几微遁出于世界以外。则吾人非先有一世界观，绝无所容喙于人生观。（《世界观与人生观》）

有本体世界，有现象世界。本体世界是世界的本性或本质，是哲学或玄学研究的对象。现象世界是我们感觉的世界。现象世界"最后之大鹄的"是"合世界之各分子息息相关，无复有彼此之差别"（三八至三九面）。但这个大鹄的须渐渐达成，大地的进化史便显示着向这个大鹄的路：

> 统大地之进化史而观之,无机物之各质点,自自然引力外,殆无特别相互之关系;进而为有机之植物,则能以质点集合之机关共同操作,以行其延年传种之作用;进而为动物,则又于同种类间为亲子朋友之关系,而其分职通功之例视植物为繁。及进而为人类,则由家庭而宗族,而社会,而国家,而国际,其互相关系之形式既日趋于博大,而成绩所留,随举一端,皆有自阈而通,自别而同之趋势。……昔之同情,及最近者而止耳。……今则四海兄弟之观念为人类所公认。……夫已往之世界,经其各分子经营而进步者其成绩固已如此,过此以往,不亦可比例而知之欤?
> (同上)

那个大鹄的便是大同主义,进化史便是大同主义的发展。蔡先生的大同的理想,来源不止一个,"博爱"的信念无疑地给了他很大的影响。他曾引孔子的话"圣人以天下为一家,中国为一人",子夏的话"四海之内皆兄弟",张载的话"民吾同胞",以为"尤与法人所唱之博爱主义相结合"(三七四至三七五面),可以为证。

蔡先生既从进化史里看出"人类之义务,为群伦不为小己";他又看出人类之义务,"为将来不为现在"(四二面):

> 自进化史考之……人满之患虽自昔藉为口实,而自昔探险新地者率生于好奇心,而非为饥寒所迫。南北极苦寒之所,未必于吾侪生活有直接利用之资料,而冒险探极者踵相接。由推轮而大辂,由桴槎而方舟,足以济不通矣,乃必进而为汽车(即火车),汽船及自动车(即汽车)之属。近则飞机、飞艇更为竞争之的。其构造之初必有若干之试验者供其牺牲,而初不以及身之不及利用而生悔。文学家、美术家最高尚之著作,被崇拜者或在死后,而初不以及身之不得信用而辍业。用以知:为将来而牺牲现在者,又人类之通性也。(同上)

他又看出人类之义务"为精神之愉快,而非为体魄之享受"(四二面):

> 人生之初,耕田而食,凿井而饮,谋生之事至为繁重,无暇为高尚之思想。自机械发明,交通迅速,资生之具日趋于便利。循是以往,必有菽粟如水火之一日,使人类不复为口腹所累,而得专致力于精神之修养。今虽尚非其时,而纯理之科学,高尚之美术,笃嗜者固已有甚于饥渴,是即他日

普及之朕兆也。科学者,所以祛现象世界之障碍,而引致于光明。美术者,所以写本体世界之现象,而提醒其觉性。人类精神之趋向既毗于是,则其所达到之点,盖可知矣。(同上)

美术虽用现象世界作材料,但能使人超越利害的兴趣,对于现象世界无厌弃也无执着,只有浑然的美感。这就是"与造物为友",这就接触到本体世界了(参看一九八面,二七三面)。所谓"写本体世界之现象而提醒其觉性",便是这番意思。

蔡先生提倡哲学、科学、美术,便因"为将来""为精神之愉快"是人类之义务。他以为哲学、科学、美术的研究是大学的责任。但这种研究得超越利害的兴趣才成。他说"大学为纯粹研究学问之机关,不可视为养成资格之所,亦不可视为贩卖知识之所。学者当有研究学问之兴趣,尤当养成学问家之人格"(二九六面)。要做到这地步,首先得破除专己守残的陋见:

> 吾国学子,承举子文人之旧习,虽有少数高材生知以科学为单纯之目的,而大多数或以学校为科举,但能教室听讲,年考及格,有取得毕业证书之资格,则他无所求。或以学校为书院,媛媛姝姝,守一先生之言而排斥其他。于是治文学者,恒蔑视科学,而不知近世文学全以科学为基础。治一国文学者,恒不肯兼涉他国。不知文学之进步,亦有资于比较。治自然科学者,局守一门,而不肯稍涉哲学。而不知哲学即科学之归宿,其中如自然哲学一部,尤为科学家所需要。治哲学者以能读古书为足用,不耐烦于科学之实验。而不知哲学之基础不外科学,即最超然之玄学,亦不能与科学全无关系。(《北京大学月刊发刊词》)

这是说大学要养成通才。要养成通才,还得有思想自由:

> 大学者,囊括大典,网罗众家之学府也。《礼记·中庸》曰"万物并育而不相害,道并行而不相悖",足以形容之。如人身然,官体之有左右也,呼吸之有出入也,骨肉之有刚柔也,若相反而实相成。各国大学,哲学之唯心论与唯物论,文学、美术之理想派与写实派,计学(经济学)之干涉论与放任论,伦理学之动机论与功利论,宇宙论之乐天观与厌世观,常樊然并峙于其中:此思想自由之通则,而大学之所以为大也。(同上)

还有,哲学、科学、美术"最完全不受他种社会之囿域,而合于世界主义",所以研究这些,足以增进世界的文化(三六〇面)。

思想自由之外,蔡先生最注意的是信仰自由。民国初年"论者往往有请定孔教为国教之议"(四五面)。蔡先生以为"孔子之说,教育耳,政治耳,道德耳。其所以不废古来近乎宗教之礼制者,特其从宜从俗之作用,非本意也"(四七面)。"而一宗教之中,可以包含多数国家之人民","国教亦不成名词"(四八面,四九面)。他说"各国宪法,均有信仰自由一条,所以解除宗教之束缚"(四七面)。信仰为什么该自由呢?

> 若夫信仰则属之吾心,与他人毫无影响,初无迁就之必要。昔之宗教本初民神话创造万物末日审判诸说,不合科学。在今日信者盖寡。而所谓与科学不相冲突之信仰,则不过玄学问题之一假定答语。不得此答语,则此问题终梗于吾心而不快。吾又穷思冥索而不得,则且于宗教哲学之中,择吾所最契合之答语,以相慰藉焉。孔之答语可也,耶之答语可也,其他无量数之宗教家、哲学家之答语亦可也。信仰之为用如此。既为聊相慰藉之一假定答语,吾必取其与我最契合者,则吾之抉择有完全之自由,且亦不能限于现在少数之宗教。故曰,信仰期于自由也。(《在清华学校高等科演说词》)

蔡先生在另一处说:"旧宗教之主义不足以博信仰。其所余者,祈祷之仪式,僧侣之酬应而已。而人之信仰心,乃渐移于哲学家之所主张。"(四七面)可以跟这一段话互证。他并且更进一步,主张"以美育代宗教":

> 无论何等宗教,无不有扩张己教、攻击异教之条件。……宗教之为累,一至于此,皆激刺感情之作用为之也。鉴激刺感情之弊,而专尚陶养感情之术,则莫如舍宗教而易以纯粹之美育。纯粹之美育,所以陶养吾人之感情,使有高尚纯洁之习惯,而使人我之见,利己损人之思念,以渐消沮者也。盖以美为普遍性,绝无人我差别之见能参入其中。食物之入我口者,不能兼裹他人之腹;衣服之在我身者,不能兼供他人之温;以其非普遍性也。美则不然。即如北京左近之西山,我游之,人亦游之,我无损于人,人亦无损于我也。"隔千里兮共明月",我与人均不得而私之。中央公园之花石,农事试验场之水木,人人得而赏之。埃及之金字塔,希腊之神祠,罗马之剧场,瞻望赏叹者若干人,且历若干年而价值如故。各国之博物院,

无不公开者,即私人收藏者之珍品,亦时供同志之赏览。各地方之音乐会、演剧场,均以容多数人为快。所谓独乐乐不如与人乐乐,与寡乐乐不如与众乐乐,以齐宣王之悟,尚能承认之。美之为普遍性可知矣。且美之批评,虽间亦因人而异,然不曰是于我为美而曰是为美,是亦以普遍性为标准之一证也。美以普遍性之故,不复有人我之关系,遂亦不能有利害之关系。……则所以陶养性灵,使之日进于高尚者,固已足矣。又何取乎侈言阴骘,攻击异派之宗教,以刺激人心,而使之渐丧其纯粹之美感为耶?
(《以美育代宗教说》)

蔡先生引孔子的"匹夫不可夺志",孟子的"大丈夫者,富贵不能淫,贫贱不能移,威武不能屈",说就是自由,古时候叫作"义"(一九一面)。仁、义、礼、智信的"义"便是这个(三一九面)。他又引这两句话说是坚忍(五二二面)。唯其坚忍,才能真自由。所以他又说"人之思想不缚于宗教,不牵于俗尚,而以良心为准,此真自由也"。各种自由都为了个性的发展(二五六面),但都有一定的程度。"自由者,就主观而言之也。然我欲自由,则亦当尊人之自由,故通于客观。"(一九一面)自由和放纵是不同的:

> 自由,美德也。若思想,若身体,若言论,若居处,若职业,若集会,无不有一自由之程度,若受外界之压制,而不及其度,则尽力以争之,虽流血亦所不顾,所谓"不自由,毋宁死"是也。然若过于其度,而有愧于己,有害于人,则不复为自由,而谓之放纵。放纵者,自由之敌也。(《自由与放纵》)

蔡先生虽然信仰进化论,却不提倡互竞而提倡互助:

> 从陆谟克、达尔文等发明生物进化论后,就演出两种主义:一是说生物的进化全恃互竞,弱的竞不过,就被淘汰了,凡是存的都是强的,所以世界上只有强权,没有公理。一是说生物的进化全恃互助,无论甚(怎)么强,要是孤立了,没有不失败的。但看地底发现的大鸟、大兽的骨,它们生存时何尝不强,但久已灭种了。无论甚(怎)么弱,要是合群互助,没有不能支持(的)。但看蜂蚁也算比较的弱极了,现在全世界都有这两种动物。可见生物进化,恃互助不恃强权。(《黑暗与光明的消长》)

他最佩服克罗巴金的《互助论》:

> 克氏集众说的大成,又加以自己历史的研究,于一千八百九十年公

布动物的互助,于九十一年公布野蛮人的互助,九十二年公布未开化人的互助,九十四年公布中古时代自治都市之互助,九十六年公布新时代之互助,于一千九百零二年成书。于动物中,列举昆虫、鸟兽等互助的证据。此后各章,从野蛮人到文明人,列举各种互助的证据。于最后一章,列举同盟罢工,公社,慈善事业,种种实例,较之其他进化学家所举"互竞"的实例,更为繁密了。……克氏的互助主义,主张联合众弱,抵抗强权,叫强的永不能凌弱的。不但人与人如是,即国与国亦如是了。(《大战与哲学》)

承认"凡弱者亦有生存及发展之权利,与强者同,而且无论其为各人,为各民族,在生存期间,均有互助之义务",就是人道主义(三七三面),也是蔡先生所提倡的。

蔡先生的政治思想和经济思想都跟互助主义联系着。他不大谈政治,但我们可以看出,他主张人道主义,反对帝国主义。他论第一次欧洲大战,以为"与帝国主义及人道主义之消长,有密切关系";"使协约方面而胜利,则必主张人道主义而消灭军国主义,使世界永久和平"。他说:"吾人既反对帝国主义,而渴望人道主义,则希望协约国之胜利也,又复何疑?"(五五面,五六面)协约国果然胜利了,他又说这是"武断主义消灭,平民主义发展"。"从美国独立、法国革命后,世界已增加了许多共和国。国民虽知道共和国的幸福,然野心的政治家,很嫌他不便。"大战中俄国已改为共和国了;大战停止,德国也要改共和国了。"这就是武断主义的末日,平民主义的新纪元了。"(八七至八八面)所谓"平民"的意思,便是"人人都是平等的"(二八二面)。平等只是破除阶级,"绝非减灭个性"(二五三面)。说到破除阶级,就牵涉到蔡先生的经济思想。他的理想的社会是"各尽所能,各取所需"。各文中常常提及(一七五面,一七九面,三八六面,四六六面)。

尽所能,便是工;不管他是劳力,是劳心,凡是有益于人类的生存,文化的进步的,都是。所需有两种:一是体魄上的需要,如衣食住等是;一是精神上的需要,如学术是。现在有一部分的人,完全不做工;有一部分的人,做了不正当的工;所以正当的工人不能不特别劳苦,延长他工作时间。而且除了正当的工人以外,都是靠着特殊的势力,把人类所需的,逾量攫取,逾量地消耗。所以正当的工人,要取所需,常恐不足。就是体魄上的需要勉强得到了,精神上的需要或者一点没有。这不是文化的大障碍么?我们要除去这个障碍,就要先来实行工学并进的生活。(《国外勤工俭学会与国内工学互助团》)

他感觉现在的经济组织不合理,"为了贫富不均,与财产权特别占有,不知牺牲了多少人的权利与生命"(四六六面)。他主张人人做工,"人不是为生而工,是为工而生的"(一七〇面)。"劳工神圣""此后的世界,全是劳工的世界"(一六八面,一六九面)。他所谓劳工,兼包用体力的和用脑力的(一六八面,并参看上引一节),所以工学并重。工而且学才是新生活:

要是有一个人肯日日做工,日日求学,便是一个新生活的人;有一个团体里面的人,都是日日做工,日日求学,便是一个新生活的团体;全世界的人都是日日做工,日日求学,那就是新生活的世界了。(《我的新生活观》)

蔡先生的思想系统,大概如此。他的教育主张便以这个系统为根据。他说:

教育有二大别:曰隶属于政治者,曰超轶乎政治者。专制时代(兼立宪而含专制性质者言之),教育家循政府之方针以标准教育,常为纯粹之隶属政治者。共和时代,教育家得立于人民之地位以定标准,乃得有超轶政治之教育。(《对于教育方针之意见》)

他将军国民主义、实利主义、德育主义列为隶属于政治之教育,世界观、美育列为超轶政治之教育,说这五者都是今日之教育所不可偏废的(一九八面)。他虽觉得今日之中国不能不采用军国民教育,原则上却并不以国家主义的军国民教育为然。他还反对绅士教育、宗教教育、资本家教育,而主张教育平等。教育平等,同时得兼顾个性的发展和群性的发展:

群性以国家为界,个性以国民为界,适于甲国者不必适于乙国。于是持军国民主义者,以军人为国民教育之标准。持贵族主义者,以绅士为标准。持教会主义者,以教义为标准。持实利主义者,以资本家为标准。个人所有者,为"民"权而非"人"权;教育家所行者,为"民权的"教育而非"人格的"教育。自人类智德进步,其群性渐溢乎国家以外,则有所谓世界主义若人道主义;其个性渐超乎国民以上而有所谓人权若人格。科学研究也,工农集会也,慈善事业之进行也,既皆为国际之组织,推之于一切事业将无乎不然。而个人思想之自由,则虽临之以君父,监之以帝天,囿之以各种社会之习惯,亦将无所畏葸而一切有以自申。盖群性与个性之发展,相反而适以相成,是今日完全之人格,亦即新教育之标准也。持个人的无政府主义者,不顾群性;持极端的社会主义者,不顾个性。是为偏畸之说,言教育者其慎之。(《教育之对待的发展》)

蔡先生对于语言文字的意见,很有独到的地方,值得详细研究一番。现在却只想介绍他自己的一些话。关于白话与文言的竞争,他断定"白话派"一定占优胜;但文言是否绝对地被排斥,"尚是一个问题"。照他的观察,"将来应用文一定全用白话,但美术文或者有一部分仍用文言"(一五六面)。应用文他又称为实用文:

> 实用文又分两种:一种是说明的。譬如对于一样道理,我的见解与人不同,我就发表出来,好给大家知道。或者遇见一件事情,大家讨论讨论,求一个较好的办法。或者有一种道理,我已知道,别人还有不知道的,因用文章发表出来,如学校的讲义就是。一种是叙述的。譬如自然界及社会的现象,我已见到,他人还没有见到的,因用文章叙述出来,如科学的记述和一切记事的文章皆是。(《论国文的趋势及国文与外国语及科学之关系》)

应用文"只要明白与确实,不必加新的色彩,所以宜于白话"。司马迁记古人的事,改用今字。译佛经的人,别创一种近似白话的文体。禅宗的语录全用白话,宋儒也如此。"可见记载与说明,应用白话,古人已经见到,将来的人自然更知道了。"(一五六至一五七面)

> 美术文大约可分为诗歌、小说、剧本三类。小说从元朝起多用白话。剧本,元时也有用白话的,现在新流行的白话剧,更不必说了。诗歌如《击壤集》等,古人也用白话,现在有几个人能做很好的白话诗,可以料到将来是统统可以用白话的。但是美术有兼重内容的,如图画、造像等。也有专重形式的,如音乐、舞蹈、图画等。专重形式的美术,在乎支配均齐,节奏调适。旧式的五、七言律诗,与骈文,言调铿锵,合于调适的原则;对仗工整,合乎均齐的原则:在美术上不能说毫无价值。就是白话文盛行的时候,也许有特别传习的人。譬如我们现在通行的是楷书、行书,但是写八分的,写小篆的,写石鼓文或钟鼎文的,也未尝没有。将来文言的位置,也是这

个样子。(《国文之将来》)

不过中学校或师范学校学生都是研究学问的,是将来到社会上做事的。"因研究学问的必要,社会生活上的必要",他们的国文应以实用为主(一四六面)。蔡先生这一个意见是很切实的,但当时学生都爱创作,都将工夫费在美术文的尝试上,成为风气,他的话没有发生影响。直到现在,大家渐能看出中等学校学生不训练应用文写作,便不能适应实际的需要,风气已在转变。蔡先生的话值得我们仔细吟味;我们佩服他的先见之明。蔡先生以为白话文是自然的进化:

> 文章的开始,必是语体。后来为要便于记诵,变作整齐的句读,抑扬的音韵,这就是文言了。古人没有印刷,抄写也苦繁重,不得不然。孔子说言之不文,不能行远,就是这个缘故。但是这种句调、音调,是与人类审美的性情相投的,所以愈演愈精,一直到六朝人骈文,算是登峰造极了。物极必反,有韩昌黎、柳柳州等提倡古文,这也算文学上的一次革命,与欧洲的文艺中兴[1]一样。看韩柳的传志,很看得出表示特性的眼光与手段,比东汉到唐初的碑文进步得多了。这一次进步,仿佛由图案画进为山水画、实物画的样子,从前是拘定均齐节奏与颜色的映照,现在不拘拘此等,要按着实物实景来安排了。但是这种文体,传到宋元时代,又觉得与人类的性情不能适应。所以又有《水浒》[2]《三国演义》等语体小说与演义。罗贯中的思想与所描写的模范人物,虽然不见得高妙,但把他所描写的同陈承祚的原文或裴注所引的各书对照,觉得他的文体是显豁得多。把《水浒》同唐人的文言小说比较,那描写的技能,更显出大有进步。这仿佛西洋美术从古典主义进到写实主义的样子,绘影绘光,不像从前单写通式的习惯了。但是许多语体小说里面,要算《石头记》是第一部。……《石头记》是北京语,虽不能算是折中的语体,但是它在文学上的价值,是没有别的书比得上它。(《在国语讲习所的演说》)

蔡先生主张"折中的语体",说现在通行的白话文就是这一体,这也就是吴稚晖先生所谓"近文的语"。蔡先生以为国语便该以此为标准,"绝不能指定

---

[1] 即"文艺复兴"。——编者
[2] 即《水浒传》,下同。——编者

一种方言"（一六〇面）：

> 用哪一种语言作国语？有人主张用北京语。但北京也有许多土语，不是大多数通行的。有主张用汉口话的（章太炎）。有主张用河南话的，说洛阳是全国的中心点。有主张用南京话的，俗语有"蓝青官话"的成语，"蓝青"就是南京。也有主张用广东话的，说是广东话声音比较多。但我们现在还没有一种方言比较表，可以指出哪一地方的话是确占大多数，就不能武断用哪一地方的。且标准地方最易起争执，即如北京是现在的首都，以地方论，比较可占势力，但首都的话不能一定有国语的资格。德国的语言是以汉堡一带为准的，柏林话算是土话。北京话没有入声，是必受大多数反对的。（同上）

后来政府公布以北平语为国语，但是通行的白话文还只是所谓"近文的语"，直到如今。

蔡先生在民国纪元前十年就已注意"文变"，他选了一个总集，就用这两个词作名字。序言道：

> 先儒有言，"文以载道"。道不变也，而见道之识，随世界之进化而屡变；则载道之言，与夫载道之言之法；皆不得不随之而变。……自唐以来，有所谓古文专集，繁矣。拔其尤而为纂录，评选之本，亦不鲜。自今日观之，其所谓体格，所谓义法，纠缠束缚，徒便摹拟，而不适于发挥新思想之用，其所载之道，亦不免有迂谬窒塞，贻读者以麻木脑筋，风痹手足之效者焉。……不揣固陋，搴当世名士著译之文，汇为一册，而先哲所作于新义无忤者，亦间录焉。读者寻其义而知世界风会之所趋，玩其文而知有曲折如意应变无方之效用，以无为三家村夫子之头巾气所范围，则选者之所厚望焉尔。

"新义"便是那"随世界之进化而屡变"的"见道之识"，"曲折如意，应变无方"便是那随见到之识而变的"载道之言与夫载道之言之法"。清末文体的变化从"新名词"起头。新事物、新知识输入了，带来了大批新词汇，就是所谓新名词。古文里还可以不用这些新名词，用的大概只为了好奇。但是应用的文言里便无法避免。从前应用的文言跟古文原没有多大差别，只不打起调子，不做作情韵就是了。自从新名词夹杂到应用的文言里以后,应用的文言跟古文的差别便一天大似一天。古文家虽然疾首蹙额,只落得无可奈何。到了梁启超先生,提倡"新文体"(详见他的《清代学术概论》),不但用新名词,还用新句调。新文体风靡一时,古文反倒黯淡起来。梁先生的新文体,"笔锋常带情感"(见同书),又多用典故。他的情感是奔放的,跟古文里的蕴藉的情韵迥乎不同。因为情感奔放达意便不免有粗疏的地方。而一般读者在古典的训练上下的工夫,也渐渐不能像从前人那样深厚,对于那些典故,往往不免茫然。我们所谓一般读者,是以中等学校毕业生为标准的。本书所收的蔡先生的文言,都是应用的文言,也是新文体之一。但只重达意的清切,不带感情,又不大见典故,便更合用些。白话文兴起以来,古文的势力越见衰微,真可以说不绝如缕。应用的文言暂时还能生存,却都只以达意清切为主;这一体差不多成了文言的正宗。而本书的文言正是当行的样本。

　　本书正编里的文字大部分因事而作,自由发挥的极多。附录的《华工学校讲义》四十篇却可以说全是自由发挥的。因事而作的文字,贴切事情是第一着。如《就任北京大学校长演说词》,可说的话很多,所谓千头万绪,但蔡先生只举出三件事告学生:一曰抱定宗旨,二曰砥砺德行,三曰敬爱师友。又举出所计划的两件事:一曰改良讲义,二曰添购书籍。这些都针对着当时北京大学的缺点说话,虽然并不冠冕堂皇,却切实有重量。但如《勤工俭学传序》,原传各自成篇,一一地贴着说,便不能成为一篇序。于是只可先行概论勤工俭学,次说勤工俭学会,最后说到传。作传的用意本在鼓起勤工俭学的兴会,先从概论入手,也还是贴切的。不过说到传的部分就不能再作概括语。原文道:

　　　　其(李石曾先生)所演述,又不仅据事直书,而且于心迹醇疵之间,观察异同之点,悉之以至新至正之宗旨,疏通而证明之,使勤工俭学之本义,昭然揭日月而行,而不致有歧途之误,意至善也。

这便贴切各篇,跟前面的概论部分相调剂相匀称了。接着道,"余既读其所述樊克林、敷来尔、卢梭诸传,甚赞同之,因以所见述勤工俭学会之缘起及其主义,以为之序"。勤工俭学会是枢纽,概论部分是它的缘起和主义,并非泛泛落笔,传的部分是它的例证或模范人物。这样,全篇便都贴切事情了。

　　贴切事情的另一面是要言不烦,得扼要,才真贴切。还就上引两例看。第一例"抱定宗旨"项下道:"外人每指摘本校之腐败,以求学于此者,皆有做官发财思想。故毕业预科者,多入法科,入文科者甚少,入理科者尤少。盖以法科为干禄之终南捷径也。"全节只就这一义发挥下去。"砥砺德行"项下道,"为诸君计,莫如以正当之娱乐,易不正当之娱乐,庶于道德无亏,而于身体有益",指给学生砥砺德行的一条积极的路。第二例论勤工的"勤"和俭学的"俭"道:

> 现今社会之通工易事,乃以工人之工作,取得普遍之价值,而后以之购吾之所需。两者之间,往往不能得平均之度;于是以吾工之所得,易一切之需要,常惴惴然恐其不足焉。吾人于是济之以勤。勤焉(也)者,冀吾工之所得,倍蓰于普通,而始有余力以求学也。俭勤之度终有际限,而学之需要或相引而日增,则其道又穷。吾人于是又济之以俭。俭焉(也)者,得由两方而实行之。一则于吾人之日用,务撙节其不甚要者,使有以应用于学而不匮。……一则于学问之途,用其费省而事举者。……

这种勤俭是有特殊性的,跟一般的勤俭不尽相同。第一例里的"抱定宗旨""砥砺德行"也是有特殊性的,而"抱定宗旨"一项尤其如此。指出事情的特殊性,而不人云亦云,是扼要;能扼要,贴切才算到家。贴切是纲,扼要是目。

得体是贴切的另一目。得体是恰合分际的意思。一方面得恰合说话人或作者的身份,一方面得恰合话中人或文中人的身份,一方面也得恰合听话人或读者的身份。不亢不卑,不骄不谄,称赞人得给自己留地步,责备人得给人家留地步,这才成。如《北京大学授予班乐卫氏等名誉学位礼开会辞》第二段道:

> 北京大学第一次授予学位,而受者为班乐卫先生,可为特别纪念者有两点:第一,大学宗旨,凡治哲学、文学及应用科学者,都要从纯粹科学入手。治纯粹科学者,都要从数学入手。所以各系次序,列数学为第一系。班乐卫先生为世界数学大家,可以代表此义。第二……北京大学既设在中国,于世界学者共通研究之对象外,对于中国特有之对象,尤负特别责任。班乐卫先生最提倡中国学问的研究,又可以代表此义。

第一点,"凡治哲学、文学及应用科学者,都要从纯粹科学入手"不一定是普遍的真理,但"大学宗旨"不妨如此。从此落到班乐卫氏身上,便很自然。一方面提出"大学宗旨",也见出大学校长的身份。第二点不但给自己占身份,同时更给北京大学和中国占身份。又如《〈法政学报〉周年纪念会演说辞》第二段道：

> 兄弟将贵报第一期翻阅，见刘先生及高先生的发刊词，都是对于社会上看不起法政学生发出一番感慨。社会上所以看不起法政学生，也有原故[1]的。但观一年来的《法政学报》，也可以去从前的病根了。

接着两段都说社会上看不起法政学生的原故，又接着一段说他自己"两年前到北京的时候，还受了外来的刺激，对于法政学生，还没有看得起他"。他说他"当时对法科学生，已经揭穿这个话了"。话到这里才拐弯，下一段便道："后来兄弟读了贵报的发刊词，见得怎么地痛心疾首（？），才晓得诸君的一番自觉。兄弟以为这就是可以一洗从前法政学生的污点了。……法政学生能出学报，就是把从前的病根都除去了。"社会上看不起法政学生是当时的事实，蔡先生看不起法科学生的话是"两年前"的事实（参看前引《就任北京大学校长演说词》，那儿他只说"外人每指摘"云云，为的是顾到学生的身份）。他不愿抹杀一般事实，更不愿抹杀自己的话。好在《法政学报》的发刊词里曾经提到那一般的事实，他就索性发挥一下。但他既肯参加这纪念会，这会多少总有些意义的。意义便在"法政学生能办学报"这一点上。他指出法政学生确有这些那些污点或病根，可只是"从前"如此。只"从前"一个词便轻轻地将种种的污点或病根开脱了，给他自己、法政学生和听众，都留下了地步，占住了身份。

又如《致〈公言报〉并答林琴南君函》里道：

> 公所举"斥父母为自感情欲，于己无恩"，谓随园文中有之。弟则忆《后汉书·孔融传》，路粹枉状奏融有曰："前与白衣祢衡跌荡[2]放言云，父之于子，当有何亲？论其本意，实为情欲发耳。子之于母，亦复奚为？譬如寄物瓶中，出则离矣。"孔融、祢衡并不以是损其声价，而路粹则何如者？且公能指出谁何教员，曾于何书，何杂志，述路粹或随园之语，而表其极端赞成之意者？

林氏只知父母于己无恩一说见于袁枚文中，不知早已见于《后汉书》。蔡先生引《孔融传》，见出林氏的陋处。北大教员并无"述路粹或随园之语，而表其极端赞成之意者"，而林氏云云。蔡先生引路粹枉奏孔融、祢衡的话，说"孔

---

[1] 即"缘故"，后同。——编者
[2] 即"跌宕"，后同。——编者

融、祢衡并不以是损其声价,而路粹则何如者?"路粹诳人,林氏也诳人。诳人的只是自损声价罢了。这两层都是锋利的讽刺,但能出以婉约,便保存着彼此的身份。

又如《燕京大学男女两校联欢会的演说》首段道:

> 今日我承司徒校长招与男女两校联欢会。我知道这个会是为要实行男女同校的预备。我得参与,甚为荣幸,甚为感谢。但秩序单上却派我作北京男校的代表。我要说句笑话,我似乎不好承认。为什么呢?因为我有几个关系的学校,都不是专收男生的。……这几个学校,可以叫作男校么?

第二段说"大学本来没有女禁"。末段却道:

> 所以我的本意,似乎不必有男校女校的分别。但燕京大学,历史的演进,校舍的限制,当然男女分校,就是北京的学校,事实上大都是男女分校的。况且今日代表北京女校的毛夫人,已经演说过了。我的不肯承认男校代表,只好算一句笑话。我现在仍遵司徒校长之命,代表北京男校敬致祝贺之意。

用了"一句笑话""历史""事实"等等,既表明了自己主张,又遵了主人的命,人我兼顾,可以说是"曲折如意,应变有方"的辞令。

作文或演说一般都以受过中等教育的人为对象。有时候对象是教育程度较低的人,便得降低标准,向浅近处说去。这件事并不易,得特别注意选用那些简明的词汇和句调,才能普及。本书里如《黑暗与光明的消长》《洪水与猛兽》《劳工神圣》《北京大学校役夜班开学式演说》《平民夜校开学日的演说》《我的新生活观》等篇,词汇和句式都特别简明,大约都是为了普及一般民众的。其中只有第三篇是文言,别的都是白话。一般地说,白话比较文言容易普及些;但许多白话文,许多演说,一般民众还不能看懂、听懂,也是事实,所以也需要特别注意。这几篇里,《劳工神圣》影响最大,许多种中学国文教科书里都选录。读者将这几篇跟别些篇仔细比较,可以知道普及一般民众的文字或演说怎样下手。《华工学校讲义》四十篇是给华工读的,也该是普及的文字;但因为是讲义,有人教,所以普及之中兼有提高作用。各文中常常引证经史,便是为此。讲义里,德育三十篇以公德为主,智育十篇其实关系美育的居大多数,这两者可以说原是欧化。蔡先生却引证经史,一方面是沟通中西文化,使华工感觉亲切些,也使他们不至于忘。另一方面是使他们接触些古典,可以将文字的修养提高些。

这四十篇可以算是自由发挥的文字,跟《世界观与人生观》《哲学与科学》《大战与哲学》《美术的起源》《教育之对待的发展》《文明之消化》等篇相同。这种自由发挥的文字,得特别注意层次或条理。语言文字都得注意层次或条理,但如那些因事而作的文字,有"事"管着,层次或条理似乎容易安排些,不至于乱到哪儿去。这种自由发挥的文字,自由较多,便容易有泛滥无归,轻重倒置,以及琐碎纷歧等毛病——长篇尤其如此,所以得特别注意。5 本书文字,可以说都没有这些毛病。在自由发挥的一类中,如《世界观与人生观》《哲学与科学》《美术的起源》(最长)等篇,题材都很复杂,而蔡先生说来却头头是道。——因事而作的一类中,层次谨严或条理完密得更多。——这就见出他分析的力量。他的分析的力量又表现在分辨意义上。《华工学校讲义》德育类,从《文明与奢侈》直到最末的《有恒与保守》止,共十六篇,差不多每篇都在分辨两个相似而不同的、容易混淆的词的意义。——《理信与迷信》也是分析"信"这个词的意义的,只有《尚洁与太洁》是例外。有些词的意义的分辨,影响人的信念和行为很大——特别是那些抽象名词——从这十几篇里可见。一方面分析词义也是一种不可少的文字的训练,可以增进了解和写作的确切。这四十篇讲义都是蔡先生本人精心结撰的,中学生为了学习文言,该先细读了这些,再读别的。

本书各文虽然常有引证的地方,而作为技巧的典故,用得却极少。比喻是用的,如《黑暗与光明的消长》《洪水与猛兽》等题目,以及《教育之对待的发展》和《坚忍与顽固》(《华工学校讲义》)的头一段等,可是也少。蔡先生的文字原只注重达意的清切,少用典故,少用比喻,都是为了清切。比喻有时也可以帮助传达那些不经常的意思,可还是表示情感的作用大。梁启超先生的新文体,用比喻就很多;"笔锋常带情感",这是一个因子。本书《教育之对待的发展》头一段道:

> 吾人所处之世界,对待的世界也。磁电之流,有阳极则必有阴极,植物之生,上发枝叶,则下茁根荄:非对待的发展乎?初民数学之知识,自一至五而已;及其进步,自五而积之,以至于无穷大;抑亦自一而折之,以至

5 下面几节文字,谈的是本书的艺术性,涉及论证层次、论证方法、论证语言等方面。

于无穷小:非对待的发展乎?古人所观察之物象,上有日月星辰,下有动植水土而已;及其进步,则大之若日局之组织,恒星之光质,小之若微生物之活动,原子电子之配置,皆能推测而记录之:非对待的发展乎?

第二段第一句接着道,"教育之发展也亦然"。三排比喻跟着复沓的三个诘问句都为的增强"吾人所处之世界,对待的世界也"一句话的力量。接连抛掷三层排语,逼得人不能不信这句话。这种比喻的作用在表示信念,表示情感。这种作风显然是梁先生新文体的影响。但本书这种例子极少。蔡先生用喻,还是帮助达意的较多。如《对于教育方针之意见》里有一段道:

> 譬之人身:军国民主义,筋肉也,用以自卫;实利主义,胃肠也,用以营养;公民道德者,呼吸机循环机也,周贯全体;美育者,神经系也,所以传导;世界观者,心理作用也,附丽于神经系,而无迹象之可求。此即五者不可偏废之理也。(参看前引《北京大学月刊发刊词》)

这五者相关的情形是不经常的理,必得用一些具体的比喻表明,才可以想象得之。这种比喻是为了增加知识,不是为了增强情感,跟上一例的分别,细心人不难看出。蔡先生的文字既不大用典,又不大用比喻,只求朴实简明,我们可以套用吴稚晖先生的调子,说是"近语的文"。近语的文,或文求近语,便是现在文言的趋势。

本书各篇偶有不熟练的词句——以白话文里为多——上引各条中有些括弧问号和括弧字,可见一斑。此外如,"应用文,不过记载与说明两种作用。前的是要把……后的是要把……"(一五六面),两"的"字该是"者"字。又,"近来有人对于第三位代名词,一定要分别,有用她字的,有用伊字的,但是觉得这种分别的是没有必要"(一六三面)。末句"的"移到句末,便合文法了。又,"甚至有写封信还要请人去写"(二八二面)。或删"有"字,或改"有"字为"于"字,或在句末加"的"字。文言如"以后处世,即使毫无权利,则义务亦在所应尽"(四一六面)。"则"字宜删去。别的还有些,读者可以自己留心去分辨这些地方大概是拟稿人或记录人的责任,蔡先生复阅的时候大概也看漏了。白话文错误的地方较多,该是因为那时期白话文刚在发展,一般人还读得少、写得少的原故。[6]

---

[6] "赞优指缺"是两位语文大家指导阅读教学所倡导的重要思想,叶朱二氏认为,读者要充当文章的公正评判者,"阅读一篇文章,一味赞美,处处替作者辩护,这种态度是不对的。至于吹毛求疵,硬要挑剔,也同样地不对。文章如有长处,必须看出它的长处在哪里,文章如有缺点,又必须看出它的缺点在哪里:这才是正当的态度"。这一思想在两位大家的阅读指导实践中处处得以体现。这对我们应该有所启示:阅读教学既要尊重文本、尊重读者,也不能一味盲从。

一、下面是几位语文名家关于议论文教学的经典论述,研读后谈谈你的看法。

1. 胡适:长篇的议论文与学术文也由学生自己预备;上课时教授与学生共同讨论。讨论时应该注意下列几项:(1)本文的剖析。(2)注意材料的搜集。譬如他这篇文字的证据,是怎么得来的。(3)注意论理的组织。不必先读论理学书,读了许多论理学书,是无用的;看名家思想的条理,这便是实用的论理学。(4)加以批评。[胡适.中学国文的教授[J].教育丛刊,1920(2).]

2. 宋文翰:论说文阅读法——(1)题目及作者;(2)思想方面的讨论:①作者曾否表现过作文的动机?②本文所讨论的问题是什么?③能举出较本问题的范围更广或狭的问题吗?④能举出与这问题相类或有关系的问题吗?⑤作者的主张是什么?⑥何以见得作者的主张是正确的?⑦何以见得作者的主张有武断或矛盾之处?⑧除本文外,曾见过讨论同问题的文字否?其主张是否与作者同?能做一个比较的说明否?⑨简述本文的大意?(3)组织方面的讨论:①本文有无引论?其起讫如何?作用如何?②本文全篇以若干节构成?每节的要旨如何?③本文有无结论?其起讫如何?作用如何?④本文的中心论点是什么?在何处标出?⑤本文章举理由与举证据之处有几?⑥本文中仅举理由而未举证据处有几?⑦批驳对方的理由之处有几?(4)辩论法的讨论:①本文的论证采取何种方法?②本文所引的证据是属于哪种性质的?③本文所举的证据,理由是否充足?能举更有力的证据吗?④能举出本文的反证来吗?[宋文翰.一个改良中学国文教科书的意见[J].中华教育界,1931,19(4).]

二、下面是当代一些学者关于议论文教学的论述,研读后谈谈你的看法。

1. 洪宗礼,程良方:抓住"纲"、厘清"目",是初中学生阅读议论文的基本要求。初中议论文教学中,教师必须通过阅读训练,培养学生抓"纲"理"目"的基本能力。文艺作品不能"直说",要用形象和画面显示真理,动人以情;议论文可以"直说",它用严密的论证阐明真理,晓人以理。因此,教学议论文时,教师首先要引导学生掌握作者所"直说"的基本观点(中心论点)是什么,即作者要"证明什么";接着引导学生找出作者论证中心论点的论据是什么,即作者是"用什么来证明"的;进而引导学生研究作者运用论据论证中心论点的具体过程及方法,即作者"如何进行证明"的。我们所说的"抓住'纲',厘清'目'",指的就是具体、深入地分析议论文的'论点''论据''论证'这"三要素"。我们感到,这样进行教学,是从议论文的实际出发的,也是符合人们"由浅入深""由表及里"的认识规律的。[洪宗礼,程良方.抓住"纲"理清"目":初中议论文教学管见[J].语文教学通讯,1982(3).]

2. 于亚中,李家珍:议论文教学应更多地采用课堂讨论的形式。这是由议论文教学的目的和内容决定的。议论文教学的主要目的之一是提高学生的辩证思维与逻辑思维能力。而要发展学生的思维能力就必须使学生开动脑筋。要让学生积极地开动脑筋,展开讨论则是更有效的方法。就一个有争议的问题启发学生各抒己见,这时他们的思维才能处于极其活跃的状态,为了坚持自己的论点,他们就要千方百计地寻找能够支撑自己论点的论据,就要寻找一个最佳的论证方法;同时,为了驳倒别人的论点,他们也会聚精会神地听取别人的意见,加以分析、判断,并同自己头脑中已存储的若干信息相联系地去区分对方观点与材料的真伪,从而找出对方意见的漏洞,给以驳斥。所以,这时学生的思维活跃的程度,远非单纯听教师讲解时所能比拟的。[于亚中,李家珍.浅谈议论文教学的特点及课型[J].语文教学通讯,1982(6).]

3. 林炜彤:阅读议论文的方法也要根据阅读的目的而有所选择。一种是精读,全面地精细地研究、学习文章的思想内容与表现形式、语言艺术,中学语文教学中采用这种方式较多;一种是略读,有选择地精读文章中的一部分,其余部分就不必字斟句酌;一种是浏览,只要看清文章的主要内容、重要观点,通常看书、看报一般都采用这种方法。精读最能帮助我们掌握阅读方法,提高阅读能力,但花费的时间多;略读、浏览虽然比较粗放,但花的时间少,切合实用。有了精读的基础,略读、浏览的质量才高;而通过略读、浏览的方式,大量阅读,使学到的内容丰富多样,阅读水平就能更快地提高。[林炜彤.议论文阅读技法训练[J].语文教学通讯,1994(11).]

我思故我言

我思故我言

《胡适文选》指导大概

本书是三集《胡适文存》的选本，选者是胡先生自己。上海亚东图书馆印行，民国十九年十二月初版，二十二年二月三版。[1]本篇便根据三版的本子。本书后方极少见，究竟已经出到几版，现在还不能查出。这部选本是特意预备给少年人读的，胡先生自己说得明白：

> 我在这十年之中，出版了三集《胡适文存》，约计有一百四五十万字。我希望少年学生能读我的书，故用报纸印刷，要使定价不贵。但现在三集的书价已在七元以上，贫寒的中学生已无力全买了。字数近百五十万，也不是中学生能全读的了。所以我现在从这三集里选出了二十二篇论文，印作一册，预备给国内的少年朋友们作一种课外读物。如有学校教师愿意选我的文字作课本的，我也希望他们用这个选本。（《介绍我自己的思想》，一面）

这个选本里的二十二篇论文代表胡先生各方面的思想。他顾念少年学生的财力和精力，苦心地从三集文存里选出了这二十二篇足以代表他的各方面的思想的论文，成为这部文选，给少年学生作课外读物，并希望学校教师选他的文字作课本的也用这个足以代表他的思想的选本。预备给少年学生读的书虽然不算少，好的却不多。本书是一部值得读的好书。现在我们介绍给高中

---

[1] 介绍《胡适文选》的版本，此选本预设的读者便是中学生，所以作为略读教材极为合适。

学生,作为略读的书。书中论文,除第五组各篇有些也许略略深些之外,都合于高中学生的程度,相信他们读了可以得着益处。全书约二十二万字。

　　胡先生名适,号适之,安徽省绩溪县人,今年五十岁,他是美国哥伦比亚大学哲学博士,大思想家杜威先生的学生。回国后任国立北京大学教授多年,[2] 先后办《新青年》杂志、《每周评论》、《努力周报》、《独立评论》等。现任驻美大使。他有一本《四十自述》(原由新月书店出版,版权现归商务),是一本很有趣味的自传,可惜没有写完就打住。他的著作很多,这里只想举出一部分重要的,高中学生可以看懂的。《胡适文存》《胡适文存》二集,《胡适文存》三集(亚东版),包括各方面的论文,是本书的源头。《中国古代哲学史》(原名《中国哲学史大纲》,上卷,商务)是第一部用西洋哲学做"比较的研究"(参看三三二至三三四面)而写成的中国哲学史。《白话文学史》上卷(新月版,现归商务)是第一部专叙近于白话的文学的中国文学史。《尝试集》是第一部白话诗集。这些都可以说是划时代的著作,影响非常广大。还有他翻译的《短篇小说》(亚东版),也有广大的读众;差不多每种国文教科书都选了的《最后一课》和《二渔夫》,便出在这个译本里。

　　胡先生是新文化运动的领袖之一。新青年时代他的影响最大。文学革命,他可以说是主帅。他的《文学改良刍议》(《文存》)实在是文学革命的第一声号角。在那篇论文里,他提出了他的"八不主义"(参看一九三至一九四面,又二三五至二三六面),是单从消极的破坏的一方面下手(一九三面)。后来又作《建设的文学革命论》(见本书)。但"这篇文章名为'建设的',其实还是破坏的方面最有力"(二八七面)。胡先生说过:"文学革命的运动,不论古今中外,大概都是从'文的形式'一方面下手,大概都是先要求语言文字文体等方面的大解放。……这一次中国文学的革命运动,也是先要求语言文字和文体的解放。"(《谈新诗》第二段,《文存》)解放正是消极的破坏的工作。胡先生的大成功就在他的破坏的工作达到了那解放的目的。胡先生又是思想革命的一员大将。他用评判的态度"重新估定一切的价值"(五七面);他拥护科学,提倡健全的个人主义,颂扬西洋的近代文明(参看《介绍我自己的思想》第二段第三段)。这里建设的比破坏的多。可是他的最大的建设的工作还在整理国故上。《中国古代哲学史》《白话文学史》,以及许多篇旧小说的考证,都是"用评判的

2　介绍胡适的生平、著述及思想,作为学生"知其人"的简要材料。

态度,科学的精神,去做一番整理国故的工夫"(六七面)。这些对于旧有的学术思想给了一道新的光。胡先生"认定民国六年以后的新文化运动的目的是再造中国文明"(《介绍我自己的思想》,四面,参看正文六八面)。以上种种便是他对于再造文明的贡献。但是他从办《努力周报》起,实际政治的兴趣渐渐浓厚。那时他的朋友有反对他的,有赞成他的。他曾经写过一篇《我的歧路》(《文存》二集),说明他的政治的兴趣不致妨碍他在学术思想方面的工作。不过《努力周报》还附刊《读书杂志》,《独立评论》却差不多是纯粹政治性的刊物,他显然偏向那一条路了。现在做了驻美大使,简直是在那一条路上了。他在文学革命和整理国故方面的功绩,可以说已经是不朽的;对于实际政治的贡献,目前还难以定论。

本书开端是《介绍我自己的思想》,胡先生专给本书写的。他说:

> 我选的这二十二篇文字,可以分作五组。
>
> 第一组六篇,泛论思想的方法。
>
> 第二组三篇,论人生观。
>
> 第三组三篇,论中西文化。
>
> 第四组六篇,代表我对于中国文学的见解。
>
> 第五组四篇,代表我对于整理国故问题的态度与方法。
>
> 为读者的便利起见,我现在给每一组作一个简短的提要,使我的少年朋友们容易明白我的思想的路径。(一至二面)

<u>读本书的自然该从这一篇入手</u>³。胡先生在第一段里道:

> 我的思想受两个人的影响最大:一个是赫胥黎,一个是杜威先生。赫胥黎教我怎样怀疑,教我不信任一切没有充分证据的东西。杜威先生教我怎样思想,教我处处顾到当前的问题,教我把一切学说理想都看作待证的假设,教我处处顾到思想的结果。这两个人使我明了了科学方法的性质与功用。(三面)

<u>科学方法是胡先生的根本的思想方法;他用科学方法评判旧有的种种思想学术以及东西文化,"重新估定一切的价值"。</u>⁴结果便是他的文存、哲学史、文学史等。——他创作白话诗,也是一种实验,也是"科学的精神";这是他的"文学的实验主义"(正文二三二面)。他又说作诗也得根据经验,这是他的"诗

3 《胡适文选》开端是胡适所作《介绍我自己的思想——〈胡适文选〉自序》,这篇"序"写于1930年11月27日,他"抱着无限的爱和无限的希望",把自己的这本自选集推介给少年朋友,这篇"序"相当于全书的提要,便于读者掌握他思想的路径。

4 以下几节文字介绍胡适思想的方法。胡适认为自己的思想受到赫胥黎和杜威影响最大,赫胥黎教他怎样怀疑,杜威教他怎样思想。胡适用科学方法这一根本的思想方法评判旧有的种种思想学术以及东西文化。

胡适思想的方法主要体现在《胡适选集》中第一组的六篇文章,这里主要介绍《演化论与存疑主义》《杜威先生与中国》《杜威论思想》三篇,而《问题与主义》《新生活》与《新思潮的意义》放在介绍完胡适的人生观后专门来谈。

的经验主义"(见《尝试集》里《梦与诗》的跋语)。在他,科学的精神真可以算得"一以贯之"。他编选这部书的用意,在篇尾说得很明白:

> 从前禅宗和尚曾说,"菩提达摩东来,只要寻一个不受人惑的人"。我这里千言万语,也只是要教人一个不受人惑的方法。被孔丘、朱熹牵着鼻子走,固然不算高明;被马克斯[1]、列宁、斯大林牵着鼻子走,也算不得好汉。我自己绝不想牵着谁的鼻子走。我只希望尽我微薄的能力,教我的少年朋友们学一点防身的本领,努力做一个不受人惑的人。

这个"不受人惑的方法"便是科学的方法,也便是赫胥黎和杜威先生所教人的。

赫胥黎教人怎样怀疑。怀疑是评判的入手处。胡先生在《新思潮的意义》里说"评判的态度含有几种特别的要求":

> 1. 对于习俗相传下来的制度风俗,要问:"这种制度现在还有存在的价值吗?"
> 2. 对于古代遗传下来的圣贤教训,要问:"这句话在今日还是不错吗?"
> 3. 对于社会上糊涂公认的行为与信仰,都要问:"大家公认的,就不会错了吗?人家这样做,我也该这样做吗?难道没有别样做法比这个更好,更有理,更有益的吗?"(五七面)

这是怀疑,这是"不信任一切没有充分证据的东西"。存疑和怀疑不同,但"不信任一切没有充分证据的东西"的态度是从赫胥黎的存疑主义来的。胡先生道:

> 达尔文与赫胥黎在哲学方法上最重要的贡献,在于他们的"存疑主义"。存疑主义这个名词,是赫胥黎造出来的,直译为"不知主义"。孔丘说:"知之为知之,不知为不知,是知也。"这话确是存疑主义的一个好解说。但近代的科学家还要进一步,他们要问:"怎样的知,才可以算是无疑的知?"赫胥黎说,只有那证据充分的知识,方才可以信仰;凡没有充分证据的,只可存疑,不当信仰。这是存疑主义的主脑。(《演化论与存疑主义》,七面)

---

[1] 即马克思。——编者

又道:

> 赫胥黎是达尔文的作战先锋,从战场上的经验里认清了科学的唯一武器是证据,所以大声疾呼地把这个无敌的武器提出来,叫人认为思想解放和思想革命的唯一工具。自从这个"拿证据来"的喊声传出以后,世界的哲学思想就不能不起一个根本的革命——哲学方法上的大革命。于是19世纪前半的哲学实证主义就一变而为19世纪末年的实验主义了。(同上,一二面)

杜威先生教人怎样思想。胡先生在《杜威先生与中国》里特别指出:

> 杜威先生不曾给我们一些关于特别问题的特别主张——如共产主义,无政府主义,自由恋爱之类——他只给了我们一个哲学方法,使我们用这个方法去解决我们自己的特别问题。他的哲学方法,总名叫作"实验主义"。(一四面)

实验主义是存疑主义的影响所形成,它和存疑主义可以说是一贯的。杜威先生的实验主义分开来可作两步说:

1. 历史的方法——"祖孙的方法"他从来不把一个制度或学说看作一个孤立的东西,总把它看作一个中段:一头是它所以发生的原因,一头是它自己发生的效果;上头有它的祖父,下面有它的子孙。捉住了这两头,它再也逃不出去了!这个方法的应用,一方面是很忠厚宽恕的,因为它处处指出一个制度或学说所以发生的原因,指出它的历史的背景,故能了解它在历史上占的地位与价值,故不致有过分的苛责。一方面,这个方法又是最严厉的,最带有革命性质的,因为它处处拿一个学说或制度所发生的结果来评判它本身的价值,故最公平,又最厉害。这种方法是一切带有评判精神的运动的一个重要武器。

2. 实验的方法 实验的方法至少注重三件事:(1)从具体的事实与境地下手;(2)一切学说理想,一切知识,都只是待证的假设,并非天经地义;(3)一切学说与理想都需用实行来试验过;实验是真理的唯一试金石。第一件——注意具体的境地——使我们免去许多无谓的假问题,省去许多无意义的争论。第二件——一切学理都看作假设——可以解放许多"古人的奴隶"。第三件——实验——可以稍稍限制那上天下地的妄想冥想。

> 实验主义只承认那一点一滴做到的进步——步步有智慧的指导,步步有自动的实验——才是真进化。(一四至一六面)

胡先生指出"特别主张的应用是有限的,方法的应用是无穷的"(一六面)。在《杜威论思想》里,胡先生说:"杜威的哲学基本观念是'知识思想是人生应付环境的工具'。""杜威哲学的最大目的,只是怎样能使人类养成那种'创造的智慧',使人应付种种环境充分满意。换句话说,杜威的哲学的最大目的是怎样能使人有创造的思想力。"(一九面)"杜威所指的思想……有两大特性。(1)需先有一种疑惑困难的情境做起点;(2)需有寻思搜索的作用,要寻出新事物或新知识来解决这种疑惑困难。"(二〇面)"杜威论思想,分作五步说:(1)疑难的境地;(2)指定疑难之点究竟在什么地方;(3)假定种种解决疑难的方法;(4)把每种假定所涵的结果,一一想出来,看哪一个假定能够解决这个困难;(5)证实这种解决,使人信用,或证明这种解决的谬误,使人不信用(二一面)。"胡先生特别指出:

> 杜威一系的哲学家论思想的作用,最注意"假设"。试看上文所说的五步之中,最重要的就是第三步。……我们研究这第三步,应该知道这一步在临时思想的时候是不可强求的;是自然涌上来,如潮水一样,压制不住的;它若不来时,随你怎样搔头抓耳,挖尽心血,都不中用。……所以思想训练的着手工夫在于使人有许多活的学问知识。活的学问知识的最大来源在于人生有意识的活动。使(从)活动事业得来的经验,是真实可靠的学问知识。这种有意识的活动,不但能增加我们假设意思的来源,还可训练我们时时刻刻拿当前的问题来限制假设的范围,不至于上天下地地胡思乱想。还有一层,人生实际的事业,处处是实用,处处用效果来证实理论,可以养成我们用效果来评判假设的能力,可以养成我们实验的态度。养成了实验的习惯(态度),每起一个假设,自然会推想到它所含的效果,自然会来用这种推想出来的效果来评判原有的假设的价值。这才是思想训练的效果,这才是思想能力的养成。(二八至二九面)

"创造的智慧""创造的思想力"主要得靠"活的学问知识"养成。所以胡先生自己虽然只将赫胥黎、杜威的方法应用在文学革命和整理国故等等上,但他看见一班少年人跟着他们向故纸堆去乱钻,却以为"是最可悲叹的现状"。

他"希望他们及早回头,多学一点自然科学的知识与技术"。他说"那条路是活路,这条故纸的路是死路"(四八九面)。自然科学的知识是"活的学问知识";从自然界的实物下手,可以造成科学文明、工业世界(参看四八七面)。这便是胡先生所希望再造的文明。

胡先生的科学的精神是一贯的。他所信仰的新人生观(包括宇宙观)便是"建筑在二三百年的科学常识之上的一个大假设"(九四面)。他总括吴稚晖先生的"一个新信仰的宇宙观及人生观"(在《科学与人生观》里)的大意,加上一点扩充和补充,提出了这个新人生观的轮廓:[5]

  1. 根据于天文学和物理学的知识,叫人知道空间的无穷之大。

  2. 根据于地质学及古生物学的知识,叫人知道时间的无穷之长。

  3. 根据于一切科学,叫人知道宇宙及其中万物的运行变迁皆是自然的,自己如此的——正用不着什么超自然的主宰或造物者。

  4. 根据于生物的科学的知识,叫人知道生物界的生存竞争的浪费与惨酷——因此,叫人更可以明白那"有好生之德"的主宰的假设是不能成立的。

  5. 根据于生物学、生理学、心理学的知识,叫人知道人不过是动物的一种,他和别种动物只有程度的差异,并无种类的区别。

  6. 根据于生物的科学及人类学、人种学、社会学的知识,叫人知道生物及人类社会演进的历史和演进的原因。

  7. 根据于生物的及心理的科学,叫人知道一切心理的现象都是有因的。

  8. 根据于生物学及社会学的知识,叫人知道道德礼教是变迁的,而变迁的原因都是可以用科学方法寻求出来的。

  9. 根据于新的物理化学的知识,叫人知道物质不是死的,是活的;不是静的,是动的。

  10. 根据于生物学及社会学的知识,叫人知道个人——"小我"——是要死灭的,而人类——"大我"——是不死的,不朽的;叫人知道"为全种万世而生活"就是宗教,就是最高的宗教;而那些替个人谋死后的"天堂""净土"的宗教,乃是自私自利的宗教。(《科学与人生观·序》,九二至九四面)

[5] 以下几节文字介绍胡适的人生观和宗教观。胡适的人生观可以叫"科学的人生观",但胡适自己主张叫作"自然主义的人生观"。《胡适选集》中第二组的三篇文章分别为:《科学与人生观序》《不朽》和《易卜生主义》。胡适提出所谓"自然主义的人生观"的轮廓,大致有十条,他又说不希望青年只是接受这十条,而是"希望他们能把这十条都拿到科学教室和实验室里去细细证实或否证"。胡适所谓的"宗教",是指每个人的个体——"小我"——是为人类——"大我"——而活着的。强调人个体的生活一定要注意社会影响,要对"大我"负责任,这便是道德,便是宗教。

这种新人生观原可以算得"科学的人生观",但胡先生"为避免无谓的争论起见"。主张叫它作"自然主义的人生观"。"在那个自然主义的宇宙里,在那无穷之大的空间里,在那无穷之长的时间里,这个平均高五尺六寸,上寿不过百年的两手动物——人——真是一个藐乎其小的微生物了。"然而"这个渺小的两手动物却也有他的相当的地位和相当的价值。他用两手和一个大脑,居然能做出许多器具,想出许多方法,造成一点文化。"(九四面)"这个自然主义的人生观里,未尝没有美,未尝没有诗意,未尝没有道德的责任,未尝没有充分运用'创造的智慧'的机会。"(九五面)

胡先生虽然说小我是要死灭的,"但个人自有他的不死不灭的部分:他的一切作为,一切功德罪恶,一切语言行事,无论大小,无论善恶,无论是非,都在那大我上留下不能磨灭的结果和影响。""我们应该说:'说一句话而不敢忘这句话的社会影响,走一步路而不敢忘这步路的社会影响。'这才是对于大我负责任。能如此做,便是道德,便是宗教。"(《介绍我自己的思想》,一一至一二面,参看《不朽》)"这样说法,并不是推崇社会而抹煞[1]个人。这正是极力抬高个人的重要。个人虽渺小,而他的一言一动都在社会上留下不朽的痕迹……这不是绝对承认个人的重要吗?"懂得个人的重要,才懂得胡先生在《易卜生主义》里所提倡的"一个健全的个人主义的人生观"(《介绍我自己的思想》,八面)。这和自然主义的人生观并不相反而相成。那文中引易卜生给他的朋友白兰戴的信道:

> 我所最期望于你的是一种真实纯粹的为我主义。要使你有时觉得天下只有关于我的事最要紧,其余的都算不得什么。……你要想有益于社会,最好的法子莫如把你自己这块材料铸造成器。……有的时候我真觉得全世界都像海上撞沉了船,最要紧的还是救出自己。

胡先生说:"这便是最健全的个人主义。救出自己的唯一法子便是把你自己这块材料铸造成器。把自己铸造成器,方才可以希望有益于社会。真实的为我,便是最有益的为人。把自己铸造成了自由独立的人格,你自然会不知足,不满意于现状,敢说老实话,敢攻击社会上的腐败情形,做一个'贫贱不能移,

---

[1] "抹煞",今多为"抹杀",后同。——编者

富贵不能淫,威武不能屈'的斯铎曼[1]医生。"(《介绍我自己的思想》,九面)他又很带情感地指出:

> 这个个人主义的人生观一面教我们学娜拉,要努力把自己铸造成个人;一面教我们学斯铎曼医生,要特立独行,敢说老实话,敢向恶势力作战。少年的朋友们,不要笑这是19世纪维多利亚的陈腐思想!我们去[2]维多利亚时代还老远哩。欧洲有了十八九世纪的个人主义,造出了无数爱自由过于面包、爱真理过于生命的特立独行之士,方才有今日的文明世界。(同上,九至一〇面)

这也是胡先生所希望再造的文明。

胡先生思想的间架大概如此。存疑主义和实验主义是他的方法论,自然主义和个人主义是他的人生观。但他不是空谈外来进口的偏向纸上的主义的人,他说主义应该和实行的方法合为一件事。他做到了他所说的。[6]他指出:

> 凡"主义"都是应时势而起的。某种社会,到了某时代,受了某种的影响,呈现某种不满意的现状。于是有一些有心人,观察这种现象,想出某种救济的法子。这是主义的原起。主义初起时,大都是一种救时的具体主张。后来这种主张传播出去,传播的人要图简便,便用一两个字来代表这种具体的主张,所以叫它做"某某主义"。主张成了主义,便由具体的计划,变成一个抽象的名词,主义的弱点和危险,就在这里。因为世间没有一个抽象名词能把某人某派的具体主张都包括在里面。(《问题与主义》,三三至三四面)

他曾在《每周评论》里说过,"现在舆论界的大危险,就是偏向纸上的学说,不去实地考察中国今日的社会需要究竟是什么东西"。[7]又道:"舆论家的第一天职,就是细心考察社会的实在情形。一切学理,一切主义,都是这种考察的工具。有了学理作参考材料,便可使我们容易懂得所考察的情形,容易明白某种情形有什么意义,应该用什么救济的方法。"(三一至三二面引)所以他劝人:

> 多研究些具体的问题,少谈些抽象的主义。一切主义,一切学理,都该研究,但是只可认作一些假设的见解,不可认作天经地义的信条;只可

---

[1] 斯铎曼,又译斯多克芒,挪威剧作家易卜生散文剧《人民公敌》中的主人公。——编者
[2] 去,即距离。——编者

6 以下几节文字主要介绍《胡适选集》中第一组文章中的《问题与主义》与《新思潮的意义》两篇。胡适信奉实验主义,认为文明是一点一滴地进化的,再造文明的途径全靠研究一个个的具体问题。这两篇文章主要阐发这个根本观念。

7 胡适于1919年7月20日《每周评论》第31号发表《多研究些问题,少谈些主义》一文,引发所谓"问题与主义"之争。

认作参考印证的材料,不可奉为金科玉律的宗教;只可用作启发心思的工具,切不可用作蒙蔽聪明,停止思想的绝对真理。如此方才可以渐渐养成人类的创造的思想力,方才可以渐渐使人类有解决具体问题的能力,方才可以渐渐解放人类对于抽象名词的迷信。(《问题与主义》,五〇面)

在《新思潮的意义》里,胡先生曾说新思潮的手段有两项:"一方面是讨论社会上、政治上、宗教上、文学上种种问题,一方面是介绍西洋的新思想、新学术、新文学、新信仰。前者是研究问题,后者是输入学理。"(五九面)但是"新思潮运动的最大成绩差不多全是研究问题的结果。新文学的运动便是一个最明白的例"(六二面)。而"从研究问题里面输入的学理,最容易消除平常人对于学理的抗拒力,最容易使人于不知不觉之中受学理的影响"。所以他希望新思潮的领袖人物"能把一切学理应用到我们自己的种种切要问题上去,能在研究问题上面做输入学理的工夫,能用研究问题的工夫来提倡研究问题的态度"(六四面)。他说"再造文明的下手工夫,是这个那个问题的研究。再造文明的进行,是这个那个问题的解决"。"文明不是笼统造成的,是一点一滴地造成的。进化不是一晚上笼统进化的,是一点一滴地进化的。"(六八面)

胡先生的贡献,大部分也在问题的研究上。文学革命是一些具体问题,整理国故也是一些具体问题,中西文化,问题与主义,都是一些具体问题。他讨论问题与主义,只因"当时(民国八年)承'五四''六三'之后,国内正倾向于空谈主义"(《介绍我自己的思想》,五面)。这问题"是与许多人有密切关系的"(六二面)。他讨论中西文化,也只为"今日最没有根据而又最有毒害的妖言是讥贬西洋文明为唯物的,而尊崇东方文明为精神的"(一三九面)。他说:

> 这本是很老的见解,在今日却有新兴的气象。从前东方民族受了西洋民族的压迫,往往用这种见解来解嘲,来安慰自己。近几年来,欧洲大战的影响使一部分的西洋人对于近世科学的文化起一种厌倦的反应,所以我们时时听见西洋学者有崇拜东方的精神文明的议论。这种议论,本来只是一时的病态的心理,却正投合东方民族的夸大狂;东方的旧势力就因此增加了不少的气焰。(《我们对于西洋近代文明的态度》,一三七面)

因此他觉得"不能没有一种鲜明的表示"(一三七面)。他研究的结果是这样:[8]

[8] 以下介绍胡适的中西文化论,这些观点主要反映在《胡适选集》中第三组的三篇文章《我们对于西洋近代文明的态度》《漫游的感想》和《请大家来照镜子》中。

东方的文明的最大特色是知足。西洋的近代文明的最大特色是不知足。

知足的东方人自安于简陋的生活，故不求物质享受的提高；自安于愚昧，自安于"不识不知"，故不注意真理的发见与技艺、器械的发明。自安于现成的环境与命运，故不想征服自然，只求乐天安命，不想改革制度；只图安分守己，不想革命，只做顺民。

这样受物质环境的拘束与支配，不能跳出来，不能运用人的心思智力来改造环境、改良现状的文明，是懒惰不长进的民族的文明，是真正唯物的文明。这种文明只可以遏抑而绝不能满足人类精神上的要求。

西方人大不然。他们说"不知足是神圣的"。物质上的不知足产生了今日的钢铁世界、汽机世界、电力世界。理智上的不知足产生了今日的科学世界。社会政治制度上的不知足产生了今日的民权世界、自由政体、男女平权的社会、劳工神圣的喊声、社会主义的运动。神圣的不知足是一切革新一切进化的动力。

这样充分运用人的聪明智慧来寻求真理以解放人的心灵，来制服天行以供人用，来改造物质的环境，来改革社会政治的制度，来谋人类最大多数的最大幸福——这样的文明应该满足人类精神上的要求；这样的文明，是精神的文明，是真正理想主义的文明，绝不是唯物的文明。（同上，一五四至一五五面）

因此他说我们自己要认错，我们必须承认我们自己不如人。"肯认错了，方才肯死心塌地地学人家。"他说"不要怕模仿，因为模仿是创造的必要预备工夫"（《介绍我自己的思想》，一六面）。

<u>胡先生的文学革命论的基本观念</u>[9] 是"历史的文学进化观念"（参看二二四面）。他有一篇《历史的文学观念论》（见《文存》，本书未选），说得很详细：

居今日而言文学改良，当注重"历史的文学观念"。一言以蔽之曰：一时代有一时代之文学。此时代与彼时代之间，虽皆有承前启后之关系，而绝不容完全抄袭；其完全抄袭者，绝不成为真文学。……纵观古今文学变迁之趋势……白话之文学，自宋以来，虽见屏于古文家，而终一线相承，至今不绝。……岂不以此为吾国文学趋势自然如此，故不可禁遏而日以昌大耶？……吾辈之攻古文家，正以其不明文学之趋势，而强欲作一千年、

---

[9] 以下介绍胡适对于中国文学的见解，这些观点主要反映在《胡适选集》中第四组六篇文章《建设的文学革命论》《尝试集自序》《文学进化观念》《国语的进化》《文学革命运动》和《词选自序》中。

胡适将白话文学当作中国文学正宗，本书作者认为虽"欠公平些"，但仍为划时代的观点。胡适提倡文学体裁的大解放，提倡用白话作文，创造国语的文学，他本人身体力行，"五四"新文化运动以前，他就开始在《新青年》杂志上提倡白话文，他出版了我国第一部白话诗集《尝试集》、第一个白话剧本《终身大事》、第一部用白话文翻译的外国小说集《最后一课》和《柏林之围》、第一部白话学术著作《中国哲学史纲》、第一部《白话文学史》。他说："我在这十几年的中国文学革命运动上，如果有一点贡献，我的贡献只在：（1）我指出了用白话作新文学的一条路子。（2）我供给了一种根据历史事实的中国文学演变论，使人明了国语是古文的进化，使人明了白话文学在中国史上占什么地位。（3）我发起了白话新诗的尝试。这些文字都可以表出我的文学革命论，也只是进化论和实验主义的一种实际应用。"

二千年以上之文。此说不破,则白话之文学无有列为文学正宗之一日,而世之文人将犹鄙薄之,以为小道邪径而不肯以全力经营造作之。……夫不以全副精神造文学而望文学之发生,此犹不耕而求获,不食而求饱也,亦终不可得矣。施耐庵、曹雪芹诸人所以能有成者,正赖其有特别毅力,能以全力为之耳。(《文学革命运动》引,二八三至二八四面)

这里最重要的是将白话文学当作中国文学正宗(参看《文学改良刍议》,《文存》,又本书二八三面引)。这一点他在《建设的文学革命论》里说得更明白:"自从三百篇到于今,中国的文学凡是有一些价值、有一些儿生命的,都是白话的,或是近于白话的。其余的都是没有生气的古董,都是博物院中的陈列品!"这确是一个划时代的看法,即使欠公平些。他说"死文言绝不能产出活文学";"中国若想有活文学,必须用白话,必须用国语,必须做国语的文学"(一九七面)。

他在《尝试集·自序》里道:

我们也知道单有白话未必就能造出新文学;我们也知道新文学必须要有新思想做里子。但是我们认定文学革命需有先后的程序:先要做到文学体裁的大解放,方可以用来做新思想新精神的运输品。我们认定白话实在有作文学的可能,实在是新文学的唯一利器。(《尝试集自序》,二三九面)

文学革命是得从"文学体裁的大解放"下手,真是一针见血。胡先生的大成功就在他能看出这个"先后的程序"。他和他的朋友们集中力量在这一步上,加上五四运动的影响,两三年间白话文的传播便已有一日千里之势(参看二九四至二九五面)。胡先生所谓"文学",范围是很广的。他主张"用白话作各种文学",说:"我们有志造新文学的人,都该发誓不用文言作文,无论通信、作诗、译书、做笔记、做报馆文章、编学堂讲义、替死人作墓志、替活人上条陈……都该用白话来做。"(二〇四面)这里"文学"和"文"只是一个意义。"用白话作各种文学"也是解放文字体裁的工作。但是一节话中所举的"各种文学,除做诗和译书外,其实都是应用的文字;这种种文字体裁的解放却远在诗、小说、戏剧、小品散文以及长篇议论文之后,直到近年才开始"。胡先生自己大体上倒在照他所主张的做着,但就一般社会而论,这部分文体的解放工作还需要努力才能完成。

文体的解放究竟只是破坏的工作。胡先生的文学革命论"其实还是破坏的方面最有力"（一八七面），他自己的评判没有错。但他的《建设的文学革命论》在"建设的"方面"也有一点贡献"：

> 若要造国语，先需造国语的文学。有了国语的文学，自然有国语。……真正有功效、有势力的国语教科书，便是国语的文学，便是国语的小说、诗文、戏本。国语的小说、诗文、戏本通行之日，便是中国国语成立之时。试问我们今日居然能拿起笔来做几篇白话文章，居然能写得出好几百个白话的字，可是从什么白话教科书上学来的吗？可不是从《水浒传》《西游记》《红楼梦》《儒林外史》……等书学来的吗？……我们今日所用的"标准白话"都是这几部白话的文学定下来的。我们今日要想重新规定一种"标准国语"，还需先造无数国语的《水浒传》《西游记》《红楼梦》《儒林外史》。
>
> 所以我以为我们提倡新文学的人，尽可不必问今日中国有无标准国语。我们尽可努力去做白话的文学。我们可尽量采用《水浒传》《西游记》《儒林外史》《红楼梦》的白话，有不合今日的用的，便不用它；有不够用的，便用今日的白话来补助；有不得不用文言的，便用文言来补助。这样做去，绝不愁语言文字不够用，也绝不用愁没有标准白话。中国将来的新文学用的白话，就是将来中国的标准国语。造中国将来白话文学的人，就是制定标准国语的人。（一九七至一九九面）

胡先生说：这篇文章把从前他和陈独秀先生的种种主张归纳到"国语的文学——文学的国语"十个字，"其实又只有'国语的文学'五个字。旗帜更明白了，进行也就更顺利了"（二八八面）。这话是不错的。他在破坏的解放字体的工作里安置了制造将来的标准国语的基石；这是建设的工作。

他首先指出"我们今日所用的标准白话"是怎样来的。在《文学革命运动》（这是《五十年来中国之文学》的末段，全文见《文存》二集）里他有更详细的说明：

> 这五百年之中，流行最广，势力最大，影响最深的书……乃是那几部"言之无文行之最远"的水浒、三国、西游、红楼。这些小说的流行便是白

话的传播，多卖得一部小说，便添得一个白话教员。所以这几百年来，白话的知识与技术都传播得很远，超出平常所谓"官话疆域"之外。试看清朝末年南方作白话小说的人，如李伯元是常州人，吴沃尧是广东人，便可以想见白话传播之广远了。……中国国语的写定与传播两方面的大功臣，我们不能不公推这几部伟大的白话小说了（二八〇面）。这种"家喻户晓的水浒、西游文字"（二三三面）确是我们的新文学的基础，也是我们的标准国语的基础。但是一个时代的大文学家至多只能把那个时代的现成语言，结晶成文学的著作；他们只能把那个时代的语言的进步，做一个小小的结束；他们是语言进步的产儿，并不是语言进步的原动力。……至于民间日用的白话，正因为文人学者不去干涉，故反能自由变迁，自由进化。（《国语的进化》，二五八面）

自由变迁之中，"却有个条理次序可寻；表面上很像没有道理，其实仔细研究起来，都是有理由的"；"都是改良，都是进化！"（二五八面）"白话是古文的进化呢，还是古文的退化呢？"——这个问题"是国语运动的生死关头！这个问题不能解决，国语文与国语文学的价值便不能确定"（二五二面）。唯其白话是进化的，它的应用的能力在不断地增加着，所以"国语的文学"才能成立和发展。胡先生教我们"莫要看轻了那些无量数的'乡曲愚夫，闾巷妇稚'，他们能做那些文学专门名家所不能做又不敢做的革新事业！"（二六七）那是不错的。可是话说回来，要使国语成为"文学的国语"，还得"那些文学专门名家"努力做去。胡先生教人"努力去做白话的文学"，"尽量采用《水浒》[1]《西游记》《儒林外史》《红楼梦》的白话"，再用今日的白话和文言来补助。这便是到"文学的国语"的路。但他后来叙述《文学革命运动》，提到"直译的方法，严格地尽量保全原文的文法与口气"，说"这种译法，近年来很有人仿效，是国语的欧化的一个起点"（二八九面）。他至少不反对"国语的欧化"。到了现在，这已经从"一个起点"发展为一个不可抵抗的趋势，成了到"文学的国语"的一条大路了。

胡先生的文学革命论"只是进化论和实验主义的一种实际应用"（《介绍

---

[1] 即《水浒传》。——编者

我自己的思想》,一八面),他的整理国故也"不过是赫胥黎、杜威的思想方法的实际应用"¹⁰(同上,二一面)。他在《新思潮的意义》里道:

> 现在有许多人自己不懂得国粹是什么东西,却偏要高谈"保存国粹"。……这种人如何配谈国粹?若要知道什么是国粹,什么是国渣,先需要用评判的态度、科学的精神,去做一番整理国故的工夫。(六七面)

他说明整理国故的意义道:

> 整理就是从乱七八糟里面寻出一个条理脉络来,从无头无脑里面寻出一个前因后果来,从胡说谬解里面寻出一个真意义来,从武断迷信里面寻出一个真价值来。为什么要整理呢?因为古代的学术思想向来没有条理,没有头绪;没有系统,故第一步是条理系统的整理。因为前人研究古书,很少有历史进化的眼光的,故从来不讲究一种学术的渊源,一种思想的前因后果,所以第二步是要寻出每种学术思想怎样发生,发生之后有什么影响效果。因为前人读古书,除极少数学者以外,大都是以讹传讹的谬说……故第三步是要用科学的方法,做精确的考证,把古人的意义弄得明白清楚。因为前人对于古代的学术思想,有种种武断的成见,有种种可笑的迷信……故第四步是综合三步的研究,各家都还它一个本来真面目,各家都还它一个真价值。(六六至六七面)

评判的态度、科学的精神以及这四个步骤,正是"赫胥黎、杜威的思想的实际应用"。

胡先生说:"'国故'这个名词,最为妥当;因为它是一个中立的名词,不含褒贬的意义。'国故'包含'国粹',但它又包含'国渣'。我们若不了解'国渣',如何懂得'国粹'?"(三二〇至三二一面)他道:

> "国学"在我们的心眼里,只是"国故学"的缩写。中国的一切过去的文化历史,都是我们的"国故",研究这一切过去历史文化的学问,就是"国故学",省称为"国学"。……所以我们现在要扩充国学的领域,包括上下三四千年的过去文化,打破一切的门户成见;拿历史的眼光来整统一切,认清了"国故学"的使命是整理中国一切文化历史,便可以把一切狭陋的门户之见都扫空了。(《〈国学季刊〉发刊宣言》,三二〇至三二一面)

又道:

---

10 以下介绍胡适关于整理国故的方法和态度,整理国学需要评判的态度和科学的精神,需要大胆假设,小心求证,用科学的方法。这些观点主要反映在《胡适选集》中第五组四篇文章《国学季刊发刊宣言》《古史讨论的读后感》《红楼梦考证》和《治学的方法与材料》中。其中《国学季刊发刊宣言》是一篇整理国故的方法总论,有三个要点:第一,用历史的眼光来扩大研究的范围。第二,用系统的整理来部勒研究的资料。第三,用比较的研究来帮助材料的整理与解释。《古史讨论的读后感》《红楼梦考证》两篇是两个具体的例子,都可以说明历史考证的方法。《古史讨论的读后感》一篇,胡适认为在他的文存里"要算是最精彩的方法论",里面讨论了两个基本方法:一个是用历史演变的眼光来追求传说的演变,一个是用严格的考据方法来评判史料。《红楼梦考证》一文用考证学的方法,处处想撇开一切先人的成见,处处存一个求证据的目的,处处尊重证据,让证据做向导,引到相当的结论上去。这是赫胥黎、杜威的思想方法的实际应用。胡适说:"我为什么要考证红楼梦?……我要教人一个思想学问的方法。我要教人疑而后信,考而后信,有充分证据而后信。"

> 历史是多方面的:单记朝代兴亡,固不是历史;单有一宗一派,也不成历史。过去种种,上自思想学术之大,下至一个字,一只山歌之细,都是历史,都属于国学研究的范围。(同上,三二二面)

胡先生用历史的眼光将整理国故的范围扩大了(参看三三五面)。他"要教人知道学问是平等的,思想是一贯的"(《介绍我自己的思想》,二三面引《文存》三集里的话)。他的《几十万字的小说考证》(《介绍我自己的思想》,二一面)都是本着这个意思写的。他的《中国古代哲学史》和《白话文学史》上卷,固然是划时代的,这些篇旧小说的考证也是划时代的。而将严格的考据方法应用到小说上,胡先生是第一个人。他的收获很多,而开辟了一条新路,功劳尤大。这扩大了也充实了我们的文学史。

这些小说考证的本身价值是不朽的。胡先生在《〈红楼梦〉考证》的末尾道:

> 我自信:这种考证的方法,除了(孟莼荪先生的)《董小宛考》之外,是向来研究《红楼梦》的人不曾用过的,我希望这一点小贡献,能引起大家研究《红楼梦》的兴趣,能把将来的《红楼梦》研究引上正当的轨道去:打破从前种种穿凿附会的"红学",创造科学方法的《红楼梦》研究!(四一二面)

这便是这种考证本身的价值。但胡先生更注重"这种考证的方法",也就是科学方法。他说:

> 少年的朋友们,莫把这些小说考证看作我教你们读小说的文字。这些都只是思想学问的方法的一些例子。在这些文字里,我要读者学得一点科学精神,一点科学态度,一点科学方法。科学精神在于寻求事实,寻求真理。科学态度在于撇开成见,搁起感情,只认得事实,只跟着证据走。科学方法只是"大胆地假设,小心地求证"十个字。没有证据,只可悬而不断;证据不够,只可假设,不可武断;必须等到证实之后,方才奉为定论。(《介绍我自己的思想》,二四面)

胡先生的考证文字里创见——"大胆地假设"——颇多;可是真能严格地做到"搁起感情,只认得事实,只跟着证据走",真能严格地做到"大胆地假设,小心地求证"十个字的,似乎得推这些小说考证为最。他在《〈红楼梦〉考证》里道:"自从我第一次发表这篇考证以来,我已经改正了无数大错误了——也许有将来发见新证据后即需改正的"(四一二面)。又在《介绍我自己的思想》

里举曹雪芹的生卒年代问题作例,说"考证两个年代,经过七年的时间,方才得着证实"(二一至二三面)。这才真是"小心地求证"。这种小说考证,高中学生乍一翻阅,也许觉得深奥些。其实只是生疏些。若能耐心顺次读下去,相信必会迎刃而解,他们终于会得着受用的。

胡先生的小说考证还有一个重大的影响,便是古史的讨论。这是二十年来我们学术界一件大事,发难的是顾颉刚先生。胡先生道:

> 顾颉刚先生在他的《古史辨》的自序里曾说他从我的《〈水浒传〉考证》和《井田辨》等文字里得着历史方法的暗示。这个方法便是用历史演化的眼光来追求每一个传说演变的历程。我考证《水浒》[1]的故事,包公的传说,狸猫换太子的故事,井田的制度,都用这个方法。顾先生用这方法来研究中国古史,曾有很好的成绩。(《介绍我自己的思想》,二〇面)

《水浒》的故事,包公的传说,狸猫换太子的故事,都是小说考证。顾先生自己承认从这些文字和《井田辨》里得着历史方法的暗示,正见得"学问是平等的,思想是一贯的"。本书选了一篇《古史讨论的读后感》,胡先生说在他的《文存》里要算是最精彩的方法论"。"这里面讨论了两个基本方法:一个是用历史演变的眼光来追求传说的演变,一个是用严格的考据方法来评判史料。"(《介绍我自己的思想》,一九至二〇面)这第一个方法便是顾先生《古史辨》自序里所提到的。他用这方法研究中国古史,得到"层累地造成的古史"这个中心的见解。顾先生自己说"层累地造成的古史"有三个意思:

1. 可以说明时代愈后,传说的古史期愈长。

2. 可以说明时代愈后,传说中的中心人物愈放愈大。

3. 我们在这上,即不能知道某一件事的真确的状况。也可以知道某一件事在传说中的最早的状况。(三四〇面)

胡先生将他的方法的细节总括成下列的方式:

1. 把每一件史事的种种传说,依先后出现的次序排列起来。

2. 研究这件史事在每一个时代有什么样子的传说。

3. 研究这件史事的逐渐演进:由简单变为复杂,由陋野变为雅驯,由

---

[1] 即《水浒传》,下同。——编者

地方的(局部的)变为全国的,由神变为人,由神话变为史事,由寓言变为事实。

4. 遇可能时,解释每一次演变的原因。(三四二面)

关于第二个基本方法,就是评判史料的方法,这篇文字里举出五项标准。胡先生道:

> 我们对于"证据"的态度是:一切史料都是证据。但史家要问:(1)这种证据是在什么地方寻出的? (2)什么时候寻出的? (3)什么人寻出的? (4)依地方和时候上看起来,这个人有做证人的资格吗? (5)这个人虽有证人资格,而他说这句话有作伪(无心的,或有意的)的可能吗?(三四五面)

研究古史,高中学生的程度是不够的,他们知道这一些轮廓也就行了。

《文学革命运动》写于民国十一年,胡先生在这段文字里论到"五年以来白话文学的成绩",指出四个要点。第三是:"白话散文很进步了。长篇议论文的进步,那是显而易见的。"(二九九至三〇〇面)他自己的文字便是很显著的例子。他早就"自信颇能用白话作散文"(二三四面引民国五年《答任叔永先生的信》),他的自信是不错的。<u>他的散文,特别是长篇议论文,自成一种风格,成就远在他的白话诗之上。他的长篇议论文尤其是白话文的一个大成功,一方面"明白清楚",一方面"有力能动人",可以说是"达意达得好,表情表得妙"</u>。胡先生以为"达意达得好,表情表得妙"的便是文学。文学有三个要件:一是"懂得性",便是"明白清楚";二是"逼人性",便是"有力能动人";三是"<u>美</u>",11 是前二者"加起来自然发生的结果"。(见《什么是文学》,《文存》;参看本书一九六面)这个文学的界说也许太广泛些,可是,他的散文做到了他所说的。他在民国七年说过,我们今日所用的"标准白话"都是《水浒传》《西游记》《儒林外史》《红楼梦》几部白话的文学定下来的。他的文字用的就是这种"标准白话"。如"好汉"(《介绍我自己的思想》,二四面),"顶天立地的好汉"(一二三面),"列位"(一九七面),"一言表过不提"(一六七面),"一笔表过,且说正文"(一九三面)等旧小说套语,他有时都还用着。但他那些长篇议论文在发展和组织方面,受梁启超先生等的"新文体"的影响极大,而"笔锋常带情感",更和梁先生有异曲同工之妙。

在《介绍我自己的思想》里,胡先生说他的《易卜生主义》那篇文章"在民

11　下面这一部分详细分析胡适白话文的语言,认为这是中学生学习的重点所在。这里着重分析了《胡适选集》中语言的文学性,从修辞角度看,本书总结胡适文中常用的有排语、对称、严语、故甚其词和比喻等。从篇章结构上看,胡适的长篇议论文条理分明,首尾一贯,文字大都分项或分段,各项各段注意有机逻辑的联系,组织严密,纲举目张,可以做长篇议论文的范本。"高中学生学习议论文和说明文,自然该从条理入手"。胡适文章语言明白晓畅,注重清楚明白,而且"笔锋常带情感"。这些都可供中学生学习。

文末还教学生有选择地去学习和模仿胡适文章中的修辞,比如,比喻可以多练习,排语可以多使用。而对称、严语、故甚其词几项要斟酌使用,提醒青年学生使用对称时可以亲切但不能因轻佻而失了文格了;故甚其词的使用要自然;严词能够不用最好。

国七八年间所以能有最大的兴奋作用和解放作用,也正是因为它所提倡的个人主义在当日确是最新鲜又最需要的一针注射"(八面)。这种"最大的兴奋作用和解放作用"一方面也由于他那带情感的笔锋。他那笔锋使他的别的文字也常有兴奋的作用,所谓"有力能动人"。他那笔锋是怎样带情感的呢?我们分析他的文字,看出几种他爱用的格调。第一是排语,翻开本书,几乎触目都是的,上面引文里也常见。这里且抄几个例。如《介绍我自己的思想》的最后:

抱着无限的爱和无限的希望,我很诚挚地把这一本小书贡献给全国的少年朋友!(二五面)

又如:

我要教人疑而后信,考而后信,有充分证据而后信。(《介绍我自己的思想》,二三面引《文存》三集)

因为我们从不曾悔祸,从不曾彻底痛责自己,从不曾彻底认错。(一八八面)

我这几年来研究欧洲各国国语的历史,没有一种国语不是这样造成的。没有一种国语是教育部的老爷们造成的。没有一种是言语学专门家造成的。没有一种不是文学家造成的。(一九九面)

又如:

诸位,千万不要说"为什么"这三个字是很容易的小事。你打今天起,每做一件事,便问一个为什么——为什么不把辫子剪了?为什么不把大姑娘的小脚放了?为什么大嫂子脸上搽那么多的脂粉?为什么出棺材要用那么多叫化子?为什么娶媳妇也要用那么多叫化子?为什么骂人要骂他的爹妈?为什么这个?为什么那个?——你试办一两天,你就会觉得这三个字的趣味真是无穷无尽,这三个字的功用也无穷无尽。(《新生活》五三面)

又如《易卜生主义》里:

这种理想是社会所最忌的。大多数人都骂他是"捣乱分子",都恨他"扰乱治安",都说他"大逆不道";所以他们用大多数的专制威权去压制那"捣乱的理想志士,不许他开口,不许他行动自由;把他关在监牢里,把他赶出境去,把他杀了,把他钉在十字架上活活地钉死,把他捆在柴草上活

活烧死"。(一二四面)

排语连续地用同样的词和同样的句式,借着复沓与均齐加急语气,加强语气,兴奋读者的情感。

第二是对称。上面所抄《新生活》一段,可以作例。此外如:

但是列位仔细想想便可明白了。(一九七面)

你们嫌我用"圣人"一个字吗?(一六〇面)

它(指"假设")若不来时,随你怎样搔头抓耳,挖尽心血,都不中用。(二九面)

又如:

有人对你说"人生如梦"。就算是一场梦罢,可是你只有这一个做梦的机会,岂可不振作一番,做一个痛痛快快、轰轰烈烈的梦?

有人对你说"人生如戏"。就说是做戏罢,可是,吴稚晖先生说得好:"这唱的是义务戏,自己要好看才唱的;谁便无端地自己扮做跑龙套,辛苦地出台,止算做没有呢?"

其实人生不是梦,也不是戏,是一件最严重的事实。你种谷子,便有人充饥;你种树,便有人砍柴,便有人乘凉;你拆烂污,便有人遭瘟;你放野火,便有人烧死。你种瓜便得瓜,种豆便得豆,种荆棘便得荆棘。

少年的朋友们,你爱种什么?你能种什么?(《介绍我自己的思想》,一三面)

末一节不但用对称,并且同时在用排语。又如上文引过的"自从这个'拿证据来'的喊声传出以后"(一二面)一语中的"拿证据来"也是对称,不过用法变化罢了。对称有如面谈,语气亲切,也是诉诸读者的情感的。

第三是严词。古语道,"疾恶如仇",严词正是因为深嫉的原故。如:

自由平等的国家不是一群奴才建造得起来的。(《介绍我自己的思想》,一〇面)

这样又愚又懒的民族,成了一分像人九分像鬼的不长进民族。(同上,一五面)

空谈好听的"主义",是极容易的事,是阿猫阿狗都能做的事,是鹦鹉和留声机器都能做的事。(三二面)

又如:

> 坐禅主敬,不过造成许多"四体不勤,五谷不分"的废物!(一四九面)
>
> 《晋书》说王衍少时,山涛称赞他道,"何物老妪,生宁馨儿!"后来不通的文人把"宁馨"当作一个古典用,以为很"雅"很"美"。其实"宁馨"即是现在苏州上海人的"那哼"。但是这班不通的文人一定说"那哼"就"鄙俗可噱"了!(二五七面)。

和严词相近的是故甚其词。故甚其词,唯恐言之不尽,为的是表达自己深切的信仰。如:

> 至于钱(静方)先生说的纳兰成德的夫人即是黛玉,似乎更不能成立。……钱先生引他(成德)的悼亡词来附会黛玉,其实这种悼亡的诗词在中国旧文学里,何止几千首?况且大致都是千篇一律的东西。若几首悼亡词可以附会林黛玉,林黛玉真要成"人尽可夫"了!(三六四面)

这是不信。又如:

> 我……到了哈尔滨。在此地我得了一个绝大的发现;我发现了东西文明的交界点。
>
> ……………
>
> 我到了哈尔滨,看了"道里"与"道外"的区别,忍不住叹口气,自己想道:这不是东方文明与西方文明的交界点吗?东西洋文明的界线只是人力车文明与摩托车文明的界线——这是我的一大发现。(一五八,一五九面)
>
> 我们当此时候,不能不感谢那发明蒸汽机的大圣人,不能不感谢那发明电力的大圣人,不能不祝福那制作汽船、汽车的大圣人。……你们嫌我用"圣人"一个字吗?孔夫子不说过吗:"制而用之谓之器。利用出入,民咸用之,谓之神。"孔老先生还嫌"圣"字不够,他简直要尊他们为"神"呢!(一六〇面)

这些是信仰。为了强调这些信仰,所以"忍不住"故甚其词——后一节同时在用排语。还有:

> 我们可以大胆地宣言:西洋近代文明绝不轻视人类的精神上的要求。我们还可以大胆地进一步说:西洋近代文明能够满足人类心灵上的要求

的程度,远非东洋旧文明所能梦见。(一四二面)

我可以武断地说:美国是不会有社会革命的,因为美国天天在社会革命之中。(一六五面)

这些信仰,胡先生是有充分证据的。他用"大胆地""武断地",只是为了强调他的信仰。他仿佛在说:"即使你们觉得我的证据不充分,我还是信仰这些。"

胡先生在运用带情感的笔锋,却不教情感朦胧了理智,这是难能可贵的。读他的文字的人往往不很觉得他那笔锋,却只跟着他那"明白清楚"的思路走。他能驾驭情感,使情感只帮助他的思路而不至于跑野马。但他还另有些格调,足以帮助他的文字明白清楚。如比喻就是的。比喻是举彼明此,因所知见所不知,可以诉诸理智,也可以诉诸感情。胡先生用的比喻差不多都是前者。例如:

科学家明知真理无穷,知识无穷,但他们仍然有他们的满足:进一寸有一寸的愉快,进一尺有一尺的满足。(一四四面)

这种种过去的"小我"和种种现在的"小我",和种种将来无穷的"小我",一代传一代,一点加一滴;一线相传,连绵不断;一水奔流,滔滔不绝:这便是一个"大我"。(一〇五面)

又如《易卜生主义》里:

社会国家是时刻变迁的,所以不能指定哪一种方法是救世的良药:十年前用补药,十年后或者需用泄药了;十年前用凉药,十年后或者需用热药了。(一三五面)

这些同时在用排语。又如:

真理是深藏在事物之中的;你不去寻求探讨,它绝不会露面……"自然"是一个最狡猾的妖魔,只有敲打逼拷可以逼它吐露真情。(一四三面)

考证的方法好有一比,比现今的法官判案,他坐在堂上静听两造的律师把证据都呈上来了,他提起笔来,宣判道:某一造的证据不充足,败诉了;某一造的证据充足,胜诉了。他的职务只在评判现成的证据,他不能跳出现成的证据之外。实验的方法也有一比,比那侦探小说里的福尔摩斯访案:他必须改装微行,出外探险,造出种种机会来,使罪人不能不呈献

真凭实据。他可以不动笔,但他不能不动手动脚,去创造那逼出证据的境地与机会。(四八四面)

又如:

  到现在他(指人)居然能教电气给他赶车,以太给他送信了。(九五面,参看一四五面)

这也同时在用排语。以上三例都是有趣味的比喻。还有《易卜生主义》里:

  社会对个人道:"你们顺我者生,逆我者死;顺我者有赏,逆我者有罚。"(一二二面)

这是将"社会"人化,也是一种比喻。这种种比喻虽也诉诸情感,但主要的作用还在说明。其实胡先生所用的种种增强情感的格调,主要的作用都在说明,不过比喻这一项更显而易见罢了。

  文字的"明白清楚",主要的还靠条理。条理是思想的秩序。条理分明,读书才容易懂,才能跟着走。长篇议论文更得首尾一贯,最忌的是"朽索驭六马,游骑无归期"。胡先生的文字大都分项或分段;间架定了,自然不致大走样子。但各项各段得有机地联系着,逻辑地联系着,不然还是难免散漫支离的毛病。胡先生的文字一方面纲举目张,一方面又首尾连贯,确可以作长篇议论文的范本。有些复杂的题材,条理不但得分明,还得严密,那就更需要组织的力量。本书中如《问题与主义》(二),《新思潮的意义》,《我们对于西洋近代文明的态度》,《〈红楼梦〉考证》及《附录》,都头绪纷繁,可是写来条分缕析,丝毫不乱,当得起"严密"两个字。长篇议论文的结尾,最应注重,有时得提纲挈领,总括全篇,给读者一个简要的观念,帮助他的了解和记忆。如《不朽》的末尾说:"以我个人看来,这种'社会的不朽'观念很可以做我的宗教了。"接着道:

  我的宗教的教旨是:

  我这个现在的"小我",对于那永远不朽的"大我"的无穷过去,需负重大的责任。对于那永远不朽的"大我"的无穷未来,也需负重大的责任。我需要时时想着,我应该如何努力利用现在的"小我",方才可以不辜负了那"大我"的无穷过去,方才可以不遗害那"大我"的无穷未来?(一一〇面)

又如《新思潮的意义》的结尾:

这是这几年新思潮运动的大教训！我希望新思潮的领袖人物以后能了解这个教训，能把全副精力贯注到研究问题上去；能把一切学理不看做天经地义，但看做研究问题的参考材料；能把一切学理应用到我们自己的种种切要问题上去；能在研究问题上面做输入学理的工夫；能用研究问题的工夫来提倡研究问题的态度，来养成研究问题的人才。

这是我对于新思潮运动的解释。这也是我对于新思潮将来的趋向的希望。（六四面）

《易卜生主义》的结尾最为特别：

他（易卜生）仿佛说道："人的身体全靠血里面有无量数的白血轮[1]时时刻刻与人身的病菌开战，把一切病菌扑灭干净，方才可使身体健全，精神充足。社会国家的健康也全靠社会中有许多永不知足、永不满意、时刻与罪恶分子龌龊分子宣战的白血轮，方才有改良进步的希望。我们若要保卫社会的健康，需要使社会时时刻刻有斯铎曼医生一般的白血轮分子。但使社会常有这种白血轮精神，社会绝没有不改良进步的道理。"（一三五至一三六面）

接着还引译了易卜生给朋友的信里的一节话，说社会的少数人"总是向前去"，多数人总是赶不上。这更是好整以暇，笔有余妍了。

有人说胡先生太注重"明白清楚"，有时不免牺牲了精细和确切，说他有时不免忽略了那些虽然麻烦却有关系的材料或证据。即如《易卜生主义》那篇，在民国七八年间虽曾"有最大的兴奋作用和解放作用"，后来却就有人觉得粗浅了。他有一些整理国故的文字，有人觉得也不免粗浅的地方。胡先生是文学革命和思想革命的领袖，他的文字不能不注重宣传的作用，他偏重"懂得性"，也是当然。他的文字可没有一般宣传的叫嚣气；他的议论，他的说明都透澈而干脆，没有一点渣滓。——他所谓"长篇议论文"包括说明文而言。——就是这些，尽够青年学生学的。况且精细、确切的文字，胡先生也常有，上节所举《问题与主义》（二）等四篇便是的，而《〈红楼梦〉考证》及《附录》更见如此。高中学生学习议论文和说明文，自然该从条理入手。比喻也练习。至于那些

---

[1] 白血轮，即"白血球"。——编者

增强情感的格调,用时却得斟酌。大概排语不妨随便用,只要不太多、不太板就成。胡先生用对称,虽是为了亲切,却带着教训的口气。青年学生用不到教训的口气,只消就亲切上着眼。但得留意,对称也容易带轻佻的口气,轻佻就失了文格了。故甚其词可以用,但得配合上下文的语气,才觉自然。严词能够不用最好;胡先生的严词有时也还不免有太过的地方。——这些年很有些人攻击胡先生的思想,青年学生以耳代目,便不大去读他的书。这不算"一个不受人惑的人"。胡先生说过:

  就是那些反对白话文学的人,我也奉劝他们用白话来做文字。为什么呢?因为他们若不能做白话文字,便不配反对白话文学。(二○四面)

这是"评判的态度"。青年学生若不用胡先生的书,也不配反对他的思想。况且就是反对他的思想,他的文字也还是值得学的。无论赞成胡先生的思想的也罢,反对他的也罢,我们奉劝高中学生先平心静气地细读这本书。

与学者对话

一、下面是几位语文名家关于作文教学的经典论述,研读后谈谈你的看法。

1. 刘半农:学校的写作教学绝不是培养文学家,但学生却要学习工作、生活用得着的文体,因此,应用文应当是作文教学的主要文体。[刘半农.应用文之教授[J].新青年,1918,4(1).]

2. 梁启超:中学学生以会作应用之文为最要。[梁启超.作文教学法[M]//梁启超.饮冰室合集:第十五册.上海:中华书局,1936.]

3. 蔡元培:学生将来要研究学问或从事其他社会工作,因此国文教学应以实用为主。[蔡元培.国文之将来[J].北京大学日刊,1919-11-09.]

二、下面是当代一些学者关于语文修辞教学的论述,研读后谈谈你的看法。

1. 吕叔湘:语文教学的进一步发展,就要走上修辞学、风格学的道路,也就是文学语言的研究,这是语言学与文学交界处的学科。[吕叔湘.把我国语言科学推向前进[M]//吕叔湘.吕叔湘自选集.上海:上海教育出版社,1989.]

2. 周一民:中学语文教学的目标是提高学生的语言表达能力,这与研究如何提高语言表达效果的修辞学在很大程度上是一致的。在语文教学中如何处理"文"与"道",即语言教学与思想教育的关系,在众多思想教育中首先进行哪方面的教育,修辞学理论可以给我们重要的启示。……"修辞立其诚"是我国古代修辞学思想的高度概括,是中华民族传统文化的精华,体现了将诚信道德同语言技巧统一起来的"质文统一"的修辞观。

修辞分析可以对任何一级语言单位的使用进行探究,传统修辞学中所讲词语的选用和锤炼、句式的选用、修辞格三部分内容已经覆盖了语素、词、词组、单句、复句等单位的修辞现象,篇章修辞作为比较新的研究领域也有一些成果可资借鉴。在语文阅读教学中,所遇到的篇目形形色色,修辞各具特点,教师可以根据它们的特点有选择地重点分析。[周一民.修辞学和中学语文教学[J].课程•教材•教法,2006(5).]

3. 刘凤玲:修辞学不能只研究积极修辞,还应研究消极修辞。周振甫在20世纪50年代出版的《通俗修辞讲话》中就明确指出消极修辞比积极修辞更重要、更急需。他认为:"先要做到明白清楚、准确贴切、有条理,把自己的意思恰好地表达出来,这是首要的。"吴士文在《修辞讲话》中,用大量的篇幅论述消极修辞问题,他还在《营口师专学报》上开辟了研究消极修辞的专栏,大力倡导研究消极修辞;李维琦也坚决主张研究消极修辞,他在《修辞学》中指出:"被称为消极修辞的那一部分修辞,也就是把文章(或话)写(或说)得明白通顺、平匀稳密,只要你开口说或动手写,这样的修辞就无处不在。它帮助你完成语言的交际任务,发挥语言的最根本功能,实在并不消极。"[刘凤玲.修辞学与语文教学[M].广州:暨南大学出版社,2010.]

我思故我言

我思故我言

《呐喊》指导大概

　　鲁迅先生所写的短篇小说，编成三本集子，一本叫作《呐喊》，一本叫作《彷徨》，又一本叫作《故事新编》。第三本是以神话、传说及文实为题材的——如嫦娥奔月，大禹治水；以现代社会生活为题材的，是前面两本。<u>现在从两本中提出《呐喊》，供大家略读；一方面练习短篇小说的阅读，一方面约略窥见鲁迅先生的思想和艺术。</u>[1]《呐喊》起初由新潮社出版，后来北新书局发行；鲁迅先生去世后，鲁迅先生纪念委员会编纂《鲁迅全集》，便收在第一卷里。现在最容易买到的，是北新书局的本子。有些书局出版《鲁迅选集》《鲁迅创作选》之类，虽不全收《呐喊》中的短篇小说，但重要的几篇总是有的。还有各家书局所出的国文教科书，往往采选《呐喊》中的短篇小说，统计起来，也有七八篇，所以即使不买整本的《呐喊》，还是可以各随方便，搜集拢来，看到《呐喊》的全貌。《呐喊》共收短篇小说十四篇，目次如下：《狂人日记》《孔乙己》《药》《明天》《一件小事》《头发的故事》《风波》《故乡》《阿Q正传》《端午节》《白光》《兔和猫》《鸭的喜剧》《社戏》——那是按照写作时日的先后编排的；前面有《自序》一文，略述自己的经历，作小说的动机，和集子命名的由来。

　　<u>小说是什么东西？</u>[2]在我国，最早的说明当推《汉书·艺文志》："小说家者

批注

1　首先提出阅读的两个目的。

2　介绍与小说相关的一些知识，让学生知晓什么是短篇小说和《呐喊》所收作品的文体特征。

流,盖出于稗官,街谈巷语,道听途说者之所造也。"这是说,小说是琐屑的或不经的记载。后来人受这个观念的影响,把性质并不相类的一些著作,都包括在"小说"这个共名之下。明朝胡应麟的《少室山房笔丛》里,分小说为六类:(1)志怪,如《搜神记》《述异记》之类;(2)传奇,如《飞燕外传》《霍小玉传》之类;(3)杂录,如《世说新语》《北梦琐言》之类;(4)丛谈,如《容斋随笔》《梦溪笔谈》之类;(5)辩订,如《鼠璞》《鸡肋》之类;(6)箴规,如《颜氏家训》《世范》之类。清朝编《四库全书总目提要》,分小说为三派:(1)叙述杂事,如《西京杂记》《世说新语》之类;(2)记录异闻,如《山海经》《穆天子传》之类;(3)缀辑琐语,如《博物志》《述异记》之类。这些所谓小说,和我们现在的"短篇小说"都不相干。

我国从前杂戏之中,有一种叫作"说话",在庆祝及斋会的时候,供人娱乐;操这种职业的,称为"说话人"。据记载,南宋时的"说话"有四种家数:一是"小说",二是"讲史",其余两种,这里从略。"小说"的必要条件大约有三项:(1)须讲近世事;(2)须有"得胜头回"("头回"是"冒头"的意思,"得胜"是吉语);(3)须引证诗词。"讲史"是讲说前代书史文传兴废争战之事。"说话人"的"说话",记录下来,称为"话本"。宋时"小说"的"话本",现在可以见到的,有《京本通俗小说》。明末有一部《今古奇观》,至今还流传得很普遍,中间保存有宋代的旧话本,也有明人的拟话本(就是说,那不是"说话人"的"说话",只是摹拟他们"说话"的体式而写作的)。"讲史"方面,有《大唐三藏取经诗话》《大宋宣和遗事》等,都是宋代的拟话本,其篇幅比较长,故事比较复杂,是后来"章回小说"(如《水浒传》《儒林外史》之类)的始祖。以上两类,向来都称为小说,但和我们现在的"短篇小说"也不相干。

现在所谓"短篇小说",是从西方传来的。胡适先生有一篇文字,叫作《论短篇小说》;从其中摘录几节如下:

……西方的"短篇小说",在文学上有一定的范围,有特别的性质,不是单靠篇幅不长便可称为"短篇小说"的。

我如今且下一个"短篇小说"的界说:短篇小说是用最经济的文学手段,描写事实中最精彩的一段或一方面,而能使人充分满意的文章。这条界说中,有两个条件最宜特别注意。今且把两个条件分说如下:

(1)"事实中最精彩的一段或一方面",譬如把大树的树身锯断,懂植物学的人看了树身的"横截面",数了树的"年轮",便可以知道这树的年纪。一人的生活,一国的历史,一个社会的变迁,都有一个"纵剖面"和无数"横截面"。纵面看去,须从头看到尾,才可看见全部。横面截开一段,若截在要紧的所在,便可把这个"横截面"代表这个人,或这一国,或这一个社会。这种可以代表全部的部分便是我所谓"最精彩"的部分。又譬如西洋照相术未发明之前,有一种"侧面剪影",用纸剪下人的侧面,便可知道是某人(此种剪像,曾风行一时;今虽有照相术,尚有人为之)。这种可以代表全形的一面,便是我所谓"最精彩"的方面。若不是"最精彩"的所在,绝不能用一段代表全体,绝不能用一面代表全形。

(2)"最经济的文学手段",形容"经济"两个字,最好是借用宋玉的话:"增之一分则太长,减之一分则太短;著粉则太白,施朱则太赤。"须要不可增减,不可涂饰,处处恰到好处,方可当"经济"二字。因此,凡可以拉长演作章回小说的短篇,不是真正"短篇小说";凡叙事不能畅尽,写情不能饱满的短篇,也不是真正"短篇小说"。

能合我所下的界说的,便是理想上完全的"短篇小说"。世间所称"短篇小说"虽未能处处都与这界说相合,但是那些可传世不朽的"短篇小说",绝没有不具上文所说两个条件的。

这个短篇小说的界说很扼要,但还有需要补充说明的地方。从"描写事实中最精彩的一段"一语看来,好像短篇小说和历史著作、报纸记载一样,也是记录事实的;不过不记录全部,只描写其中最精彩的一段罢了。如果这样想,就错了。短篇小说固然有记录事实的,如《呐喊》中《一件小事》那一篇,说的是鲁迅先生自己坐人力车,那车夫撞倒了一个老女人,便不再拉车,却扶了那老女人一同到巡警分驻所去,这当然是事实;但大多数的短篇小说却出于虚构,并非事实;即使有事实作底子,也绝不是依样葫芦,照录其中最精彩的一段。世间实在不曾有过阿Q那个人,也不曾有人做过像《阿Q正传》所叙的那番事。同样情形,世间实在不曾有过写《狂人日记》的那个狂人;日记前面的序文里,虽有"今撮录一篇,以供医家研究"的话,好像鲁迅先生只做了"撮录"的工夫,其实那日记就是鲁迅先生虚构的。我们知道,用文字记录事实,是有实际上的需要，为的要把那事实告诉远方或将来的人。虚构一些小说，难道也有实际上的需要吗？小说家为什么要不惮烦劳地写他们的小说呢？原来小说家写小说，就广义说，也是有实际上的需要；不过不像写记录事实的文章一样，单把事实告诉了人家就完事；他们提起笔来，最基本的欲望却在把他们之"所见"告诉人家。什么叫"所见"？就是从生活经验中得来的某种意思。那意思也许包含得很广博，也许只是很狭小的一点儿，都没有关系；可是必须有了它，小说家才动手写小说。——如果没有它，而硬要写小说，写下来的一定不是真正小说，只是或为实录或为虚构的叙事文而已。——就如鲁迅先生，从他生活经验中，见到人类有许多不甚高明的品性，如"精神上的胜利法"（就是被人欺侮了，却以见欺于小人或后辈自慰，这样想的时候，自己俨然是君子或前辈，感到胜利的愉快了）之类，他才把这许多品性赋予阿Q，写成《阿Q正传》。又从他的生活经验中，见到家庭制度和礼教对于人性的戕贼，他才借了狂人的口吻把它暴露出来，写成《狂人日记》。"所见"是抽象的意思，写成了小说，便是具体的故事，其中却含蓄着，发挥着那抽象的意思：这是小说和叙事文的根本不同处。叙事文在事实本身而外，不需要作者的什么"所见"，作者只需把事实记录得明白得当，就算尽了责任了。凡是好的小说，其中所含蓄、所发挥的必具有真实性；就是说：世间的确有这么一种情形或道理，一般人对它，或是没有见到，或是见到了而并不深入透切，待小说家把它写成了小说，大家才恍然有悟，表示同感或相信。这样说起来，胡适先生所下界说中的"事实"两个字，若认为"实有其事"的事实，便与短篇小说的实际不尽符合；须认为"具有真实性"的情形或道理，那才适合一般的真正短篇小说呢。

我们有了"所见"，也可以径直写出来。如鲁迅先生见到人类有许多不甚高明的品性，见到家庭制度和礼教对于人性的戕贼，未尝不可以一是一，二是二，列举例子，逐步论断，写成两篇文章。但那是议论文，不是短篇小说。小说家不把自己的"所见"写成议论文，却借故事来发挥，让它含蓄在故事里头；为的要使读者感动，得到深切的印象；也为的要使读者读了故事而见到小说的"所见"，仿佛是自己发现似的，不像读议论文那样显然处于被动地位。这里所说借故事来发挥，最关重要，故事的大纲和细节，都为那"所见"而存在，不充分，不行；太啰唆，也不行，所以必须用"最经济的文学手段"来组织故事。按照讨论小说的用语,那"所见"便是题旨,那故事便是题材。把实有其事的事实作题材,对于题旨,往往有不充分或太啰唆的缺憾;不如径自造个故事,凡足以发挥那题旨的,充分采入;与题旨没有关涉的,绝不滥取,来得称心得多,即使并不自造故事,而以事实作题材,也绝不能像作叙事文一样,一律照实记录;事实上有这个节目,可是,这个节目与题旨无关,便不能不把它去掉;事实上没有那个节目,可是,从发挥题旨的观点看,那个节目非有不可,便不能不把它加进去。鲁迅先生有一篇《我怎么做起小说来》,讲他做小说的经验,中间说:"所写的事迹,大抵有一点见过或听到过的缘由,但绝不全用这事实,只是采取一端,加以改造,或生发开去,到足以几乎完全发表我的意思为止。人物的模特儿也一样,没有专用过一个人,往往嘴在浙江,脸在北京,衣服在山西,是一个拼凑起来的角色。"这个话是作小说不全依事实的实例。——以上所说,都关于组织故事,就是组织题材,明白了这一层,小说为什么常常出于虚构,或只从事实中"采取一端",也就可以了然。原来唯有这样做,才是发挥题旨的"最经济的手段",而那手段才够得上称为"文学手段"。

"最经济的文学手段",总括地说,是把抽象的题旨化为具体的题材,按照讨论小说的用语,便是把题旨"形象化",题旨是小说家从生活经验中得来的,说给人家听,虽也可以使人家了解;可是看不见,摸不着,不能使人家感动,得到深切的印象。必须把它装在一个题材里,成为某一件故事,故事之中有某一个或某几个人物在那里活动着,与实有其事的事实一般模样,于是它具有了形象,仿佛看得见、摸得着似的;这才能使人家感动,得到深切的印象。故事不能不是某一件,人物不能不是某一个或某几个,否则就不成形象。形象要充分地活泼生动,有血有肉,形象后面要处处伏着抽象的题旨;这是认真的小说家所努力经营的。从形象受到了感动,得到了深切的印象,进一步去探索那伏在形象后面的东西;这是认真的小说读者应该努力从事的。张天翼先生作过一篇《论〈阿Q正传〉》,篇中"读书笔记一则"里的几节。对于"形象化"说得很透彻,现在摘录在这里:

"阿Q之癞,说'儿子打老子',不能反抗未庄'那伙鸟男女'而只欺侮小尼姑,以及痛恶'假洋鬼子'及其'哭丧棒',等等,这的确是《阿Q正传》里的那个阿Q才有的花头。这些,只是属于这一个阿Q。这些是特殊的东西。

"但这些,只是使抽象阿Q具体化,使之形象化的一种手段。

"……这是表现阿Q性本质的一种艺术手段。

"换言之,那么这篇作品里关于阿Q的这些形象虽然是特殊的,是仅仅属于'这一个'阿Q,但它倒正是为了表现一般的阿Q性而有的。例如'癞',用来表现忌讳毛病,'儿子打老子'是用来表现'精神胜利法',而调笑小尼姑则用来表现欺软怕硬,以及排斥异端,诸如此类。

"所以作品里所表现出来的典型人物,又有特殊性,又有许多现实阿Q的一般性。而后者则居于主要地位:这是那个典型人物的灵魂,是作者在这作品中所含的哲学,是这作品的内在精神。

"但那些表现成'这一个'人物的诸形象,艺术家也绝不把它忽略过去,要是忽略了这些,仅只写出一个不可感觉的灵魂,没有血肉,那么就不像一个人了,不能使我们得到一个印象,不能使我们当作真有这么一个阿Q似的那样感受了。

"并且——要是忽略了这些形象,或是随意处置这些形象的话,那就连那个灵魂都不能充分表现出来,或是不能适如其可地表现出来。

"这些形象——绝不是随便安排的。

"你看,关于阿Q的状貌,举动,谈吐等等,哪怕只要写一两笔,我们就知道阿Q的地位身份,并且由此而知道阿Q之为人。

"就说'癞'罢,这也正是阿Q那么生活里才会有的毛病……

"……别的人,只要他也是在阿Q之得癞病的同样条件之下,也会变成一个癞头。当然,并不是一得了'癞'即成了阿Q。他跟阿Q仅仅只有这一点相同:就是他也没法讲卫生,也让细菌在他头上猖獗。此外他也许就跟阿Q没有相同之点了。他并不是阿Q。这样,他头上的'癞'——所起的作用也就不同了,不是可以拿来表现阿Q性之一的'忌讳毛病'的了。或者呢,他的'癞',压根儿就不起什么作用。

"这'癞'等等,如果在这个典型人物身上是不可能有的,或者即可能有而并不是可以用来表现这阿Q性的,或是压根儿没有作用的——那么这'癞'在此就不适当。那么作者就不会选它进去,而会另外去选上别的一些更适当的东西来表现它。

"这些形象是要经过选择的:要适当,形象也该有其典型性。"

张先生的这几节文字只就《阿Q正传》而言;其实凡是好的小说,用的都是同样的手段。我们虽不一定要写作小说,可是我们要阅读小说,对于小说家所用的手段就不能不有一点知识;有了这种知识,我们才可以深入地了解每一篇好小说,也可以辨别哪些小说是好的,哪些小说却要不得。——没有什么题旨的,当然不成其为小说;虽有题旨而并不"具有其真实性"的,不是好小说;题旨虽不错而"形象化"不够充分的,也不是好小说。³

> 3 在小说家创作的基础上提出好的小说的特征:第一,要有明确的"题旨";第二,要具有"真实性",虽可虚构但不失其"真";第三,"形象化"。实际上,仔细分析一下,这里也涉及我们今天分析小说的基本要素:主题、情节、环境、人物形象等。

胡先生文中既提明"西方的'短篇小说'"(其实"西方"之上还得加上"近代"两字),以下却又讲"中国短篇小说的略史",记《庄子》《列子》中的一些"寓言",陶潜的《桃花源记》、杜光庭的《虬髯客传》,都是很好的短篇小说,好像我国从前原也有短篇小说似的。我们要知道,那些文章只不过和近代西方的短篇小说偶尔相类而已,其作者绝不是有意识地要写什么短篇小说。我国人有意识地写像胡先生给它下界说的那种短篇小说,并不上承"寓言"、《桃花源记》《虬髯客传》的系统,而是受的西方文学的影响。鲁迅先生是其中最早的一个。在《我怎么做起小说来》里,他说到开始写《狂人日记》,以下接着说:"大约所仰仗的全在先前看过的百来篇外国作品和一点医学上的知识",这便是他受西方文学影响的证据。还有,我国文字向来的方式,说到一个人,往往先叙他的籍贯、家世、经历,等等,说到一件事,往往从头至尾,交代得清清楚楚;短篇小说不一定用那些方式,却把作者所要说明的在故事的进展中和人物的动作、对话中表现出来,这在向来是很为少见的;像鲁迅先生的那篇《明天》,开头就是没头没脑的一句话:"没有声音"——"小东西怎么了?"又像那篇《孔乙己》,描写孔乙己那个人物,全从酒店小伙计的观点出发,篇中的"我"便是酒店的小伙计:这些方式,更是向来所没有。短篇小说所以要运用这些方式,为的是"经济",也是受的西方文学的影响。

鲁迅先生有《自叙传》[1]一篇,现在抄录于后:

> 我于一八八一年生于浙江省绍兴府城里的一家姓周的家里。父亲是读书的;母亲姓鲁,乡下人,她以自修得到能够看书的能力。听人说,在我

---

[1]《自叙传》,即《鲁迅自传》,见《鲁迅全集》卷8《集外集拾遗补编》(人民文学出版社2005年版)。——编者

幼小的时候，家里还有四五十亩水田，并不很愁生计。但到我十三岁时，我家忽而遭了一场很大变故，几乎什么也没有了；我寄住在一个亲戚家里，有时还被称为乞食者。我于是决心回家，而我的父亲又生了重病，约有三年多，死去了。我渐至于连极少的学费也无法可想；我的母亲便给我筹备了一点旅费，教我去寻无需学费的学校去，因为我总不肯学做幕友或商人，——这是我乡衰落了的读书人家子弟所常走的两条路。

其时我是十八岁，便旅行到南京，考入水师学堂了，分在机关科。大约过了半年，我又走了，改进矿路学堂去学开矿，毕业之后，即被派往日本去留学。但待到在东京的预备学校毕业，我已经决意要学医了。原因之一是因为我确知道了新的医学对于日本的维新有很大的助力。我于是进了仙台医学专门学校，学了两年。这时正值俄日战争，我偶然在电影上看见一个中国人因做侦探而被斩，因此又觉得在中国医好几个人也无用，还应该有较为广大的运动……先提倡新文艺。我便弃了学籍，再到东京，和几个朋友立了些小计划，但都陆续失败了。我又想往德国去，也失败了。终于，因为我的母亲和几个别的人很希望我有经济上的帮助，我便回到中国来，这时我是二十九岁。

我一回国，就在浙江杭州的两级师范学堂做化学和生理学教员，第二年就走出，到绍兴中学堂去做教务长，第三年又走出，没有地方可去，想在一个书店去做编译员，到底被拒绝了。但革命也就发生，绍兴光复后，我做了师范学校的校长。革命政府在南京成立，教育部长招我去做部员，移入北京，兼做北京大学、师范大学、女子师范大学的国文系讲师。到一九二六年，有几个学者到段祺瑞政府去告密，说我不好，要捕拿我，我便因了朋友林语堂的帮助逃到厦门大学做教授，十二月走出，到广东，做了中山大学的教授，四月辞职，九月出广东，一直住在上海。

我在留学时候，只在杂志上登过几篇不好的文章。初做小说是一九一八年，因了一个朋友钱玄同的劝告，做来登在《新青年》上的。这时候才用"鲁迅"的笔名，也常用别的名字做一点短论。现在汇印成书的有两本短篇小说集：《呐喊》，《彷徨》，一本论文，一本回忆记，一本散文诗，四本短评，别的除翻译不计外，印成的又有一本《中国小说史略》，和一本编定的《唐宋传奇集》。

鲁迅先生名树人,字豫才,《自叙传》中没有提及。此篇作于一九三〇年(民国十九年),以后他仍住在上海,从事著译。到一九三六年(民国二十五年)十月十九日病殁,年五十六岁。

关于他想提倡新文艺,在《〈呐喊〉自序》中说得比较详细,这和他以后的写作态度极有关系。《自序》中说:

……我便觉得医学并非一件紧要事,凡是愚弱的国民,即使体格如何健全,如何茁壮,也只能做毫无意义的示众的材料和看客(上文叙述在日本看到日俄战争日本所摄的战事电影,一个我国人绑在中间,据说是替俄国做军事侦探的,正要被日军砍下头颅来示众,而围着的许多我国人便是来鉴赏这示众盛举的看客,他们的体格一样的强壮),病死多少是不必以为不幸的。所以我们的第一要著,是在改变他们的精神,而善于改变精神的是,我那时以为当然要推文艺,于是想提倡文艺运动了。在东京的留学生很有学法政、理化以至警察工业的,但没有人治文学和美术;可是在冷淡的空气中,也幸而寻到几个同志了,此外又邀集了必须的几个人,商量之后,第一步当然是出杂志,名目是取"新的生命"的意思,因为我们那时大抵带些复古的倾向,所以只谓之《新生》。

《新生》的出版之期接近了,但最先就隐去了若干担当文字的人,接着又逃走了资本,结果只剩下不名一钱的三个人。创始时候既已背时,失败时候当然无可告语,而其后却连这三个人也为各自的运命所驱策,不能在一处纵谈将来的好梦了,这就是我们的并未产生的《新生》的结局。

我感到未尝经验的无聊,是自此以后的事。我当初是不知其所以然的;后来想,凡有一人的主张,得了赞和,是促其前进的,得了反对,是促其奋斗的,独有叫喊在生人中,而生人并无反应,既非赞同,也无反对,如置身毫无边际的荒原,无可措手的了,这是怎样的悲哀呵,于是我所感到者为寂寞。

这寂寞又一天一天的长大起来,如大毒蛇,缠住了我的灵魂了。

然而我虽然自有无端的悲哀,却也并不愤懑,因为这经验使我反省,看见自己了:就是我绝不是一个振臂一呼应者云集的英雄。

"改变他们的精神",是他当初想提倡文艺运动的因由,后来他做文章,就一贯地实做这句话,不但短篇小说如此,其他许多杂文也无不如此。关于这一层,以下还要说,现在且再摘录《〈呐喊〉自序》的话。序中说那年他住在北京一个会馆里抄古碑,一个老朋友跑来,问他抄这些是什么意思,他回答说:

"没有什么意思。"

"我想,你可以做点文章……"

我懂得他的意思了,他们正办《新青年》,然而那时仿佛不特没有人来赞同,并且也没有人来反对,我想,他们许是感到寂寞了,但是说:

"假如一间铁屋子,是绝无窗户而万难破毁的,里面有许多熟睡的人们,不久都要闷死了,然而是从昏睡入死灭,并不感到就死的悲哀。现在你大嚷起来,惊起了较为清醒的几个人,使这不幸的少数者来受无可挽救的临终的苦楚,你倒以为对得起他们么?"

"然而几个人既然起来,你不能说绝没有毁坏这铁屋的希望。"

是的,我虽然自有我的确信,然而说到希望,却是不能抹杀的,因为希望是在于将来,绝不能以我之必无的证明,来折服了他之所谓可有,于是我终于答应他也做文章了,这便是最初的一篇《狂人日记》。从此以后,便一发而不可收,每写些小说模样的文章,以敷衍朋友们的嘱托,积久就有了十余篇。

中间用铁屋子做比喻的一节,是热诚的先觉者失望以后的沉痛语。为什么失望?因为人家对他的主张,"既非赞同,也无反对";又因为眼见了现代我国的许多史实。关于后者,在另外一篇《〈自选集〉自序》里说得很明白。

……见过"辛亥革命",见过二次革命,见过袁世凯称帝,张勋复辟,看来看去,就看得怀疑起来,于是失望,颓唐得很了。……不过我却又怀疑于自己的失望,因为我所见过的人们,事件,是有限得很的,这想头,就给了我提笔的力量。

接着前面所抄的,《〈呐喊〉自序》还有以下的话:

在我自己,本以为现在是已经并非一个切迫而不能已于言的人了,但或者也还未能忘怀于当日自己的寂寞的悲哀罢,所以有时候仍不免呐喊几声,聊以慰藉那在寂寞里奔驰的猛士,使他不惮于前驱。至于我的喊声是勇猛或是悲哀，是可憎或是可笑，那倒是不暇顾及的；但既然是呐喊，则当然须听将令的了，所以我往往不恤用了曲笔，在《药》的瑜儿的坟上平空添上一个花环（这一篇的副题旨是革命者的寂寞的悲哀，瑜儿因参加革命而被杀，连他的母亲也不能理解他，可是他的坟上却有一个不知是谁献予的花环，这暗示同情他、理解他的未尝无其人），在《明天》里，也不叙单四嫂子竟没有做到看见儿子的梦（这一篇的题旨是母子之爱，寡居的单四嫂子把整个的心魂放在儿子宝儿身上，宝儿病了，求签许愿，请教地方上顶有名的医生，样样都做到，可是宝儿终于死掉，于是她什么希望也没有了，只希望在梦里见见她的宝儿），因为那时的主将是不主张消极的。至于自己，却也并不愿将自以为苦的寂寞，再来传染给也如我那年青时候似的正做着好梦的青年。

《呐喊》的名称，取义就是如此。在《〈自选集〉自序》里，也有类似的话；现在再抄在这里，以供参看：

……为什么提笔的呢？想起来，大半倒是为了对于热情者们的同感。这些战士，我们虽在寂寞中，想头是不错的，也来喊几声助助威罢。首先，就是为此。自然，在这中间，也不免夹杂些将旧社会的病根暴露出来，催人留心，设法加以疗治的希望。但为达到这希望计，是必须与前驱者取同一的步调的，我于是删削些黑暗，装点些欢容，使作品比较的显出若干亮色，那就是后来结集起来的《呐喊》，一共有十四篇。

这些也可以说是"遵命文学"。不过我所遵奉的，是那时革命的前驱者的命令，也是我自己所愿意遵奉的命令……

在《我怎么做起小说来》里，还有以下几句话：

……当我留心文学的时候，情形和现在很不同：在中国，小说不算文学，做小说的也决不能称为文学家，所以并没有人想在这一条道路上出世。我也并没有要将小说抬进"文苑"里的意思，不过想利用他的力量，来改良社会。

自然，做起小说来，总不免自己有些主见的。例如，说到"为什么"做小说罢，我仍抱着十多年前的"启蒙主义"，以为必须是"为人生"，而且要改良这人生。我深恶先前的称小说为"闲书"，而且将"为艺术的艺术"，看作不过是"消闲"的新式的别号。所以我的取材，多采自病态社会的不幸的人们中，意思在揭出病苦,引起疗救的注意。

　　从上面抄录的一些话看来,可见鲁迅先生当时虽然失望,虽然感到寂寞的悲哀,可是热诚却没有消散;所以一见前驱的猛士,便寄予同感,和他们作一伙儿。说"聊以慰藉"他们,说"喊几声助助威",都是谦逊的话;在那时,他的寂寞至少减轻了若干分之一,而"改变他们的精神"的热诚重又燃烧起来了吧。为什么"不恤用了曲笔"?他自己说是听从"将令","那时的主将是不主张消极的",所以他在作品里也保留着一点希望;但是他又说"不愿将自以为苦的寂寞,再来传染给……青年",这不是他自己也愿意保留着一点希望吗?"删削些黑暗,装点些欢容,使作品比较的显出若干亮色",这三语是"不恤用了曲笔"的注脚;为什么要如此?说是"与前驱者取同一的步调"。为什么"必须与前驱者取同一的步调"?说是这才可以达到"将旧社会的病根暴露出来,催人留心,设法加以疗治的希望"。斟酌周详,选取了最有效的道路走,这正是热诚的先觉者的苦心,而为的是前面悬得有希望,"改良社会""改良这人生""改变他们的精神"。话虽不同,意义也不尽一样,但指的都是那希望。"将旧社会的病根暴露出来,催人留心,设法加以疗治";从"病态社会的不幸的人们中"取材,"揭出病苦,引起疗救的注意":在这些方面发挥他的"所见",便是他取得达到那个希望的手段。以上单就《呐喊》一集而言,却可以推及其他作品;《呐喊》之外,他还有短篇小说,还有大量的杂文,取材不一定限于旧社会和不幸的人们,但揭露病根、促人注意疗治,是前后一致的;希望"改良社会","改良这人生","改变他们的精神",也是前后一致的。从这里,便可以认识他的一贯的写作态度,一贯的战斗精神。

　　关于做小说的手段,《我怎么做起小说来》里很说到一些;这也该抄下来看看,因为别人的说明总不及作者自己说得来得亲切。做小说不全依事实的一节,前面已经抄过了,这里便略去了。

　　……我力避行文的唠叨,只要觉得够将意思传给别人了,就宁可什么陪衬拖带也没有。中国旧戏上,没有背景,新年卖给孩子看的花纸上,只有主要的几个人(但现在的花纸却多有背景了),我深信对于我的目的,这方法是适宜的,所以我不去描写风月,对话也决不说到一大篇。

　　我做完之后,总要看两遍,自己觉得拗口的,就增删几个字,一定要它读得顺口;没有相宜的白话,宁可引古语,希望总有人会懂,只有自己懂得或连自己也不懂的生造出来的字句,是不大用的……

忘记是谁说的了,总之是,要极省俭的画出一个人的特点,最好是画他的眼睛。我以为这话是极对的,倘若画了全副的头发,即使细得逼真,也毫无意思。我常在学这一种方法,可惜学不好。

可省的处所,我决不硬添,做不出的时候,我也决不硬做……

这些话无非说,用最经济的文学手段,使题材充分地"形象化";可以与前面谈短篇小说的部分相印证。

有一些人,他们相信某一事应该怎么做,或主张必须怎么做,可是做来并不如他们所相信,所主张的;这就是心手不相应,也称为眼高手低。原来相信或主张是知识方面的事儿,按照着实做是习行方面的事儿,从知识到习行,不是一步就跨得过去的,中间还有个努力历练的阶段;历练不够,两方面就不一致了。鲁迅先生的写作态度和手段,他自己说得很明白了,这些都属于知识方面;从他的作品看,又可知道他的历练非常充分,所以习行方面能够心手相应,眼光和手段一样,就行了。剖析作品的结果,才真窥见了他的思想和艺术——仅仅读他的《自序》一类文字,虽不能说无所窥见,但总之还隔着一层。

鲁迅先生说:"将旧社会的病根暴露出来,催人留心,设法加以疗治。"就暴露病根的观点看,《呐喊》一集是充分注意此点的。[4] 暴露得最深广的,自然是《狂人日记》和《阿Q正传》两篇。前一篇差不多包括全部的历史;所谓病根是人与人之间互相欺凌、互相压迫(依照狂人的说法便是"吃人",以自私为当然,不肯拿出真心来与人相见。那大家所遵从的是传统的制度和教条(依照狂人的说法便是"古久先生的陈年流水簿子"),认为"这是从来如此",碰也碰不得的;谁如果碰了它,便是"疯子",便是公众的仇敌。给狂人诊病的何先生说"不要乱想";这句话很有意味。"不要乱想"便是不要怀疑传统的制度和教条;一个人必须和众人一样,以自私为当然,不拿出一点真心来,他才不是"疯子"。可是,人人如此,"真的人""不吃人的人"便不会出现了,"人人太平"的日子也不会到来了。这样的暴露,骤然看去,好像有点过分;但只要放开眼光,留心现实,便会见到家庭、社会乃至国家、民族之间,或为小事,或为大事,的确时时

[4] 以上内容,主要通过鲁迅自己写的《自叙传》《〈呐喊〉自序》《我怎么做起小说来》等三篇作品,分析鲁迅小说创作的目的,从而更好地理解小说的主题。"知人论文"这也是阅读教学的重要原则。

刻刻在那里起纠纷；真正"吃人"当然只是狂人的"狂"想头，而互相欺凌、互相压迫，却是今日极普遍的现象。那么，鲁迅先生所谓"旧社会"，岂仅指"以前的社会"（依照狂人的说法便是"四千年来"）而言；在大家还没有"从真心改起"，"去了这心思（指"吃人"的心思），放心做事、走路、吃饭、睡觉"以前，那社会全是他所希望改良的"旧社会"了。《阿Q正传》所暴露的，差不多全是人性上的重要病根。如前面已经提到的"忌讳毛病"，"精神胜利法"，"欺软怕硬"等，表现在阿Q身上，虽不过是些可笑的言语和行动；但只要放开眼，便会见到在庄严的场合里，在体面的人物身上，也常常有类似的言语和行动。自从阿Q这个人物被鲁迅先生创造出来之后，当我们听到那些类似的言语，看到那些类似的行动的时候，便说："这是阿Q性"；听的人听了这一句，也就点头同意，不待再加解释，已能心领神会：这可见那些病根的普遍存在，且被普遍认识了。前些年有人说，"阿Q时代"已经过去了，又有人说，且没有过去；于是起了争辩。依我们看来，必须现实人物的言语和行动，再没有需要用着"这是阿Q性"这句话去批评它的了，那"阿Q时代"才算过去。在还需要用着这句话的时候，即使是将来的社会，也还是鲁迅先生所希望改良的"旧社会"。

在《孔乙己》里，写孔乙己"也读过书，但终于没有进学，又不会营生"，于是穷困潦倒，不免"做些偷窃的事"；最后因此被打折了腿，死在不知什么地方，在人们的记忆里也就消失，好像他并没有生到世上来似的。在《白光》里，写陈士成应了第十六回的考试，仍没有进得一个秀才；旧有的精神失常症又发作了，"贵"的方面既绝了望，想在"富"的方面取得补偿，便又去挖掘那相传祖宗埋在地下的窖藏；挖掘的结果如以前一样，毫无所得；错乱的精神更指引他到山里挖掘去，于是跌落湖里，被淹而死。这两篇暴露的是从前教育制度的病根。从前教育制度绝不注重在教育成能思想、能实干的人；那只是利禄之途，谁贪那利禄谁就往这一途碰去，碰而不得如愿的当然是大多数，他们固然不一定像孔乙己似的做贼或陈士成似的发痴，但潦倒终身，虚此一生，却和孔乙己、陈士成并无二致。

《药》和《明天》两篇，题旨都是亲子之爱；亲子之爱是最原始又最普遍的，该没有什么病根了，但两篇中也暴露了一个病根，就是：因为愚昧无知，以致爱而不得其道。在《药》里，华老栓的儿子小栓害了肺痨病，老夫妻两个不惜拿出辛苦积蓄下来的一包洋钱,去买人血馒头(蘸的是杀头的犯人的血)给他吃,希望他一服而愈。在《明天》里,单四嫂子照料她儿子宝儿的病,"神签也求过了,愿心也许过了,单方也吃过了",最后去诊地方上最有名望的医生何小仙,他听了何小仙几句莫名其妙的话,"不好意思再问",买了一服莫名其妙的药回来,希望它有起死回生的功效。就爱子之心而论,华老栓夫妻两个和单四嫂子都算是至乎其极的了,可是并不能挽救他们儿子的死亡,即说尽人事,他们也实在没有尽得到家;这都由于他们的愚昧无知。在愚昧无知的病根之下,爱子而不得其道的父母,世间正多着呢。

《头发的故事》和《风波》两篇,题材都关于发辫。前一篇记一位N先生谈他剪掉发辫以后的经历:先是满清还没有被推翻,到处受人的笑骂、冷淡和严防,有几个学生学他的样,也剪掉了发辫,立刻被学校开除;后来民国成立了,可是"元年冬天到北京,还被人骂过几次,后来骂我的人也被警察剪去了辫子,我就不再被人辱骂了;但我没有到乡间去";以下又谈到当时有人嚷什么女子的剪发,以为这"又要造出许多毫无所得而痛苦的人";最后他说了"造物的皮鞭没有到中国的脊梁上时,中国便永远是这一样的中国,决不肯自己改变一枝毫毛"的话。《风波》是张勋拥了溥仪复辟那时候发生在乡村间的故事:航船夫七斤剪掉了辫子,听说皇帝又坐龙庭了,惴惴于自己的没有辫子,他的妻子也同样地惴惴,由怨恨而至于绝望,可巧邻村的酒店主人赵七爷来了,他本来"将辫子盘在顶上,像道士一般",这时却回复了原来的打扮,力说"没有辫子,该当何罪",使七斤更感到着急,可是总想不出办法;幸而过了十多日,他看见赵七爷的"辫子又盘在顶上了",从此推知皇帝不坐龙庭了,一场风波才算平静下来。这两篇中的"辫子"是"改革"的象征;一般人对改革都抱着对辫子的态度,"决不肯自己改变一枝毫毛",这正是我国人心理上的重要病根。N先生的辫子是自己嫌它不便当剪掉的;剪掉之后,直到民国元年的冬天,在首善之区的北京,他还受人的骂。七斤的辫子是进城时被人剪掉的;剪掉之后,在传闻皇帝又坐龙庭了的时候,他自己家庭间和心理上不免掀起风波。看似重要而实际上无关重要的辫子问题尚且如此,其他的改革还能轻易谈到吗?

以上只是粗略地说,对于《呐喊》一集中暴露病根的部分,没有说得精密和齐全。此外的部分,希望大家在阅读的时候,逐一自己检出。鲁迅先生所以能够暴露出这些病根,由于他有深广的生活经验,又有一腔希望加以疗治的热诚。就读者一方面说,当然不应该一味盲从,见作者怎么说就怎么相信,最要紧的,得问一问:作者所暴露的是不是真际? 社会间是不是确实有此病根? 要回答这样的问题,必须凭借读者自己的生活经验。如果读者对于人性和社会情形毫无所知,那简直无从知道"是不是"。但毫无所知的人到底少有,生活经验即没有作者那样深广,也往往会涉及作者所经验的范围;如见向来男子实行多妻主义,却一般要求女子守贞操,便觉得狂人的"吃人"之说不尽是"狂"想头;又如见败家子潦倒、颓唐不堪,却盛称祖宗积德,富贵功名,世间无两,便觉得阿Q宛然如在目前。这时候,读者和作者起了"共鸣"了,他断言作者所暴露的是真际,断言社会间确实有此病根,但绝不是盲从。读者的生活经验愈丰富,从好作品里得到的东西便愈多愈精。⁵

　　暴露病根的作品,其中的人物自然是"不幸的人们";在前面提到的几篇里,主人公如狂人、阿Q、孔乙己、陈士成,等等,都是的,他如狂人的大哥,用怪眼色看着狂人的赵贵翁,与阿Q打架的王胡,不准阿Q革命的"假洋鬼子",等等,又何尝不是。他们受病的情形,虽各各[1]不同;可是,同样地陷入那"旧社会"的大泽中,只能随波逐流,与"势"推移,不能跳出那大泽,另走新途径,另辟新天地,所以同样是"不幸"的人。看鲁迅先生使用"不幸"这两个字,便可知道他并没有鄙薄他们、深恶他们的意思,他只侧重在"改良社会",社会改良了,一切的"势"另换个样子,这批人也便从"不幸"之中解放出来了。因此,描写人物的手法,和一般谴责小说大有不同。谴责小说认定某一些人是坏人,把一切的坏事情都归到他们身上去,而他们的坏又似乎并没有旁的根由,只在于他们本性坏,天生是坏人。这也算是作者的一种认识,其合理与否且不论,单问作者何以要写那样的小说,从好一点的方面说,并非借此发抒愤懑;从坏一点的方面说,便是借此揭人阴私。这种认识和用意影响到读者,第一,使读者认为人是单独活动的、与社会毫无关涉的生物,翻开小说来,就想查究谁是坏人,谁是好人,而得到答案也很容易,仿佛看旧戏似的,只需认那登场人物的"脸谱",便可以明白。第二,使读者也感到愤懑,对于所谓坏人,恨之刺骨;或者得

---

[1] "各各"即为"各个"。——编者

> 5　阅读教学,是读者与文本、与作者对话的过程。一方面,我们要指导学生走进文本,走进读者,获得"共鸣点";另一方面,我们也要让学生结合自己的经验和理解读出自我,不能一味盲从。

到一种窥见了人家的秘密似的快感,仿佛说,你们这批坏东西现在是赤裸裸地显现在我眼前了,此外就别无所得。《呐喊》一集中的短篇小说便不然。由于作者的认识和谴责小说的作者一样,其描写人物,着力于人物在社会中,凭其性习,与事物接触,内面、外面起怎样的变化这一方面。起变化的虽是这一个人物,但使他起这样变化而不起那样变化的因素,不完全居于他自己(前面所说"随波逐流,与'势'推移",那用"波"和"流"来作比喻的"势",便不居于他自己);这一点也极注意。如此写来,好人坏人就并不划然分明。如阿Q,总算是个极不足取的人了;他头上有了癞疮疤,口头便有许多忌讳,他时常被闲人揪住了打,便发明精神上的胜利法;他与事物接触而起这样的变化,其因素完全属于他吗?如果社会间没有把人家的缺陷作为取笑资料的风尚,阿Q该不至于讳说"癞""赖",从而一转再转,连"光""亮""灯""烛"都讳说的吧?如果社会间没有以撩打人为乐的闲人,阿Q该不会有"儿子打老子","我是虫豸","第一个能够自轻自贱的人,除了'自轻自贱'不算外,余下的就是'第一个'"这些奇妙想头吧?这样想开去,便见得阿Q虽然不足取,但他不是坏人,而是个"不幸"的人;他的"不幸"在他的习性既不高妙,又正遇着了有这样风尚、这样闲人的社会。伏在背后的可以想得出来的意旨,不就是:假如社会改良了(习性虽属于个人,但与社会牵涉之处太多了),阿Q也许会颇有可取吗?这样就阿Q说,无非举个例,指明鲁迅先生描写"不幸"的人的手法,与谴责小说描写坏人不同,其用意则在引导读者向"改良社会"的目标走去。

鲁迅先生说:"我力避行文的唠叨,只要觉得能够将意思传给别人了,就宁可什么陪衬拖带也没有。""经济"本是短篇小说的一个重要条件,陪衬、拖带太多,便说不上"经济"了,但必须以"够将意思传给别人"为度。[6] 鲁迅先生对于此点,是确实能够做到的。试以《白光》一篇为例。若逐一叙述主人公陈士成状貌怎样,处在怎样的境况之中,一连应了多少回的考,以前应考失败了曾有怎样的举动,那便是陪衬、拖带太多了;而且琐屑芜杂,连不成一气。所以并不那么写,而从陈士成看了第十六回的榜,还是看不到自己的名字,精神重又失常开始;这精神失常便成为一条线索,全篇写陈士成那个下午那一晚上的思想行动,都集中在此点,而必须让读者明白的一些事情,也就交织在其中。如写他看榜时候,凉风"吹动他斑白的短发";写他跌落在万流湖里之后,乡下人

[6] 以上分析的是《呐喊》的主题,下面转入艺术性的分析,"短"而深刻、"短"而丰盈、"短"而意思到位,这是短篇小说的重要艺术特征。

将他捞上来,"那是一个男尸,五十多岁,'身中面白无须'(以前照相还未通行,凡需要表明状貌的场合,只能用文字记载;这六字是'仵作'填写在'尸单'上的,而应考时候也得同样填写;'身中'是中等身材,'无须'见得陈士成是个老童生——没有进学的童生,年纪无论如何大,是照例不得有须的)";读者从这两语便知道他的状貌。关于状貌,可写的也很多,而只写这两语,因为这两语和他的屡次失败以致精神失常有关系的缘故。头发已经斑白了,还只是个只能"无须"的童生,在一个热心于锦样前程的人,怎得不发痴?又如写他看了榜回到家里,便把七个学童放了学;租住在他宅子里的"杂姓"都及早关了门。为的是根据他们的老经验,怕看见发榜后他那闪烁的眼光;读者从这两点,便知道他的境况的一斑。宅子里收容一些"杂姓",是家境凋零的最显著的说明;仅有几个学童为伴,生活的孤苦寂寞可想而知了。唯其如此,他对于锦样前程盼望得愈切,然而那前程"又像受潮的糖塔一般,刹时倒塌了";因此他萌生了图谋另一前程(发掘窖藏而致巨富)的想头,虽说在精神失常的当儿,却也是非常自然的事。又如让读者知道他这回应考是第十六回,只从叙述他屈指计数,"十一,十三回,连今年是十六回"带出;让读者知道他以前也曾发掘过窖藏,只从叙述他平时对于家传的那个谜语的揣测带出。这些都是不可以略的,省略了便教读者模糊;但不使这些各自分立,成为陪衬、拖带的部分,而全给统摄在那个下午那一晚上他精神失常这一条线索之下;这便做到了"够将意思传给别人",而"什么陪衬、拖带也没有"。——其他各篇差不多都这样地"经济",大家阅读的时候,可以各自研求。

<u>鲁迅先生以旧戏与花纸为比,说他的小说也不用背景;这个话也不宜呆看。他所不用的背景,是指与传达意思没有关系而言。世间的确有一些短篇小说,写自然景物(鲁迅先生称为"描写风月")费了许多的篇幅;写人物来历费了许多的篇幅;可是仔细看时,那些篇幅与题旨并没有多大关系,去掉了也不致使读者模糊,这就同旧戏与花纸有了不相称的背景一样,反而使人物见得不很显著了。</u>那种背景当然不用,用了便是小说本身的一种疵病。至于没有了便不"够将意思传给别人"的背景,鲁迅先生却未尝不用。⁷如《风波》的开头两节,第一节写临河土场上的晚景。第二节写农家的男女老幼准备在这土场上吃晚饭,分明是背景。这背景何以要有呢?因为下文七斤为了辫子问题

> 7 下面分析《呐喊》的环境描写。

发愁，赵七爷到来发表"没有辫子，该当何罪"的大道理，以及九斤老太发抒她的不平，七斤嫂由急而恨，骂人打孩子，八一嫂替七斤辩护，致受七斤嫂辱骂，和赵七爷的威胁，等等，都发生在这个场面上，都发生在这吃晚饭的时间；先把场面和时间叙明，便使读者格外感到亲切——农村里的许多人，只有在这个场面这个时间，大家才聚在一起，说长道短，交换意见。并且，先叙了"场边靠河的乌桕树"，以下叙小女孩六斤被曾祖母骂了，"直奔河边，藏在乌桕树后"，以及七斤嫂"透过乌桕叶，看见又矮又胖的赵七爷正从独木桥上走来"，才见得位置分明，使读者如看见舞台上的现代剧。先叙了大家准备在场上吃晚饭，以下叙九斤老太骂曾孙女儿的话："立刻就要吃饭了，还吃炒豆子，吃穷了一家子！"才见得声口妙肖，使读者一与她接触便有如见其人的感觉。而赵七爷一路走来，大家都招呼他"请在我们这里用饭"；待赵七爷站定在七斤家的饭桌旁边，周围便聚集了许多看客；也因开头有大家准备吃晚饭的叙述，便不觉得突兀。又如《故乡》一篇，叙鲁迅先生自己还乡搬家，觉得故乡不如记忆中的故乡那么好了，而全篇中心则放在一个幼年时一起玩得很熟的乡间小朋友闰土的转变上；借此表达出生活的重担压在各人[1]的肩上，会把人转变得与前绝不相同的题旨。篇中于母亲提起了闰土的当儿，便回忆幼年时与闰土结识的经过，叙他讲述许多有趣的乡间生活经验，"都是我往常的朋友所不知道的"——这部分占了一千字以上的篇幅，也是背景的性质。这背景何以要有呢？因为下文闰土到来时，鲁迅先生招呼他："啊！闰土哥，——你来了？……"而他开口便是一声"老爷！……"这一声"老爷"暗示了他一切的转变，所以鲁迅先生接着叙道："我似乎打了一个寒噤；我就知道，我们之间已经隔了一层可悲的厚障壁了。"而要让读者也明白这层意思，非把闰土当初是怎样一个乡下小孩子交代清楚不可，如果没有那一千多字背景的叙述，那么，鲁迅先生听了一声"老爷"虽打个寒噤，而在读者绝不会有什么深刻的印象。

《呐喊》一集十四篇小说中，只有《头发的故事》有大篇的对话；那是体裁如此，特意要让N先生自言自语，发一大篇议论，议论发完，小说也就完毕。以外各篇，对话都很简短，与鲁迅先生自己说的"对话也绝不说到一大篇"的话

---

[1] 即"个人"。——编者

完全应合。鲁迅先生曾称引他人的话:"要极省俭的画出一个人的特点,最好是画他的眼睛。"他写对话,就用的画眼睛的方法,简单几笔,便把人物的特点表现出来了。[8] 现在随举一些例子来说。如酒客嘲笑孔乙己偷人家的东西;孔乙己便睁大眼睛说:"你怎么这样凭空污人清白……"酒客又说亲眼见他偷了人家的书,被人家吊着打;孔乙己便争辩说:"窃书不能算偷……窃书……读书人的事,能算偷么?"街坊孩子吃了孔乙己的茴香豆,每人一颗,还想再吃,孔乙己看一看豆,摇头说:"不多不多!多乎哉?不多也。"("君子多乎哉?不多也!"是孔子的话,见《论语·子罕篇》)这些对话,表现出孔乙己所受于书本的教养。闰土重逢分别了近三十年的鲁迅先生,劈头便叫"老爷!"鲁迅先生的母亲教他不要这样客气,还是照旧哥弟称呼时,他便说:"啊呀,老太太真是……这成什么规矩。那时是孩子,不懂事……"这些对话,表现出闰土所受于习俗的教养。又如华大妈烤好了人血馒头给小栓吃,轻轻说:"吃下去罢,——病便好了。"小栓吃过馒头,一阵咳嗽,他就说:"睡一会罢,——便好了。"话是简短极了,却充分传出了她钟爱儿子、切盼儿子病好的心情。九斤老太见曾孙女儿在晚饭前吃炒豆子,发怒说:"我活到七十九岁了,活够了,不愿意眼见这些败家相,——还是死的好。"随后就连说:"一代不如一代!"待听赵七爷提到"长毛",便对赵七爷说:"现在的长毛,只是剪人家的辫子,僧不僧,道不道的。从前的长毛,这样的么?我活到七十九岁了,活够了。从前的长毛是——整匹的红缎裹头,拖下去,拖下去,一直拖到脚跟;王爷是黄缎子,拖下去,黄缎子;红缎子,黄缎子,——我活够了,七十九岁了。"这些话,具体地传出了她贱今贵古、愤愤不平的顽固心情。阿Q既决定了投降革命党,想得高兴,便大声嚷道:"造反了!造反了!"他见未庄人都用惊惧的眼光看他,更加高兴,喊道:"好……我要什么就要什么,我欢喜谁就是谁。"接着便唱起锣鼓的音节和戏文来了:"得得,锵锵!悔不该,酒醉错斩了郑贤弟,悔不该,呀呀呀……得得,锵锵,得,锵令锵!我手执钢鞭将你打……"正在惧怕革命的赵家人见他走过,想从他那里探听一点关于革命的消息,欲说不好说,却问他:"现在……发财么?"他便回答:"发财?自然。要什么就是什么……"赵家人又说:"像我们这样穷朋友是不要紧的……"他便说:"穷朋友?你总比我有钱。"这些话,把阿Q预料前程无限的得意心情,活泼泼地烘托出来;而他意识中的革命是怎么一回事,也

· 142 ·

[8] 下面转入《呐喊》对话和语言的分析。

就同时点出。又如康大叔把人血馒头交给华老栓,说:"喂,一手交钱,一手交货!"只此一句,便传出了当刽子手的粗人的神态。驼背五少爷走进华老栓的茶馆,正是华大妈在灶下烤人血馒头的时候,他便说:"好香!你们吃什么点心呀?炒米粥么?"只此三句,便传出了闲得无聊专爱管闲事的茶客的神态。赵七爷听七斤嫂问起"皇恩大赦",便说:"皇恩大赦?——大赦是慢慢的总要大赦罢。但是你家七斤的辫子呢,辫子?这倒是要紧的事。你们知道:长毛时候,留发不留头,留头不留发……"只此数句,便传出了颇负时望,但实际上并不了了的乡村学问家的神态。在《社戏》里,鲁迅先生叙他在北京看旧戏,因为不知道台上唱老旦的那个名角是谁,就去问挤在左边的一个胖绅士;那胖绅士"很看不起似的斜瞥了我一眼,说道'龚云甫!'"如果是到过北京的人,用北京人的声调念起来,便会觉得只这"龚云甫"三个字,已经传出了北京的"老戏迷"的神态。——以上所举例子,用简短的对话,把人物的教养、心情、神态等表现出来,使读者直觉地感到;比较用琐琐的叙述加以说明,更为有效。所有各篇是对话,差不多都是这样;与人物的教养、心情、神态等无关而徒然占去篇幅的对话,几乎可以说没有。唯其如此,自也不会有与人物不相称的对话,为乡村中人而作都会中人的口吻,劳动阶级而用知识分子的词语之类。对话与人物不相称,人物的形象便不明确生动,不能使读者当作真有这么一个人物似的那样感到:那是小说的大毛病。对话与人物相称了,然而是些普普通通的话,有固可以,没有也无妨;那样的对话只是拖带的部分,足以破坏"经济"的条件,也还是小说的疵病。必须每句对话都有它的作用,直接的,为表现人物的特点而存在,间接的,为传达整个的题旨而存在,才够得上精粹。鲁迅先生的小说便是这样的;阅读的时候,应当追求每句对话所以要这么写的作用。

不仅写对话,就是写动作,也用画眼睛的方法,使读者知道人物有某种动作之外,更知道一点别的什么。[9] 如华老栓夫妻两个准备去买人血馒头,"华大妈在枕头底下掏了半天,掏出一包洋钱,交给老栓,老栓接了,抖抖的装入衣袋,又在外面按了两下"。这就字面看,是说取钱、藏钱的动作;然而老夫妻两个积钱不易,把钱看得特别重,为了儿子的病,才肯花掉这一包洋钱,这心理,也就在这上头传出来了。又如单四嫂子的儿子宝儿死了,对门的"王九妈便发命令,烧了一串纸钱;又将两条板凳和五件衣服作抵,替单四嫂子借了两块洋

---

[9] 分析《呐喊》里的动作描写。

钱,给帮忙的人备饭"。蓝皮阿五愿意帮单四嫂子筹措棺材,"王九妈却不许他,只准他明天抬棺材的差使"。当宝儿入殓的时候,单四嫂子哭一回,看一回,总不肯让棺盖盖上,"幸亏王九妈等得不耐烦,气愤愤的跑上前,一把拖开她,才七手八脚的盖上了"。事后单四嫂子以为待她的宝儿已经尽了心,再没有什么缺陷,"王九妈掐着指头仔细推敲,也终于想不出一些什么缺陷"。这些就字面看,是说王九妈种种的动作;然而一个自以为能干、有经验,爱替人家做主张的乡间老妇的性格,也就在这上头传出来了。又如闰土简略地说了他景况的艰难,"沉默了片时,便拿起烟管来默默的吸烟了"。这就字面看,是说吸烟的动作;然而闰土为生活的重担所压,致变得木讷阴郁,这意思,也就在这上头传出来了。又如阿Q和小D打架,互扭着头颅,彼此弯着腰,"阿Q进三步,小D便退三步,都站着;小D进三步,阿Q便退三步,又都站着。大约半点钟……他们的头发里便都冒烟,额上便都流汗,阿Q的手放松了,在同一瞬间,小D的手也正放松了,同时直起,同时退开,都挤出人丛去"。这就字面看,是说打架的动作;然而两个人并非勇于战斗,只因实逼此处,不得不作出战斗的姿态,这意思,也就在这上头传出来了。——以上所举例子,都在写人物的动作之外,还有别的作用。集中写动作之处差不多都是如此,读者也不宜忽略过去。

　　此外写人物的感觉和思想之处,也有可以说的。[10]如《狂人日记》,狂人吃了蒸鱼,便记道:"这鱼的眼睛,白而且硬,张着嘴,同那一伙想吃人的人一样。"狂人受了何先生的诊脉,听何先生说了"不要乱想,静静的养几天,就好了"的话,便记道:"不要乱想,静静的养!养肥了,他们是自然可以多吃;我有什么好处,怎么会'好了'?"这些都表现狂人的精神失常,神经过敏,因他一心认定"吃人"两个字,便把一切都联想到这上头去。又如写华老栓在天刚亮时出去买人血馒头,所见的路人,护送犯人的兵丁,看"杀人"的看客,以及"杀人"的场面,都朦胧恍惚,不很清楚。这表现华老栓从半夜起来,作不习惯的晓行,精神不免异样;更因心有所注,专一放在又觉害怕又存绝大希望的那件事情(买人血馒头)上,所以所见都成了奇景。又如写宝儿的棺材抬了出去之后,单四嫂子忽然觉得屋子太静,太大,太空了,包围着她,压迫着她,使她喘气不得。这表现单四嫂子似的粗笨女人丧了唯一的爱子之后的感觉,最是真切;若写她有种种的敏锐感觉,有思前顾后的许多想头,便不成其为粗笨女人了。又如《一

10　分析《呐喊》的心理描写。

件小事》,写那车夫扶着自称"我摔坏了"的老女人向巡警分驻所走去,"我这时突然感到一种异样的感觉,觉得他满身灰尘的后影,刹时高大了,而且愈走愈大,须仰视才见。而且他对于我,渐渐的又几乎变成一种威压,甚而至于要榨出皮袍下面藏着的'小'来"。这表现车夫对事认真,绊倒了人,生意也不顾了,定须照例到巡警局去理会,这是他的"大";而"我"却对事苟且,见老女人并没有受什么伤,便教车夫"走你的罢",替自己赶路,这是"我"的"小";"小"和"大"相形,便仿佛觉得车夫的后影非常高大,而且对"我"有压迫之感了。

如以上所说,可见写人物的动作和感觉,思想的部分,也和对话一样,直接的,为表现人物的特点而存在,间接的,为传达整个的题旨而存在。这种笔墨,就一方面说,也是叙述,因为它把对话、动作、感觉、思想等写在纸面,让读者知道,与一切文字的叙述相同;但就另一方面说,便是描写,因为它把人物生动地勾勒出来,把故事生动地表现出来,让读者感受,与绘画、戏剧有同样的作用。谈论小说的人常常使用"描写"一词,便指这种笔墨而言。鲁迅先生善于描写,他说:"可省的处所,我决不硬添。"反面的话没有说,其实不该省的处所,他也决不硬省;因此,他的小说无不是精粹之作。

> 11 分析《呐喊》的语言特征。

鲁迅先生自己说:"没有相宜的白话,宁可引古语,希望总有人会懂。"他所谓古语便是文言。[11] 在《呐喊》一集中,引用文言的处所其实极少,只有《阿Q正传》一篇是例外。关于《阿Q正传》中引用文言一层,张天翼先生《论〈阿Q正传〉》的"关于《序》及其他"一节里,曾经提及,颇有所发明;现在摘抄在这里。那一节是用主客对话的形式写成的。

  主:"创作里面总不该用那些非现代语的句子和词儿",——我完全同意。记得鲁迅先生在一篇文章里谈过,说有人要是写山,拿"崚嶒""巉岩"之类的词儿来形容它……(谈到这里,客人不明白这两个词儿是哪四个字,主人就在纸上写给他看。客人笑了起来。)你看这样的词儿!读者读了,那简直不知道这山到底是个什么样子,连作者自己也不知道。这些词儿只是他从旧书上抄下来的。鲁迅先生批评了这种写法。真的,这类词儿实在没有表现出什么来。旧句旧词拿来这么用法,那是三家村老学究式的创作方法:活人说死话。然而《阿Q正传》里那些旧句旧词的用法,那正也是我们刚才谈过的——正是拿来示众,拿来否定它的。

客：(接嘴。)也跟他的杂感文一样，是讽刺那些死话的。跟那些什么"崚嶒"的用法——绝对是两回事。

主：是的，是一个讽刺。不单是讽刺了那些死话的形式，而且还讽刺了那些死话里所含的意义。(接过《呐喊》来。)例如，"夫文童者，将来恐怕要变秀才也"，我想世界上绝不会有这样的傻瓜，就以为这是作者的正面文章，要叫天下的人都去尊敬文童。也绝不会有人把"不孝有三，无后为大"，"若敖之鬼馁而"，这些，以为是作者要说的话。这些句子在这篇作品里所起的作用，也跟(指着书上)，"即此一端，我们便可以知道女人是害人的东西"一样，作用是相同的。这并不是作者自己的意见，也不是作者自己所要说的话。这些——是透过这作品中那些人物来说的，是用了那些人物的口气来说的。这些意见，是未庄文化圈子里那些人物的意见。作者对未庄文化是否定的，讽刺的。而这些词句的拿来用到这里，也就是对它的含义和形式加以否定和讽刺的。换一句话说，那么作者所写下的这些词句，倒恰好是一种反语。

客：(微笑。)这种旧词儿还很多哩。(一面翻看书找着，一面说。)比如——"立言"，"引车卖浆者流"，"著之竹帛"，"深恶而痛绝之"，"诛心"，"而立"，"庭训"，"敬而远之"，"斯亦不足畏也已"，"神往"，"咸与维新"……这些这些——用在这里就显得极其可笑，正也跟引用"先前阔"，"假洋鬼子"，"一定想引诱野男人"的女人，"假正经"，"妈妈的"这类的话一样可笑。

主：作者正要我们笑它：To laugh is to kill.

客：(想起了一件事。)哦，对了！喜欢引用旧句旧词的这种作风，的确不仅是因为读了旧书而已。(自言自语似的。)唔，如果这仅仅只是因为读多了旧书的话，那么三家村老学究和写"崚嶒"的作者也都是读多了旧书，可是一写出来，态度各不相同：一种是把那些旧句旧词当作正派角儿上台，一种可是把它当作歹角和丑角上台。不错，鲁迅先生欢喜引用旧句旧词的这种作风，他的这种引用法——正是出于他的思想和情感，出于他那是非善恶的判断：这正表现了他对未庄文化的批评态度。

主：我认为这一点比"读多了旧书"那个原因还重要得多，这一点，是构成这种作风的更主要因素。(稍停。)我认为我们要是把一个词儿,一句话,一个举动的描写,等等——全都孤零零地单独提出来看,那就无所谓作风不作风。我们一定要看看这作者用起这些东西来,是怎样一个态度,他把它用在什么地方,怎样用法,等等,这才看得到他的作风。

一、下面是几位语文名家关于阅读的经典论述,研读后谈谈你的看法。

1. 孙本文:盖课内教授,仅为指导课外自读之预备。国文之主课,宜于课外自读求之,不当斤斤于课内求之也。不佞对于国文教授之希望,在废课本而代之以课外自读,课内之任务,仅为指示订正而已。[孙本文.中学校之读文教授[J].教育杂志,1919,11(7).]

2. 陈启天:自修文的教法:这是教授时间外用的,注重单独研究,充实思想,养成自己读书的能力,应学生个性及程度的差异为个别指导。其法如下:(1)指示各人应阅的书籍、杂志、日报,由他们单独研究或印发选择的自修文;(2)阅自修文时,须置一读书录杂志疑,撮要,批评,并可随时向教员问难;(3)检阅读书录,并改正思想和文字的谬误,指示学生以后应该留心之点。[陈启天.中学的国文问题[J].少年中国,1920,1(12),2(1).]

3. 罗莘田:课外的略读,注重在思想的开导,知识的汲取,材料的吸收。阅读的范围要广泛,要有计划,有方法,要看得多,看得快,还要做笔记;要使学生从被动地阅读变成自动地阅读,从盲目地翻阅变成正确地选读,从看书变成爱书,从偶一涉猎变成手不释卷;要使他们爱看书籍,也爱看报纸、杂志,总之,要使他们养成自动阅书的习惯。[罗莘田.我的中学国文教学经验[J].国文月刊,1943(20).]

二、下面是当代一些学者关于鲁迅小说教学的论述,研读后谈谈你的看法。

1. 苗金德:读鲁迅作品,需要有方法,用走马观花、浮光掠影或不求甚解的时髦方法去读,是读不到鲁迅作品的精髓的,因为鲁迅跟时髦无关。用观念先行、思想图解或革命工具的神圣方法去读,是读不到鲁迅作品的本意的,因为鲁迅关注的是人的本质和人类的自由发展,因为鲁迅是20世纪和现在以至未来中国的"良心"。我们应该感到惭愧,我们曾经的读法,说不定或者说一定玷辱了鲁迅作品和鲁迅之英名。读鲁迅作品,要用人味去触摸,要用心灵去感受。我们都说鲁迅作品难读难懂,其实是我们用世俗之体、扭曲之心体味鲁迅的"赤子童心"。如此,鲁迅作品不只是难读难懂,甚至被误读也一点儿不意外了。我们经常问一问,我们读懂过"哀其不幸,怒其不争"吗?我们理解了"肩起了黑暗的闸门,放他们(青年)到宽阔光明的地方去"吗?沐浴,净身,焚香,捧读鲁迅作品,我们境界扩大了。[苗金德.留住我们的精神线索[J].中学语文教学,2005(5).]

与学者对话

2. 李卫东：与不能深刻认同鲁迅作品丰富的人文内涵来比，对于鲁迅作品的表现形式所产生的"隔膜"，使得我们的语文教学在鲁迅作品面前变得更加手足无措。而对鲁迅作品人文内涵的疏离，某种程度上正是由"隔膜"鲁迅作品"有意味的形式"所导致的。结合语文学科的特点和任务来看，引导学生潜入鲁迅文本的语言内层，涵泳玩味，就显得十分必要而且重要了。鲁迅人文思想的博大，鲁迅文学世界的深邃，并非如生吞钙片似的就能消化得了的，只能用我们的语感之"齿"、精神之"胃"，去反复"咀嚼""反刍"，才能化为我们肌体的有益营养，我们的"语文"也才能够真正强大起来。[李卫东.重估鲁迅作品的教学价值[J].中学语文教学，2005(5).]

3. 王栋生：阅读教学要教的是阅读方法，阅读经典作品是"打底子"，这样的阅读不可能一次性完成。鲁迅的许多作品，常读常新，何必指望学生在短时期全都"读懂"？不妨换个思路来分析这个问题。那些推动人类进步的经典作品是要用一生去读的，只有在阅读中一点点不断有收获，才能滋养人的一生。阅读经典处于"懂"与"不懂"之间，也许才有学习的空间与动力，在读中一点点地体悟，或是如梦方醒才是阅读的乐趣。如果十六七岁就把鲁迅作品全读懂了，那岂不是太贬低鲁迅了吗？[王栋生.正确认识鲁迅作品的语文教育价值[J].语文建设，2008(10).]

4. 姜建明："读出自己"，就是再也不要把鲁迅小说当作政治读本，不要把语文当作政治教条的工具，而要把鲁迅小说当作真正的文学作品来教。"读出自己"，就是要从鲁迅小说中读出我们自己的情感体验；"读出自己"，就是在审视鲁迅小说人物的同时，更严峻地审视自己。也正是在这个意义上，鲁迅小说（包括其他文学作品）的教学，不是告诉学生写了些什么，而是引导学生"与'你'相遇"，从而使之获得自我教育。[姜建明.读出自己：新课标下鲁迅小说教学谈[J].中学语文教学，2003(12).]

我思故我言

我思故我言

《爱的教育》指导大概

本书初版，在民国十五年发行。过了十多年，又经译者修改过一遍，把一些带有翻译调子的语句改得近乎通常的口语，其他选词造句方面也有修润，这便是修正本。现在买得到的，大概是修正本；所以本篇指称页数和引用原文，都依据着它。修正本有几处显然排错的地方，先在这里提出一下，诸位同学可以改正了再看。第三十页第八行"母亲"该是"父亲"；这"我的母亲"一节，所记的话完全是父亲说的。第二百七十二页第十一行下方漏掉"父亲"两字，这"格里勃尔第将军"一节也完全是父亲的话，照本书的格式，凡是记录父亲、母亲或姊姊的整篇的话，都低一格写，这一节没有低一格，也是错误。第二百七十五页第八行下方也漏掉"父亲"两字，这"意大利"一节也该低一格写。第二百九十七页第十行下方漏掉"母亲"两字，看"母亲的末后一页"这个题目便可以知道。

本书命名的来历，看卷首"译者序言"便能明白。原作者亚米契斯的生平，可看卷首"作者传略"。这是作者作品中间销行最广的一部书；在意大利儿童读物中间，也算是最普遍的。意大利为什么会产生这样一部书？意大利人又为什么欢迎这样一部书？都和意大利当时的社会情形、政治情形有关系。关于意大利当时的社会情形、政治情形，现在先约略说一说，使诸位同学对本书

> 1　联系社会、政治情形分析作品流行和受欢迎之原因,便于学生理解本书的主旨。

的立意可以多一点了解。本书中有少数几节是关涉意大利的历史的,也必须略知意大利的情形,读下去才不至于茫无头绪。¹

欧洲各国打败了法国的拿破仑(公元一八一五年)之后,三十多年间,奥大利[1]的势力最为强盛,由首相梅特涅掌握大权,在国际间占着主人翁的地位。当时各国因受美国独立(公元一七七六年)和法国革命(公元一七八九年)的影响,民权思想已很普遍;一班新党对于在梅特涅领导下的社会、政治制度很不满意,都想起来革命。且说意大利,其时绝对没有政治上的统一,各邦的君主都依附着奥大利,把旧时的种种苛政恢复过来。这使爱国志士非常痛心,便有许多秘密团体组织起来,从事革命运动。"烧炭党"是其中最有名而且最有力量的一个。但因奥大利派遣军队到来,革命运动暂时被镇压下去了。这是公元一八二〇到一八二一年间的事。到了公元一八四八年,奥大利民众起来革命,把梅特涅赶走。意大利人闻风响应,强迫撒地尼亚王查理阿尔伯特出任反抗奥地利的领袖,想把奥地利的势力完全驱逐出境。但战争失败了,不得已与奥地利订立停战条约,把军队退出业已取还的隆巴尔地。下一年春天,意大利各地的民权运动盛极一时;撒地尼亚的民主党人主张重张旗鼓,用武力驱逐奥大利人。但这运动不久又失败了。于是查理阿尔伯特让位于他的儿子维多利亚·爱马努爱列二世。维多利亚·爱马努爱列二世得到三个人的帮助,终于在公元一八六一年成立了统一的意大利王国。那三个人便是加富尔、马志尼和加里波的[2]。

加富尔是现代欧洲史上一个伟大的政治家,向来反对专制政体,羡慕英国的国会制度。他长于解决实际问题,不肯但凭理想。自从任了首相以后,极得爱马努爱列二世的信任,他便专心致志于发展国内的富源,提倡教育的普及,改良军队的组织。因此之故,撒地尼亚不久就成为一个富强而且开明的国家,一方面足以驱逐奥大利人,另一方面足以吸引国内其他各邦的倾慕。内政上既有相当成效,又从事外交上的工作,联络英、法两国。结果得到法国拿破仑三世的援助,在公元一八五九年,意、法两国联军把奥地利人打得大败。

马志尼是意大利当时革命党人中间最有名的一个。他原是个文学家,曾

---

[1] 即奥地利,后同。——编者
[2] 即加里波第,后同。——编者

经加入"烧炭党"。后来看见"烧炭党"人大都口是心非,大不满意,便另行组织一个"少年意大利党"。这个党的潜势力非常之大,使国内人才在精神上集合拢来。他们和当时各国的革命党人一样,不但抱持民权主义,且也抱持民族主义;以爱国、爱民族为高于忠君的美德,以全国民众大团结为非实现不可的目标,他们要建设一个统一的民族的国家。爱马努爱列二世和加富尔所以能够成功,实在得力于马志尼所领导的"少年意大利党"人为多。

加里波的是个军事天才。他早年就从事革命工作,屡次失败,逃往国外,常常往来于南北美洲。公元一八五九年,撒地尼亚和奥大利战争,他才回国加入军队服务。下一年,意大利中部各地并入撒地尼亚王国;南部的西西里人也起来背叛西班牙方面的波旁族的统治势力。加里波的便乘机统率他的红衣志愿军一千人,由热那亚南下援助,不到三个月的工夫,就把西西里岛征服。于是再渡海登陆,把那不勒斯王赶走。由西西里王国的人民公决把本国领土并入撒地尼亚王国。其年十一月间,加里波的和爱马努爱列二世并辔进那不勒斯城,沿路人民无不欢声雷动。

公元一八六一年二月,意大利统一后的国会,在首都丘林,开第一次会议,议决以意大利国王的尊号上给爱马努爱列二世,现代的意大利王国于是正式成立。自从对奥战争到这时候,仅有两年的短时间,一般都认为现代世界史上少见的伟绩。到了公元一八六六年,普鲁士、奥地利两国战争;意大利得到普鲁士的援助,乘机向奥大利收回威尼西亚地方。公元一八七〇年,法国拿破仑三世因屡次败于普鲁士,把驻防罗马城的法国兵士召回;意大利又乘机进占罗马城。于是意大利半岛完全统一,首都也从丘林迁到了罗马。

诸位同学手头如果有世界地图,最好翻出来,看一看意大利的形势。²

从前面所说的意大利建国略史,可以知道作者所处的是怎样一个时代。本书中充满着爱国、爱民族的情绪,对于教育,对于军事,都极端推崇,几乎到了虔敬的地步,这正是所谓时代精神的表现;何况如"作者传略"里所引"近代意大利文学"的话,他"自称为马志尼的弟子,他的信仰,他的癖性,都属于马志尼派"。本书初版于何年,不得而知。但据第四卷"维多尼亚·爱马努爱列王的大葬"一节,可知本书是从公元一八八一年十月记起,到公元一八八二年七月为止(爱马努爱列二世死于公元一八七八年,这一节里说"四年前今日"国王大

2 虽是一个简单的要求,其实,也渗透着学科融合的思想,这和今天新课标的思想理念是不是也一致呢?

葬,可证其年是公元一八八二年)。假定本书的撰作就在这年(其年作者三十七岁),这以后正是意大利人从奋斗中得到满足,意兴非常发皇的一段时期,说到爱国、爱民族,主张教师神圣、军人神圣,谁又不心中激动,五体投地?这便是本书所以受普遍欢迎的原由了。

本书算是一个小学生在校一学年,共十个月的日记。那个小学生名叫安利柯;父亲亚尔培脱勃谛尼,是个技师。日记并不每天都记;最多的是二月,记了十三节;最少的是七月,只有四节,十个月共一百节。除了最后一个月(七月),九个月中都有一篇"每月例话",是教师讲给学生听的关于高尚少年的故事,由学生笔记下来的。"每月例话"用的旁叙法;就是说,作者但做客观的叙述,自己并不在文中露脸。"每月例话"以外各节,如通常日记一样,用的自叙法;就是说,所叙思想感情都是属于安利柯的,所闻所见都是通过了安利柯的耳目的。后一节和前一节,往往互相联系,使读者不觉得突兀。如第一节"始业日"叙述换了个新先生,结尾说"学校也不如以前的有趣味了";第二节"我们的先生"便用"从今天起,现在的先生也可爱起来了"开头,描写新先生的性态,记载新先生的谈话,便是一例。

这一学年的日记不专记学校生活,也有校外的种种事故,个人的,家庭的,乃至社会的,总之以安利柯为线索。除安利柯是主人公以外,属于家庭的,有安利柯的父亲、母亲和姊姊,属于学校的,有男教师、女教师和同学,都在书中担任重要角色。对于父亲、母亲和姊姊,并不特别提叙,只在涉及他们的处所,描写他们的性格和姿态。对于男教师,第一卷的"我们的先生"和第二卷的"校长先生"两节是提叙;全校八位男教师都讲到了,而特别详于安利柯那一级的教师和校长先生。对于女教师,第一卷的"我的女先生"、第二卷的"弟弟的女先生"和第三卷的"女教师"三节是提叙。对于同学,第一卷的"同窗朋友"一节是提叙;一级中间共有五十五个学生,而这一节只叙了十五个,以后提到的就是这十五个(还有一个在第一卷"灾难"一节叙及的因救人而受伤的洛佩谛)。以上所说提叙的几节都须仔细看,把各人的大概情形记住,看下去才不至于搅不清楚。书中在提叙的时候,不一定把其人名字点明,以后再行提到时名字方才出现;如"同窗朋友"一节里只说"有一个小孩绰号叫作'小石匠'的",那个小孩名叫安东尼阿拉勒柯,要看了第三卷"小石匠"一节才知道;这一层也须注意。

　　仔细看过提叙的几节,你就对于书中重要角色有个扼要的印象了;于是一节节读下去,可以看他们种种的活动。那种种的活动,犹如一把刻刀在你的心上一回又一回地刻着,使你对于他们的性格和姿态,印象越来越深。原来作者先想定了这么些人物,他们的性格和姿态,都宛然如在目前,然后下笔;所以能够前后一贯,在读者心上留下深刻的印象。在有些长篇小说里,人物的性态往往有转变,前后不尽一样;其所以转变的因素,在外的是环境,在内的是心理,环境和心理有移动,性态自也转变。本书的体裁虽是日记,实际也是一部长篇小说,人物的性态却是很少转变的;只有泼来可西的父亲,那个铁匠,先是虐待儿子,习惯不良,自从儿子得了奖赏(第五卷"赏牌授予"),他的脾气改好了,和以前竟如两人,是个显著的例外。这因为本书所叙,时间仅占十个月,不能算长,在这十个月中间,安利柯和一班同学,所处的环境无非平静的丘林地方的学校、家庭和社会,他们心理上虽不能说绝无移动,但还不至于使性态有显然的转变的缘故。知道了这一层,便可以明白本书和前面提及的有些长篇小说<u>不同:那些小说描写人物的性态,打个譬喻说,是沿着一条线进展的;而本书却注重在性态的某几点,并不注重在进展。一个人的性态不容易一下子描写尽致,所以分开几处写;在不同的事件和场合上,把性态的某几点再三刻画,于是性态不是平面的而是立体的了。</u>[3]

　　本书为什么以技师的儿子安利柯为主人公?这有可以说的。像技师一类人物,在社会上属于所谓中层阶级,不如富贵之家那样占有特殊地位,也不如劳苦之家那样处处逊人一筹。从所受的教养和生活的经验上,他们最深切感到爱国、爱民族的必要(主张革命维新的人大多出于中层阶级);其他公民道德方面,也是他们知道得多,实践得多。作者写作本书,根本意旨在教训小学生乃至一般人;其教训的内容是中层阶级的爱国、爱民族的思想,以及种种公民道德。这唯有用一个中层阶级的儿童作主人公,让他应付各事,就在叙述各事的时候,把教训传达出来,最为方便。还有许多在故事中没有传达得尽的教训,也可以借指导的口吻,径直地发挥一阵;所以本书各节,除了叙事而外,特别有"记言"一体,专记父亲、母亲和姊姊的教训。大凡教训人家,不宜摆起教训的架子来;说个故事,谈阵闲天,使人家自能悟出其中所含的教训,不但悟出而

3　在与一般小说的比较中,指出本篇小说在描写人物上的不同之处。

已,且能深深感动,这是最高妙的。径直地发挥一阵,是摆起教训的架子来了,效果要差一点。本书虽用记言体,而并不多(用占全书五分之一不到一点),其故在此。记言的各节都与故事密切关联,仿佛就是故事之中的一部分,靠这办法,直接教训的气味也就减轻不少。

"译者序言"里说:"书中叙述亲子之爱,师友之情,朋友之谊,乡国之感,社会之同情,都已近于理想的世界;虽是幻影,使人读了觉到理想世界的情味,以为世间要如此才好。"这差不多说本书的写法属于理想一派,并非写实一派。[4] 大概从教训的动机写下来的东西,不能没有"要如此才好"的意味,一有这个,自然入于理想一派。但本书叙述各人的思想行动,都切近人情,事实上未必尽有,而人情上可能有;描写人貌物态,又根据细密的观察和深入的体会;所以能像写实一派的作品一样,给人一种亲切之感。

阅读本书的时候,可就全书一百节顺次在题目上加个数目。这样,深究起来就方便多了。[5] 譬如,你把涉及卡隆的各节的节数都记下来,第二回汇看那九节,就可以看出卡隆的性态的整个,以及作者用什么方法描写卡隆的性态。又如,你把涉及可莱谛、泼来西可、克洛西等家庭状况的各节的节数都记下来,第二回汇看那几节,就可以看出中层阶级的安利柯对那些家庭作何感想,以及作者所表现的家庭给予儿童的影响又是怎样。又如,你把有关舍己助人的各节的节数都记下来,第二回汇看那几节,就可以看出作者心目中的义勇观念是怎样的,又可以推求那种义勇观念的动机是什么。你要研究作者怎样描写人情,摹状物态,都可以用这样方法;那是说不尽的。记下节数的时候,如果顺便记下阅读当时的印象或意见,自然更好。把零星的印象或意见汇集拢来,你的深究就有了凭借,有了线索,绝不至于全不着拍了。

本书原名Coure,这个意大利字是"心"的意思。"心"字的确可以统摄本书;书中人物不少,故事很多,人与人之间有各各不同的关系,但无非相感以"心",相爱以"心"的具体例子。单说个"心"字还不免笼统;若说得精切些,作者在本书中所表现的乃是"善推的心"。什么叫作"推"?就是推己及人,推近及远。书中人物的见解和行动,差不多都从"推"字出发。如父亲给予安利柯的教训:勉励他勤学,从全世界的儿童如果停止了求学的活动,人类就将退回野蛮的状态着想(第一卷"学校");教他同情穷苦的人,以丐妇不得人帮助时的难过心情

---

[4] 作者在《略读指导举隅》里说:"读书先看序文,是一种好习惯。"这里作者联系"序言"来指导本文的阅读,旨在培养学生这一好习惯。

[5] 这的确是一个简单易行的好方法。

着想(第二卷"贫民");教他敬爱教师,以意大利五万小学教师,为国民的进步、发达而劳动着想(第三卷"感恩");给他说明爱国的理由,以国人的血统、祖墓、语言、文字、人物、环境都是属于意大利的,彼此构成个不可分的整体着想(第四卷"爱国");都是显著的例。又如,校长要鼓励学生向军队致谢,向军旗致敬,便说军队之中,意大利各处的人都有,意即说这便是意大利全国人的缩影,足见全国人都热烈地保卫国家);旗还是一八四四年当时的旗,为了国家,其下曾不知战死了多少的人(第二卷"兵士")。安利柯看见曾为罪犯的人叫住了代洛西,问代洛西为什么爱护他的儿子(克洛西),其时代洛西脸红得像火一样,没有回答;安利柯便想象代洛西心中要说的话道:"我的爱他,因他不幸的缘故;又因为他父亲是不幸的人,是忠实地偿了罪的人,是有真心的人的缘故。"(第六卷"七十八号的犯人")这些见解,也从"推"字而来,与安利柯的父亲颇相一致。至于人物的行动,凡读过本书的人,该会注意到书中特多关于体贴人情的描写。体贴人情,就是,"己所弗欲,勿施于人";反过来,就是:他人所愿欲的,务须努力使他满足,他人的满足,也就是自己的满足。若不是"善推",就不会有那种行动。安利柯跟了母亲去布施贫民,发觉那人家的儿子是自己的同学(克洛西),轻轻地告诉了母亲;母亲叫他不要作声,说:"如果他觉到自己的母亲受朋友的布施,多少难为情呢!"(第一卷"贫民窟")"小石匠"访问安利柯,把衣上沾着的白粉沾在椅背上,安利柯想用手去拍,被父亲按住了手;过了一会,父亲却偷偷地把它拭去了;事后父亲说明道:"在朋友前面如果扑了,那就无异于骂他说:'你为什么把这弄龌龊了?'"(第三卷"小石匠")代洛西去探访害着重病的"小石匠",把新近得到的挂在胸前的赏牌取下,放入袋里,同去的安利柯问他为什么,他说:"我自己也不知道,总觉得还是不挂的好"(第六卷"病床中的'小石匠'")。卡隆新遭母丧;那一天放学的时候,安利柯看见母亲来了,就跑过去想求抚抱,母亲却把他推开;他起初莫名其妙,及见卡隆的悲哀孤独的神情,才悟出了母亲推开他的缘故(第七卷"卡隆的母亲")。这些例子,都是属于"己所弗欲,勿施于人"一类的。可莱谛当安利柯往访的时候,忙着用锯截柴,说要在父亲回家以前把柴锯完,使父亲看了欢喜(第二卷"朋友可莱谛")。卡洛斐掷雪球,误伤了一个老人的眼睛,他去探访那老人,把自己费尽心血,搜集而成的邮票帖送给他,作为礼物;后来那老人把邮票帖送还卡洛斐，并且加粘了三张瓜地玛拉的邮票，那是卡洛斐搜求了三个月还没有得到的（第三卷"坚忍心"）。泼来可西来到安利柯家里，在安利柯的玩具中间，很像特别中意那小火车；安利柯心想把小火车赠他，父亲也示意于安利柯，要他赠他；于是泼来可西带了那小火车回去（第五卷"玩具的火车"）。安利柯和姊姊闻知家里要没有钱了，大家愿意牺牲，特地向母亲说明，先前答应他们购买的扇子和颜料盒都不要了，可是第二天早晨就餐时候，安利柯的食巾下面藏着新买的颜料盒，姊姊的食巾下面藏着新买的扇子（第八卷"牺牲"）。这些例子，都是属于"以他人的满足为满足"一类的。以上不过随便举出，使诸位同学对于所谓"善推的心"有个明晰的观念。这种例子多得很，不能也不必尽举。**本书作者把这种"善推的心"赋予书中的人物，编成许多故事，以传达他的教训。爱父母，爱师，爱朋友，爱军人，爱劳动者，爱穷苦的人，爱残废的人，爱死了的人，爱学校，爱社会，爱国家民族，伦理方面的许多项目差不多都提到了。因为一切的爱都出于"推"，"推"根本就是感觉和情绪方面的事儿，所以本书对于一切现象，多从感觉和情绪方面发挥，很少用剖析之笔。有一类小说用了剖析之笔写故事，在故事的背后，往往隐伏着关于人生、社会的问题，待读者自己去解答。本书并不属于那一类；它注重在引起读者的感觉和情绪，以"善推的心"感染读者。**[6]

　　试举一个例子，[7]克洛西的父亲的故事，见于第五卷"囚犯"和第六卷"七十八号的犯人"两节。那人是个细木工，因为主人虐待他，发起火来，把刨子掷过去，误中了主人的头部，主人致命，于是犯了罪。他被禁在监狱中六年，才得释放出来。若用剖析之笔，他被虐待当时的愤怒心情，以及在监狱中六年心情上的变动，多少要刻画一点。但本书并不刻画，对于他的犯罪，只说"与其说他是恶人，毋宁说是个不幸者"（第一一一页）；对于监狱生活给予他的影响，只说"学问进步，性情因以变好，已觉悟自己的罪过，自己痛悔了"（同页）；都是寻常的述说。而于一个墨水瓶的赠予，却费了许多笔墨，成为"囚犯"一节的中心。原来作者意在借此一事，引起读者感恩的情绪和同情于罪犯的情绪。那人的性情，以前是否完全不好？到出狱时候知道感恩，是否由于监狱把他改好了？这些是作者不想去剖析的。作者又写代洛西发觉了克洛西的父亲是罪犯，就要安利柯务守秘密，不要让克洛西知道（第一一三页）；及安利柯和代洛西

---

[6] 整体把握本文的主题。

[7] 如果说前文是"面"，这里举的例子就是"点"，点面结合，揭示本文的思想主旨。

看见了那父亲,两人和克洛西告别,都把手托在颐下,又写道:"克洛西的父亲虽亲切地看着我们,脸上却呈露出若干不安和疑惑的影子来。我们觉得好像胸口正在浇着冷水。"(第一一四页)后来又遇见了,那父亲问代洛西为什么那样爱护他的儿子,代洛西没有回答,安利柯解释其故道:"大约是因眼见着曾杀过人,曾住过六年监牢的犯人,心里不免恐惧了罢。"(第一五二页)最后,"克洛西的父亲于是走近拢去,想用腕勾住代洛西的项颈,但终于不敢这样,只是把手指插入那黄色金的头发里抚摸了一会。又眼泪汪汪地对着代洛西,将自己的手放在口上接吻,其意好像在说,这接吻是给你的"(同页)。这些都是告诉读者一种感觉:普通人和罪犯之间,心理上总存着一条界限;一方面虽具有十二分同情,但"心里不免恐惧";另一方面,虽"已觉悟自己的罪过",但不敢去勾住同情于他的人的项颈。这条界限从何而来? 是不是在感觉上可以撤除? 也是作者不想去剖析的。

<u>从感觉和情绪方面发挥,可以说是本书的根本手法。</u>[8] 父亲、母亲的直接教训如此;安利柯记他的经历见闻如此;插进去的九节"每月例话"也如此。如写卡隆的正直:如果有人说他说谎,"他立刻火冒起来,眼睛发红,一拳打下来,可以击得椅子破"(第二四页)。写女先生的辛苦:既已费尽心力对付学生,"学生的母亲们还要说来说不平:什么'先生,我儿子的钢笔头为什么不见了?'什么'我的儿子一些都不进步,究竟为什么?'什么'我的儿子成绩那样地好,为什么得不到赏牌?'什么'我们配罗的裤子被钉穿破了,你为什么不把那钉去了的?'"(第二七至二八页)写校长终于不愿放弃教育事业:当他要辞职踌躇未决的时候,忽有一个人领了孩子来请许转学,校长把那个孩子的脸和桌上的亡儿的照片比较打量了好久,说了一声"可以的",随后就把预备好的辞职书撕了(第三五页)。写父亲的体贴人情:当安利柯想拍去"小石匠"沾在椅背上的白粉的时候,"不知为了什么,忽然父亲抑住我的手。过了一会,父亲自己却偷偷地把它拭了"。写代洛西的熟悉地理——他闭了眼讲给朋友听道:"我现在眼前好像看见全意大利。那里有亚配那英山脉突出爱盎尼安海中,河水在这里那里流着,有白色的都会,有湾,有青的内海,有绿色的群岛。"(第八二页)写斯带地的镇静:当他打胜了欺侮他妹子的勿兰谛之后,检点书包里的书册、笔记簿,用衣袖拂过,又数一数钢笔的数目,放好了,"然后像平常的态度,向妹子

[8] 由前文谈思想主旨转到谈表现手法。

说：'快回去吧！我还有一门算术没有演出哩！'"（第一四七至一四八页）以上所举，都就感觉着笔，使读者如闻其声，如见其态。

又如教师请学生各给他一颗真心，说："我现在并不是想你们用口来答应我，我确已知道你们已在心里答应我，'背的'了"。（第四页）教师给全班学生介绍格拉勃利亚的小孩，说格拉勃利亚是名所，是名人的出生地，是产生强健的劳动者和勇敢的军人的地方，又是风景之区（第六页）。泼来可西明明是常被父亲打的，当同学劝他告诉校长，请校长替他向父亲劝说的时候，他却"跳立起来，红着脸，抖索着，战抖了怒声说：'这是没有的事，父亲是不打我的。'"（第八〇页）勿兰谛因不守校规，被斥退了；他的母亲跑到学校里，哭着向教师恳求道："我为了这孩子，不知受了多少苦楚！如果先生知道，必能怜悯我吧。对不起！我怕不能久活了，先生！死是早已预备了的，但总想见了这孩子改好以后才死。"（第九八页）街上抬过受伤的劳动者，勿兰谛挤在人群中间看；一个绅士怒目向着勿兰谛，用手杖把他的帽子掠落在地上，说："除去帽子！蠢货！因劳动而负伤的人正在通过哩！"（第一一〇页）以上所举，都就情绪着笔，是情绪的喷吐；多少有些压迫的力量，使读者不得不被它感动。

本书中有好些节，叙写兼注于感觉和情绪两方面，对某一题旨造成一种空气，把读者包围在那空气中间。现在举两节为例。一是第六卷"赏品授予式"一节。其中写授予赏品的会场，写参与该会的各色人物，写七百个小孩的合唱，写代表意大利全国十二区的少年登台受赏，写乐队的奏乐，写满场观众的喝彩和抛掷花朵，都是从感觉方面把一个规模盛大、精神奋发的集会烘托出来，使读者的"耳目之官"仿佛亲自接受到那些感觉。接受赏品的少年是十二个，是代表意大利全国十二区的，这在读者已经知道了；而在十二个少年上了台，一列排立的时候，忽然场中有人叫喊："请看意大利的气象！"虽只是一句话，其中蕴蓄着多少爱国的情绪啊！读者读到这一句，想到国家的前途系于少年，想到全国各区少年齐集在一起所含的象征意义，更想到其他，他虽不是意大利人，对于他自己的国家，必将深深地爱着了。给赏之后，判事演说；演说词不全记，只记末了几句："但是，你们在要离开这里以前，对于为你们费了非常劳力的人们，应该致谢！有为你们尽了全心力的，为你们而生存，为你们而死亡的许多人哩！这许多人现在哪里？你们看！"这几句话蕴蓄着多少敬师的情绪啊！读者读到这里,对于通常认为卑卑不足道的小学教师,必将另有个看法;他们是关系国家前途的少年们的教导者,他们是神圣。"请看意大利的气象!"那句话虽只由一个人叫喊出来,敬师的几句话虽只是判事个人的演说,但从会场的热烈情形上,很可以想见他们二人实在吐出了全场的心声。若没有热烈情形的描写,他们二人的话是无法安插的,写了下来也是没有效果的。唯其兼注于感觉、情绪两方面,如上所说,其结果乃造成一种空气,表达出爱国的题旨(敬师也为的爱国)。又一例是第八卷"诗"一节。那是父亲的教训,题旨是学校生活的情味好像诗。篇中列举从教室里传出来的教师讲话的片段;又从静的瞬间写,说"静得像这座大屋中已无一人一样",更从动的瞬间写,说"小孩们从教室门口水也似的向大门泻出";又随举学生家属见着他们的孩子时问话的片段:这些是人人经验过的对于学校的感觉。把这些综合起来,加上想象,于是教师的热情教育,家属的殷勤期望,那一批孩子当前的生意蓬勃,将来的未可限量,都宛然如在目前。想象到这些,爱学校的情绪自然引起来了;学校不仅是许多孩子与若干教师聚集的场所,而且是一首充溢着生命的诗,其精神的美,永远值得歌咏、赞叹。——这一节就文字上看固然专从感觉方面着笔,但所写感觉都有唤起情绪的作用,所以也是感觉和情绪双方兼注。

　　本书中九节"每月例话"是插入的故事。其中"少年爱国者""少年侦探""少年鼓手"三节,题旨都是爱国。后两节没有什么,读了"少年爱国者"那一节,却该知道一点:那种爱国未免偏于感情,即此为止,也还没有弊病;若顺此发展开来,以为本国的一切都是好的,不容他国人批评的,那就要不得了。那节故事很简单:一个穷苦的意大利少年在海轮中,受了三个外国人周济他的钱,那三个外国人喝醉了,批评意大利种种的不好,甚至于说意大利人是强盗。当"强盗"两字刚说出口的时候,那少年把得来的钱丢到他们身上,怒叫说:"拿回去!我不要那说我国坏话的人的东西。"故事就此完了。那末了的动作与话语,就是通常谈小说的所谓"顶点";人家侮辱我的同国人,我动怒而加以呵斥,确是人情之常[1];若再加上一些叙说,表明听取他国人的批评,不能纯凭感情,

---

[1] 人情之常,即"人之常情"。——编者

有时很要理智,那自然同于蛇足。但纯凭感情的爱国,往往流于狂妄,从唯我最好进到唯我独尊,势必至于蔑视他国,排斥他国。现代世界的纷扰不安,未尝不是此种爱国心在那里作祟。唯有知道己国的可爱在哪里,忠心诚意地爱着;又知道己国的缺失在哪里,与同国人共同努力,弥补此缺失,直到绝无缺失为止;那才是现代公民应持的态度。而那种态度是不凭理智不会有的。

此外"洛马格那的血""少年受勋章""难船"三节,题旨都是舍己救人。舍己救人的动机,从一方面说,由于人己一体的观念。既认定人己一体,他人将要遇到的灾害,就如自己的灾害一样,若不竭力抵御,不是对不起他人,简直是对不起自己:这样想时,自然表现出舍己救人的行动来。从另一方面说,由于灾害宁归于我的观念。——这种观念的反面,便是乐利宁归于人,许多圣贤豪杰的存心,实在也不外于此。——既见灾害到来,猜测其结果,必将有人受难,与其让人受难,不如由我来受:这样想时,自然也表现出舍己救人的行动来。以上两种观念原是相通的,不过前者着眼于己的方面较多,后者着眼于人的方面较多罢了。三节故事中的主人公都抱着舍己救人的精神,显然,作者意欲教训读者,使读者实践这种人类社会间的美德,至少也得理解这种美德。

"洛马格那的血"一节,故事是这样的:一个深夜里,洛马格那街附近的一所屋子里,弗鲁乔和他的外祖母(书中作祖母,但据"我是你母亲的母亲"一语,应该是外祖母)两个人留着,父亲、母亲都有事出去了。弗鲁乔是个欢喜赌钱、常常和人打架的孩子,这时刚才回来;外祖母询知他又干了恶事,便一面哭着一面用温和的言辞劝诫他。可是他生性刚强,听了外祖母的话,只是默不作声,并没有认错的表示。这使外祖母更痛伤了;于是说到她自己的将死,说到他幼小的时候怎样地柔顺,但愿他能够回复到那时的柔顺。弗鲁乔感动了,心中充满了悲哀,正想把身子投到外祖母的怀里去,两个强盗进来了。当其中一个的面幕偶尔落下来的时候,外祖母认出是一个熟人,叫出他的名字。那强盗便"擎起短刀扑近前去;老妇人立时吓倒了,弗鲁乔见这光景,悲叫起来,一壁跳上前去,用自己的身体覆在外祖母身上。强盗在桌子上碰了一下逃走了,灯被碰翻,也就熄灭了"。在黑暗之中,弗鲁乔才说出强盗未来以前的心中言语,请求外祖母饶恕他;外祖母说她已经饶恕他了。于是弗鲁乔再也不作声,原来他代替了外祖母,背部被强盗的短刀戳穿,他死了。这故事无非说弗鲁乔的恶行只是一时的过错,骨子里却如书中所说,有着"壮美的灵魂"。严格说起来,故事并不能算写得好;前半节的外祖母责备弗鲁乔,和后半节的弗鲁乔被杀,有些勉强牵合拢来似的。弗鲁乔和外祖母没有一点仇恨(当时也不过不肯认错而已,怨恨外祖母的心是没有的),却有十多年来依依膝下的情意,看见强盗擎起短刀向外祖母扑去,当然会不假思索跳上前去保护;先前的责备不责备,与此并没有多大关系。而一篇理想的完美的小说,犹如一个有机体,是不容许有没有多大关系的部分存在的。其所以有前半节文字,还是由于作者的一贯的作风,可使弗鲁乔在将死的时候,与外祖母作一番关于饶恕过错的对话,借以激动读者的感情。

《少年受勋章》一节,和前面提及的《赏品授予式》一节一样,描写一个盛大的会场,以唤起读者的感觉和情绪。故事是简单不过的:那作为篇中主人公的少年在河中救起了一个将要淹死的孩子,因而市长以意大利国王的名义,授予他勋章。他的行为的高尚,在市长的演说词中有所说明。"勇敢在大人已是难能可贵的美德,至于在没有名利之念的小孩,在体力怯弱,无论做什么都非有十分热心不可的小孩,在并无何等的义务责任,就使不做什么,只要能了解人所说的,不忘人的恩惠,已足受人爱的小孩,勇敢的行为真是神圣之至的了。"这么长的一句话,无非说那少年救人是"无所为而为"。"无所为而为"比较起"有所为而为"来,结果纵使相同,价值可高得多了,这一节只是一篇记叙文字,不能算是一篇类似小说的东西;因为小说常常写人和事相遇时,心理上、行动上的发展过程,其过程或简或繁都可以,但不能绝对没有,而这一节里却绝对没有。"难船"一节就不同了。故事也很简单:少年马利阿和少女寇列泰同乘一条海船,遇到了风浪,船沉没了;逃命的舢板只剩一个位置,马利阿很慷慨地把它让给了寇列泰。在开头,先叙两个人相遇,彼此拿出食品来,一同吃着。次叙两个人关于身世的问答:马利阿的父亲近在客中逝世,他回去预备依靠亲戚;寇列泰离家,原想承受叔母的遗产,可是没有如愿,现在是回到父母那里去。次叙风浪来了,马利阿被震倒,头部撞出了血,寇列泰照料他,把自己的头巾替他包在头上。然后叙到作为"顶点"的马利阿让寇列泰逃生的一幕。前面的那些叙写,都与末后马利阿的英勇行为有照应,因为同食同谈,彼此之间就有了情感;因为身世不同,马利阿就觉得寇列泰比起他自己来,是更不容死的;因为有过的替包头部创伤的事儿,马利阿又觉得对于这样一个好同伴,是非让她活命不可的。关于这些,只要读时稍稍留心,很容易看出来。看出了这些,便会感到马利阿抱起寇列泰,把她掷给舢板上的水手,这个行动非常地自然,为什么非常地自然?就在于切合心理,近于人性。

"每月例话"的另外三节——"少年笔耕""爸爸的看护者""六千哩寻母",题旨都是对于父母的爱。其中"爸爸的看护者"一节,那主人公少年西西洛在医院中看护的实在不是他的父亲,而是个不相识的老人。他父亲离家已一年,回到国土就得病,西西洛接了信跑去看他,可巧医院中人给他指错了一个人;那病人的容貌原来全不像他父亲,但病了变了样子是可能的,那病人又病得很重,不能开口;因此他就认为真是他父亲,留在医院里看护他了。到了第五天,他自己的父亲病愈出院了,无意中彼此遇见,西西洛才知认错了人。但当他父亲教他一同回去的时候,他却说不能丢弃那当作爸爸看护了他五天的孤身病人,他愿意再留在这里。于是像以前一样,又看护了两天,直到那病人死去。他在离开病房的当儿,"那五日来叫惯了的称呼,不觉脱口而出:'再会!爸爸!'"这篇故事带着喜剧情味(关键在于误会),而意义非常严肃。对于错认为父亲而看护他的病人,即使在弄明白之后,情感还是深挚,这并非奇迹,正是人情,若是前五天尽心竭力地看护,到发觉了错误之后,便把那病人看得如不相干的人一样,头也不回地离开了他,他才不近人情了。

"少年笔耕"是少年叙利亚因年老的父亲佣书养家,心上过不去,便每夜起来私自代替父亲缮写的故事。父亲以为自己的工作成绩增多,觉得高兴;可是看了叙利亚疲惫神态,不能努力用功(他每夜起来写字太困乏了),又深深地烦恼,严厉地责备着他。在叙利亚,屡次想向父亲说明原由,但是给帮助父亲的念头战胜了,终于不曾出口。在父亲,见儿子总是不肯改好,愤怒愈甚,竟至说出了"我早已不管他了"的话。这样的发展是很自然的。叙利亚既已存了私自帮助父亲的意念,唯有一直帮助下去最是正办,假若说破了,父亲便将不让他深夜里起来,那就无法再帮了;并且,父亲正为了自己的工作成绩增多而高兴,若让他明白了所以然,他那高兴便将转而为懊恼了;所以想说而终于不说。再说父亲,因为经常收入不够家用,至于另做工作来补贴,他的心情一定是非常郁闷的;若是一家人能够体谅他,大家努力奋勉,那还足以自慰;而眼前偏有一个不肯用功、只想打瞌睡的叙利亚；他或许还这样想，目前收入增多，若没有别的烦心的事，生活也还不算错，而叙利亚的事偏来烦他的心，使他不得舒快，所以他对于叙利亚越来越恨，几乎不当他做儿子。发展到了这地步，于是达到故事的"顶点"：在叙利亚下了决心，想不再起来的那一夜，由于"习惯的力"，他又起来缮写了。不一会，父亲闪进室中来了，看见了叙利亚的作为，便恍然于从前的一切。在互说"原恕我"的声音中，父子两个的爱情如火一般燃烧起来，两个灵魂融合在一块了。——这故事组织完美，有动人的力量。

"六千哩寻母"是少年玛尔可到美洲去寻访断了消息的母亲的故事。他的母亲原在叫作爱列斯的地方，他到爱列斯，探知母亲跟了主人家到可特淮去了。寻到可特淮，又知迁到杜克曼去了。寻到杜克曼，又知迁到赛拉地罗去了。在赛拉地罗才见到他的母亲。这样屡次转换目的地，无非要使玛尔可多跋涉些路程，借此见出他的孝心，然而在故事的结构上，未免有重复呆板之嫌。当寻到赛拉地罗的时候，他母亲正患着重病（内脏起了致命的癌肿），一因家信阻梗，二因对于自己的身体没有信心，悲伤和畏怯使她拒绝医生动手术的主张，她宁愿就此死去。但在闻知玛尔可老远跑来看她的当儿，她的希望、勇气突然鼓起来了，她情愿受医生的手术了。于是她有救了。医生对玛尔可说："救活你母亲的，就是你！"这里见出儿子是母亲的生命的光，为了儿子，母亲重又热爱着生命；反过来，也就见出儿子对于母亲的爱，是本于天性，莫知其然而然的；然而在故事的结构上，未免太凑巧了。此篇写美洲的景物，都从玛尔可（一个意大利少年）的眼光着笔，又掺入玛尔可的凄皇焦灼的心情，一切景物便带着奇幻的色彩。玛尔可所到之处，常常受着同国人的帮助，这虽说是常情，却也是作者极欲着力叙写的一个项目；这个项目，很易激起读者的爱国心的。

<u>读这一本《爱的教育》，若是想"摘录佳句"的话，其中佳句可真不少。什么叫佳句呢？就是情味丰富，禁得起咀嚼，越咀嚼越觉得有意思的句子。如果读的时候不加咀嚼，只是逐字逐句地读下去，那就虽遇佳句，也辨认不出来。所以咀嚼工夫是不可少的。咀嚼不是凭空地冥想，需从揣摩故事的情景出发；在如此这般的情景中，看这么一句，或传出一种深至的心情，或表出一种生动的姿态，或显出一种鲜明的印象，那无疑是佳句了。</u>[9] 现在略举几个例子在此，

9 从谈表现手法的赏析，又转入谈精彩语句的赏析，指导思路十分清晰。

待诸位同学自己去"反三"。

先生讲盲童学校的情形给学生听（第五卷"盲孩"），说到因病盲目的比生来就盲目的痛苦更深，他举一个盲童的话道："就是一瞬间也好，让我眼睛再亮一亮，再看看我母亲的脸孔，我已记不清母亲的面貌了！"这是佳句，中间含着不知多少的哀酸。这盲童所希望的并不奢，只要一瞬间，一瞬间之后，再回入黑暗的世界，直到终身，他也情愿；但是这一瞬间事实上不会有了。事实上不会有而仍希望着，那心情的伤痛不言可知了。

"小石匠"的父亲进了夜学校（第六卷"夜学校"）。总爱坐在自己儿子的座位上（夜学校就设在小学校里），当他第一夜进学校，就和校长商量道："校长先生！让我坐在我们'兔头'的位子里罢！"这是佳句，细细咀嚼时，可以辨出多种意味。他自己是早年失学，他的儿子却在学龄得入学校，比他幸福得多，这在他自是一种安慰，但安慰之中不免带着羡妒。现在他也得上学了，而且正坐在儿子的座位了，他羡妒之心也就得到满足了。这是一。他入夜学校，自以为回返到幼年时代了。他要坐在儿子的位子里，就是要处在儿子的观点上感受一切，尝尝那儿子经历已惯而自己还没有经历到的趣味。这是二。他对校长称自己的儿子，不叫他的名字，不说"我的孩子"，而用平时叫惯的他的诨名"兔头"。在这两个字上，透露着多少天真和喜爱孩子的心情啊！这是三。

诺琵斯性情傲慢，待同学没有和气，先生劝诫了他一番，问他还有什么要说的（第五卷《傲慢》）。"他只是冷淡地回答：'不，没有什么。'"这是佳句，把傲慢者的神态和心情都表出来了。傲慢者不肯接受别人的意见，尤其不肯接受别人劝诫自己的意见；表现在外面，便是任别人说得如何详恳切切，总是回答他一个冷淡。诺琵斯听了先生的话，心里果真没有什么话要说吗？不，他心里的话多着呢。他自以家庭地位比别的同学好，别的同学都不在他眼里，对于他们，他认为没有亲爱和气可言的。先生教他和大家要好，那无异教他辱没自己。但这些道理先生是不会明白的，对他说也徒然。所以负气地说"没有什么"就完了。读者把这些辨认出来，一个傲慢的诺琵斯就如在目前了。

安利柯去参观幼儿院（第七卷"幼儿院"），许多幼儿正进食堂就餐。就餐之前，按照习俗，须作祈祷。"祈祷的时候，头不许对着食物的，他们心为食物所系，总常拉转头来看后面，大家合着手，眼向着屋顶，心不在焉地述毕祈祷的话,才开始就食。"这是佳句,描绘出幼儿的天真神态。拉转头颈来看后面,该是看先生是不是在注意他们吧;如果先生不注意的话,也许回转头来对着将要到嘴的食物偷看一眼吧。行祈祷的仪式,若在大人,即使心里并没有宗教的信仰,也会假装出非常虔敬的神态的。而在幼儿,没有那种矜饰的习惯,要他们祈祷,他们只能"眼向着屋顶",只能"心不在焉"。试想,"眼向着屋顶"五个字,包含着多少无聊意味?他们对祈祷既是"心不在焉",他们的心到哪里去了?不是说他们在这个时候,除了放在面前的食物,什么都不想了吗?

安利柯记"弟弟的女先生"(第二卷),说她"有时对于小孩,受不住气闹,不觉举起手来,终于用齿咬住了自己的指,把气忍住了。她发了怒以后,非常后悔,就去抱慰方才骂过的小孩。也曾把顽皮的小孩赶出教室过,赶出以后,自己却咽着泪"。安利柯记泼来可西得了赏牌,"大家都向他道贺:有的去抱他,有的用手去触他的赏牌"(第五卷"奖牌授予")。安利柯记春天到了的时候,"一吸着窗外来的新鲜空气,就闻得出泥土和木叶的气息,好像身已在乡间了"(第七卷"春")。写巴拉那河岸的景色,说"港口泊着百艘光景的各国的船只,旗影乱落在波下"(第八卷"六千哩寻母")。这些都是佳句,给读者一个宛然自己感受到的印象。

诸位同学如果把以上所举的为例,自己去推求,将发现许多的佳句,每句足供良久的欣赏。

与学者对话

一、下面是20世纪小学课程标准中关于儿童阅读教学的要求,研读后谈谈你的看法。

1. 读文 注重欣赏,表演,取材以儿童文学包括文化化的实用教材为主。[《新学制课程标准纲要.小学国语课程纲要》(1923)]

2. 略读的——利用许多补充读物参考书和其他儿童图书,支配工作,指导读法,令儿童按期概览,再由教员分别考查,并和儿童互相讨论。——重在量的积累。[《小学课程暂行标准小学国语》(1929)]

3. 读书教学的顺序大致如下:(1)概览全文;(2)试述大意;(3)了解内容;(4)提出生字新词及难解语句,逐个解释明白;(5)阅读报习(注:阅读报刊的习惯);(6)摘要表述(即写提纲、作报告或笔记心得等)。[《小学国语科课程标准》(1941)]

二、下面是当代一些学者关于儿童文学教学的论述,研读后谈谈你的看法。

1. 徐冬梅:相比于其他教材文本,儿童文学文本往往比较贴近儿童的心理,着力于表现儿童真实的情感世界。从题材的角度说,往往集中在三大母题(爱、顽童、自然)上;从表现方式的角度来说,往往通过儿童形象(动物、植物等实质上是泛化的儿童形象)来表现生活;从形式的角度说,既然是文学文本,自然在结构、语言、体裁等要素上,有较强的艺术性。所有文本的阅读价值最终要通过阅读者来实现。但经典文学文本一般具有更大的阅读空间,是一个自足同时又相当开放的"召唤结构",因此用通常的分析性的教学方式、模式化的教学方法来解读、教学这些文本,往往会使它们失去应有的魅力。我个人以为教学这类文本应该关注以下问题:(1)必须认识到阅读儿童文学经典文本对学生语言发展的作用;(2)尊重儿童的情感体验,引导学生的语言生长;(3)阅读讨论应该多样、深入;(4)小学语文教师应该具备一定的儿童文学素养。[徐冬梅.儿童文学和小学语文教学[J].语文教学通讯,2006(25).]

2. 朱自强:我坚定地认为,目前的小学语文教育改革面临的最重要的课题,就是从优秀、经典的儿童文学那里开发真正的资源,探讨新的语文教材编写理念和儿童文学的文学教育方法。一句话,中国的小学语文教育只有从儿童文学中汲取资源和方法,充分实现儿童文学化,才能走上一条康庄大道![朱自强.回到原点:论小学语文教育的儿童文学化问题[J].语文教学通讯,2007(13).]

3. 沈红：长期以来，那些选入教材中的寓言、童话、故事、小说、诗歌、散文等儿童文学在教师过于细化的课堂教学中，导致学生不能感受到文学作品的整体形象，审美体验、情感熏陶以及丰富想象力的培养大打折扣。要想将儿童文学的语文课程价值充分发挥出来，就要在语文教学中依据文体的特点与教学规律，让儿童文学真正散发出"儿童味""文学味"，让儿童在教师的指导下自主地从儿童文学中去读出"文学味"。[沈红.儿童文学对小学生语文学习的意义与阅读指导[J].课程·教材·教法，2011(4).]

我思故我言

我思故我言

附录一
叶圣陶、朱自清重要著作目录及论文选录

(一) 重要著作目录

叶圣陶.作文论[M].上海:上海商务印书馆,1929.

夏丏尊,叶圣陶.文心[M].上海:开明书店,1934.

叶圣陶.叶圣陶短篇小说集[M].上海:上海商务印书馆,1936.

叶圣陶.文章例话[M].上海:开明书店,1937.

夏丏尊,叶圣陶.阅读与写作[M].上海:开明书店,1938.

夏丏尊,叶圣陶.文章讲话[M].上海:开明书店,1938.

叶圣陶,朱自清.精读指导举隅[M].上海:上海商务印书馆,1942.

叶圣陶,朱自清.略读指导举隅[M].上海:上海商务印书馆,1943.

叶圣陶,朱自清.国文教学[M].上海:开明书店,1945.

茅盾.叶圣陶选集[M].上海:开明书店,1951.

朱自清全集编辑委员会.朱自清文集:全四册[M].上海:开明书店,1953.

朱自清.读书指导[M].香港:香港太平书局,1963.

叶圣陶,等.文章评改[M].上海:上海教育出版社,1979.

中央教育科学研究所.叶圣陶语文教育论集:上、下册[M].北京:教育科学出版社,1980.

叶圣陶.叶圣陶序跋集[M].北京:生活·读书·新知三联书店,1983.

叶圣陶.叶圣陶散文甲集[M].成都:四川人民出版社,1983.

叶圣陶.我与四川[M].成都:四川人民出版社,1984.

叶圣陶.叶圣陶散文乙集[M].北京:生活·读书·新知三联书店,1984.

中央教育科学研究所.朱自清论语文教育[M].郑州:河南教育出版社,1985.

中央教育科学研究所.叶圣陶论语文教育[M].郑州:河南教育出版社,1986.

叶至善,叶至美,叶至诚.叶圣陶集:1-26卷[M].南京:江苏教育出版社,1987-2004.

朱乔森.朱自清全集:1-12卷[M].南京:江苏教育出版社,1988-1997.

叶至善.叶圣陶答教师的100封信[M].北京:开明出版社,1989.

刘国正.叶圣陶教育文集:1-5卷[M].北京:人民教育出版社,1994.

朱自清．朱自清学术文化随笔[M]．北京：中国青年出版社，2000．

朱自清．朱自清选集[M]．北京：人民文学出版社，2004．

朱自清．朱自清集[M]．广州：花城出版社，2005．

商金林．叶圣陶抗战时期文集：1-3卷[M]．北京：人民教育出版社，2005．

朱自清．朱自清精选集[M]．北京：燕山出版社，2006．

叶圣陶．生活教育·叶圣陶随笔[M]．北京：北京大学出版社，2007．

叶圣陶．叶圣陶教育名篇[M]．北京：教育科学出版社，2007．

朱自清．朱自清语文教学经验[M]．北京：教育科学出版社，2007．

朱自清．经典常谈[M]．北京：中华书局，2009．

朱自清．朱自清古典文学论文集[M]．上海：上海古籍出版社，2009．

朱自清．文艺常谈[M]．北京：中华书局，2012．

（二）重要论文选录

朱自清：《中等学校国文教学的几个问题》节选（1925）

叶圣陶：《论国文精读指导不只是逐句讲解》（1941）

叶圣陶：《读些什么书》节选（1942）

朱自清：《论朗读》节选（1942）

朱自清：《了解与欣赏》（1943）

朱自清：《怎样学习国文》节选（1944）

朱自清：《论诵读》节选（1947）

叶圣陶：《中学国文学习法》节选（1948）

叶圣陶：《文艺作品的鉴赏》节选（1949）

叶圣陶：《阅读是写作的基础》（1962）

中等学校国文教学的几个问题（节选）[1]

朱自清

二、目　　的

我也和穆济波先生一样，不赞成以语文的本身为国文教学的唯一目的。[2]

---

[1] 1925年5月23日作，原载《教育杂志》1925年第17卷第7号。原文共分八个部分：一、理论与实际，二、目的，三、教学与训育，四、教师，五、教材，六、文法、作文法、修辞法及国音字母，七、在教室中，八、改文与作文、说话。节选自顾黄初、李杏保编《二十世纪前期语文教育论集》，四川教育出版社1991年版。

[2] 穆济波．中学校国文科教学问题[J]．中等教育，1923，2(5)。

但他似乎将"人的教育"的全副重担子都放在国文教师的两肩上了,似乎要以国文一科的教学代负全部教育的责任了,这是太过了!即如他所举的"本科教学各方面之目的",初级小学必修科第一条云:"在人生教育上,须使明了人生现实之可贵,及社会的共存,与个人应有之责任。"这岂仅是国文一科所应做的事,公民科不也要做同样的事吗?我以为这种是全部"中等教育"的宗旨,无论哪一科均需以此为基础,谋本科的发展,却不必详细规定于某一科内。穆先生自己说得好:"本科教学目的在贯彻中等教育的宗旨,反对专以本科知识与技能为主的教学。"这就对了!既说"贯彻中等教育的宗旨","中等教育的宗旨"原是全部的,何需在一科内详细规定呢?我以为中学国文教学的目的只需这样说明:(1)养成读书思想和表现的习惯或能力;(2)"发展思想,涵育情感。"这后一条原是穆先生所举出的;但他将所要发展的思想,所要涵育的情感,规定(如上文所举的一条便是),我觉可以不必,只大体说明好了。这两个目的之中,后者是与他科相共的,前者才是国文科所特有的;而在分科的原则上说,前者是主要的;换句话说,我们在实施时,这两个目的是不应分离的,且不应分轻重的,但在论理上,我们须认前者为主要的。所谓读书(包括报纸、杂志等)的习惯或能力,指"善观大意",注意句式、成语、生字等,而读书的嗜好的培养,也甚重要。所谓思想的习惯或能力,指思想的条理与疏密等。所谓表现的习惯或能力,则指运用适当的材料,适当的法式,依照适当的条理而表达出自己的情意。这三种习惯或能力的养成,同时更要着眼于效率,要迅速与自由!至于"发展思想,涵育情感",我以为初中宜侧重(不是专重)文学趣味、人生、国性、现代思潮数方面;高中则可再加世界文学思潮、本国古代学术思想两方面。这些,关于本问题的各论文中多有论及,现在不一一说明了。

论国文精读指导不只是逐句讲解[1]

叶圣陶

教书逐句讲解,是从前书塾里的老法子。讲完了,学生自去诵读;以后是学生背诵,还讲,这就完成了教学的一个单元。从前也有些不凡的教师,不但逐句讲解,还从虚字方面仔细咬嚼,让学生领会使用某一些虚字恰是今语的某一种口气;或者就作意方面尽心阐发,让学生知道表达这么一个意思非取这样

---

[1] 1941年1月7日作,原载1941年4月30日出版《文史教学》创刊号。选自刘国正主编《叶圣陶教育文集》第3卷,人民教育出版社1994年版。

一种方式不可;或者对诵读方面特别注重,当范读的时候,把文章中的神情理趣,在声调里曲曲传达出来,让学生耳与心谋,得到深切的了解。这种教师往往使学生终身不忘;学生想到自己的受用,便自然而然感激那给他实益的教师。这种教师并不多,一般教师都只逐句讲解。

逐句讲解包括(1)解释字词的意义,(2)说明成语典故的来历这两项预备工作;预备工作之后,(3)把书面的文句译作口头的语言,便是主要工作了。应用这样办法,论理必作如下的假定:(1)假定学生无法了解那些字词的意义。(2)假定学生无法考查那些成语典故的来历。(3)假定学生不能把书面的文句译作口头的语言。不然,何必由教师逐一讲解? (4)假定读书的目标只在能把书面的文句译作口头的语言;译得来,才算读懂了书。不然,何以把这一项认为主要工作而很少顾及其他? 还有(5),假定教学只是授受的关系,学生是没有能力的,自己去探讨也无非徒劳,必待教师讲了授了,他用心地听了受了,才会了解他所读的东西。不然,何不让学生在听讲之外,再做些别的工作? ——教师心里固然不一定意识到以上的假定;可是,如果只做逐句讲解的工作,就不能不承认有这几个假定。而从现代教育学的观点,这几个假定都是不合教学的旨趣的。

从前书塾教书,不能说没有目标。希望学生读通了,写通了,或者去应科举,取得功名;或者保持传统,也去教书;或者写作书信,应付实用:这些都是目标。但是能不能达到目标,教师似乎不负什么责任。一辈子求不到功名的,只怨自己命运不济,不怪教师;以误传误当村馆先生的,似是而非写糊涂书信的,自己也莫名其妙,哪里会想到教师给他吃的亏多么大? 在这样情形之下,教师对于怎样达到目标(也就是对于教学方法),自然不大措意。现在的国文教学可不同了。国文教学悬着明晰的目标:养成阅读书籍的习惯,培植欣赏文学的能力,训练写作文章的技能。这些目标是非达到不可的,责任全在教师身上;而且所谓养成、培植、训练,不仅对一部分学生而言,必须个个学生都受到了养成、培植、训练,才算达到了目标。因此,教学方法须特别注重。如果沿袭从前书塾里的老法子,只逐句讲解,就很难达到目标。可是,熟悉学校情形的人都知道现在的国文教学,一般地说,正和从前书塾教书差不多。这不能说不是一个相当严重的问题。

阅读书籍的习惯不能凭空养成,欣赏文学的能力不能凭空培植,写作文章的技能不能凭空训练。国文教学所以要用课本或选文,就在将课本或选文作为凭借,然后种种工作得以着手。课本里收的,选文入选的,都是单篇短什,没有长篇巨著。这并不是说学生读一些单篇短什就够了。只因单篇短什分量不多，要做细琢细磨的研读工夫正宜从此入手；一篇读毕，又来一篇，涉及的方面既不嫌偏颇，阅读的兴趣也不致单调，所以取作精读的教材。学生从精读方面得到种种经验，应用这些经验，自己去读长篇巨著以及其他的单篇短什，不再需要教师的详细指导（不是说不需要指导），这就是略读。就教学而言，精读是主体，略读只是补充，但就效果而言，精读是准备，略读才是应用。精读与略读的关系如此，试看，只做逐句讲解的工作，是不是就尽了精读方面的指导责任？

所谓阅读书籍的习惯，并不是什么难能的事，只是能够按照读物的性质作适当的处理而已。需要翻查的，能够翻查；需要参考的，能够参考；应当条分缕析的，能够条分缕析；应当综观大意的，能够综观大意；意在言外的，能够辨得出它的言外之意；义有疏漏的，能够指得出它的疏漏之处：到此地步，阅读书籍的习惯也就差不多了。一个人有了这样的习惯，一辈子读书，一辈子受用。学生起初当然没有这样的习惯，所以要他们养成；而养成的方法，唯有让他们自己去尝试。按照读物的性质，作适当的处理，教学上的用语称为"预习"。一篇精读教材放在面前，只要想到这是一个凭借，要用来养成学生阅读书籍的习惯，自然就会知道非教他们预习不可。预习的事项无非翻查、分析、综合、体会、审度之类；应该取什么方法，认定哪一些着眼点，教师自当测知他们所不及，给他们指点，可是实际下手得让他们自己动天君，因为他们将来读书必须自己动天君。预习的事项一一做完了，然后上课。上课的活动，教学上的用语称为"讨论"，预习得对不对，充分不充分，由学生与学生讨论，学生与教师讨论，求得解决。应当讨论的都讨论到，需待解决的都得到解决，就没有别的事了。这当儿，教师犹如集会中的主席，排列讨论程序的是他，归纳讨论结果的是他，不过他比主席还多负一点责任，学生预习如有错误，他得纠正，如有缺漏，他得补充，如有完全没有注意到的地方，他得指示出来，加以阐发。教师的责任不在把一篇篇的文章装进学生脑子里去，因为教师不能一辈子跟着学生，把学生所要读的书一部部装进学生脑子里去。教师只要待学生预习之后，给他们纠正、补充、阐发；唯有如此，学生在预习的阶段既练习了自己读书，在讨论的阶段又得到切磋琢磨的实益，他们阅读书籍的良好习惯才会渐渐养成。如果不取这个办法，学生要待坐定在位子上，听到教师说今天讲某一篇之后，才翻开课本或选文来；而教师又一开头就读一句，讲一句，逐句读讲下去，直到完篇，别无其他工作：那就完全是另一回事了。

第一，这里缺少了练习阅读最主要的预习的阶段。学生在预习的阶段，固然不能弄得完全头头是道；可是教他们预习的初意本来不要求弄得完全头头是道，最要紧的还在让他们自己动天君。他们动了天君，得到理解，当讨论的时候，见到自己的理解与讨论结果正相吻合，便有独创成功的快感；或者见到自己的理解与讨论结果不甚相合，就作比量短长的思索；并且预习的时候绝不会没有困惑，困惑而没法解决，到讨论的时候就集中了追求解决的注意力。这种快感、思索与注意力，足以鼓动阅读的兴趣，增进阅读的效果，都有很高的价值。现在不教学生预习，他们翻开课本或选文之后又只需坐在那里听讲，不用做别的工作；从形式上看，他们太舒服了，一切预习事项都由教师代劳；但是从实际上说，他们太吃亏了，几种有价值的心理过程都没有经历到。第二，这办法与养成阅读书籍的习惯那个目标根本矛盾。临到上课，才翻开课本或选文中的某一篇来；待教师开口讲了，才竖起耳朵来听；这个星期如此，下个星期也如此，这个学期如此，下个学期也如此，还不够养成习惯吗？可惜养成的习惯恰是目标的反面。目标要学生随时读书，而养成的习惯却要上课才翻书；目标要学生自己读书，而养成的习惯却要教师讲一句才读一句书。现在一般学生不很喜欢而且不很善于读书，如果说，原因就在国文教学专用逐句讲解的办法，大概也不是过火的话吧。并且逐句讲解的办法，对于一篇中的文句是平均看待的，就是说，对于学生能够了解的文句，教师也不惮烦劳，把它译作口头的语言，而对于学生不甚了解的文句，教师又不过把它译作口头的语言而止。如讲陶潜《桃花源记》，开头"晋太元中，武陵人捕鱼为业"，就说："太元是晋朝孝武帝的年号，武陵是现在湖南常德县；晋朝太元年间，武陵地方有个捕鱼的人。"凡是逢到年号，总是说是某朝某帝的年号；凡是逢到地名，总是说是现在某地；凡是逢到与今语不同的字或词，总是说是什么意思。如果让学生自己去查一查年表、地图、字典、辞典，从而知道某个年号距离如今多少年；某一地方在他们居处的哪一方，距离多远；某一字或词的本义是什么，引申义又是什么：那就非常亲切了，得到很深的印象。学生做了这番工夫，对于"晋太元中，武陵人捕鱼为业"那样的文句，自己已能了解，不需再听教师的口译。现在却不然，不管学生了解不了解，见文句总是照例讲，照例口译；学生听着听着，非但没有亲切之感与很深的印象，而且因讲法单调，不需口译的文句也要口译，而起厌倦之感。我们偶尔听人演说，说法单调一点，内容平凡一点，尚且感到厌倦，学生成月成年听类似那种演说的讲解与口译，怎得不厌倦呢？厌倦了的时候,身子虽在坐位[1]上,心神却离开了读物,或者"一心以为有鸿鹄将至",或者什么都不想,像禅家的入定。这与养成读书习惯的目标不是相去很远吗?曾经听一位教师讲曾巩《越州赵公救苗记》,开头"熙宁八年夏,吴越大旱;九月,资政殿大学士右谏议大夫知越州赵公,前民之未饥,为书问属县……"在讲明了"熙宁""吴越""资政殿大学士""右谏议大夫""知"之后,便口译道:"熙宁八年的夏天,吴越地方遇到大旱灾;九月间,资政殿大学士……赵公,在百姓没有受到灾患以前,发出公文去问属县……"若照逐句讲解的原则,这并没有错。可是学生听了,也许会发生疑问:(1)遇到大旱灾既在夏天,何以到了九月间还说"在百姓没有受到灾患以前"呢? (2)白话明明说"在百姓没有受到灾患以前",何以文句中的"前"字装到"民"字的前头去呢?这两个疑问,情形并不相同:(1)是学生自己糊涂,没有辨清"旱"和"饥"的分别;(2)却不是学生糊涂,他正看出了白话和文言的语法上的异点。而就教师方面说,对于学生可能发生误会的地方不给点醒,对于学生想要寻根究底的地方不给指导,都只是讲如未讲。专用逐句讲解的办法,不免常常有这样的情形,自然说不上养成读书习惯了。

其次,就培植欣赏文学的能力那个目标来说。所谓欣赏,第一步还在透切了解整篇文章,没有一点含糊,没有一点误会。这一步做到了,然后再进一步,体会作者意念发展的途径及其辛苦经营的功力。体会而有所得,那踌躇满志,与作者完成一篇作品的时候不相上下;这就是欣赏,这就是有了欣赏的能力。而所谓体会,得用内省的方法,根据自己的经验,而推及作品;又得用分析的方法,解剖作品的各部,再求其综合;体会绝不是冥心盲索、信口乱说的事。这种能力的培植全在随时的指点与诱导。正如看图画、听音乐一样,起初没有门径,只看见一堆形象,只听见一串声音,必得受了内行家的指点与诱导,才渐渐懂得怎么看,怎么听;懂得怎么看怎么听,这就有了欣赏图画与音乐的能力。国文精读教材固然不尽是文学作品,但是文学与非文学,界限本不很严,即使是所谓普通文,它既有被选为精读教材的资格,多少总带点文学的意味;所以,只要指点与诱导得当,凭着精读教材也就可以培植学生的欣赏文学的能力。如果课前不教学生预习,上课又只做逐句讲解的工作,那就谈不到培植。前面已经说过,不教学生预习,他们就经历不到在学习上很有价值的几种心理过程;专教学生听讲,他们就渐渐养成懒得去仔细咀嚼的习惯。综合起

---

[1] 即"座位"。——编者

来,就是他们对于整篇文章不能做到透切了解。然而透切了解正是欣赏的第一步。再请用看图画、听音乐来比喻,指点与诱导固然仰仗内行家,而看与听的能力的长进,还靠用自己的眼睛实际去看,用自己的耳朵实际去听。这就是说,欣赏文学要由教师指一点儿门径,给一点儿暗示,是预习之前的事。实际与文学对面,是预习与讨论时候的事。现在把这些事一概捐除,单教学生逐句听讲,那么,纵使教师的讲解尽是欣赏的妙旨,在学生只是听教师欣赏文学罢了。试想,只听内行家讲他的对于图画与音乐的欣赏,而始终不训练自己的眼睛与耳朵,那欣赏的能力还不是只属于内行家方面吗?何况前面已经说过,逐句讲解,把它译作口头的语言而止,结果往往是讲如未讲,又怎么能是欣赏的妙旨?如归有光《先妣事略》末一句,"世乃有无母之人,天乎痛哉!"要与上面的话连带体会,才知道是表达孺慕之情的至性语。上面说母亲死后十二年,他补了学官弟子;这是一件重要事,必须告知母亲的,母亲当年责他勤学,教他背书,无非盼望他能得上进;然而母亲没有了,怎么能告知她呢?又说母亲死后十六年,他结了婚,妻子是母亲所聘定的,过一年生了个女儿;这又是一件重要事,必须告知母亲的,母亲当年给他聘定妻子,就只盼望他们夫妇和好,生男育女;然而母亲没有了,怎么能告知她呢?因为要告知而无从告知,加深了对于母亲的怀念。可是怀念的结果,对于母亲的生平,只有一二"仿佛如昨",还记得起,其余的却茫然了;这似乎连记忆之中的母亲也差不多要没有了。于是说"世乃有无母之人,天乎痛哉!"好像世间不应当有"无母之人"似的。由于怀念得深,哀痛得切,这样痴绝的话、不同平常的话正是流露真性情的话。这是所谓欣赏的一个例子。若照逐句讲解的原则,轮到这一句,不过口译道:"世间竟有没有母亲的人,天啊!哀痛极了!"讲是讲得不错。但是,这篇临了,为什么突兀地来这么一句呢?母亲比儿子先死的,世间尽多,为什么这句中含着"世间不应当有的'无母之人'似的"的意思呢?对于这两个疑问都不曾解答。学生听了,也不过听了"世间竟有没有母亲的人,天啊!哀痛极了!"这么一句不相干的话而已;又哪里会得到什么指点与暗示,从而训练他们的欣赏能力?

再其次,就训练写作文章的技能那个目标来说。所谓写作,也不是什么了不得的事。从外面得来的见闻知识,从里面发出的意思情感,都是写作的材料;哪些材料值得写,哪些材料值不得写,得下一番选剔的工夫。材料既选定,用什么形式表现它才合适,用什么形式表现它就不合适,得下一番斟酌的工夫。斟酌妥当了,便连布局、造句、遣词都解决了。写作不过是这么一个过程,粗略地说，只要能识字、能写字的人就该会写作。写作的技能所以要从精读方面训练，无非要学生写作得比较精一点。精读教材是挑选出来的，它的写作技能当然有可取之处；阅读时候看出那些可取之处，对于选剔与斟酌就渐渐增进了较深的识力；写作时候凭着那种识力来选剔与斟酌，就渐渐训练成较精的技能。而要看出精读教材的写作技能的可取之处，与欣赏同样（欣赏本来含有赏识技能的意思），第一步在对于整篇文章有透切的了解；第二步在体会作者意念发展的途径及其辛苦经营的功力。真诚的作者写一篇文章，绝不是使花巧，玩公式，他的功力全在使情意与文字达到个完美的境界；换句话说，就是使情意圆融周至，毫无遗憾，而所用文字又恰正传达出那个情意。如范仲淹作《严先生祠堂记》，末句原作"先生之德，山高水长"，李泰伯看了，教他把"德"字改为"风"字；又如欧阳修作《醉翁亭记》，开头历叙滁州的许多山，后来完全不要，只作"环滁皆山也"五字，历来传为写作技能方面的美谈。这些技能都不是徒然的修饰。根据《论语》"君子之德风"那句话，用个"风"字不但可以代表"德"字，并且增多了"君子之"的意思；还有，"德"字是呆板的，"风"字却是生动的，足以传达德被世人的意思，要指称高风亮节的严先生，自然用"风"字更好。再说《醉翁亭记》，醉翁亭既在滁州西南琅琊山那方面，何必历叙滁州的许多山？可是不说滁州的许多山，又无从显出琅琊山，唯有用个说而不详说的办法作"环滁皆山也"，最为得当。可见范仲淹的原稿与欧阳修的初稿都没有达到完美的境界，经李泰伯的代为改易与欧阳修的自己重作，才算达到了完美的境界。要从阅读方面增进写作的识力，就该在这等地方深切地注意。要从实习方面训练写作的技能，就该效法那些作者的求诚与不苟。无论写一个便条，记一则日记，作一篇《我的家庭》或《秋天的早晨》，都像李泰伯与欧阳修一样地用心。但是，国文教学仅仅等于逐句讲解的时候，便什么都谈不到了。逐句讲解既不足以培植欣赏文学的能力，也不足以训练写作文章的技能。纵使在讲过某一句的时候，加上去说："这是点题"或"这是题目的反面"，"这是侧击法"或"这是抑宾扬主法"，算是关顾到写作方面：其实于学生的写作技能并没有什么益处。因为这么一说，给予学生的暗示将是：写作只是使花巧、玩公式的事。什么"使情意圆融周至"，什么"所用文字恰正传达那个情意"，他们心中却没有一点影子。他们的写作技能又怎么训练得成功？

　　因为逐句讲解的办法仅仅包含(1)解释字词的意义，(2)说明成语典故的来历，(3)把书面的文句译作口头的语言三项工作，于是产生了两个不合理的现象：(1)认为语体没有什么可讲，便撇开语体，专讲文言；(2)对于语体，也像文言一样读一句讲一句。语体必须精读,在中学国文课程标准里素有规定;现在撒开语体,一方面是违背规定,另一方面是对不起学生——使他们受不到现代最切要的语体方面的种种训练。至于讲语体像讲文言一样,实在是个可笑的办法。除了各地方言偶有差异而外,纸面的语体与口头的语言几乎全同;现在还要把它口译,那无非逐句复读一遍而已。语体必须教学生预习,必须在上课时候讨论;逐句复读一遍绝不能算精读了语体。关于这一点,拟另外作一篇文章细谈。

逐句讲解是最省事的办法;如要指导学生预习,主持课间讨论,教师就麻烦得多。但是专用逐句讲解的办法达不到国文教学的目标,如前面所说;教师为忠于职责忠于学生,自该不怕麻烦,让学生在听讲之外,多做些事,多得些实益。教师自己,在可省的时候正不妨省一点讲解的辛劳,腾出工夫来给学生指导,与学生讨论,也就绰有余裕了。

读些什么书(节选)[1]

叶圣陶

关于各科的参考书是可以选读的。在学校里只读教科书;教科书是各科知识的大纲,详细的项目和精深的阐发,都没有包容进去。例如本国史教科书,对于一代的政治、文化、人情、风俗,至多用几百个字来叙述就完事了;少的时候,只用一句两句话就带过了。单凭那几百个字或一句两句话,固然也可以算知道了历史;但是知道的只是些笼统的概念,或者知其然而不知其所以然,实在不能算知道了历史;如果选一些专讲某代的政治、文化、人情、风俗的参考书来读,由于已经知道了大纲,绝不至于摸不着头脑,而阅读的结果就是明白得详细而且透彻。

关于当前种种问题的书是可以选读的。教科书中大多说些原理、原则的话,对于随时遇到的具体问题,或者附带提到,或者简直不说。例如日本是我国的大敌,我国与它作战已经四年半,最近它又发动太平洋大战,与一切民主国家为敌;它的凭借究竟怎样,它那狂妄的欲念怎样才可以扑灭,这些都是我国人亟待解答的具体问题;但是本国史、外国史和外国地理的教科书中,对于这些仅有简略的叙述,没有综合的解答。如果选一些专谈日本问题的书来读,

---

[1] 1942年1月作,原载1942年2月1日成都出版《国文杂志》第2期。节选自刘国正主编《叶圣陶教育文集》第3卷,人民教育出版社1994年版。

就可以得到许多精确的认识,从精确的认识发而为种种行动,自然会有切实的力量。日本问题只是例子罢了,此外如建国问题、大战后世界秩序问题等等,现代青年都得郑重注意。必须注意当前的问题,青年才能够认识时代;认识了时代,自身才能够参加进去,担负推动时代的任务。

关于修养的书是可以选读的。所谓修养,其目的无非要明了自己与人群的关系,要应用合理的态度和行为来处理一切。修养的发端在于"知";如果不"知",种种关系就不会明了,怎样才是合理也无从懂得。修养的完成在于"行";如果"知"而不"行",所知就毫无价值,读关于修养的书,假定是《论语》,好比与修养很有功夫的孔子面对面,听他谈一些修养方面的话,在"知"的扩展上是很有益处的。"知"了,又能化而为"行",那就一辈子受用不尽了。

关于文学的书是可以选读的。文学的对象是人生。文学的特点是把意念形象化,不用抽象的表达。所以读文学可以认识人生,感知人生。善于读文学的人,他所见的人生一定比不读文学的人来得深广。这当然指上品的文学而言。同样是诗,有优劣的分别;同样是小说,也大有好坏。我们没有这么多的精力和时间来读一切坏的劣等的作品(就是有这么多的精力和时间也无需读那些),自应专选上品的来读。还有,不要以为自己准备学工学农,就无需理会文学。要知道学工学农也是人生;无论是谁,能够接触以人生为对象的文学,是一种最为丰美最有价值的享受。

论朗读(节选)[1]
朱自清

朗读人多称为"朗诵",从前有"高声朗诵"的成语,现在有"朗诵诗"的通名。但"诵"本是背诵文辞的意思,和"抽绎义蕴"的"读"不一样;虽然这两个词也可以通用。"高声朗诵"正指背诵或准备背诵而言,倒是名副其实。白话诗文的朗诵,特别注重"义蕴"方面,而腔调也和背诵不同。这该称为"朗读"合式些。再从语文教学方面看,有"默读",是和"朗读"相对的词;又有"精读""泛读",都着眼在意义或"义蕴"上。这些是一套。若单出"朗诵",倒觉得不大顺溜似的。最有联系的还是"诵"的腔调。所谓"诵"的腔调便是私塾儿童读启蒙书的腔调,也便是现在小学生读国语教科书的腔调;这绝不

---

[1] 原载《国文杂志》1942年第1卷第3期。节选自中央教育科学研究所(今"中国教育科学研究院",下同)编《朱自清论语文教育》,河南教育出版社1985年版。

是我们所谓"读"的腔调——如恭读《总理遗嘱》的腔调,我们现在已经知道,白话文宜用"读"的腔调,"诵"是不合式的。所以称"朗诵"不如称"朗读"的好。

黄仲苏先生在《朗诵法》(二十五年,开明版)里分"朗诵腔调"为四大类:

  一曰诵读 诵谓读之而有音节者,宜用于读散文。如四书、诸子、《左传》、四史以及专家文集中之议、论、说、辨、序、跋、传记、表奏、书札等等。

  二曰吟读 吟,呻也,哦也。宜用于读绝诗、律诗、词曲及其他短篇抒情韵文如诔、歌之类。

  三曰咏读 咏者,歌也,与咏通,亦作永。宜用于读长篇韵文,如骈赋、古体诗之类。

  四曰讲读 讲者,说也,谈也,说乃说话之"说",谈则谓对话。宜用于读语体文。(以上节录原书一二六至一二八面)。

这四分法黄先生说是"审辨文体,并依据《说文》字义及个人经验"(一二六面)定的。按作者所知道的实际情形和个人的经验,吟读和咏读可以并为一类,叫作"吟";讲读该再分为"读"和"说"两类;诵读照旧,只叫作"诵"。

…………

现在的诗歌朗诵,其实是朗读。作者还没有机会参加过这一类朗诵会,但曾请老舍先生读过《剑北篇》的一段和《大地龙蛇》里那段押韵的对话,听的所得比看的所得多而且好。特别是在看的时候觉得那些韵脚太显著,仿佛凸出纸面上似的刺眼,可是听的时候只觉得和谐,韵脚都融化在句子里好像没有了一般。老舍先生不像吟旧诗、词等的样子重读韵脚,而是照外国诗的读法顺着辞气读过去。再说《剑北篇》原用大鼓调句法,他却只读不吟唱,大概是只要郑重和平静的效果的缘故。——读的用处最广大,语文教学上应该特别注重它;现在的学生只在小学里学会了诵,吟、读、说都不曾学。诵在离开小学后恐怕简直用不着;读倒是常常用着。黄先生说到教室内的国文教学,学生"起立读文……每因害羞,辄以书掩面,草草读毕,或因胆怯,吞吐嗫嚅,期期不能出诸口;偶或出声,亦细微不可辨"(《朗诵法》一三六面)。这是实在情形,正是没有受过读的训练的结果。作者主张小学的国语教学应该废诵重读,兼学吟和说;大、中学也该重读,恢复吟,兼学说。有人或许觉得读和说不便于背。其实这是没有根据的成见。背读《总理遗嘱》便是眼前的反证。作者曾试过背读白话诗,觉得至少不比背吟古体诗难。至于背说,演员背戏词也是眼前的例子;还有中小学生背演说的也常见。——语文教学里训练背说,便可以用剧本作材料,让学生分任角色说对话,那么,背起来就更容易了。

了解与欣赏[1]
——这里讨论的是关于了解与欣赏能力的训练
朱自清

  了解与欣赏为中学国文课程中重要的训练过程。儿童从小就能对于语言渐渐地了解,不过对于文字的了解必须加以强制学习的训练。成年人平时读书、阅报大都是采取一种"不求甚解"的态度。这是一般综合的实用的态度。但在国文教学,教师准备时,必须字字查清楚,弄明白。学生呢,在学习时也必须字字求了解。这与一般不求甚解的态度刚好相反,然而不求甚解的那份能力正是经过分章析句的学习过程而得到的,必须有了咬文嚼字的教学培养后,才能真正达到那种不求甚解的境界,没有经过一番文字分析的训练,欲不求甚解,也不易得呢。通常教授国文的,大都很注重字义。实在除掉注重字义的办法以外,还应当顾及下面的几种分析的方法。

一 句式的形式(句式)

  某种特殊句子的形式,不仅是作者在技巧方面的表现,也是作者别有用心处。讲解国文时必须加以说明。例如鲁迅先生的《秋夜》的开端:

> 在我的后园,可以看见墙外有两株树,一株是枣树,还有一株也是枣树。

  这不是普通的叙说,句子的形式很特殊,给人一种幽默感。作者存心要表现某种特殊的情感。这儿开始就显示出一个太平凡的境界,因为鲁迅先生所见到的窗外,除掉两株枣树,便一无所见。更使人厌倦的是人坐在屋里,一抬头望窗外,立刻映入眼帘的东西,就只是两株枣树,爱看也是这些,不爱看也是这些,引起人腻烦的感觉。一种太平凡的境界,用不平凡的句式来显示,是修辞上的技巧。明白了这两句的意思与作用,就兼有了了解与欣赏。又如同篇:

> 这上面的夜的天空,奇怪而高……

  这是作者在文字排列上用功夫,两句都不是普通的说法。上半句表现两层意思:(1)枣树上的天空,(2)夜的天空。两层意思而用同一单位表示,是修

---

[1] 原载1943年《国文月刊》第20期,署"朱自清先生讲,叶金根整理"。选自中央教育科学研究所编《朱自清论语文教育》,河南教育出版社1985年版。

辞上的经济办法。文字的经济便是一种文学的技巧。平常的语言,可有两式:

夜间这上面的天空……

上面的天空在夜间……

读起来便都有了停顿,时间上显得十分不经济,意思也没有原句透露。下半句"奇怪而高",口语中常说"高而奇怪",单词习惯大多数在前面。现在说"奇怪而高",句法就显得别致,作者在这里便用来表示秋夜天空的特殊。

二 段 落

写段落大意是中学国文课上常用的方法。但通常只把各段的大意写出,而于全文分段的作用与关系,往往缺少综合的说明。教师指导学生写段落大意,每段大意,常只用一二句话表示。这里便应当注意语句间的联络。要能显出原文的组织和发展的次序。

三 主 旨

教师必须提醒学生注意一篇文章中足以代表全文主旨的重要语句,和指导学生研究全文主旨如何发展。古文称文章中重要的语句为"警句"。警句往往是全篇的线索。读一篇文章最要紧的事便是要能找到线索。文章的线索作者往往把它隐寓在文中的一二句重要的语句里面,例如龚自珍《说居庸关》,"疑若可守然"五字是全文的主旨所在,教师便需注意此主旨的发展。

四 组 织

文章组织的变化,也是作者在技巧上用的功夫,说明这种文章组织的变化,是了解与欣赏范围内极重要的事。例如上举《说居庸关》,"疑若可守然"五字,一段中连用五次;又"自入南口"连用六次。这是叠句发,亦是关键语,在组织上增加一种节奏。最后三小段文章最堪注意,在整齐的组织中寓有变化。末两段一写蒙古人,一写漏税,指出间道,均逼出居庸关之不足守,与前文相应答。这是组织上的一种变化,读者最容易忽略过去的,教时应当加以说明。中间写遇到蒙古人,说了一大段,表示清朝的威严,作者是用赞叹的口气。

五 词 语

在一篇文章中应当注意作者惯用的词语和词语的特殊意义。例如上举《说居庸关》中"蒙古"一词指的是蒙古人。

六　比喻、典故、例证

先讲比喻。

康白情的《朝气》,内容是描写农家种植的生活,题目何以称为"朝气"呢?农家生活的描写与朝气究竟有何关系呢？这些问题教师是要暗示学生提出来详细讨论的。农家生活的描写实在是一个比喻,作者是别有寄托的。文学作品中的具体故事,往往带上一些抽象性。大概一个比喻的应用,包含三方面的意义。如"朝气":

(1) 喻依——农家的生活。

(2) 喻体——劳工的趣味。

(3) 意旨[1]——由趣味的工作得到美满的结果,显示出生活中朝气的景象。

这是文学上表达技巧很重要的一条原则,应当让学生区分得很清楚的。又如谢冰心的《笑》,用重复的组织,对于雨、月夜、花连说出三个笑容,表示爱的调和。"如登仙界,如归故乡",是极普通的比喻,但能显示出纯洁快乐的意味。

次讲典故。

古文中的用典是学生最感觉麻烦的事情。讲解古文时说明古典出处也是极占时间的。但是教师往往只说明古典本身的意义,而常忽略了这个典故在本文里的作用。这样使读者只记古典出处,便感觉乏味了,更谈不到欣赏。原来用典的作用,也是使文字经济的一种办法,作者因为要表达心中的事或情,不必完全直说,借用过去的一桩熟悉的而且与当下相关的事物来显示。大凡文学上的典故都经过许多作家的手改造过,而成为很好的形式。因此用典的作用,一方面是使文字经济,一方面也是避免直说,增加读者的联想,使内容丰富。现代语体文中典故也是常见的。如冰心的《笑》里用"安琪儿"一词,教时也应当说明其出处。

再讲例证。

在说明文和议论文中有些时候往往遇到抽象的概念,教师在说解时必须要设法用一两个较具体的例证加以说明。如蔡元培的《雕刻》里面许多美术上的概念,教师应当设法举出浅显的实例,加以说明。又如东坡说,"画中有诗,

---

[1] 喻依,作比喻的材料;喻体,被比喻的材料;意旨,比喻的用意所在。详见本书《〈唐诗三百首〉指导大概》。

诗中有画",也应当举出实例,说明诗与画两者之间所以沟通的道理。

总结起来说,关于了解与欣赏应该特别注意的有三点:

一是语言的经济。注意句读顿停多少与力量是否集中。

一是比较的方法。讲散文时可用诗句作比较,讲诗时可用散文作比较。文中的语句可与口中的说话比较。读鲁迅先生的《秋夜》,便可与叶绍钧先生的《没有秋虫的地方》比较。比较的方法对于了解与欣赏是极有帮助的。

一是文字的新变。一个作家必须要能深得用字的妙趣,古人称为"炼字",便是指作家用字时打破习惯而变新的地方,教师就也要在这方面求原文作者的用心。

训练的方法,除教师讲解外,在学生方面,熟读的功夫是不可少的。吟诵与了解极有关系,是欣赏必经的步骤。吟诵时对于写在纸上死的语言可以从声音里得其意味,变成活的语气。不过在朗诵时,要能分辨语气的轻重,要使声调有缓急,合于原文意思发展的节奏。注意本文的意思,不要被声音掩盖了,滑过去。默读是不出声的,偏于用眼,但也不要让意思跟了眼睛滑过去。

最后,问题的研究,在读文章时是常有的事。但是问题的提出要有分量,要有意义。最好教师只居于被动地位,用暗示方法,帮助学生发现问题,解决问题。

怎样学习国文(节选)[1]
——在昆明中法中学讲演
朱自清

中学生对于"读"的功夫是太差了,现在把"读"的意义,简单地说一说。"读"这方面,它是包含着了解的程度及欣赏的程度。就像看一张图画,你觉得它确实太好了,但问你好到什么境地,那么得由你自己去体会,从体会的能力,就见出欣赏的深浅。

古人作一篇文章,他是有了浓厚的感情,发自他的胸腑,才用文字表现出来的。在文字里隐藏着他的灵魂,使旁人读了能够与作者共感共鸣。我们现在读文言,是因为时间远隔,古今语法不同,词汇差别很大,你能否从文字中体会古人的感情呢,这需要训练,需要用心,慢慢地去揣摩古人的心怀,然后

---

[1] 原载1944年《国文杂志》第3卷第3期,署"朱自清讲演,段联瑗笔记"。节选自中央教育科学研究所编《朱自清论语文教育》,河南教育出版社1985年版。

才发现其中的奥蕴,这就是一般人觉得文言文了解的程度,比白话文实在是难的地方。

再进一步,可以说,白话与文言固然不同,白话与口语,又何尝一致呢?在五四运动的时候,有人提出口号:"文语一致"。这只是理想而已。"文"是许多字句组织起来的,"语"则不然,说话的时候,有声调、快慢、动作等因素来帮助它,可以随便地说,只要使对方的人能够了解。总之,"语"确实是比"文"容易。

文言文,大学生与中学生都不大喜欢读的,大半因为文言文中的词汇不容易了解,譬如文言文中的"吾谁欺?"在白话文中是"我欺负哪一个?"的意思。如果你不了解古代文法,也许会想到别的意义上去,然而只要多读它几遍,多体会一下,了解的程度就不同,所以"读"的功夫,我是以为非常重要的。

论诵读(节选)[1]
朱自清

诵读是一种教学过程,目的在培养学生的了解和写作的能力。教学的时候先由教师范读,后由学生跟着读,再由学生自己练习着读,有时还得背诵。除背诵外却都可以看着书。诵读只是诵读,看着书自己读,看着书听人家读,只要做过预习的功夫,当场读得又得法,就可以了解的,用不着再有面部表情和肢体动作。这和战前的朗诵差不多,只是朗诵时听众看不到原作,和战后的朗诵却就差得多。朗诵是艺术,听众在欣赏艺术。诵读是教学,读者和听者在练习技能。这两件事目的原不一样。但是朗诵和诵读都是既非吟,也非唱,都只是说话的调子,这可是一致的。

吟和唱都将文章音乐化,而朗诵和诵读却注重意义,音乐化可以将意义埋起来,或使意义滑过去。战前的朗诵固然可以说是在发现白话诗的音乐性,但是有音乐性不就是音乐化。例如一首律诗,平仄的安排是音乐性,吟起来才是音乐化,读下去就不是的。现在我们注重意义,所以不要音乐化,不要吟和唱。我在别处说过"读"该照宣读文件那样,但是这句话还未甚显明。李长之先生说得才最干脆,他说"所谓诵读一事,也便只有用话的语调(平常说话的语调)去读的一途了"。宣读文件其实就用的是说话的语调。

---

[1] 原载天津《大公报·星期文艺》1947年2月9日。节选自中央教育科学研究所编《朱自清论语文教育》,河南教育出版社1985年版。

诵读虽然该用说话的调子，可究竟不是说话。诵读赶不上说话的流畅，多少要比说话做作一些。诵读第一要口齿清楚，吐字分明。唱曲子讲究咬字，诵读也得字字清朗，尽管抑扬顿挫，清朗总得清朗的。李长之先生注重词汇的读出，也就是这个意思。座谈会里潘家洵先生指出私塾儿童读书固然有两字一顿的，却也有一字一顿的，如"孟—子—见—梁—惠—王"之类的读法，我们是常常可以听到的。大概两字一顿是用在整齐的句法上，如读《千字文》，《百家姓》，《龙文鞭影》，《幼学琼林》，《千家诗》之类，一字一顿是用在参差的句法上，如读《四书》等。前者是音乐化，后者逐字用同样强度读出，是让儿童记清每一个字的形和音，像是强调的说话。这后一种诵读，机械性却很大，不像说话那样可以含糊几个字甚至吞咽几个字而反有姿态，有味儿。我们所要的字字清朗的诵读，性质上就近于这后一种，不过顿的字数不一定，再加上抑扬顿挫，跟说话多相像一些罢了。

用说话的调子诵读白话文，自然该最像说话，虽然因为言文总有些分别，不能等于说话。但是现在的白话文是欧化了的，诵读起来也还不能很像说话。相信诵读教学切实施行若干时后，诵读可以帮助变化说话的调子；那时白话文的诵读虽然还是不能等于说话，总该差不离儿了。诵读白话诗，现在是更不像说话，因为诗是精练的说话，跟随心信口的说话本差着些程度，加上欧化，自然就差得更多。用说话的调子读文言，不论是诗是文，是骈是散，自然还要差得多，但是比吟或唱总近于说话些。从前学文言乃至欣赏文言，好像非得能吟会唱不可。我想吟唱固然有益，但是诵读也许帮助更大。大概诗、词、曲和骈文，音乐性本来大些，音乐化的去吟唱可以获得音乐方面的受用，但是在了解和欣赏意义上，吟唱是不如诵读的，至于所谓古文，本来基于平常说话的调子，虽然因为究竟不是口头的语言，不妨音乐化地去吟唱，然而受用似乎并不大，倒是诵读能见出这种古文的本色。所以就是文言，也还该以说话调的诵读为主。但是诵读总得多读熟读，才有效用，"曲不离口"，诵读也是一样道理。

诵读口语体的白话文（这种也可以称为白话），还有诵读小说里的一些对话和话剧，应该就像说话一样，虽然也还未必等于说话。说是未必等于说话，因为说话有声调，又多少总带着一些面部表情和肢体动作，写出来的说话虽然包含着这些，却不分明，诵读这种写出来的说话，得从意义里去揣摩，得从字里行间去揣摩。而写的人虽然想着包含那些，却也未必能包罗一切；揣摩的人也未必真能尽致。这就未必相等的。所以认真地演出话剧，得有戏谱，详细注明声调等等。李长之先生提到的赵元任先生的《最后五分钟》就是这种戏谱。有了这种戏谱，还得再加揣摩。但是舞台上的台词也还是不等于平常的说话。因为台词不但是戏中人在对话，并且是给观众听的对话，固然得流畅，同时也得清朗。所以演戏需要专业的训练，比诵读难。

  写的白话不等于说话，写的白话文更不等于说话。写和说到底是两回事。文言时代诵读帮助写的学习，却不大能够帮助说的学习；反过来说话也不大能够帮助写的学习。这时候有些教育程度很高的人会写却说不好，或者会说却写不好，原不足怪。可是，现下白话时代，诵读不但可以帮助写，还可以帮助说，而说话也可以帮助写，可是会写不会说和会说不会写的人还是有。这就见得写和说到底是两回事了。大概学写主要得靠诵读，文言白话都是如此，单靠说话学不成文言也学不好白话。现在许多学生很能说话，却写不通白话文，就因为他们诵读太少，不懂得如何将说话时的声调等等包含在白话文里。他们的作文让他们自己念给别人听，满对，可是让别人看就看出不通来了。他们会说话到一种程度，能以在诵读自己作文的时候，加进那些并没有能够包含在作文里的成分去，所以自己和别人听起来都合式，他们自己看的时候，也还能够如此。等到别人看，别人凭一般诵读的习惯，只能发挥那些作文里包含得有的，却不能无中生有，这就漏了。至于学说话，主要的得靠说话，多读熟白话文，多少有些帮助，多少能够促进，可是主要的还得靠说话。只注重诵读和写作而忽略了说话，自然容易成为会写而说不好的人。至于李长之先生提到鲁迅先生，又当别论。鲁迅先生是会说话的，不过不大会说北平话。他写的是白话文，不是白话。长之先生赞美座谈会由顾随先生读的《阿Q正传》，说是"觉得鲁迅运用北平的口语实在好极了"。我当时不在场，想来那恐怕一半应该归功于顾先生的诵读的。

  再说用说话的调子诵读白话诗那是比诵读白话文更不等于说话。如上文所说诗是精练的语言，跟平常的说话自然差得多些。精练靠着暗示和重叠。暗示靠新鲜的比喻和经济的语句，重叠不是机械的，得变化，得多样。这就近乎歌而带有音乐性了。这种音乐性为的是集中注意的力量，好像电影里特别的镜头。集中了注意力，才能深入每一个词汇和语句，发挥那蕴藏着的意义，这也就是诗之所以为诗。白话诗却不要音乐化，音乐化会掩住了白话诗的个性，磨损了它的曲折处。白话诗所以不会有固定的声调谱，我看就是为此。白话诗所以该用说话调诵读，也是为此。一方面白话诗也未尝不可以全不带音乐性而直用平常说话的调子写作。但是只宜于短篇如此。因为短篇的精练可以不靠重叠,长些就不成。苏俄的玛耶可夫斯基[1]的诗,按说就只用平常说话的调子,却宜于朗诵。他的诗就是短篇多,国内也有向这方面努力的,田间先生就是一位。这种诗不用说更该用说话调诵读,诵读起来也许跟口语体的白话文差不多,但要强调些。因为篇幅短,要是读得太流畅,一下子就完了,没有了,所以得滞实些才成。其实诗的诵读一般的都得滞实些。一方面有弹性,一方面要滞实,所以难。两次朗诵运动都以诗为主,在艺术上算是攻坚。但是诵读只是训练技能,还该从容易的文的诵读下手。

中学国文学习法(节选)[2]

叶圣陶

认定目标

　　学习国文该认定两个目标:培养阅读能力,培养写作能力。培养能力的事必须继续不断地做去,又必须随时改善学习方法,提高学习效率,才会成功。所以学习国文必须多多阅读,多多写作,并且随时要求阅读得精审,写作得适当。

　　在课内,阅读的是国文教本。那用意是让学生在阅读教本的当儿,培养阅读能力。凭了这一份能力,应该再阅读其他的书,以及报纸、杂志等等。这才可以使阅读能力越来越强。并且,要阅读什么就能阅读什么,才是真正地受用。

　　在课内,写作的是老师命题作文。那用意是让学生在按题作文的当儿,培养写作能力。凭了这一份能力,应该随时动笔,写日记,写信,写笔记,写自己的种种想要写的。这才可以使写作能力越来越强。并且,要写作什么就能写作什么,才是真正地受用。

　　就一个高中毕业生说,阅读能力和写作能力应该达到如下的程度:

　　阅读方面——(1)能读日报和各种并非专门性质的杂志;(2)能看适于中学程度的各科参考书;(3)能读国人创作的以及翻译过来的各体文艺作品的一部分;(4)能读如教本里所选的欧阳修、苏轼、归有光等人所作散文那样的文言;(5)能适应需要,自己查看如《论语》《孟子》《史记》《通鉴》一类的书;(6)能

---

[1] 今译作马雅可夫斯基。——编者
[2] 原题《中学各科学习法·国文》,原载中学生杂志社编《中学生手册》,开明书店1948年7月出版。原文共分六个部分:认定目标,靠自己的力阅读,阅读举要,写作须知,写作举要,写字。节选自刘国正主编《叶圣陶教育文集》第3卷,人民教育出版社1994年版。

查看《国语辞典》《辞源》《辞海》一类的工具书。这里所说的"能"表示了解得到家,体会得透彻,至少要不发生错误。眼睛在纸面上跑一回马,心里不起什么作用,那是算不得"能"的。

写作方面——(1)能作十分钟的演说;(2)能写合情合理合式的书信;(3)能把自己的所见所闻所思所感记下来;(4)能写类似现社会中通用的文言信那样的文言。这里所说的"能"指表达得正确明白而言,至少也得没有语法上、论理上的错误。就演说和书信说,还得没有礼貌上的错误。为什么把演说也列在写作方面?因为演说和写作是同一源头的两条水流,演说是用口的写作,写作是用笔的演说。

以上虽只是个人的意见,我自以为很切实际,一个高中毕业生能够如此,国文程度也就可以了,自己也很够受用了。至于阅读不急需的古书如《尚书》《左传》《老子》《庄子》,写作不切用的体裁如骈文、古文、旧体诗,各人有各人的自由,旁人自然不便说他不对。可是就时代观点和教育立场说,这些都是不必教中学生操心思花工夫的。还有文艺创作,能够着手固然好,不能够也无须强求,因为这件事不是人人都近情的。

靠自己的力阅读

阅读要多靠自己的力,自己能办到几分务必办到几分;不可专等老师给讲解,也不可专等老师抄给字典、辞典上的解释以及参考书上的文句。直到自己实在没法解决,才去请教老师或其他的人。因为阅读是自己的事,像这样专靠自己的力才能养成好习惯,培养真能力。再说,我们总有离开可以请教的人的时候,这时候阅读些什么,非专靠自己的力不可。

要靠自己的力阅读,不能不有所准备。特别划一段时期特别定一个课程来准备,不但不经济,而且很无聊。也只需随时多用些心,不肯马虎,那就是为将来做了准备。譬如查字典,如果为了做准备,专看字典,从第一页开头,一页一页顺次看下去,这绝非办法。只需在需要查某一字的时候看得仔细,记得清楚,以后遇到这个字就是熟朋友了,这就是做了准备。不但查字典如此,其他都如此。

应做的准备大概有以下几项:

(1)留心听人家的话。写在书上是文字,说在口里就是话。听话也是阅读,不过读的是"声音的书"。能够随时留心听话,对于阅读能力的长进大有帮助。听清楚,不误会,固然第一要紧;根据自己的经验加以衡量,人家的话正确不正确,有没有罅漏,也是必要的事。不然只是被动地听,那是很有流弊的。至于人家用词的选择,语调的特点,表现方法的优劣,也需加以考虑。他有长处,好在哪里?他有短处,坏在哪里?这些都得解答,对于阅读极有用处。

(2) 留心查字典。一个字往往有几个意义,有些字还有几个读音,翻开字典一看,随便取一个读音一个意义就算解决,那实在是没有学会查字典。必须就读物里那个字的上下文通看,再把字典里那个字的释文来对勘,然后确定那个字何音何义。这是第一步。其次,字典里往往有些例句,自己也可以找一些用着那个字的例句,许多例句聚在一块儿,那个字的用法(就是通行这么用)以及限制(就是不通行那么用)可以看出来了。如果能找近似而不一样的字两相比较,辨明彼此的区别在哪里,应用上有什么不同,那自然更好了。

(3) 留心查辞典。一个词也往往有几个意义,认真查辞典,该与前一节说的一样。那个词若是有关历史的,最好根据自己的历史知识,把那个时代的事迹想一回。那个词若是个地名,最好把地图翻开来辨认一下。那个词若是涉及生物理化等科的,最好把自己的生物理化的知识温习一遍,辞典里说的或许很简略,就查各科的书把它考究个明白。那个词是来自某书某文的典故或是有关某时某人的成语,如果方便,最好把某书某文以及记载某时某人的话的原书找来看看。那个词若是一种制度的名称,一个专用在某种场合的术语,辞典里说的或许很简略,如果方便,最好找些相当的书来考究个详细。以上说的无非要真个弄明白,不容含胡[1]了事。而且,这样将辞典作钥匙,随时翻检,阅读的范围就扩大了,阅读参考书的习惯也可以养成了。

(4) 留心看参考书。参考书范围很广,性质不一,未可一概而论。可是也有可以说的。一种参考书未必需要全部看完,但是既然与它接触了,它的体例总得弄清楚。目录该通体一看,书上的序文,人家批评这书的文章,也该阅读。这样,多接触一种参考书就如多结识一个朋友,以后需要的时候,还可以向他讨教,与他商量。还有,参考书未必全由自己购备,往往要往图书馆借看。那么,图书分类法是必要的知识。某个图书馆用的什么分类法,其中卡片怎样安排,某一种书该在哪一类里找,必须认清搞熟,检查起来才方便。此外如各家书店的特点以及它们的目录,如果认得清,取得到,对于搜求参考书也有不少便利。

以上说的准备也可以换成"积蓄"两个字。积蓄得越多,阅读能力越强。

---

[1] "含胡",今多为"含糊"。——编者

阅读不仅是中学生的事，出了学校仍需要阅读。人生一辈子阅读，其实是一辈子在积蓄中，同时一辈子在长进中。

阅 读 举 要

如果经常做前面说的那些准备，阅读就不是什么难事。阅读时候的心情也得自己调摄，务需起劲，愉快。认为阅读好像还债务，那一定读不好。要保持着这么一种心情，好像腹中有些饥饿的人面对着甘美膳食的时候似的，才会有好成绩。

阅读总得"读"。出声念诵固然是读，不出声默诵也是读，乃至口腔喉舌绝不运动，只用眼睛在纸面上巡行，如古人所谓"目治"，也是读。无论怎样读，起初该用论理的读法，把文句中一个个词切断，读出它们彼此之间的关系来。又按各句各节的意义，读出它们彼此之间的关系来。这样读了，就好比听作者当面说一番话，大体总能听明白。最忌的是不能分解，不问关系，胡里胡涂[1]读下去——这样读三五遍，也许还是一片朦胧。

读过一节停一停，回转去想一下这一节说的什么，这是个好办法。读过两节三节，又把两节三节连起来回想一下。这个办法可以使自己经常清楚，并且容易记住。

回想的时候，最好自己多多设问。文中讲的若是道理，问问是怎样的道理？用什么方法论证这个道理？文中讲的若是人物，问问是怎样的人物？用怎样的笔墨表现这个人物？有些国文读本在课文后面提出这一类的问题，就是帮助读者回想的。一般的书籍、报刊当然没有这一类的问题，唯有读者自己来提出。

读一遍未必够，而且大多是不够的，于是读第二遍第三遍。读过几遍之后，若还有若干地方不明白不了解，就得做翻查参考的工夫。这在前面已经说过了，关于翻查字典、辞典，以及阅读参考书，这儿不再重复。

总之，阅读以了解所读的文篇书籍为起码标准。所谓了解，就是明白作者的意思情感，不误会，不缺漏，作者表达些什么，就完全领会他那什么。必须做到这一步，才可以进一步加以批评，说他说得对不对，合情理不合情理，值不值得同情或接受。

在阅读的时候，标记全篇或者全书的主要部分，有力部分，表现最好的部

---

[1] "胡里胡涂"，今多为"糊里糊涂"。——编者

分,这可以帮助了解,值得采用。标记或画铅笔线,或做别种符号,都一样。随后依据这些符号,可以总结全部的要旨,可以认清全部的警句,可以辨明值得反复玩味的部分。

说理的文章大概只需论理地读,叙事叙情的文章最好还要"美读"。所谓美读,就是把作者的情感在读的时候传达出来。这无非如孟子所说的"以意逆志",设身处地,激昂处还他个激昂,委宛[1]处还他个委宛,诸如此类。美读的方法,所读的若是白话文,就如戏剧演员读台词那个样子。所读的若是文言,就用各地读文言的传统读法,务期尽情发挥作者当时的情感。美读得其法,不但了解作者说些什么,而且与作者的心灵相感通了,无论兴味方面或受用方面都有莫大的收获。

读要不要读熟?这看自己的兴趣和读物的种类而定。心爱某篇文字,自然乐于读熟。对于某书中的某几段文字感觉兴趣,也不妨读熟。读熟了,不待翻书也可以随时温习,得到新的领会,这是很大的乐趣。

学习文言,必须熟读若干篇。勉强记住不算熟,要能自然成诵才行。因为文言是另一种语言,不是现代口头运用的语言,文言的法则固然可以从分析比较而理解,可是要养成熟极如流地看文言的习惯,非先熟读若干篇文言不可。

阅读当然越快越好,可以经济时间,但是得以了解为先决条件。糊里糊涂读得快,不如通体了解而读得慢。练习的步骤该是先求其无不了解,然后求其尽量地快。出声读需运动口腔喉舌,总比默读仅用"目治"来得慢些。为阅读多数书籍、报刊的便利起见,该多多练习"目治"。

阅读之后该是做笔记了,如果需要记什么的话。关于做笔记,在后面谈写作的时候说。

最要紧的,阅读不是没事做闲消遣,无非要从他人的经验中取其正确无误的,于我有用的,借以扩充我的知识,加多我的经验,增强我的能力,就是读文艺作品如诗歌、小说等,也不是没事做闲消遣。好的文艺作品中总含有一种人生见解和社会观察,这对于我的立身处世都有极大的关系。

---

[1] "委宛",今多为"委婉",后同。——编者

文艺作品的鉴赏（节选）[1]

叶圣陶

一 要认真阅读

文艺鉴赏不是一桩特别了不起的事，不是只属于读书人或者文学家的事。我们苏州地方流行着一首儿歌：

> 咿呀咿呀踏水车。水车沟里一条蛇，游来游去捉虾蟆。虾蟆躲（原音"伴"，意义和"躲"相当，可是写不出这个字来）在青草里，青草开花结牡丹。牡丹娘子要嫁人，石榴姊姊做媒人。桃花园里铺"行家"（嫁妆），梅花园里结成亲。……

儿童唱着这个歌，仿佛看见春天田野的景物，一切都活泼而有生趣：水车转动了，蛇游来游去了，青草开花了，牡丹做新娘子了。因而自己也觉得活泼而有生趣，蹦蹦跳跳，宛如郊野中一匹快乐的小绵羊。这就是文艺鉴赏的初步。

另外有一首民歌，流行的区域大概很广，在一百年前已经有人记录在笔记中间了，产生的时间当然更早。

> 月儿弯弯照九州。几家欢乐几家愁？
> 几家夫妇同罗帐？几个飘零在外头？

唱着这个歌，即使并无离别之感的人，也会感到在同样的月光之下，人心的欢乐和哀愁全不一致。如果是独居家中的妇人，孤栖在外的男子，感动当然更深。回想同居的欢乐，更见离别的难堪，虽然头顶上不一定有弯弯的月儿，总不免簌簌地掉下泪来。这些人的感动也可以说是从文艺鉴赏而来的。

可见文艺鉴赏是谁都有份的。

但是要知道，文艺鉴赏不只是这么一回事。

文艺中间讲到一些事物，我们因这些事物而感动，感动以外，不再有别的什么。这样，我们不过处于被动的地位而已。

我们应该处于主动的地位，对文艺要研究，考察。它为什么能够感动我们呢？同样讲到这些事物，如果说法变更一下。是不是也能够感动我们呢？这等问题就涉及艺术的范围了，而文艺鉴赏正应该涉及艺术的范围。

在电影场中，往往有人为着电影中生离死别的场面而流泪。但是另外一

---

[1] 原载叶圣陶与夏丏尊合著《阅读与写作》，上海开明书店1949年版。原文共分四个部分：要认真阅读、驱遣我们的想象、训练语感、不妨听听别人的话。节选自中央教育科学研究所编《叶圣陶语文教育论集》，教育科学出版社1980年版。

些人觉得这些场面只是全部情节中的片段，并没有什么了不起，反而对于某景物的一个特写、某角色的一个动作点头赞赏不已。这两种人中，显然是后一种人的鉴赏程度比较高。前一种人只被动地着眼于故事，看到生离死别，设身处地一想，就禁不住掉下泪来。后一种人却着眼于艺术，他们看出了一个特写、一个动作对于全部电影所加增的效果。

还就看电影来说。有一些人希望电影把故事交代得清清楚楚，例如剧中某角色去访朋友，必须看见他从家中出来的一景，再看见他在路上步行或者乘车的一景，再看见他走进朋友家中去的一景，然后满意。如果看见前一景那个角色在自己家里，后一景却和朋友面对面谈话了，他们就要问："他门也没出，怎么一会儿就在朋友家中了？"像这样不预备动一动天君的人，当然谈不到什么鉴赏。

散场的时候，往往有一些人说那个影片好极了，或者说，紧张极了，巧妙极了，可爱极了，有趣极了——总之是一些形容词语。另外一些人却说那个影片不好，或者说，一点不紧凑，一点不巧妙，没有什么可爱，没有什么趣味——总之也还是一些形容词语。像这样只能够说一些形容词语的人，他们的鉴赏程度也有限得很。

文艺鉴赏并不是摊开了两只手，专等文艺给我们一些什么。也不是单凭一时的印象，给文艺加上一些形容词语。

文艺中间讲到一些事物，我们就得问：作者为什么要讲到这些事物？文艺中间描写风景，表达情感，我们就得问：作者这样描写和表达是不是最为有效？我们不但说了个"好"就算，还要说得出好在哪里；不但说了个"不好"就算，还要说得出不好在哪里。这样，才够得上称为文艺鉴赏。这样，从好的文艺得到的感动自然更深切。文艺方面如果有什么不完美的地方，也会觉察出来，不至于一味照单全收。

鲁迅的《孔乙己》，现在小学高级和初级中学都选作国语教材，读过的人很多了。匆匆读过的人说："这样一个偷东西被打折了腿的瘪三，写他有什么意思呢？"但是，有耐心去鉴赏的人不这么看，有的说："孔乙己说回字有四样写法，如果作者让孔乙己把四样写法都写出来，那就索然无味了。"有的说："这一篇写的孔乙己，虽然颓唐、下流，却处处要面子，处处显示出他所受的教育给予他的影响，绝不同于一般的瘪三，这是这一篇的出色处。"有一个深深体会了世味的人说："这一篇中，我以为最妙的文字是'孔乙己是这样的使人快活，可是没有他，别人也便这么过。'这个话传达出无可奈何的寂寞之感。这种寂寞之感不只属于这一篇中的酒店小伙计,也普遍属于一般人。'也便这么过',谁能跳出这寂寞的网罗呢?"

可见文艺鉴赏犹如采矿,你不动手,自然一无所得,只要你动手去采,随时会发现一些晶莹的宝石。

这些晶莹的宝石岂但给你一点赏美的兴趣,并将扩大你的眼光,充实你的经验,使你的思想、情感、意志往更深更高的方面发展。

好的文艺值得一回又一回地阅读,其原由在此。否则明明已经知道那文艺中间讲的是什么事物了,为什么再要反复阅读?

另外有一类也称为文艺的东西,粗略地阅读似乎也颇有趣味。例如说一个人为了有个冤家想要报仇,往深山去寻访神仙。神仙访到了,拜求收为徒弟,从他修习剑术。结果剑术练成,只要念念有词,剑头就放出两道白光,能取人头于数十里之外。于是辞别师父,下山找那冤家,可巧那冤家住在同一的客店里。三更时分,人不知,鬼不觉,剑头的白光不必放到数十里那么长,仅仅通过了几道墙壁,就把那冤家的头取来,藏在作为行李的空皮箱里。深仇既报,这个人不由得仰天大笑。——我们知道现在有一些少年很欢喜阅读这一类东西。如果阅读时候动一动天君,就觉察这只是一串因袭的浮浅的幻想。除了荒诞的传说,世间哪里有什么神仙?除了本身闪烁着寒光,剑头哪里会放出两道白光?结下仇恨,专意取冤家的头,其人的性格何等暴戾?深山里住着神仙,客店里失去头颅,这样的人世何等荒唐?这中间没有真切的人生经验,没有高尚的思想、情感、意志作为骨子。说它是一派胡言,也不算过分。这样一想,就不再认为这一类东西是文艺,不再觉得这一类东西有什么趣味。读了一回,就大呼上当不止。谁高兴再去上第二回当呢?

可见阅读任何东西不可马虎,必须认真。认真阅读的结果,不但随时会发现晶莹的宝石,也随时会发现粗劣的瓦砾。于是吸取那些值得取的,排除那些无足取的,自己才会渐渐地成长起来。

采取走马看花的态度的,谈不到文艺鉴赏。纯处于被动的地位的,也谈不到文艺鉴赏。

要认真阅读。在阅读中要研究、考察。这样才可以走上文艺鉴赏的途径。

二 驱遣我们的想象

原始社会里,文字还没有创造出来,却先有了歌谣一类的东西。这也就是文艺。

文字创造出来以后，人就用它把所见所闻所想所感的一切记录下来。一首歌谣，不但口头唱，还要刻呀，漆呀，把它保留在什么东西上（指使用纸和笔以前的时代而言）。这样，文艺和文字就并了家。

　　后来纸和笔普遍地使用了，而且发明了印刷术。凡是需要记录下来的东西，要多少份就可以有多少份。于是所谓文艺，从外表说，就是一篇稿子，一部书，就是许多文字的集合体。

　　当然，现在还有许多文盲在唱着未经文字记录的歌谣，像原始社会里的人一样。这些歌谣只要记录下来，就是文字的集合体了。文艺的门类很多，不止歌谣一种。古今属于各种门类的文艺，我们所接触到的，可以说，没有一种不是文字的集合体。

　　文字是一道桥梁。这边的桥堍站着读者，那边的桥堍站着作者。通过了这一道桥梁，读者才和作者会面。不但会面，并且了解作者的心情，和作者的心情相契合。

　　先就作者的方面说。文艺的创作绝不是随便取许多文字来集合在一起。作者着手创作，必然对于人生先有所见，先有所感。他把这些所见所感写出来，不作抽象的分析，而作具体的描写；不作刻板的记载，而作想象的安排。他准备写的不是普通的论说文、记叙文；他准备写的是文艺。他动手写，不但选择那些最适当的文字，让它们集合起来，还要审查那些写下来的文字，看有没有应当修改或是增减的。总之，作者想做到的是：写下来的文字正好传达出他的所见所感。

　　现在就读者的方面说。读者看到的是写在纸面或者印在纸面的文字，但是看到文字并不是他们的目的。他们要通过文字去接触作者的所见所感。

　　如果不识文字，那自然不必说了。即使识了文字，如果仅能按照字面解释，也接触不到作者的所见所感。王维的一首诗中有这样两句：

　　　　大漠孤烟直，

　　　　长河落日圆。

　　大家认为佳句。如果单就字面解释，大漠上一缕孤烟是笔直的，长河背后一轮落日是圆圆的，这有什么意思呢？或者再提出疑问：大漠上也许有几处地方聚集着人，难道不会有几缕的炊烟吗？假使起了风，烟不就曲折了吗？落日固然是圆的，难道朝阳就不圆吗？这样地提问，似乎是在研究，在考察，可是也领会不到这两句诗的意思。要领会这两句诗，得睁开眼睛来看。看到的只是十个文字呀。不错，我该说得清楚一点：在想象中睁开眼睛来，看这十个文字所构成的一幅图画。这幅图画简单得很,景物只选四样,大漠、长河、孤烟、落日,传出北方旷远荒凉的印象。给"孤烟"加上个"直"字,见得没有一丝的风,当然也没有风声,于是更来了个静寂的印象。给"落日"加上个"圆"字,并不是说唯有"落日"才"圆",而是说"落日"挂在地平线上的时候才见得"圆"。圆圆的一轮"落日"不声不响地衬托在"长河"的背后,这又是多么静寂的境界啊:一个"直",一个"圆",在图画方面说起来,都是简单的线条,和那旷远荒凉的大漠、长河、孤烟、落日正相配合,构成通体的一致。

像这样驱遣着想象来看,这一幅图画就显现在眼前了。同时也就接触了作者的意境。读者也许是到过北方的,本来觉得北方的景物旷远、荒凉、静寂,使人怅然凝望。现在读到这两句,领会着作者的意境,宛如听一个朋友说着自己也正要说的话,这是一种愉快。读者也许不曾到过北方,不知道北方的景物是怎样的。现在读到这两句,领会着作者的意境,想象中的眼界就因而扩大了,并且想想这意境多美,这也是一种愉快。假如死盯着文字而不能从文字看出一幅图画来,就感受不到这种愉快了。

上面说的不过是一个例子。这并不是说所有文艺作品都要看作一幅图画,才能够鉴赏。这一点必须清楚。

再来看另一些诗句。这是从高尔基的《海燕》里摘录出来的。

> 白濛濛[1]的海面上,风在收集着阴云。在阴云和海的中间,得意洋洋地掠过了海燕……
>
> ············
>
> 海鸥在暴风雨前头哼着,——哼着,在海面上窜着,愿意把自己对于暴风雨的恐惧藏到海底里去。
>
> 潜水鸟也在哼着——它们这些潜水鸟,够不上享受生活的战斗的快乐:轰击的雷声就把它们吓坏了。
>
> 蠢笨的企鹅,畏缩地在崖岸底下躲藏着肥胖的身体……
>
> 只有高傲的海燕,勇敢地,自由自在地,在泛着白沫的海面上飞掠着。
>
> ············
>
> ——暴风雨!暴风雨快要爆发了!
>
> 勇猛的海燕,在闪电中间,在怒吼的海上,得意洋洋地飞掠着,这胜利的预言者叫了:

---

[1] "濛濛",今常为"蒙蒙"。——编者

——让暴风雨来得厉害些吧！

如果单就字面解释，这些诗句说了一些鸟儿在暴风雨之前各自不同的情况，这有什么意思呢？或者进一步追问：当暴风雨将要到来的时候，人忧惧着生产方面的损失以及人事方面的阻障不是更要感到不安吗？为什么抛开了人不说，却去说一些无关紧要的鸟儿？这样地追问，似乎是在研究，在考察，可是也领会不到这首诗的意思。

要领会这首诗，得在想象中生出一对翅膀来，而且展开这对翅膀，跟着海燕"在闪电中间，在怒吼的海上，得意洋洋地飞掠着"。这当儿，就仿佛看见了聚集的阴云、耀眼的闪电，以及汹涌的波浪，就仿佛听见了震耳的雷声、怒号的海啸。同时仿佛体会到，一场暴风雨之后，天地将被洗刷得格外清明，那时候在那格外清明的天地之间飞翔，是一种无可比拟的舒适愉快。"暴风雨有什么可怕呢？迎上前去吧！教暴风雨快些来吧！让格外清明的天地快些出现吧！"这样的心情自然萌生出来了。回头来看看海鸥、潜水鸟、企鹅那些东西，它们苟安、怕事，只想躲避暴风雨，无异于不愿看见格外清明的天地。于是禁不住激昂地叫道："让暴风雨来得厉害些吧！"

像这样驱遣着想象来看，才接触到作者的意境。那意境是什么呢？就是不避"生活的战斗"。唯有迎上前去，才够得上"享受生活的战斗的快乐"。读者也许是海鸥、潜水鸟、企鹅似的人物，现在接触到作者的意境，感到海燕的快乐，因而改取海燕的态度，这是一种受用。读者也许本来就是海燕似的人物，现在接触到作者的意境，仿佛听见同伴的高兴的歌唱，因而把自己的态度把握得更坚定，这也是一种受用。假如死盯着文字而不能从文字领会作者的意境，就无从得到这种受用了。

我们鉴赏文艺，最大目的无非是接受美感的经验，得到人生的受用。要达到这个目的，不能够拘泥于文字。必须驱遣我们的想象，才能够通过文字，达到这个目的。

三　训　练　语　感

前面说过，要鉴赏文艺，必须驱遣我们的想象。这意思就是：文艺作品往往不是倾筐倒箧地说的，说出来的只是一部分罢了，还有一部分所谓言外之意，弦外之音，没有说出来，必须驱遣我们的想象，才能够领会它。如果拘于有迹象的文字，而抛荒了言外之意、弦外之音，至多只能够鉴赏一半；有时连一半也鉴赏不到，因为那没有说出来的一部分反而是极关重要的一部分。

这一回不说"言外"而说"言内"。这就是语言文字本身所有的意义和情味。鉴赏文艺的人如果对于语言文字的意义和情味不很了了,那就如入宝山空手回,结果将一无所得。

审慎的作家写作,往往斟酌又斟酌,修改又修改,一句一字都不肯随便。无非要找到一些语言文字,意义和情味同他的旨趣恰相贴合,使他的作品真能表达他的旨趣。我们固然不能说所有的文艺作品都能做到这样,可是我们可以说,凡是出色的文艺作品,语言文字必然是作者的旨趣的最贴合的符号。

作者的努力既是从旨趣到符号,读者的努力自然是从符号到旨趣。读者若不能透切地了解语言文字的意义和情味,那就只看见徒有迹象的死板板的符号,怎么能接近作者的旨趣呢?

所以,文艺鉴赏还得从透切地了解语言文字入手。这件事看来似乎浅近,但是是最基本的。基本没有弄好,任何高妙的话都谈不到。

陶渊明"好读书不求甚解",从来传为美谈,因而很有效法他的。我还知道有一些少年看书,遇见不很了了的地方就一眼带过;他们自以为有一宗可靠的经验,只要多遇见几回,不很了了的自然就会了了。其实陶渊明的"好读书不求甚解'究竟是不是胡乱阅读的意思,原来就有问题。至于把不很了了的地方一眼带过,如果成了习惯,将永远不能够从阅读得到多大益处。囫囵吞东西,哪能辨出真滋味来? 文艺作品跟寻常读物不同,是非辨出真滋味来不可的。读者必须把捉住语言文字的意义和情味,才有辨出真滋味来——也就是接近作者的旨趣的希望。

要了解语言文字,通常的办法是翻查字典辞典。这是不错的。但是现在许多少年仿佛有这样一种见解:翻查字典、辞典只是国文课预习的事情,其他功课内就用不到,自动地阅读文艺作品当然更无需那样了。这种见解不免错误。产生这个错误不是没有原由的。其一,除了国文教师以外,所有辅导少年的人都不曾督促少年去利用字典、辞典。其二,现在还没有一种适于少年用的比较完善的字典和辞典。虽然有这些原由,但是从原则上说,无论什么人都该把字典、辞典作为终身伴侣,以便随时解决语言文字的疑难。字典、辞典即使还不完善,能利用总比不利用好。

不过字典、辞典的解释,无非取比照的或是说明的办法,究竟和原字、原词不会十分贴合。例如"踌躇",解作"犹豫",就是比照的办法;"情操",解作"最复杂的感情,其发作由于精神的作用,就是爱美和尊重真理的感情",就是说明的办法。完全不了解什么叫作"踌躇",什么叫作"情操"的人看了这样的解释,自然能有所了解。但是在文章中间,该用"踌躇"的地方不能换上"犹豫",该用"情操"的地方也不能拿说明的解释语去替代,可见从意义上、情味上说,原字、原词和字典、辞典的解释必然多少有点距离。

不了解一个字一个词的意义和情味,单靠翻查字典、辞典是不够的。必须在日常生活中随时留意,得到真实的经验,对于语言文字才会有正确丰富的了解力,换句话说,对于语言文字才会有灵敏的感觉。这种感觉通常叫作"语感"。

夏丏尊先生在一篇文章里讲到语感,有下面的一节说:

> 在语感锐敏的人的心里,"赤"不但解作红色,"夜"不但解作昼的反对吧。"田园"不但解作种菜的地方,"春雨"不但解作春天的雨吧。见了"新绿"二字,就会感到希望、自然的化工、少年的气概等等说不尽的旨趣;见了"落叶"二字,就会感到无常、寂寥等等说不尽的意味吧。真的生活在此,真的文学也在此。

夏先生这篇文章提及的那些例子,如果单靠翻查字典,就得不到什么深切的语感。唯有从生活方面去体验,把生活所得的一点一点积聚起来,积聚得越多,了解得就越深切。直到自己的语感和作者不相上下,那时候去鉴赏作品,就真能够接近作者的旨趣了。

譬如作者在作品中描写一个人从事劳动,末了说那个人"感到了健康的疲倦",这是很生动很实感的说法。但是语感欠锐敏的人就不觉得这个说法的有味,他想:"疲倦就疲倦了,为什么加上'健康的'这个形容词呢?难道疲倦还有健康的和不健康的的分别吗?"另外一个读者却不然了,他自己有过劳动的经验,觉得劳动后的疲倦确然和一味懒散所感到的疲倦不同;一是发皇的、兴奋的,一是萎缩的、萎靡的,前者虽然疲倦但有快感,后者却使四肢百骸都像消融了那样地不舒服。现在看见作者写着"健康的疲倦",不由得拍手称赏,以为"健康的"这个形容词真有分寸,真不可少,这当儿的疲倦必须称为"健康的疲倦",才传达出那个人的实感,才引得起读者经历过的同样的实感。

这另外一个读者自然是语感锐敏的人了。他的语感为什么会锐敏?就在乎他有深切的生活经验,他知道同样叫作疲倦的有性质上的差别,他知道劳动后的疲倦怎样适合"健康的"这个形容词。

看了上面的例子,可见要求语感的锐敏,不能单从语言文字上揣摩,而要把生活经验联系到语言文字上去。一个人即使不预备鉴赏文艺,也得训练语感,因为这于治事接物都有用处。为了鉴赏文艺,训练语感更是基本的准备。

有了这种准备,才可以通过文字的桥梁,和作者的心情相契合。

阅读是写作的基础[1]

叶圣陶

在中小学语文教学中,基础知识和基本训练都重要,我看更要着重训练。什么叫训练呢? 就是要使学生学的东西变成他们自己的东西。譬如学一个字,要他们认得,不忘记,用得适当,就要训练。语文方面许多项目都要经过不断练习,锲而不舍,养成习惯,才能变成他们自己的东西。现在语文教学虽说注意练习,其实练得不太多,这就影响学生掌握基础知识。老师对学生要求要严格。严格不是指老师整天逼着学生练这个练那个,使学生气都透不过来,而是说凡是要学生练习的,不要练过一下就算,总要经常引导督促,直到学的东西变成他们自己的东西才罢手。

有些人把阅读和写作看作不甚相干的两回事,而且特别着重写作,总是说学生的写作能力不行,好像语文程度就只看写作程度似的。阅读的基本训练不行,写作能力是不会提高的。常常有人要求出版社出版"怎样作文"之类的书,好像有了这类书,依据这类书指导作文,写作教学就好办了。实际上写作基于阅读。老师教得好,学生读得好,才写得好。这样,老师临时指导和批改作文既可以少辛苦些,学生又可以多得到些实益。

阅读课要讲得透。要讲得透,无非是把词句讲清楚,把全篇讲清楚,作者的思路是怎样发展的,感情是怎样表达的,诸如此类。有的老师热情有余,可是本钱不够,办法不多,对课文不能透彻理解,总希望求助于人,或是请一位高明的老师给讲讲,或是靠集体备课。这不是从根本上解决问题的办法。功夫还在自己。只靠从别人那里拿来,自己不下功夫[2]或者少下功夫,是不行的。譬如文与道的问题。人家说文与道该是统一的,你也相信文与道该是统一的,但是讲课文,该怎样讲才能体现文道统一,还得自辟蹊径。如果词句不甚了解,课文内容不大清楚,那就谈不到什么文和道了。原则可以共同研究商量,怎样适当地应用原则还是靠自己。根本之点还是透彻理解课文。所以靠拿来不行,要自己下功夫钻研。

我去年到外地,曾经在一些学校听语文课。有些老师话说得很多,把

---

[1] 1962 年 1 月 22 日作。选自刘国正主编《叶圣陶教育文集》第 3 卷,人民教育出版社 1994 年版。
[2] "功夫",今多为"工夫",后同。——编者

四十五分钟独占了。其实许多话是大可不讲的。譬如课文涉及农村人民公社，就把课文放在一旁，大讲农村人民公社的优越性。这个办法比较容易，也见得热情，但是不能说完成了语文课的任务。

在课堂里教语文，最终目的在达到"不需要教"，使学生养成这样一种能力，不待老师教，自己能阅读。学生将来经常要阅读，老师能经常跟在他们背后吗？因此，一边教，一边要逐渐为"不需要教"打基础。打基础的办法，也就是不要让学生只是被动地听讲，而要想方设法引导他们在听讲的时候自觉地动脑筋。老师独占四十五分钟固然不适应这个要求，讲说和发问的时候启发性不多，也不容易使学生自觉地动脑筋。怎样启发学生，使他们自觉地动脑筋，是老师备课极重要的项目。这个项目做到了，老师才真起了主导作用。

听见有些老师和家长说，现在学生了不起，一部《创业史》两天就看完了，颇有点儿沾沾自喜。我想，且慢鼓励，最要紧的是查一查读得怎么样，如果只是眼睛在书页上跑过，只知道故事的极简略的梗概，那不能不认为只是马马虎虎地读。马马虎虎地读是不值得鼓励的。一部《创业史》没读好，问题不算大，养成了马马虎虎的读书习惯，可要吃一辈子的亏。阅读必须认真，先求认真，次求迅速，这是极重要的基本训练。要在阅读课中训练好。

阅读习惯不良，一定会影响到表达，就是说，写作能力不容易提高。因此，必须好好教阅读课。譬如讲文章需有中心思想。学生听了，知道文章需有中心思想，但是他说："我作文就是抓不住中心思想。"如果教好阅读课，引导学生逐课逐课地体会，作者怎样用心思，怎样有条有理地表达出中心思想，他们就仿佛跟作者一块儿想过，考虑过，到他们自己作文的时候，所谓熟门熟路，也比较容易抓住中心思想了。

总而言之，阅读是写作的基础。

作文出题是个问题。最近有一个学校拿来两篇作文让我看看，是初中三年级学生写的，题目是《伟大鲁迅的革命精神》。两篇里病句很多，问我该怎样教学生避免这些病句。我看，病句这么多，毛病主要出在题目上。初中学生读了鲁迅的几篇文章，就要他们写鲁迅的革命精神。他们写不出什么却要勉强写，病句就不一而足了。

有些老师说《难忘的一件事》《我的母亲》之类的题目都出过了，要找几个新鲜题目，搜索枯肠，难乎其难。我想，现在老师都是和学生经常在一起的，对学生了解得多，出题目该不会很困难。

有些老师喜欢大家挂在口头的那些好听的话，学生作文写上那些话，就给圈上红圈。学生摸准老师喜欢这一套,就几次三番地来这一套,常常得五分。分数是多了,可是实际上写作能力并没提高多少。特别严重的是习惯于这一套,往深处想和写出自己真情实意的途径就给挡住了。

老师改作文是够辛苦的。几十本,一本一本改,可是劳而少功。是不是可以改变方法呢？我看值得研究。要求本本精批细改,事实上是做不到的。与其事后辛劳,不如事前多做准备。平时不放松口头表达的训练,多注意指导阅读,钻到学生心里出题目,出了题目作一些必要的启发,诸如此类,都是事前准备。做了这些准备,改作文大概不会太费事了,而学生得到的实益可能多些。

附录二

叶圣陶、朱自清重要研究论著之文摘

1. 朱自清读书法

(1) 会精读。这就要求在阅读时慢咬细嚼，认真研读，一字一句都不放松，不但要了解大意，还要领会那话中的话，字里行间的话。朱自清先生指出："没有经过相当的咬文嚼字的训练或没有下过相当的咬文嚼字的功夫的人，是不能了解大意的，至少了解不正确。"当时，一般人的阅读都是只观大意，一目数行，囫囵吞枣，因此随读随忘。朱自清先生指出，这样读，"虽然快得惊人，却是毫无用处，随读随忘，不但不能帮助写作，恐怕连增进知识和经验的效果也不会有"。他在《论诗学的门径》中又说："一个高中文科的学生，与其囫囵吞枣或走马看花地读十部诗集，不如仔仔细细地背诵三百首诗。这三百首诗虽少，是你自己的，那十部诗集虽多，看过就还了别人。"

(2) 要博览。朱自清先生在《中学国文的教授》一文中指出："就学生来说，我并不反对他们读选本，无论教授及自修。但单读选本还不够的，还得辅以相当分量的参考书和严格的督促。"针对当时中学生不爱读文言文，他指出："中学生应该诵读相当分量的文言文，特别是古文，乃至古书。这是古典的训练，文化的教育。一个受教育的中国人，至少必得经过这种古典的训练，才成其为一个受教育的中国人。"他还主张中学生要读历史，具备一些历史知识。为了指导中学生阅读，朱自清先生与叶圣陶先生合著了《精读指导举隅》和《略读指导举隅》这两部配套的阅读指导专著，对精读方法和略读方法都作了详细的论述，并且有范例。这两部专著，对指导学生阅读作了很大的贡献。

(3) 要废止注入式的讲解方法。朱自清先生是反对旧式私塾那种逐字逐句讲解，教师一讲到底，"满堂灌"的教学方法的。他说："多讲闲话少讲课文的教师，固然不称职，就是孜孜兀兀地预备课文，详详细细地演释课文的，也还不算好教师。中学生需要充分的练习。"他认为，这种阅读教学的练习包括预习、讨论、复习三个步骤。预习是学生自己发现困难、寻求解决困难的过程。到了他们自己解决不了的时候，自然需要教师讲解，这时候教师的讲解会比学生没有预习就一味讲释的效果好得多。教师在讲课过程中不但要帮助学生解决疑难，还应提出他们没有注意到的重要问题，抓住机会，引起讨论，增进学生的兴趣，并让他们在讨论中加深理解，掌握知识。另外，还要给学生复习的机会，以便巩固知识，不至于全然忘却。[崔远培.朱自清与语文教学[J].广西

师范学院学报:哲学社会科学版,1984(2).]

2. 阅读重在养成习惯

在阅读习惯方面,叶氏(叶圣陶)的论述较多。一般人阅读书籍都用默读。默读是一种重在理解、思索的读法,尤其适用于精读的书籍。叶氏对此曾经提出过这样的要求:"需要翻查的,能够翻查;需要参考的,能够参考;应当条分缕析的,能够条分缕析;应当综观大意的,能够综观大意;意在言外的,能够辨得出它的言外之意;义有疏漏的,能够指得出它的疏漏之处;到此地步,阅读书籍的习惯也就差不多了。"(《论国文精读指导不只是逐句讲解》)这里所列当然不可能包举无遗,但一些最基本的阅读习惯如翻查、参考、分析、综合、辨异、识误等等都已涉及,因此叶氏说:"一个人有了这样的习惯,一辈子读书,一辈子受用。"(同上)此外,对于一些名篇佳作,则要求"诵读";通过反复吟诵,使自己的语言习惯渐臻于完美。叶氏说:"熟读名文。就是在不知不觉之中追求语言的完美。诵读的功夫,无论对语体、对文言都很重要。仅仅讨究,只是知识方面的事情,诵读却可以养成习惯,使语言不期然而然近于完美。"(《语言与文字》)正因为诵读有这样一种潜移默化的功能,所以叶氏要求在诵读时养成按文章所表达的意义与感情恰当地处理语调的习惯,既不是机械地一字一顿或两字一顿,也不无谓地拖腔拉调,一切均"合于语言的自然"。(《精读指导举隅·前言》)[顾黄初.试论叶圣陶的语文教育观[J].殷都学刊,1985(4).]

3. 叶老精读、略读观

叶老(叶圣陶)把精读与略读的关系,看做由学而用、学以致用的关系。他说:"学生从精读方面得到种种经验,应用这些经验,自己去读长篇巨著以及其他的单篇短什,不再需要教师的详细指导,这就是'略读'。""就教学而言,精读是主体,略读只是补充;但就效果而言精读是准备,略读才是应用。"语文课中通过略读来培养学生的阅读能力,就好像由精读到完全独立的阅读之间架了一座桥梁。"如果只注意于精读,而忽略了略读,功夫便只做得一半。"

略读的特点是什么?在教师方面,略读指导是"提纲挈领,期其自得",不必太详尽,在学生方面,却还要如精读那样去揣摩。"但是精读时候出于努力钻研,从困勉达到解悟,略读时候却已熟能生巧,不需要多用心力,自会随机肆应。"

叶老认为,阅读前提示方法,阅读后交流心得,应当放在课内;实际阅读,应放在课外,对于阅读量与阅读时间的分配,教师应有精密计划。读物,则应全班一致,方好指导、交流。

叶老对略读指导的主张,实际上是把课外阅读指导纳入了课堂教学,应当说,这是很重要的工作,又是阅读教学多年来没有解决好的大问题,任何一个人,得益于课外阅读有多少,难以计算。人们常是自己在阅读中暗暗摸索方法,积累经验,费时费力,终于不甚得法者,不在少数。如果像叶老说的那样,老师给以典型指导,又有精读作示例,放手让学生去自读,那么学生在读书的趣味上、方法上、效率上,都会有宝贵的收获。这收获如同酵母,又会诱发学生更广泛地阅读,再积累起宝贵的阅读经验。学问家的广博与精深,差不多都是从这个途径得来的。

叶老的阅读教学法扎根于他的教学实践,是很实际的,他处处从学生现有的水平与实际需要出发考虑问题。同时又高瞻远瞩,充分注意到社会生活、社会进步对学生阅读能力提出的要求,以求学生的"终身受用"。叶老在关于阅读教学的论述中又给我们提出许多新课题,需要我们对此做更全面、更深入的研究。[王世堪.叶圣陶阅读教学思想管窥[J].广西师范大学学报:哲学社会科学版,1986(1).]

4. 精读、略读的"良方"

《举隅》两本书,从教学思想、教材体系、课堂结构、训练方法诸方面系统地阐述了叶、朱的阅读教学理论。它们是两部富于民族特色、充满改革精神、具有较高学术价值的阅读教学法专著,在现代语文教育发展史上占有重要地位。这两本书的突出特点是:精读本和略读本,精读课和略读课,精读法和略读法双双配套,形成一个纵横贯通、学以致用的阅读教学法体系。它对当前阅读教学的改革仍然有直接的指导意义。我们看到,叶、朱关于学生自读和教师导读相结合的观念,已被越来越多的师生所接受。……然而,在全国范围内,对于通用教材中的讲读课文和阅读课文,对于实验教材中的讲读课文和自读课文,多数师生还不能自觉按叶、朱的精读和略读彼此配套的教学思想来处理。略读本、略读课、略读法还没有受到足够的重视,整个阅读教学像患了"半身不遂"症。这种情况使我们更加深刻地意识到:《举隅》是阅读教学法弥足珍贵的历史遗产,值得我们学习、继承,需要我们发展、创造。[曾祥芹.两部配套的阅读教学法专著:评叶圣陶、朱自清合著的《精读指导举隅》和《略读指导举隅》[J].殷都学刊,1986(2).]

5. 精读、略读的价值

今天文学鉴赏已发展成一门独立的学问,而文章阅读还没有建立真正的"学",就连探讨文章学的同志们,也多是集中或侧重探索文章写作规律,仍然没有把文章阅读研究摆在与文章写作研究同等重要的位置。对照这种研究现状，我们愈加感到《精读》和《略读》的高度学术价值。单独把文章阅读作为一门科学来研究，并且写出系列专著，配成一套，这在 80 年来的现代文章学历史上，是有开创性的功劳的。如果说，1936 年叶圣陶著的《文章例话》是文章阅读学的发凡之作，那么，叶、朱二氏合著的《精读》和《略读》，则是文章阅读学的两块墓石，其理论系统，其实践品格，其民族特色，其改革精神，都值得我们继承和发扬。[曾祥芹，张复琮. 文章阅读学宝典：评叶圣陶、朱自清的《精读指导举隅》和《略读指导举隅》[J]. 河北财经学院学报，1987（3）.]

6. 语文教育是提升人文素养的基础

朱自清先生一生把语文教育当作是培养青年一代健康成长的重要事业，兢兢业业，勤奋执着，直至生命的最后一息。他对语文教育所发表的一些真知灼见，不光是写在纸上，说在嘴上，而且努力付诸实践。他在从教的最初年代起，就竭力主张任何教育教学理论都应当切合实际，经得起实践的检验。……在(20 世纪)40 年代，他更明确地指出："我们现在所需要的，是切实地、有恒地施行；理论无论如何好，不施行总还是个白费！"所以，朱氏既十分着重理论，更十分强调"切实地、有恒地施行"。他在中学教过五年国文，试行各种教法，虽调迁数校，所到各校，都受到学生的欢迎和敬重。担任大学国文教授后，坚持主讲大一国文；与叶圣陶合著《精读指导举隅》和《略读指导举隅》，独自编写《古诗十九首释》等，给国文教师和一般中学生具体指示读诗、读文的方法；又为《国文月刊》写专栏文章《文病类例》，详明地评析学生作文中普遍存在的种种"文病"；完成专著《经典常谈》，给中学生切实进行经典训练指示门径；亲自参加编纂大一国文教材和中学国文教材，努力把自己在国文教材建设方面的种种设想付诸实施，做出实绩。朱氏这种不尚空言、事事躬行的严谨踏实的治学态度，足以为一切语文教育研究工作者的楷模。[顾黄初. 略论朱自清的语文教育思想[J]. 扬州师院学报：社会科学版，1988（3）.]

7. 诵读的价值与意义

如何实施读的训练呢？朱自清提到过"精读""略读""浏览""朗读""吟诵""咏读""说"等方式，他特别注重朗读和吟咏。朱自清欣赏朱熹对读书的"舒缓不迫，字字分明"的要求，主张"诵读也得字字清朗，尽管抑扬顿挫，清朗总得清朗的"（《论诵读》）；"读白话文该和宣读文件一般，自然也讲究疾徐高下，却以清朗为主"（《诵读教学》），因为在朱自清看来，朗读是一种教学过程，是师生间的相互活动，注重的是字义，是对读物内容的理解，即前文提及的"语言文字的分析"。朱自清也重视吟咏在了解与欣赏上的作用,他说:"吟诵时对于写在纸上死的语言可以从声音里得其意味,变成活的语气。"(《了解与欣赏》)又说:"古文和旧诗词等都不是自然的语言,非看不能知道它们的意义,非吟不能体会它们的口气。"(《论朗读》)甚至提出文言文与旧体诗词作品,每讲完一篇,应由教师吟诵一两遍,让学生跟着吟诵。朱自清赞同清代桐城派"因声求气"之说,正是看重通过朗读和吟咏,于声音、腔调之中领悟作品的文气脉络这一点的。

为了实践自己的理论主张,朱自清与叶圣陶、吕叔湘等人先后合编了《精读指导举隅》《略读指导举隅》《开明高级国文读本》《开明文言读本》等书,或着重分析文篇、提出问题、进行讨论,或采用发问的方式,启发学生从文章各个侧面去思考、分析,真正体现了让学生多读、多讨论、多练习的思想,这对我们今天的教材建设、教学设计也有着十分重要的借鉴意义。[沙晰清.浅论朱自清语文教育思想[J].扬州大学学报:高教研究版,1997(1).]

8. 阅读有助于提高学生素养

叶圣陶的"课外"阅读观揭示了素质教材操作领域的辩证思想,启示我们正确处理好两大关系:一是精读与略读的关系。培养语文素质,不但需要凭借课本或选文,同时也要凭借课外广大的略读天地。要以精读示范,以略读模仿;在精读中明规律,在略读中练本领;得法于精读,得力于略读。最终目的,皆为他日出校之后的应用。另一个关系走导读与自读的关系。尽管精读多在课内指导,略读多在课外自动,但不论课内学习精读还是课外自动略读,都离不开教师的指导。学生掌握学习的规律主要靠课内导读,但运用这些规律的大量的自动阅读与应用,显然大多在课外的自读。为培养学生语文素质计,课外自读同样是语文教师应予关注的领域。要通过课外丰富多彩的语义活动使社会生活中的有字之书和无字之书都成为学生学习语文的教材。[王松泉.试论叶圣陶语文素质教育观[J].民主,1997(4).]

9. 教与不教

就阅读的历练而言,学生经过课堂的深入讨论和精读指导,对于文章的细微曲折之处都弄清楚了,就要进行吟诵、阅读略读书籍和参读相关文章的历练,"吟诵的时候,对于讨究所得的不仅理智地了解,而且亲切地体会,不知不觉之间,内容与理法化而为读者自己的东西了,这是最可贵的一种境界。学习语文学科,必须达到这种境界,才会终身受用不尽"。历练中的略读也是相当重要的,因为"就教学而言,精读是主体,略读是补充;但是就效果而言,精读是准备,略读才是应用"。至于参读大量的相关文章更是养成学习语文良好习惯所必不可少的。叶圣陶要求我们把课前预习和课内讨论作为出发点,然后在历练中向四面八方发展开来,这样,"精读了一篇文章,就可以带读许多书,知解与领会的范围将扩张到多大啊!学问家的广博与精深差不多都从这个途径得来。中学生虽不一定要成学问家,但是这个有利的途径是该让他们去走的"。[徐龙年.论"教是为了达到不需要教"[J].江西社会科学,2003(2).]

10. 精读指导模式

叶圣陶"预习—讨论—练习"的精读指导模式,作为理论通向实践的中介,起码蕴涵着他如许教学思想:语文教育目的观——"使学生有自由发展思想的能力","教是为了达到不需要教","教师要为学生一辈子着想"。学生观——学生是教学的"主体",是"学习的主人",是"生活体",绝不是"空瓶子"和"布袋子"。教师观——从伦理上说,教师是学生的朋友和兄弟;从教学上说,教师是学生的指导者和帮助者。教法观——教师的讲应该体现为"引导与启发",不是"教师讲,学生听",而是"相机诱导"。教材观——"教材无非是例子"。叶圣陶这一模式的各个环节都渗透和体现了上述思想精髓。[董菊初.借鉴与发展:叶圣陶精读指导模式[J].语文建设,2005(7).]

11. 教材无非是例子

叶圣陶先生在他的阅读教学论文里多次提到教材是例子的观点。他说:"青年们个个都捧着语文教本,可是不一定个个都想过语文教本是什么东西,有什么作用。"那么,语文教本是"什么东西"呢?又有什么作用呢?他都归结到"例子"这一点上。他说:"语文教本只是些例子,从青年现在或将来需要读的同类的书中举出来的例子。""所以语文教本不是个终点。从语文教本入手,目的却在阅读种种的书。"这个观点主要包括以下几个方面:一是通过一个个的"例子"养成阅读书籍的习惯。即"能够按照读物的性质作适当的处理而已。需要翻查的,能够翻查;需要参考的,能够参考;应当条分缕析的,能够条分缕析;应当综观大意的,能够综观大意;意在言外的,能够辨得出它的言外之意;义有疏漏的,能够指得出它的疏漏之处"。二是养成精读的能力。即能够根据自己的阅读经验,对文章作恰如其分的分析、评价。三是把教材上的一篇篇文章当作是必须修改的材料。在他看来,"把篇章读得烂熟,结果毫无所得"。那么,学生怎么学习教材呢?学生"不必绝对信赖印出来的教本与教材,最要紧的是用自己的眼光通读下去,看看是不是应该这样分段,这样标点"。这就是说,学生要以挑剔的眼光去阅读教材,文中有疏漏的给予补充,有错误的给予订正,有多余的删去。总之,教材"是修改而不是必须遵从的材料"。这就为学生阅读教材提供了自由广阔的阅读空间,让学生在阅读教材时能够尽可能地发挥主观能动性。[陈晓红.阅读教学过程中的学生主体观:叶圣陶阅读教学思想浅谈[J].课程·教材·教法,2005(8).]

12. 以读为中心

朱自清意识到了解本国固有文化,提高学生欣赏文学能力,是语文教育崇高的目的所在,这种论述是他依据当时国文教育的现状有感而发的。其中可以概括出以下两个原则:第一,从语文教育的深切内涵看,要求学生掌握文章清晰的文脉条理,弄清文章的组织结构以及修辞语汇、作者旨意,这才使语文教育回归本体。第二,从语文教育的广阔范围看,反复强调必须紧紧围绕让学生从小处着笔作文、加强练习议论文与说明文、注重朗读诵读这三个方面教育学生。与上述见解紧密相连的,就是他关于"读"的教学方法论。它包括精读、略读、讲读、诵读(朗读、吟诵、默读)等内容。他早已厌倦语文教育课堂里一成不变的讲解、分析、辨别、练习的方法,认定"读"是语文教育最为适用的手段和方法,并且具有一种不可估量的真正推动语文教育发展的艺术力量,从而确立了一种语文教育以"读"为中心的理论。这是朱自清对我国(20世纪)三四十年代语文教育理论研究的重大贡献。[王文彦.中国语文教育发展史[M].呼和浩特:远方出版社,2006.]

13. 对话在阅读过程中具有重要价值

对话教学作为新课程改革中的教学理念,在课程标准的实施过程中,出现了一些可喜的现象,但也出现了一些与对话教学本质不符的问题。品读叶圣陶的阅读教学论著,我们可以领悟到:对话教学应在师生分别与文本充分对话的基础上展开。在师生对话、生生对话的阅读教学过程中,教师要给学生创设有利于生生对话的氛围,同时又承担好纠正、补充和阐发的责任,从而引领学生深层次地解读文本,感悟文本,使学生的语文素养得到提升。[任辉.叶圣陶阅读教学思想给对话教学的启示[J].课程·教材·教法,2007(5).]

14. 朗读的价值

朗读是文学鉴赏的重要途径,与夏丏尊、叶圣陶一样,朱自清对汉语因声求气的民族特点有深切的感悟,他十分重视朗读在文学鉴赏中的作用,在中国现代,像朱自清那样写过这么多以朗读为题目文篇的人为数不多。然而朱自清对朗读的重视,是放在"抽绎意蕴"根基上的,其着眼点与叶圣陶、夏丏尊存在着很大的区别。对于"读",夏丏尊有一个很个人化的解说,他把"阅"与"读"分成两拨,"阅"相当于他所说的"略读",是了解内容的读法,一般的功课只需

"阅"就够了;而语文学科则还要"读",相当于他所说的"精读",是专注于形式上情形的读法,包括默读与朗读。夏丏尊重朗读,多半是因为朗读这种综合性的鉴赏法不但能领略声调的好处,而且能在朗读时容易专注于用字、句法、章法等形式上的情形,因此他讲的朗读有点儿像我们学习外语时的那种读法,与中国传统语文教育的诵读更为接近。叶圣陶提倡的是"美读",他重"美读",主要是因为这种"综合的"读法更易于使读者的自我情感投注到文本中去,读者与文本两个世界在"美读"中交汇融合为一体。而朱自清的重朗读是以反对音乐化为前提的。在朱自清眼里,文学的"意义"是文字所载行的一切,文学的一部分生命就存在于它的声调里,所以"吟诵与了解极有关系,是欣赏必经的步骤。吟诵时对于写在纸上死的语言可以从声音里得其意味,变成活的语气"。但把握文本"全部的内容",在不能漏掉点什么的同时,也不许凭空添加点什么,而音乐化、表演性的朗诵,"可以将意义埋起来,或使意义滑过去",朱自清认为在语文教学、在文学鉴赏教学"可以不用"。朱自清所说的朗读,与传统的"诵"不相类,与"美读"也有区别,它是用类似说话又比说话做作一点的"腔",减去了音乐化,也不具表演性,主要是读给自己"听"的,供读者自己感觉的。[王荣生.文学作品的"分析"和"朗读":朱自清语文教育论著重读[J].语文教学通讯,2007(11).]

15."独立阅读"

圣陶先生所说的"阅读",在某种意义上说是"独立阅读"。他在1949年9月写的《大学国文(现代文之部)序》中说,学生上国文课,"目的原在养成独立阅读的能力,专靠教师的讲解距离独立阅读可太远了","改善阅读习惯,加强阅读能力,尽量地做到独立阅读,独立阅读又尽量地求其不马虎"。怎样才是"不马虎"?圣陶先生认为"阅读"的目的是为了"了解","了解"了才能"接受它,信从它,欣赏它,感受它,辩证它,批评它"。从这个意义上说,圣陶先生的"阅读"本身就是一种"传承"。诚如朱光潜在《谈美》(第九章)里所说的:"一首诗的生命不是作者一个人所能维持住的,也要读者帮忙才行。读者的想象和情感是生生不息的,一首诗的生命也就是生生不息的。""阅读",其实就是要使我们优秀的文化传统通过"阅读"融化在血脉中,从而扩大我们的人格,放宽我们的兴味。曾国藩曾经说:"人之气质,由于天生,本难改变,惟读书则可变化气质。"这个"变化",就是圣陶先生所说的"接受""信从""欣赏""感受""辩证""批评"。[商金林.叶圣陶,中国语文教育的灵魂人物[J].中学生,2009(2).]

16. 阅读教学必须坚决抛弃逐句讲解

　　大量事实已经反复证明,逐句讲解导致的后果是语文教学效率的少、慢、差、费。我国现代著名语文教育家叶圣陶先生曾对逐句讲解进行过极其深刻的剖析和抨击,呼吁尽快改变这种陈旧落后的阅读教学方法。第一,逐句讲解对学生是一种刑罚;第二,学生要多靠自己的力来阅读;第三,阅读教学的两条基本原则,一条是要有利于学生养成随时读书的良好习惯,一条是要有利于学生逐渐减少对教师的依赖性;第四,叶圣陶的三阶段教学法,第一阶段是布置学生预习,第二阶段是组织课堂讨论,第三阶段是指导学生历练。[徐龙年.语文阅读教学必须坚决抛弃逐句讲解:读叶圣陶教育文集[J].语文世界,2010(12).]

后 记

光阴荏苒,"20世纪中国语文教育经典研读丛书"经历了14个年头终于可以杀青了,我们悬着的心终于可以放下了。

2001年,一次偶然的机会,需要查阅阮真的《中学国文教学法》,苦苦求索而不得。2003年在国家图书馆复印半部书稿,如获至宝。当时就产生一个想法,为了教学方便,我们能否把这些藏在深闺的经典请出深宅大院,让寻常百姓也能一睹芳容。可是谈何容易,这些书大都过了半个世纪,纸质发黄变脆,无法承担复印之痛。许多书只能照相,照相的费用是高昂的,不要紧,咬咬牙也得做。每找一部,我都激动不已。2006年到华东师范大学做访问学者,遇到了在华东师范大学读博士的陈黎明先生,闲聊之间,我知道他也在做这个工作,把两个人搜集到的著作一凑竟然就有几十本,欢喜之情,无法用语言表达。此时,我们加快了工作的进度,我们利用华东师范大学图书馆、上海图书馆,想方设法搜集我们想要的资料。2007年,资料搜集工作基本完成。另一个难题立刻摆在我们面前,那就是如何把这些著作转化成电子文稿,这时时金芳教授伸出了援手,主动承担了这项艰巨的任务。我们的梦逐渐变为现实。

2007年年初,我们看到了华东师范大学瞿保奎先生编辑了一套"重读20世纪教育经典文丛",受其启发,我们也想编辑"重读20世纪语文教育经典文丛"。正好此时顾黄初先生在上海养病,我们将此事向他作了汇报,先生极力支持,提出了自己的看法。我们又将此事向语文教育史家李杏保先生汇报,得到了先生的支持;先生提出采用评点的办法,重新审视经典的价值。此后,我们先后咨询过朱绍禹先生、饶杰腾先生、曹洪顺先生、韩雪屏先生、倪文锦先生、周庆元先生,得到了诸位先生的充分肯定与支持。2007年年初,我们将此事向高等教育出版社(以下简称高教社)魏振水先生汇报,先生极力支持,要求我们尽快做出编写方案。2007年年底我们递交了编写方案,得到了高教社的认可。

2008年,我们分配了编写任务:聊城大学陈黎明教授评点:艾伟《汉字问题》《国语问题》;连云港师范专科学校李明高教授、扬州大学徐林祥教授叶圣陶朱自清《精读指导举隅》《略读指导举隅》;南通大学时金芳教授评点:梁启超《中学以上作文教学法》、陈望道《作文法讲义》、夏丏尊刘薰宇《文章作法》;江苏师范大学步进博士评点:王森然《中学国文教学概要》;华东师范大学周文叶博士评点:蒋伯潜《中学国文教学法》;江苏师范大学尹逊才博士评点:黎锦熙《新著国语教学法》《新国文教学法》;盐城师范学院史成明教授评点:袁哲《国语读法教学原论》;江苏师范大学魏本亚教授评点:阮真《中学国文教学法》。因为各位老师既有教学任务,又有研究任务,此项工作一直到2012年4月才完成初稿。2012年4月6日编委会在上海召开审稿会,统一思想、统一格式。2012年6月初在江苏师范大学进行了第二次统稿,三位主编对书稿进行了阅读并进行了必要的调整。2012年10月,三位主编赴高教社,与魏振水先生商讨后,决定将书稿交由李杏保、周庆元、倪文锦先生审阅,三位先生审稿后提出了具体的意见与建议。编者又用了两个月的时间修改完善,2013年元旦之后,三位主编再次到北京,与魏振水先生、谷轶波老师当面汇报,最终完成了稿件的编写工作。

本丛书原拟使用"20世纪语文教育经典重读文丛"书名,具体到每册则采用×××评点××《××》(书名)。后来在与专家和高教社的讨论中,大家认为使用"20世纪中国语文教育经典研读丛书",采用×××研读××《××》(书名)更妥帖些。一者,因为"经典"内容丰富,意蕴深厚,非一般的学者可"评点";二者,用"研读"而非"评点"更彰显后学者虚心向学的态度;三者,可以引导和启发中小学语文教师、语文教育研究者以及语文教育师范生从不同角度参与经典的学习和研读,以推动目前的语文教育教改工作。

"20世纪中国语文教育经典研读丛书"是一套教学用书,其出版是为了解决当前高校研究生以及教育专业硕士缺少研究资料的难题,也是为了解决一线教师研究语文教育缺乏资料的难题。丛书涉及的12位学者均已仙逝,为了传承其语文思想,我们只有精心研读与评点,才能表达我们对语文大师的缅怀与敬重。因为12位大师的教育思想博大精深,我们的研读与评点也许会显得苍白,但是作为一种传承、一种交流,我们相信我们的努力能够得到读者的认可。虽然是一套教学用书,虽然是一套不以商业用途为目的的教学用书,我们还是要向原书的作者——我们爱戴的语文教育家们表达由衷的敬意!我们也向原书作者的后人表示敬意!

2012年,中国高等教育学会语文教育专业委员会常务理事会在江苏师范大学召开,周庆元理事长还专门把这套丛书的出版作为学会的一件重要工作,可见学术界对这部书的重视。此套丛书得到了江苏师范大学领导的支持,也是"汉语言文学国家级二类特色专业建设项目""汉语言文学国家级优秀教学团队建设项目""中国30位语文教育家思想地图(10YJA880144)""20位语文教育家思想地图(2010ZDLXM057)"研究成果。高教社魏振水先生为这套丛书出版做了大量的工作,多次参与书稿体例、内容的讨论,并提出修改意见,谷轶波、房世佳、李海风、王利华编辑为丛书的出版付出了辛勤劳动,我们心存感激。同时我们也要向所有支持此项工作的专家表达我们的谢意!由于我们水平有限,书中错误在所难免,我们诚恳接受读者的批评。

编　者

郑重声明

高等教育出版社依法对本书享有专有出版权。任何未经许可的复制、销售行为均违反《中华人民共和国著作权法》，其行为人将承担相应的民事责任和行政责任；构成犯罪的，将被依法追究刑事责任。为了维护市场秩序，保护读者的合法权益，避免读者误用盗版书造成不良后果，我社将配合行政执法部门和司法机关对违法犯罪的单位和个人进行严厉打击。社会各界人士如发现上述侵权行为，希望及时举报，本社将奖励举报有功人员。

反盗版举报电话　（010）58581897　58582371　58581879
反盗版举报传真　（010）82086060
反盗版举报邮箱　dd@hep.com.cn
通信地址　北京市西城区德外大街4号　高等教育出版社法务部
邮政编码　100120

图书在版编目（CIP）数据

徐林祥　李明高研读叶圣陶　朱自清《精读指导举隅》
《略读指导举隅》/ 徐林祥，李明高主编． -- 北京：
高等教育出版社，2015.12
　（20世纪中国语文教育经典研读丛书/魏本亚，陈
黎明，时金芳主编）
　ISBN 978-7-04-043424-8

　Ⅰ．①徐… Ⅱ．①徐… ②李… Ⅲ．①阅读课 - 中小
学 - 教学参考资料 Ⅳ．①G634.333

中国版本图书馆CIP数据核字(2015)第169333号

策划编辑	魏振水	责任编辑	王利华	封面设计	王　洋	版式设计	杜微言
插图绘制	杜晓丹	责任校对	刘春萍	责任印制	朱学忠		

出版发行	高等教育出版社	咨询电话	400-810-0598
社　　址	北京市西城区德外大街4号	网　　址	http://www.hep.edu.cn
邮政编码	100120		http://www.hep.com.cn
印　　刷	北京信彩瑞禾印刷厂	网上订购	http://www.landraco.com
开　　本	787 mm×1092 mm　1/16		http://www.landraco.com.cn
印　　张	28	版　　次	2015年12月第1版
字　　数	450千字	印　　次	2015年12月第1次印刷
购书热线	010-58581118	定　　价	42.80元

本书如有缺页、倒页、脱页等质量问题，请到所购图书销售部门联系调换
版权所有　侵权必究
物 料 号　43424-00